親鸞 読み解き 事典

林　智康
相馬一意
嵩　満也
岡村喜史
安藤章仁
山本浩信
［編著］

柏書房

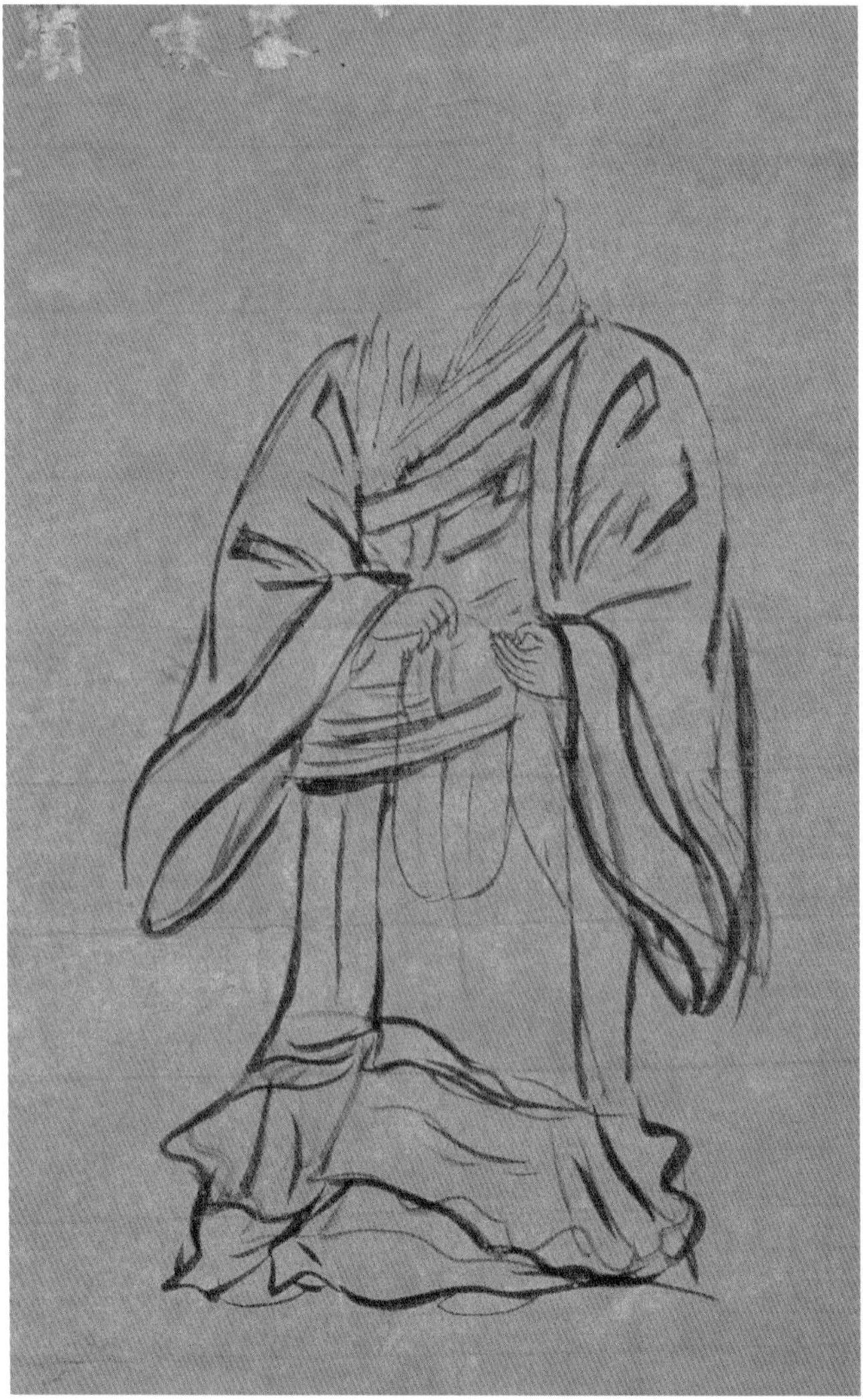

親鸞影像

（京都　西本願寺蔵）

親鸞の姿を墨線で描いたもので、「鏡御影」と呼ばれる。墨線のみで描かれたスケッチ風であるが、親鸞の表情が見事に表されている。巻留にある本願寺覚如の銘から、似絵の名手であった藤原信実の子専阿弥陀仏の筆であることがわかる。国宝。

「親鸞伝絵」選択相伝の段

（三重 専修寺蔵）

法然の説く専修念仏の教えを正確に受け継いだ親鸞は、元久2年（1205）に法然から『選択本願念仏集』を書写することと法然の影像を図画することを許され、法然の真筆で内題と讃銘を受けた。重要文化財。

はじめに

現代社会に生きる私達一人ひとりに、生命・家族・人権・環境・平和等の重要な諸問題が問われている。生命の軽視・家庭の崩壊・人権の抑圧・環境の破壊・正義の戦争が各地域で頻繁に起きている。これらの諸問題に対して、国家・民族・思想・宗教等の垣根を超えて、全人類が地球規模で積極的な対話・協調を通して解決していかなければならないと思われる。

今から八三三年前の承安三年（一一七三）、骨肉相食《こつにくあいは》む戦乱の鎌倉時代に、親鸞聖人は京都に誕生された。その後、比叡山の修行時代、越後の流罪時代、関東の伝道教化時代、そして京都の著述時代と、各地を移り住まわれた。聖人は九十年の生涯を通して、当時の民衆に、老若男女を問わず、阿弥陀如来の本願他力のはたらきを信じ念仏を称えれば、みな必ず真実の浄土に生まれて仏になることができるという、「浄土真宗」の御教《みおし》えを説かれた。その後、浄土真宗の御教えは、真宗各派の教団を通して綿々と今日まで伝わってきた。現代では日本国内だけでなく、ハワイ・アメリカ・カナダ・ブラジル・ヨーロッパ・オーストラリア・台湾・韓国等の諸外国にも広まっている。

平成二十三年（二〇一一）に親鸞聖人七百五十回大遠忌を迎えるにあたり、親鸞聖人に関する事典を刊行する企画を立て、第一回の編集会議を開いたのが、平成十四年（二〇〇二）二月十九日であった。それから四年間三十九回の会合を重ね、ここに出版の運びとなった。誠に感無量である。

この『親鸞読み解き事典』の出版は、龍谷大学文学部教授・相馬一意氏（仏教学）、同国際文化学部教授・嵩《だけ》満也氏（真宗学）、同文学部助教授・岡村喜史氏（国史学）、同文学部非常勤講師・安藤章仁氏（真宗学）、西本願寺教学伝道研究センター研究員・山本浩信氏（真宗学）、そして私、林智康（真宗学）を含めた六人の忍耐強いチームワークの結晶である。各氏の献身的な御尽力に心から敬意を表し、厚くお礼を申し上げる。

この事典は、多くの人達に利用してもらいたいと考え、学術的水準を保ちつつ、できるだけ易しい表現を用い、手軽に持ち運びができるガイドブック的な面も入れるように努力した。また、前半の解説篇・後半の事典篇、ともに六人が分担して、議論を重ねて執筆を進めた。

さらに、親鸞聖人について深く学びたい人には、この事典に掲載されている文献目録を利用していただきたい。この事典を作成するにあたり、親鸞聖人に関する資料の提供・掲載等の許可を賜りました関係者の方々には、誌上を借りて、心から厚くお礼を申し上げる。

最後に、この事典の執筆・編集にあたたかく助言をしていただき、出版へと導いて下さった柏書房のスタッフの皆様にも深く感謝の意を申し上げたい。

平成十八年（二〇〇六）三月十八日

龍谷大学文学部教授　林　智康

郵便はがき

恐縮ですが切手をお貼り下さい

113-0021

東京都文京区本駒込
1－13－14

柏書房

編集部 行

本のタイトル

①お買い求めの動機をお聞かせください

A. 新聞・雑誌の広告で（紙・誌名　　　　　　　　　　　）
B. 新聞・雑誌の書評で（紙・誌名　　　　　　　　　　　）
C. 人に薦められて（　　　　　　　　　　　　　　　　　）
D. 小社の各種書誌情報で
E. 書店で実物を見て
　1. テーマに関心がある　　2. 著者に関心がある
　3. 装丁にひかれた　　　　4. タイトルにひかれた
F. その他（　　　　　　　　　　　　　　　　　　　　　）

②本書のご感想、お読みになりたい企画などご自由にお書きください

③小社の出版物のご案内に利用させていただきます。
お客様についてお聞かせください

お名前	(フリガナ)		性別	年齢
			男・女	
ご住所	都・道 府・県 Eメールアドレス:			
郵便番号		電話番号		
ご職業				
本書をどこでご購入されましたか	都・道　区 府・県　市　書店			

■柏書房 愛読書カードへのご協力、ありがとうございました

《親鸞読み解き事典……目次》

第二部　親鸞ゆかりの地を歩く　141

凡　例

一　本事典は、親鸞の教えや事績、後世における展開を、第一部「親鸞と出会う」、第二部「親鸞ゆかりの地を歩く」、第三部「親鸞の世界への広がり」において概観し、そこで述べられる親鸞に関わる重要な事項（術語・人名・地名・寺院名・書名・経典名ほか）を中心に、第四部「親鸞関係用語集」において五十音順に配列し、解説を施した。

一　本文の記述は原則として、常用漢字を用いた。

一　親鸞をはじめ、真宗各派歴代などについて、その敬称は割愛した。

一　書名、および引用は、原則として、『浄土真宗聖典（註釈版）』（本願寺出版社）に準拠した。

一　頻出する書名は必要に応じて略称を使用した。

一　別称や異称のある場合には、第四部「親鸞関係用語集」の解説項目中にその旨を記し、必要に応じて見出し語のみの項目を設け、当該項目を参照できるようにした。

一　第四部の解説項目末尾の矢印「→○○」は、特に関連する項目を示したものである。

一　第一部から三部における各章節末尾の（　）内の人名は、その執筆担当者を示した。第四部の、教義に関わる術語を林・相馬・山本、書名を相馬・安藤、人名を岡村・嵩、寺院名を岡村が担当し、その他適宜分担して行った。

序

今なぜ親鸞なのか

現代社会と仏教

来る平成二十三年（二〇一一）は、親鸞七百五十回大遠忌《だいおんき》（御遠忌《ごえんき》）にあたり、すでに真宗教団各派は、その準備体制に入っている。恐らく平成十年（一九九八）に行われた蓮如五百回遠忌を上回る大法要が計画されるものと予想される。

現在（平成十八年三月）流通の本をインターネットで調べてみると、題名が「親鸞」に関するもの五一九冊、「真宗」に関するもの三二一冊、「歎異抄」に関するもの一七八冊と合計一〇一六冊にのぼる。その他数多く親鸞の教えについての書物が刊行されているものと推察される。

この混迷する現代社会において、親鸞の教えはどのような関りを持つのか。不安な気持で日々生きている現代人に何を語っているのか。「今なぜ親鸞なのか」について考えてみたい。

『世界がもし一〇〇人の村だったら』（平成一三年十二月・マガジンハウス刊）という本がある。現在、世界には六三億の人がいるが、もしそれを一〇〇人の村に縮めたらどうなるであろうかという内容である。その中で興味深いことは「宗教」について述べているところである。一〇〇人の中、三三人がキリスト教、一九人がイスラム教、一三人がヒンドゥー教、六人が仏教を信じている。そして五人が木や石など、すべての自然に霊魂があると信じており、さらに残りの二四人は、他のさまざまな宗教を信じているか、あるいは何も信じていないと述べている。世界三大宗教の中、キリスト教とイスラム教に対して仏教はアジアを中心として少数であるが、二十一世紀に諸宗教の対話と調和を通して、仏教徒は積極的に発言し行動することが望まれる。

現代社会と諸問題

現代社会においては、国外・国内を問わず、諸問題が数多く生じている。国外では、まだ記憶に新しいアメリカのニューヨークにある世界貿易センターのツインビル爆破以後、ブッシュ大統領は神の正義の下、アルカイダやタリバンの組織を壊滅するために、アフガニスタンへアメリカ軍を主力とする部隊を侵攻させた。それに対してアルカイダやタリバンは聖戦（ジハード）として抗戦した。ともに宗教を悪用した戦いである。

次にブッシュ大統領は、イラクのフセイン大統領と北朝鮮の金正日総書記を「悪の枢軸」と言って、前者のフセイン体制を「大量破壊兵器」隠蔽という名目上の理由で倒し、後者の金正日体制は、核開発疑惑問題を中心に、北朝鮮を含めアメリカ・中国・韓国・ロシア・日本の六カ国協議に委ねて、成り行きを見守っている現状である。その後も六カ国協議はアメリカと北朝鮮の話し合いがつかず休会したり再会したりしている。

日本としても、北朝鮮による日本人拉致問題があり、一部の家族の帰国は実現したが、まだ多くの日本人拉致事件が未解決であり、早急な政治的解決が望まれる。またイラク復興支援として人道的立場から、小泉首相は自衛隊を派遣したが、日本人の外交官やジャーナリストが数名犠牲になっている。今後、日本の自衛隊も国連中心の多国籍軍に参加するようであるが、イラクの治安回復はいまだ時間がかかりそうである。

また国内では、年金問題で揺れ、政府の閣僚をはじめ各党の要職にある者の責任が問われた。その他、犯罪の低齢化、三万人を超す自殺者、子供への虐待、不倫・離婚による家族崩壊など、国民一人一人が真剣に考えねばならない時期が来ていると思われる。

国内外を問わず、人間中心、自我・欲望の肯定と生命の軽視が進んでおり、生命の尊さを訴えるとともに「生と死」についての教育が一層重要になってくる。今こそ仏教の無我・縁起思想を家庭教育・学校教育・社会教育の中に導入すべきである。

世のなか安穏なれ　仏法ひろまれ

親鸞は京から関東にいる直弟子の性信坊へ次のような手紙を送っている。

朝家の御ため、国民のために、念仏を申しあはせたまひ候はば、めでたう候ふべし。往生を不定におぼしめさんひとは、まづわが身の往生をおぼしめして、御念仏候ふべし。わが身の往生一定とおぼしめさんひとは、仏の御恩をおぼしめさんに、御報恩のために御念仏こころにいれて申して、世のなか安穏なれ、仏法ひろまれとおぼしめすべしとぞ、おぼえ候ふ。よくよく御案候ふべし。このほかは、別の御はからひあるべしとぞ、おぼえず候ふ。

（『御消息集』第二通）

この文は、性信坊が鎌倉における念仏訴訟を無事解決したことを喜ばれた親鸞の手紙である。「朝家《ちょうか》の御《おん》ため」には「おほやけのおんためとまふすなり」という左訓があり、また「国民」には「くにのたみ、ひゃくしゃう」と左訓がある。公のために、そして国の民・百姓のために念仏を称えていくことが、大変結構なことであると述べる。そしてその後に、浄土への往生がまだ不決定と思う人は、まず自分の往生を思って念仏を称えなさいと述べる。続いて、反対に自分の往生がもう決定していると思う人は、仏の御恩を思って報恩のために心を込めて念仏を称え、さらに「世のなか安穏なれ、仏法ひろまれ」と、世の中よ安らかで穏やかになってほしい、仏法が盛んに広まってほしいと思うべきであり、このことをしっかり考えてほしい、別の考えはないと述べている。

この手紙の中で、親鸞はまず「朝家の御ため、国民のため」に念仏を称えることはすばらしいことであると述べる。次に自分の往生の問題を出している。浄土に生まれるためには、その正因となる信心を得ること、すなわち信心正因を説く。信心決定、信心さだまるときに往生決定する、これをきちっと押さえて、「世のなか安穏なれ、仏法ひろまれ」と願っていくべきであると述べる。ここに現代における念仏者の生き方が述べられている。

私達は命のあるかぎり、煩悩を持ったまま慌しく変化するこの世の中で生きていかなくてはならないが、私の命が終えた後の行き先はどこなのか。かつて死んだらゴミになると言った検事総長がいた。また死んだらそれでおしまいと唯物論者で終えた宗教学者もいた。仏教は転迷開悟（迷いを転じて悟りを開く）を説く。浄土教は浄土への往生を勧めて証りに導く。

先の『御消息』の内容は、私の命を終えた後に、再び六道（地獄・餓鬼・畜生・修羅・人間・天上）という迷いの世界へ生まれ変るのか、または迷いを離れて浄土という仏の世界へ生まれるのか。この往生不定、往生決定の問題が重要であり、分れ目は信ずるか疑うかにある。すなわち阿弥陀仏の本願他力を疑う者は生死輪転の家である迷いの世界にとどまり、反対に信ずる者は涅槃の城《みやこ》である浄土に生まれるというのが「信疑決判」であり、法然の『選択本願念仏集』の教えを承けている。

もう一つ、浄土に生まれるあり方に「信疑得失」（「胎化得失」）がある。阿弥陀如来が因の位である法蔵菩薩の時に建立した四十八願の中、「生因三願」と言って、浄土往生を述べる三願に真仮の区別をする。すなわち第十九願の自力諸行の者と第二十願の自力念仏の者は方便化土という浄土の端に生まれる。それに対して第十八願の他力念仏の者は真実報土に生まれるというのが「信疑得失」（「胎化得失」）である。信ずる者（第十八願）は化生・真実報土への往生、疑う者（第十九・第二十願）は胎生・方便化土への往生という得失を述べる。胎生・化生の言葉は『大無量寿経』の内容により、方便化土・真実報土の言葉は源信の『往生要集』を承けている。

「三哉」の言葉と「愚禿」

親鸞の主著『顕浄土真実教行証文類』（『教行信証』）の中に、「悲しきかな」・「誠なるかな」・「慶ばしいかな」という「三哉《さんさい》」（三つのかな）が見られる。この「かな」は終動詞で詠嘆「だなあ」・「ことだ」・「であることよ」等の意味を示す。親鸞はあまり自分の気持を述べていないと言われるが、この「三哉」はまさしく人間としての感情を述べたものと思われる。

まず「悲しきかな」には二文ある。『教行信証』信巻（末）に、

まことに知んぬ、悲しきかな愚禿鸞、愛欲の広海に沈没し、名利の大山に迷惑して、定聚の数に入ることを喜ばず、真証の証に近づくことを快《たの》しまざることを、恥づべし傷《いた》むべしと。

（訳）本当に知られる。悲しいことだ。愚かで未熟な親鸞は、いろんな欲望に沈んで、名誉や利益に迷っている。仏の世界に生まれる仲間に入ったことを喜ばない。まことの証に近づくことを楽しまない。恥ずかしいことだ。嘆かわしいことだ。

とあり、また『同』化身土巻（本）に、

悲しきかな、垢障《くしょう》の凡愚、無際よりこのかた助正間雑《けんぞう》し、定散心雑するがゆゑに、出離その期なし。みづから流転輪廻を度《はか》るに、微塵劫を超過すれども、仏願力に帰しがたく、大信海に入りがたし。まことに傷嗟すべし、深く悲歎すべし。おほよそ大小聖人、一切善人、本願の嘉号をもっておのれが善根とするがゆゑに、信を生ずることあたはず、仏智を了《さと》らず。かの因を建立せることを了

知することあたはざるがゆゑに、報土に入ることなきなり。

（訳）悲しいことだ。煩悩を持った愚かな凡夫は、はかりしれない昔から、他力念仏に帰することなく、自力の心にとらわれているから、迷いの世界を離れることがない。果てしなく迷いの世界を生れ変り死に変りし続けていることを考えると、限りなく長い時を経ても、本願力に身をまかせ、信心の大海に入ることは難しい。まことに悲しむべきことであり、深く嘆くべきことである。大乗や小乗の聖者たちも、またすべての善人も、本願の名号を自分の功徳として称えるから、他力の信心を得ることができず、仏の智慧のはたらきを知ることができない。すなわち阿弥陀仏が浄土に往生する因を設けられたことを知ることができないので、真実報土に往生することがない。

と述べる。次に「誠なるかな」は『同』総序に、

誠なるかな、摂取不捨の真言、超世希有《けう》の正法、聞思して遅慮することなかれ。

（訳）本当だなあ。私をおさめ取って捨てない真実の言葉、すばらしく稀な正しい教え、これらをしっかりと聞いてすなおに心に受けとめ、それを疑ったり、あれこれとはからってはならない。

とある。さらに「慶ばしいかな」も二文あり、まず、同じく総序の前文に続いて、

ここに愚禿釈の親鸞、慶ばしいかな、西蕃《せいばん》・月支《げっし》の聖典、東夏・日域の師釈に、遇ひがたくしていま遇ふことを得たり、聞きがたくしてすでに聞くことを得たり。真宗の教行証を敬信して、ことに如来の恩徳の深きことを知んぬ。ここをもっ

て聞くことを慶び、獲るところを嘆ずるなりと。

（訳）愚かで未熟な、しかし釈尊の弟子である親鸞は、とても慶ばしい。なぜならば、中国から西方のインドや西域に伝わった聖典、中国・日本のりっぱな高僧の御解釈の文に遇うことが難しいけれども、今遇うことができた、そのみ教えを聞くことが難しいけれども、今聞くことができた。そしてこの真実の教・行・証の法を心から信じ、如来の恩徳の深いことを知った。そこで聞いたところを慶び、得たところを嘆えるのである。

とあり、『同』化身土巻（末）後序に、

慶ばしいかな、心を弘誓の仏地に樹《た》て、念を難思の法海に流す。深く如来の矜哀を知りて、まことに師釈の恩厚を仰ぐ。

（訳）慶ばしいことだ。心を本願の大地に打ち立て、思いを不可思議の大海に流す。深く如来の慈悲のおこころを知り、まことに師の厚いご恩を仰ぐ。

とある。文中の「愚禿」は親鸞が承元の法難で越後へ流罪になった時に「非僧非俗」（僧に非ず俗に非ず）とともに自らの名の上に付けたものである。『涅槃経』に「愚痴僧」、「禿居士」、「禿人」とそれぞれ意味が述べられている。禁戒を犯すものを見ても清浄懺悔させることができず、ともに罪を反省するものが愚痴僧である。また戒を破り法を護らないものを禿居士といい、飢餓のために出家するものを禿人という。「愚痴」は「おろか」の意で三毒の煩悩の一つである。また「禿」（かぶろ）は、㈠頭に髪がない、㈡髪を短く切って結ばないで垂らす、の二意があり、今は後者の意で剃髪もせず、結髪にも至らない形を表すもので、中途半端、未熟の意を表す。最澄の『入山発願文』に「愚中の極愚、狂中の極狂、塵禿の有情、底下の最澄」、善導の『玄義分』に「我等愚痴身」、法然の『和語灯録』に「愚痴の法然房」、聖覚の『十六門記』（『黒谷源空上人伝』）に「愚禿此篇を記するに」などの言葉も、親鸞に影響を及ぼしたと見られる。

親鸞の晩年八十五歳以後に書かれた『正像末和讃』愚禿悲歎述懐讃十六首の中、前六首は自らの悲歎述懐を、後十首は当時の仏教界に対する悲歎述懐を述べている。

浄土真宗に帰すれども　真実の心はありがたし　虚仮不実のわが身にて　清浄の心もさらになし

（訳）浄土真実の教えに帰依しても、自分には真実心はない、また虚仮不実の身であり、清浄心も全くない

悪性さらにやめがたし　こころは蛇蝎《じゃかつ》のごとくなり　修善も雑毒なるゆゑに虚仮の行とぞなづけたる

（訳）悪い性質は全くとめることができない、自分の心は蛇や蝎《さそり》のようである、善を修しても毒がまじっており、虚仮の行と名づける

かなしきかなや道俗の　良時・吉日えらばしめ　天神《てんじん》・地祇《ちぎ》をあがめつつ　卜《ぼく》占祭祀《せんさいし》つとめとす

（訳）悲しいことだなあ、出家者も在家者も、時のよしあし日のよしあしを選び、天地の鬼神を崇拝し、うらないまつりごとをつとめとしている

かなしきかなやこのごろの　和国の道俗みなともに　仏教の威儀をもととして
天地の鬼神を尊敬す

（訳）かなしいことだなあ、近頃の日本の出家者・在家者は一緒になって、仏教徒のふるまいをしながら、天地の鬼神を尊び敬っている

前二首が親鸞自らの悲歎述懐を、後二首は仏教界に対する悲歎述懐を示している。そして十六首を述べた後に、親鸞は次のように述べている。

以上十六首　これは愚禿がかなしみなげきにして述懐としたり。この世の本寺本山のいみじき僧とまうすも法師とまうすもうきことなり。釈親鸞これを書く

この結びの文は、本寺・本山の官位のある立派な僧侶や法師に対してなげかわしい気持ちを述べている。「愚禿悲歎述懐讃」の文は、まさしく現代社会に生きる僧侶・門徒の姿勢と教団のあり方を示すものと考えられる。

（林智康）

第1部

親鸞と出会う

親鸞の教え

浄土真宗

親鸞の説いた「浄土真宗」の教えは、「信心正因・称名報恩」と言われ、本願の名号を聞いて阿弥陀如来より賜る信心が往生成仏の正因であり、その上の称名念仏は仏恩報謝である。『歎異抄』第十二章には、「本願を信じ念仏を申ふさば仏になる」とある。また『同』第十四章に、

一念発起するとき金剛の信心をたまはりぬれば、すでに定聚の位にをさめしめたまひて、命終すれば、もろもろの煩悩悪障を転じて、無生忍をさとらしめたまふなり。（中略）一生のあひだ申すところの念仏は、みなことごとく如来大悲の恩を報じ、徳を謝すとおもふべきなり。

と、他力金剛の信心を獲得した時に、現生において正定聚の位に入り、命が終れば煩悩・悪障が転じて、無生法忍のさとりを得る。そして、一生称えるところの念仏は、すべて阿弥陀如来の恩徳を報謝するとおもうべきであると述べる。

親鸞の主著『教行信証』教巻に、

つつしんで浄土真宗を案ずるに、二種の回向あり。一つには往相、二つには還相なり。往相の回向について真実の教行信証あり。

と述べ、また『同』証巻に、

二つに還相の回向といふは、すなはち利他教化地の益なり。すなはちこれ必至補処《ふしょ》の願より出でたり。また一生補処の願と名づく。また還相回向の願と名づくべきなり。

と述べる。すなわち浄土真宗は、往相回向と還相回向の二種回向から成り立っている。

初めの往相とは、往生浄土（浄土へ往き生まれる）の相状（すがた）であり、還相とは、還来穢国度人天（穢国に還来して人天を度する）の相状であり、往還二回向とも阿弥陀如来の本願力回向、他力回向のはたらきである。

そして往相回向には真実の教・行・信・証の四法があり、還相回向は利他教化地の益である。真実の教は『大無量寿経』を示し、真実の行は南無阿弥陀仏の名号、真実の信は他力信心、真実の証は証大涅槃を示す。また還相の利他教化地の益とは、他の衆生を救済するはたらきを示す。

『仏説無量寿経』（大経）　法然は数多い経論の中から、正しく往生浄土を明かす教は三経・一論、すなわち『無量寿経』（大経）・『観無量寿経』（観経）・『阿弥陀経』（小経）の浄土三部経と天親の『往生論』（浄土論）であると、『選択集』冒頭の二門章で述べている。親鸞もそれを継承するが、三経に真仮と隠顕の見方を述べる。また『大経』に説かれる四十八願の中にも真仮を見る。真仮とは真実（まこと）と方便（真実に入らしめるはたらき）の意で、隠顕とは隠彰（かくれてあらわす、裏）と顕説（あきらかに説く、表）の意である。隠顕は仏の蜜意と言われる。

『大経』は釈尊の出世本懐（この世にお生まれになった目的）を説き、弥陀成仏の因果と衆生往生の因果が説かれる。この経には真仮、隠顕の区別がなく、第十八願の意である他力念仏往生を示す。『観経』は王舎城の悲劇を説き韋提希夫人の救いを求める問いに対して、釈尊が観察行から念仏行を説く。顕説において、第十九願意の自力諸行往生（方便）を説き、隠彰において第十八願意の他力念仏往生（真実）を説かれていると見る。『小経』は釈尊自ら弟子舎利弗に説く無問自説の経で、阿弥陀如来の教法が悪人救済のためであると諸仏が証明していることを説く。そして、顕説において、第二十願意である自力念仏往生（方便）を説き、隠彰において、第十八願意の他力念仏往生（真実）が説かれている。これを図に示すと下のごとくである。顕説の場合は三経差別門、隠彰の場合は三経一致門という。

聖浄二門と末法思想

中国隋代の道綽は、その著『安楽集』上巻に聖浄二門判を述べる。すなわち従来の仏教を聖道門とし、釈尊在世時代および正法の時機（時代と人間）にのみ相応し、末法の時機にはあわない。それに対して浄土門（往生浄土門）のみが末法の時機に相応すると述べる。そのことを二由一証で説明している。

二由とは二つの理由で、一つは大聖遙遠《だいしょうようおん》の意で、釈尊が入滅されて時代がかなり経っている。二つは理深解微《りじんけび》の意で、仏教の道理は深いが凡夫にはそれを理解する

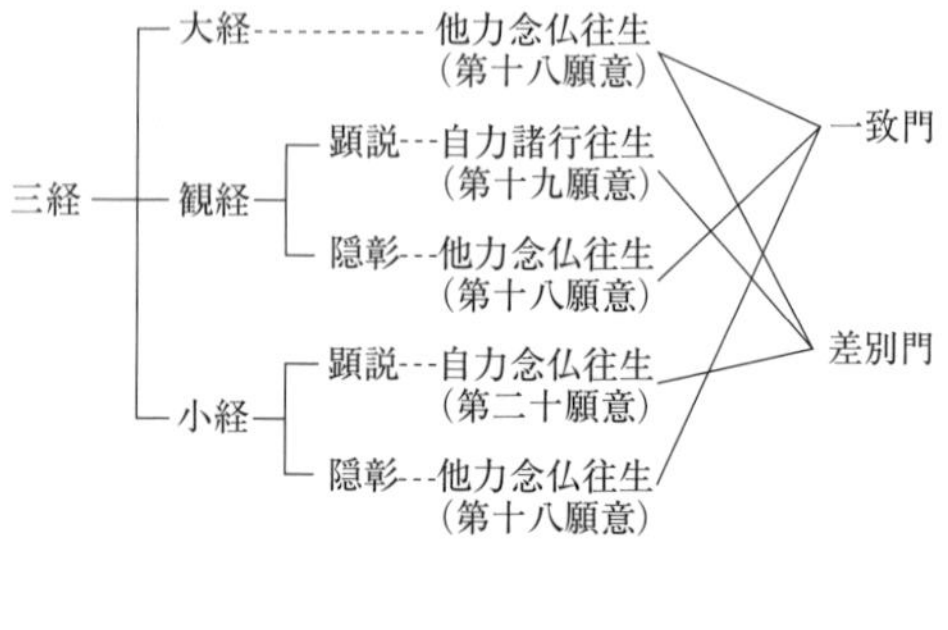

力が弱いという意である。次に一証とは一つの証文で、『大集月蔵経《だいじゅうがつぞうきょう》』の「我が末法の時の中に億億の衆生、行を起し道を修せんにいまだ一人も得る者あらず。当今は末法にして、現にこれ五濁悪世なり。唯浄土の一門ありて通入すべきみちなりと」と、末法五濁悪世の時代は浄土門のみがさとりに入る唯一の教えであると述べる。

その聖浄二門判を承けて、親鸞は『教行信証』化身土巻に「聖道の諸教、在世正法のためにして、全く像末法滅の時機にあらず。すでに時を失し機に乖《そむ》けるなり。浄土真宗は、在世正法、像末法滅、濁悪の群萌、斉しく悲引したまふをや」と述べる。すなわち道綽の聖浄二門判では、浄土教は末法の時機に相応すると限定されるが、親鸞は浄土真宗は在世・正法・像法・末法・法滅を超えて、すべての時機に相応すると明言されている。そして『同』化身土巻の結びに「聖道の諸教は行証久しく廃《すた》れ、浄土の真宗は証道今盛んなり」と、末法時代は聖道の諸教は教のみで、行と証は存在しない。それに対して浄土真宗は教行証の三法とも盛んであると述べる。また『末法灯明記』を引いて、末法時代は戒律をたもてない名ばかりの僧、すなわち無戒名字の比丘を示し、持戒や破戒を否定している。

真仮偽の三重判

『教行信証』信巻の真仏弟子釈と仮偽弁釈に、

真仏弟子と言ふは、真の言は偽に対し仮に対するなり。弟子とは、釈迦諸仏の弟子なり、金剛心の行人なり。この信行によりて必ず大涅槃を超証すべきが故に、真仏弟子と曰ふ。

　　假と言ふは、すなはちこれ聖道の諸機、浄土の定散の機なり。
　　偽と言ふは、すなはち六十二見、九十五種の邪道これなり。

と、いわゆる真仮偽の三重判について述べる。真は真実、仮は権仮方便、偽は邪偽の意である。真実の教えは、信心と念仏（信行＝因）によって浄土へ往生してすぐに大涅槃（証＝果）を超証することができる弘願（他力念仏往生＝浄土真宗）である。権仮方便の教えは、浄土門の要門（自力諸行往生）・真門（自力念仏往生）・聖道門である。邪偽の教えとは仏教以外の教え（外教・外道）を示す。真仮偽の三重判とは、邪偽の教えを捨て、権仮方便の教えを離れ、真実の教えである弘願に帰入するための教判（教相判釈）である。

親鸞の主著『教行信証』一部六巻の中、㈠教巻、㈡行巻、㈢信巻、㈣証巻、㈤真仏土巻の前五巻は真実であり、顕是（是を顕わす）を示し、㈥化身土巻の前半に権仮方便、後半は邪偽であり、簡非《けんぴ》（非を簡ぶ）を示す。図示すれば下のごとくである。「化身土巻」は「浄土真実」の「是」に対して「浄土方便」の「非」を示される。すなわち「方便」を簡び捨て「真実」を開顕するという意味で、第六巻の「化身土巻」は「簡非の巻」なのである。しかし浄土門の要門・真門や聖道門、さらには外教（邪偽の教え）も真実に誘引していくものとして説かれているので、第六巻は「権《ごん》用《ゆう》の巻」とも言われる。つまり「真実」である大悲の限りないはたらきが「非真実」なものに絶えずはたらいていることを示そうとしているのである。したがって親鸞が「方便」を示そうとされるのは、これを捨てるためではなく、「真実」それ自体の

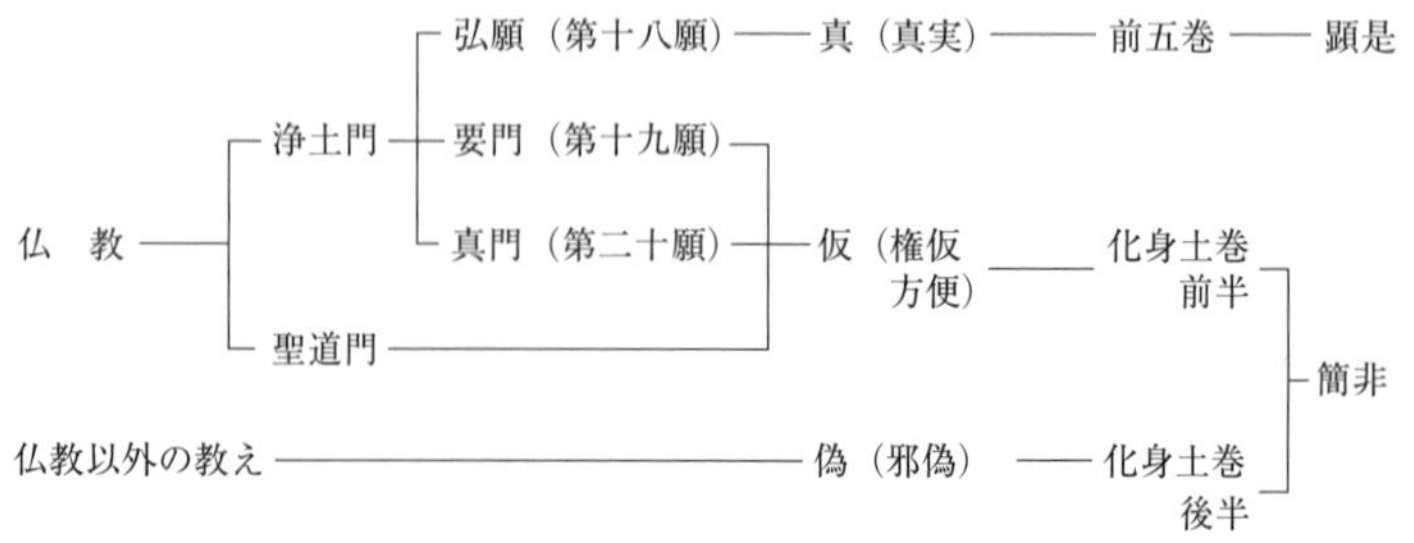

持つ力用《りきゆう》（真実化へのはたらき）の面を明らかにし、そしてすべてのものが真実に帰入していくものであることを示すためであったと思われる。「方便」と言っても真実の権用であるから、『教行信証』の題目は正しく『顕浄土真実教行証文類』と言われるのである。

二双四重判

続いて釈尊一代仏教について二双四重の教判が見られる。『教行信証』信巻の菩提心釈、横超釈、化身土巻の通判一代の釈（門余の釈）、『愚禿鈔』上巻などにある。今は『愚禿鈔』によると、㈠竪超《しゅちょう》―聖道の実教、仏心・真言・法華・華厳等の教え、㈡横超《おうちょう》―浄土本願真実の教え、『大経』など、㈢竪出《しゅしゅつ》―聖道の権教、法相等歴劫修行の教え、㈣横出《おうしゅつ》―浄土要門、『観経』の意、定散、三福・九品の教え、とあり、竪は自力、横は他力、超は頓教、出は漸教を示す。図示すると下記のごとくである。

真実五願と三願真仮

『大経』の四十八願について、善導はすべて第十八願におさまると述べ、法然は第十八願を選択本願、王本願（一願建立）とした。それに対して親鸞は真仮に分け、第十一願（必至滅度の願）・第十二願（光明無量の願）・第十三願（寿命無量の願）・第十七願（諸仏称名の願）・第十八願（至心信楽の願）を真実五願（五願開示）とし、第二十二願（還相回向の願）も真実の願とする。そして第十八願（念仏往生の願）を真実、第十九願（修諸功徳の願）と第二十願（植諸徳本の願）を方便

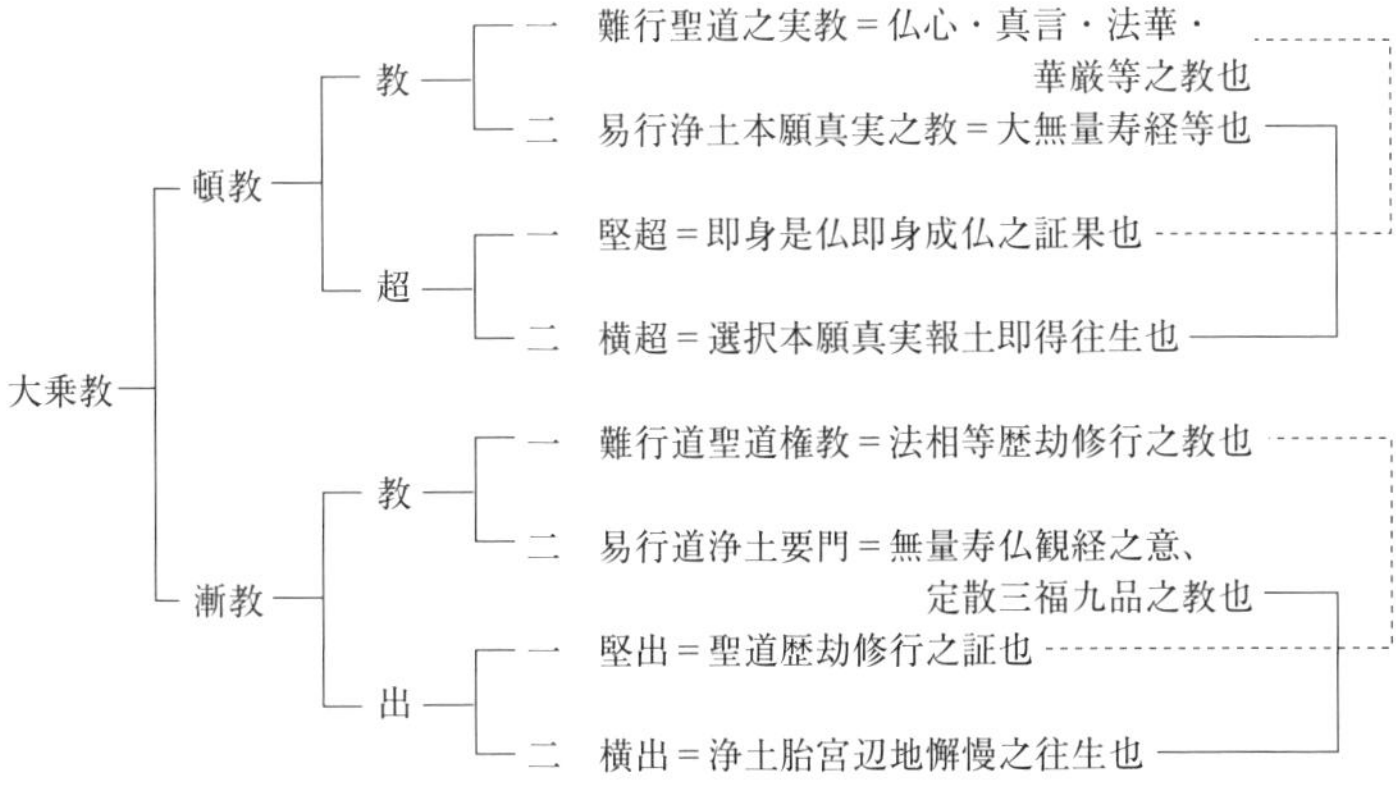

として三願真仮を述べる。

『教行信証』の組織は願名と深い関りが見られる。教巻の標挙（表札）には「大無量寿経　真実の教　浄土真宗」とあり、行巻は「諸仏称名の願　浄土真実の行　選択本願の行」、信巻は「至心信楽の願　正定聚の機」、証巻に「必至滅度の願　難思議往生」、真仏土巻に「光明無量の願　寿命無量の願」、化身土巻に「無量寿仏観経の意なり　至心発願の願　邪定聚の機　双樹林下往生」「阿弥陀経の意なり　至心回向の願　不定聚の機　難思往生」とある。

阿弥陀如来　まず、阿弥陀如来の原語を調べてみよう。「阿弥陀」はインドの古語であるサンスクリットの「アミターバ」（Amitābha）と「アミターユス」（Amitāyus）であり、前者は無量光・光明無量の意で、後者は無量寿・寿命無量の意である。また「如来」とは「タターガタ」（tathāgata）であり、真如（一如）である真理の世界より来れるもの、真如をさとられたものの意であり「仏」（buddha・めざめたるもの）と同意である。したがって、阿弥陀如来（阿弥陀仏）は真理をさとり、光寿二無量の徳を持って、迷いの衆生を救おうとされる仏のことである。

『大無量寿経』に、因位の法蔵菩薩が五劫思惟の願いを発し、兆載永劫の修行によって西方極楽世界の阿弥陀如来になられたと説き、続いて四十八願の中で、第十二願（光明無量の願）・第十三願（寿命無量の願）の誓いの成就を説く。また『阿弥陀経』にも、西方十万億土をすぎたところに極楽浄土があり、そこで阿弥陀如来が現に今、説法をされていると説き、さらに彼の仏の光明は無量であって、十方の国を照らして障碍するところなく、その仏と人民の寿命が無量無辺であるから阿弥陀如来と名づけると述べる。そしてこの阿弥陀如来は、迷いの世界に苦しむ衆生を救い、必ず極楽浄土に生まれせしめたいと願われている。

南無阿弥陀仏

親鸞は『教行信証』行巻の「正信偈」に「無量寿如来に帰命し、不可思議光に南無したてまつる」、また『同』真仏土巻に「仏はすなはちこれ不可思議光如来なり」、さらに『尊号真像銘文』に、

「尽十方無碍光如来」と申すは、すなはち阿弥陀如来なり、この如来は光明なり、(中略)「光如来」と申すは阿弥陀仏なり、この如来はすなはち不可思議光仏と申す、この如来は智慧のかたちなり、十方微塵刹土にみちたまへるなりとしるべしとなり。

と、阿弥陀如来を無量寿如来、不可思議光如来(仏)、尽十方無碍光如来ともいい、光明は智慧の相（かたち）であると述べる。

また親鸞は、阿弥陀如来は「南無阿弥陀仏」の名号によって、自らの救済のはたらきを示すものと見ている。『教行信証』行巻に、

南無の言は帰命なり。(中略)ここをもって帰命は本願招喚の勅命なり。

と、善導の『玄義分』の六字釈を承けて親鸞独自の六字釈を展開している。

『唯信鈔文意』に、

「如来」と申すは無碍光如来なり。「尊号」と申すは南無阿弥陀仏なり。(中略)この如来の尊号は、不可称不可説不可思議にましまして、一切衆生をして無上

大涅槃にいたらしめたまふ大慈大悲のちかひの御《み》ななり。（中略）南無阿弥陀仏は智慧の名号なれば……

と述べ、また南無阿弥陀仏の名号は、我々の方から「お願いします」と頼むのことではなく、阿弥陀如来が智慧と慈悲によって救いの心を表し、衆生に呼びかけ、めざめよ、如来にまかせよとはたらきかける自らの名のりである。苦悩に沈む我々が阿弥陀如来に救われるということは、本願招喚の勅命としての南無阿弥陀仏のよび声をすなおに受け入れることである。迷いの衆生が浄土へ生まれる道はただ南無阿弥陀仏の名号によって成就されると述べる。

方便法身

また阿弥陀如来は方便法身でもある。これは中国浄土教の曇鸞の著『往生論註』にある二種法身説を承けている。すなわち法性法身によって方便法身となり、方便法身においてよく法性法身を表すことができる。この二種法身によって、阿弥陀如来の本質は何かを表し、その本質と現実相との関りをはっきり示すことによって、阿弥陀如来の特質が明らかになるのである。『一念多念文意』に、

この一如宝海よりかたちをあらはして、法蔵菩薩となのりたまひて、無碍のちかひをおこしたまふをたねとして、阿弥陀仏となりたまふがゆゑに、報身如来と申すなり。これを尽十方無碍光仏となづけたてまつれるなり。この如来を南無不可思議光仏とも申すなり。この如来を、方便法身とは申すなり。方便と申すは、かたちをあらはし、御《み》なをしめして、衆生にしらしめたまふを申すなり。すなはち阿弥陀仏なり。

と述べている。法性法身は無色無形《むしきむぎょう》、言亡慮絶《ごんぼうりょぜつ》、非因非果《ひいんひか》、色もなく形もない、我々の思いや言葉で表すことのできない、さとりそのものを身に得ている仏である。方便法身は垂名示形《すいみょうじぎょう》・亦因亦果《やくいんやっか》で、名を示し形を表し、法蔵菩薩の発願修行（因位）が語られる阿弥陀如来（果位）という報身如来である。しかも具体的には南無阿弥陀仏となって、常に我々にはたらきかけずにはおられないのが方便法身である。

さらに親鸞は晩年に「阿弥陀如来像」のほかに「南無阿弥陀仏」の六字名号、「南無不可思議光仏」の八字名号、「帰命尽十方無碍光如来」の十字名号を自ら書き、本尊として礼拝していた。

聞即信

『教行信証』信巻（末）には第十八願成就文が引かれている。

あらゆる衆生、その名号を聞きて、信心歓喜せんこと、乃至一念せん。至心に回向したまへり。かの国に生ぜんと願ずれば、すなはち往生を得、不退転に住せん。

すべての衆生が、その名号の義（いわれ）を聞いて信じ喜ぶまさにその時に、阿弥陀如来はまことの心をもって善根功徳を衆生に与えられる。そして衆生には自ら浄土へ生まれようと願う心がおこり、ただちに往生すべき身に定まり、不退転の位に至るのである。続いて、親鸞は「聞」について、

しかるに『経』に「聞」といふは、衆生、仏願の生起本末を聞きて疑心あることなし、これを聞といふなり。「信心」といふは、すなはち本願力回向の信心なり。

と述べる。阿弥陀如来の本願は罪悪生死の凡夫のためにおこされ（生起）、法蔵菩薩の願行によって（本—因）、阿弥陀如来となって現に衆生を救いつつある（末—果）、というのが「仏願の生起本末」であり、これが名号の義（いわれ）である。すなわち「聞」とは、この仏願の生起本末を聞いて全く疑心のない（＝信心）ことである。したがって聞即信という。またこの信心は如来の本願力（他力）によって回向された信心でもある。

　また『尊号真像銘文』に「『聞』といふは如来のちかひの御なを信ずと申すなり」とあり、さらに『一念多念文意』にも、

　「聞其名号」といふは、本願の名号をきくとのたまへるなり。きくといふは、本願をききて疑ふこころなきを「聞」といふなり。またきくといふは、信心をあらはす御《み》のりなり。

とあって、阿弥陀如来の本願（の名号）を聞いて信ずることを聞といい、また信心をあらわす御法《みのり》と述べている。

二種深信

　親鸞は比叡山において「生死出づべき道」を求めたが、ついに求められなかった。『教行信証』化身土巻には、二十九歳の時に、「雑行を棄てて本願に帰す」と言われるごとく、自力聖道門を捨てて他力浄土門へ帰入したのである。そして後に、これまた「化身土巻」にあるごとく、第十九願（自力諸行・要門）→第二十願（自力念仏・真門）→第十八願（他力念仏・弘願）の三願転入の論理が形成されるのである。

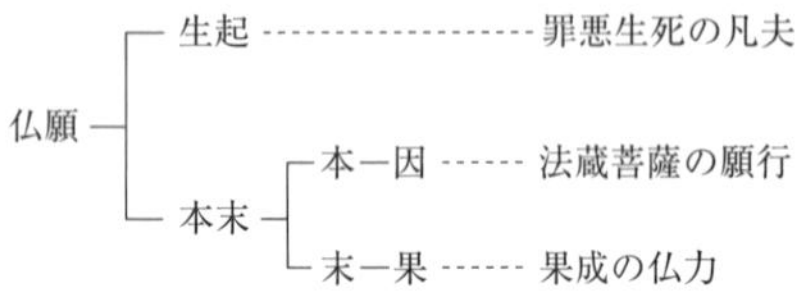

第十八願文には「至心・信楽・欲生」の三心が説かれるが、前後の二心が信楽一心に摂まる、そしてこの信楽一心が第十八願成就文の「信心歓喜」にあたり、真実信心である。この真実信心の相は、善導の二種深信の文に見られる。親鸞は『教行信証』信巻に、

深心といふは、すなはちこれ深信の心なり。また二種あり。一つには、決定して深く、自身は現にこれ罪悪生死の凡夫、曠劫よりこのかたつねに没し、つねに流転して、出離の縁あることなしと信ず。二つには、決定して深く、かの阿弥陀仏の四十八願は衆生を摂受《しょうじゅ》して、疑なく慮りなくかの願力に乗じて、さだめて往生を得と信ず。

と、機の深信と法の深信が述べられる。機の深信においては、罪悪生死の凡夫は、このままでは過去・現在・未来の三世にわたって流転輪廻を続けていかねばならないと述べる。しかし法の深信において、阿弥陀如来の四十八願はその罪悪生死の凡夫を救うために建立されたのであり、この願力に乗ずれば必ず往生を得ると述べる。二種深信は前後起でもなく二心並起でもない。信楽一心を二種に開いたものである。

『高僧和讃』龍樹讃に、

生死の苦海ほとりなし　ひさしくしづめるわれらをば　弥陀弘誓のふねのみぞのせてかならずわたしける

と述べる文や、また『同』善導讃に、

五濁悪世のわれらこそ　金剛の信心ばかりにて　ながく生死をすてはてて　自

然の浄土にいたるなれ

と述べる文も前述の二種深信の意味内容と同じである。

ところが、三願転入の文の後に、

ここに久しく願海に入りて、深く仏恩を知れり。至徳を報謝せんがために、真宗の簡要を摭《ひろ》うて、恒常《ごうじょう》に不可思議の徳海を称念す。

と、第十八願へ転入できたのは阿弥陀如来の本願力による。したがって仏恩報謝のために真宗の要めとなる文をひろい集め、常に名号を称えるのであると述べる。また『高僧和讃』善導讃にも、

弘誓のちからをかぶらずは　いづれのときにか娑婆をいでん　仏恩ふかくおもひつつ　つねに弥陀を念ずべし

と、後の二句について、仏恩報謝のために称名念仏すると述べる。さらに性信房宛の『御消息集』第二通に、

わが身の往生一定とおぼしめさんひとは、仏の御恩をおぼしめさんに、御報恩のために御念仏こころにいれて申して、世のなか安穏なれ、仏法ひろまれとおぼしめすべしとぞ、おぼえ候ふ。

と、往生決定の人は念仏を称えて仏恩報謝の意を示し、世の中が平和になり、仏法が広まることを願えと述べる。

浄土　親鸞は行者の心の中に阿弥陀如来の極楽浄土を求めようとする思想は、『教行信証』信巻別序に「自性唯心に沈みて浄土の真証を貶す」と述べて、

二種深信
- 機の深信 ― 自力無功 ― 捨機・捨自
- 法の深信 ― 他力全託 ― 託法・帰他

― 一具

「己身の弥陀・唯心の浄土」として批判する。それに対して、法蔵菩薩の因願酬報による西方浄土（真実報土）を心の外に認め、そこに往生することを勧める。しかし『教行信証』真仏土巻には、

真土といふは、『大経』には「無量光明土」（『平等覚経』）とのたまへり、あるいは「諸智土」（『如来会』）とのたまへり。『論』（『浄土論』）には「究竟して虚空のごとし、広大にして辺際なし」といふなり。

とあって、極楽浄土は西方十万億土の彼方にあるが、たえずこの娑婆世界の念仏の衆生に摂取不捨の智慧の光明としてはたらきかけられていると述べる。また浄土はあたかも虚空のごときものであって、広大で辺際がない。衆生のはからいを離れた涅槃・さとりの世界であり、衆生が真実信心によって往生する果報土である。

また一方、親鸞は弟子の有阿弥陀仏によせた『御消息』（『末灯鈔』第十二通）に、

この身は、いまは、としきはまりて候へば、さだめてさきだちて往生し候はんずれば、浄土にてかならずかならずまちまゐらせ候ふべし。

と述べ、娑婆の縁が尽きたならば、浄土に生まれて倶《とも》に会うことができるという、『阿弥陀経』に説く倶会一処《くえいっしょ》の浄土も示す。

なぜ阿弥陀如来の極楽浄土なのか。それは、浄土は火宅無常の世界に生きる煩悩具足の凡夫を救おうとされる阿弥陀如来の願心によって荘厳成就された世界である。そして如来から回向された信心によって凡夫が現生に正定聚の位に住し（入正定聚）、当来には真実報土に生まれて仏に成る（往生即成仏）。さらにその浄土にとどまらな

いで、還相の菩薩として衆生利益に向かう世界であるからである。

（林智康）

親鸞の事績と生涯

親鸞は、自分で自身のことについてはほとんど書き残していない。このため親鸞の生涯を知るには、後世の記録などによって、その実態を探らざるを得ない。

誕生と出家

平安時代末期の承安三年（一一七三）、親鸞は日野有範《ありのり》の子として誕生した。母については、吉光女《きっこうにょ》という源氏の系譜を引く女性であるという伝承もあるが、確かなことはわかっていない。親鸞が生まれた地について、京都の郊外になる日野の地とする説があるが、ここは日野氏の菩提寺である法界寺が営まれ、日野氏との縁も深いが、ここに日野氏が居所を営んだかどうかについても定かではない。

日野有範は、平安時代に全盛を誇った藤原氏の流れを汲む日野氏の庶流で、『日野一流系図』には、「三室戸大進入道」と号していたと記されていることから、出家して、宇治の三室戸寺において隠棲生活を送っていたものと考えられている。

日野有範は、比較的若いうちから政治的立場から離れた境遇であったため、親鸞は幼少の頃から貴族としての栄進を期待することはできなかった。そこで親鸞は、九歳になった治承五年（一一八一）の春、伯父日野範綱《のりつな》に導かれて、慈円《じえん》（慈鎮《じちん》）の

「親鸞絵伝」出家の段（福岡　光円寺蔵）

もとで出家し、範宴《はんえん》中納言と称した。

親鸞が最初に師とした慈円は、藤原忠通《ただみち》の子で、九条兼実《かねざね》の弟でもあった。慈円は、後に京都東山に青蓮院を開く天台宗の僧侶であったため、親鸞も出家後は比叡山に登って修学に励み、天台宗の教義をはじめ諸宗の経典を学んだ。親鸞が比叡山のどこを拠点に修行していたか明確なことはわからない。しかし、慈円が比叡山三塔のうち横川《よかわ》を管領していたことや、後年親鸞が横川楞厳院《りょうごんいん》源信の念仏の影響を受けていることから考えて、比叡山のなかでも横川を中心として修行に励んでいたものと考えられる。

後に親鸞の妻となる恵信尼《えしんに》が晩年書いた手紙である『恵信尼消息』によると、親鸞は比叡山にいた時「堂僧」という地位にあったと記されている。堂僧とは、常行《じょうぎょう》三昧堂《ざんまいどう》において念仏修行をする僧侶のことと考えられており、比叡山においてはあまり地位の高い存在ではなかったようである。

法然の門に入る

親鸞が修行をしていた頃の比叡山は、僧兵と呼ばれる武装した僧侶たちがたくさん横行し世俗化していた。親鸞は、このような比叡山において二〇年間修行を続けた。しかし、建仁元年（一二〇一）の春、親鸞は比叡山から下りる決心をした。親鸞がなぜ比叡山を下りようとしたのかについて、親鸞自身が『教行信証』化身土巻のなかで「愚禿釈鸞、建仁辛酉の暦、雑行を棄てて本願に帰す」とのみ記しているだけである。また覚如が著した『親鸞伝絵』上巻第二段では、「難行の小路迷ひやすきによりて、易行の大道におもむかん」としている。

「親鸞絵伝」吉水入室の段（福岡　光円寺蔵）

比叡山を下りた親鸞は、その後京都東山吉水《よしみず》に草庵を開いていた法然の門下に入る。このことについても、『親鸞伝絵』上巻第二段では、「隠遁のこころざしにひかれて、源空聖人の吉水の禅房にたづね」の記述しかない。

しかし、親鸞が法然の門下に入るにあたって、『恵信尼消息』には、

> 山を出でて、六角堂に百日籠らせたまひて後世をいのらせたまひけるに、九十五日のあか月、聖徳太子の文を結びて、示現にあづからせたまひて候ひければ、やがてそのあか月出でさせたまひて、後世のたすからんずる縁にあひまゐらせんと、たづねまゐらせて、法然上人にあひまゐらせて

とあり、比叡山を下りた親鸞は、まず京都市中にある六角堂に百日の参籠を計画し、九五日目の明け方に、聖徳太子の指示によって、法然のもとを尋ねたことが知られる。

その頃法然は、東山吉水において禅坊を営み、「南無阿弥陀仏」と称えれば誰もが救われ往生できるという専修念仏による他力本願の教えを広めており、法然のもとには多くの人たちが救いを求めて集まっていた。

六角堂夢想と結婚

親鸞は、先に六角堂に参詣して聖徳太子の導きによって法然の門下に入ったが、さらに建仁三年（一二〇三）四月、再び六角堂において参籠した。この頃親鸞はいろいろな悩みがあったようで、自分がこれからどのように進むべきかを聖徳太子に聞くために六角堂に参籠した。この時もまた、夢のなかに聖徳太子が六角堂の本尊である救世観音に姿を変えて現われ、そして親

鸞に対して、

行者宿報説女犯　我成玉女身被犯　一生之間能荘厳　臨終引導生極楽

（あなたが宿業の報いによって、たとえ女犯しても、その時わたしが女身と変じてあなたの妻となりましょう。そして一生よく教化の手助けをし、臨終のときには引導して極楽へ往生させましょう。）　「女犯偈」

と告げた。さらに救世観音は、この言葉を一切の衆生に説き聞かせるように親鸞に告げて姿を消したという。この話は、覚如によって『親鸞伝絵』上巻第三段に採用されたものであり、これだけではその意図が明確ではない。そこでこれまで研究者によってこの話の解釈に対していろいろな議論がなされてきた。しかし、この話が伝えるものは、親鸞が女性に対することでの苦悩があり、これについて聖徳太子に指示を請うたものと解され、聖徳太子から受けた偈文であるいわゆる「女犯偈《にょぼんげ》」は、親鸞の結婚観を表したものであり、親鸞は恵信尼とこの時結婚をしたと解されている。

恵信尼は、三善為教の娘であるとされており、晩年は親鸞と離別して、越後（新潟県）で暮らしている。このことから、親鸞が後に流罪となる越後で会い結婚したと理解されてきた。しかし恵信尼の出自である三善氏は、越後との関係が深い京都の下級貴族であると考えられるようになってきた。このため親鸞は京都の法然門下の時期に恵信尼と結婚したものと考えられるようになり、この「女犯偈」と恵信尼との結婚を関連付けて理解される。

親鸞の結婚は、その後の真宗教団に大きな影響を及ぼしている。それは、開祖親

「親鸞絵伝」六角夢想の段
（福岡　光円寺蔵）

鸞が妻帯したことから、その後の真宗僧侶は妻帯することが通常のこととされ、仏教教団のなかでは特異な状況となった。

法然門下の親鸞

親鸞は、法然の門下に入って以降、法然の教えをきっちり受け継いだ。そのことが知られる話がいくつか残されている。

元久二年（一二〇五）四月、親鸞は法然の著書である『選択本願念仏集』（選択集）を書写することを許された（選択相伝）。さらに同年の閏七月には、法然の姿を描いた御影を制作し、これに讃銘を受けた。師法然から、著書の書写と御影の制作を許されることは、法然の提唱する専修念仏の教えを親鸞がよく理解していることを認められたということである。親鸞は、法然から御影の讃銘を書き与えられたのち、名を「綽空《しゃっくう》」から「善信《ぜんしん》」と改め、これ以降善信《ぜんしん》と名乗ることとなる。

法然が唱える専修念仏の教えは人びとに受け入れられ、門下の弟子は三八〇人を越えたといわれている。そのなかには摂関家の九条兼実もいた。そのような時、法然は自身が唱える専修念仏の教えが門下の者たちにきっちりと理解されているか不安になった。そこで、親鸞は法然門下の人たちを集めて、信心によって阿弥陀如来に救われるとする「信不退」か、自分の行によって救われるとする「行不退」のどちらかに別れて座るように指示した。ところが法然の弟子のほとんどが「行不退」の座に着いた。「信不退」の座に着いたのは、聖覚《せいかく》・法蓮房信空・法力房蓮生（熊谷直実）と親鸞のみであった（信行両座）。これも、親鸞は法然の教えを正確に理解していることを伝えるエピソードである。

「親鸞絵伝」信行両座の段
（福岡　光円寺蔵）

法然の専修念仏の教えは、多くの人びとに広まった。そこで、この専修念仏の発展を阻止するため、比叡山や奈良の興福寺の僧侶たちは法然の教団に弾圧を加えてきた。しばしばの弾圧に対して法然はうまく回避してきた。しかし、建永元年（一二〇六）、興福寺は、専修念仏の停止と法然およびその門下の流罪を朝廷に訴えた。そのようななか、後鳥羽上皇がたまたま熊野参詣に訪れるため京都を留守にしていた間に、法然の門下にいた安楽や住蓮らが、東山山麓の鹿ヶ谷において念仏修行を行ったところ、院の女房がこれに参詣して宿泊した。このことを知った後鳥羽上皇は、法然教団に対する処罰を決めた。このため、翌年二月、法然の門下にいた安楽と住蓮ら四人は死罪とされ、法然とその近親の弟子たち八人は流罪となり、ここに法然の専修念仏の教団は解体を余儀なくされた。そして法然は土佐（高知県。実際には讃岐＝香川県）へ、親鸞は越後（新潟県）へ流罪とされた。

流罪と関東教化

親鸞が朝廷より流罪を言い渡され越後に赴いてから四年あまりがたった建暦元年（一二一一）、朝廷から罪を許され京都に帰ることが認められた。ところが親鸞はしばらく越後に留まり関東へ向かった。親鸞は越後を出て信濃（長野県）・上野（群馬県）を経て常陸（茨城県）に至った。

親鸞がこの時なぜ関東に移ったのかについては、明確なことはわからない。ただ、その頃は鎌倉に幕府が開かれ、政治の中心が関東へと移りつつある時期であったためとも、また関東では多くの人びとが困窮していたため、親鸞はこれらの貧しい人

「親鸞絵伝」流罪の段（福岡　光円寺蔵）

びとを救うために、法然から受けた専修念仏の教えを関東に広めるためとも言われている。

親鸞は、関東において専修念仏の教えを広めるため、常陸国笠間郡稲田《かさまのごうりいなだ》に草庵を構えて、熱心に関東の人びとに他力による専修念仏の教えを説いた。

このため親鸞の草庵には、その教えを聞くために多くの人が集まり、親鸞の門弟となった人びとは、常陸を中心に北は奥州の南（福島県）にまで及んだ。

このように、親鸞が常陸において教化を勧めることで多くの人びとが集まってくると、それに対して快く思わない者もいたようで、その一人が山伏の弁円《べんねん》である。加持祈祷《かじきとう》によって人びととつながりをもっていた山伏にとって、念仏を称えるだけでだれもが救われるという専修念仏の教えは不都合であった。このため弁円は、板敷山で親鸞を待ち伏せしていた。ところが親鸞は一向に現れないため、弁円は親鸞のいる稲田の草庵に乗り込んでいった。ところが親鸞は、懲らしめてやろうと乗り込んできた山伏に対して、わざわざ門のところまで出迎えて行った。このような親鸞に対して、弁円は驚き、改めて親鸞の話を聞くこととした。そこで弁円は、親鸞の話に共感し、親鸞の弟子となって得度し、明法房証信と名乗ったということである。

また親鸞は、この地においてその教えの根本となる『教行信証』の著述にも専念した。しかし『教行信証』の完成には、生涯を通じて何度も手を加えていることが、その自筆の本（坂東本）から知ることができる。

「親鸞絵伝」稲田草庵の段（福岡　光円寺蔵）

帰洛の親鸞

関東において教化を行った親鸞は、関東に多くの門弟を残して、自身が生まれた京都に帰った。親鸞がいつ京都に帰ったのかについては、明確な年代はわかっていない。しかしその行動から考えて、貞永元年（一二三二）の親鸞六十歳の頃と考えられている。親鸞は関東において、約二〇年間に及ぶ教化を行ったことになる。

親鸞がなぜ晩年になって、多くの門弟のいる関東の地を離れ京都に移ったのかについては、生まれ故郷の京都が懐かしくなったとか、またすでに没している師法然のもとを慕ってのためなどといったいろいろな説が出されているが、いまだ明確なことはわかっていない。ただ、帰洛にあたっては、家族を伴ったものであることがわかり、家族の事情もその理由にあるとも考えられる。

京都に帰った親鸞は、五条西洞院のあたりに住んでいた。しかし、建長七年（一二五五）十二月十日の夜、火災に遭い焼け出されてしまった。このため親鸞は、やむをえず三条富小路の善法坊に身を寄せることとなった。この時親鸞が身を寄せた善法坊とは、親鸞の弟であった善法坊尋有《じんぬ》の坊舎であった。この時尋有は、関東の日光輪王寺に常行堂上番阿闍梨《あじゃり》として滞在しており、京都の坊舎は不在であったため親鸞は善法坊に身を寄せたようである。

帰洛後の親鸞は、関東において行ったように、積極的な教化をすることはほとんどなかったようである。しかし関東の門弟に対して数々の聖教を書いて送ったり、また関東から届く手紙に返事を書いたりという生活であった。

親鸞は、関東の門弟に対して、しばしば法然の弟子の聖覚が著した『唯信抄』を書写して送ったり、あるいはそれを解説した『唯信鈔文意』を制作して送っていることが知られているほか、「三帖和讃」や『尊号真像銘文』『西方指南抄』といった多くの聖教を書写して関東に送っている。また、親鸞が関東に残した門弟からいろいろな教義に対する質問が手紙で送られてきたため、これに答えるかたちでしばしば書状を送っている。関東において、もっとも有力な門弟は真佛と顕智の高田門徒であった。このためこれら親鸞が書いた多くの聖教や書状は、高田派本山の専修寺に残されている。

京都の親鸞と関東の門弟

親鸞が京都に帰った後、その教えを受けた多くの門弟のなかから、親鸞のもとを訪れる者がしばしばいたようである。そのようななかの一人として、平太郎真仏の話が伝えられている。『親鸞伝絵』下巻第五段によると、関東において親鸞から教えを受けた常陸国那珂《なか》西郡大部郷《にしごおりおおぶのごう》の平太郎は、任務のために紀伊（和歌山県）の熊野社に参詣することとなり、その時五条西洞院の親鸞を訪れ、阿弥陀如来を信奉する自分が神に参詣することの信仰的葛藤を相談している（熊野霊告）。

関東の門弟は、親鸞が去った後も専修念仏の信仰をつづけており、遠く離れた親鸞からいろいろな聖教を書き送ってもらったり、あるいは信仰に対する疑問などについて、しばしば質問を送り、親鸞から返答を受けていた。このようなやり取りを通じて関東でも信仰がつづけられており、親鸞から送られてくる聖教などに対して、

「親鸞絵伝」平太郎上洛の段（福岡　光円寺蔵）

関東の門弟は親鸞に「志《こころざし》」や「志の銭」を送っている。親鸞から関東の門弟に対して宛てられた手紙には、これらの銭を受け取ったことが記されており、京都に帰った後にはほとんど布教活動を行っていない親鸞にとって、その生活を支えていた経済的基盤は、関東の門弟から送られてくる志にあったことがわかる。

このようなかたちで、京都に帰った後も関東の門弟との関係を続けていた親鸞ではあるが、ここで大きな問題が出てくる。それは、親鸞の子息善鸞についてのことである。

親鸞が去った関東では、徐々に親鸞の教えからはずれた考えを唱える者が現れてきていた。特にこの頃関東において盛んになりつつあったのが、悪人こそ阿弥陀如来に救われるのだから、どのような悪行を働いてもいいのだという、いわゆる「造《ぞう》悪無碍《あくむげ》」の考え方であった。このような考えが進むなかで、関東の門弟の間では親鸞の教えの理解のしかたに対して疑問が募ってくることとなった。そこで、門弟たちから親鸞に関東へ赴いてほしいという要請があった。ところが親鸞はすでにかなりの高齢であったため、代わりに善鸞を派遣した。

建長四年（一二五二）頃、善鸞は親鸞に代って関東に赴いた。ところが善鸞は、親鸞の意に従わず、現地の権力者と結んで造悪無碍の念仏者を取り締まるとともに、自分自身が夜一人だけ親鸞から秘密の教えを伝授されたという「秘事法門《ひじほうもん》」を吹聴し、関東の門弟を混乱させた。

このような善鸞の言動を知った親鸞は、数々の策を打ったが、関東の動揺は収まらないため、建長八年（一二五六）五月二十九日、善鸞を義絶し、そのことを関東の門弟に知らせた。このため関東の門弟の間で起こっていた動揺は、ようやく静まることとなったのである。善鸞の義絶は、親鸞にとって信頼していたわが子との縁を切るものであり、親鸞の人生において非常に無念なものであった。

往生

親鸞は、弘長二年（一二六二）十一月下旬頃より病気勝ちとなった。その後のことについて、『親鸞伝絵』下巻第六段には、

> それよりこのかた、口に世事をまじへず、ただ仏恩のふかきことをのぶ。声に余言をあらはさず、もつぱら称名たゆることなし。

と記されており、それからの親鸞はひたすら念仏を称える毎日であったようである。ところが、同月の＊二十八日の正午頃、釈迦が入滅したときと同じく、頭を北、顔を西に向け、右脇腹を下に臥したまま息を引き取った。

親鸞の往生にあたってそこに臨席したものは、末娘の覚信尼をはじめ、わずかな門弟のみであった。その時親鸞が居住していたのは、押小路南万里小路東の房で、翌二十九日には遺骸を輿に乗せて賀茂川を渡り、東山の西麓にある鳥辺野《とりべの》の南、延仁寺において火葬にされた。そして翌三十日には、親鸞の遺骨を拾い、同じく東山の山麓にある鳥辺野の北側の大谷の地に納められた。

親鸞は、九十年の生涯を通じて、法然から受けた専修念仏の教えをより多くの人に伝え、阿弥陀如来の救いを追求する真の念仏を説いていった。

（岡村喜史）

＊親鸞が没した弘長二年十一月二十八日は、新暦に計算すると一二六三年一月十六日となる。

「親鸞絵伝」遷化の段（福岡　光円寺蔵）

親鸞を取り巻く人びと

親鸞の家族

親鸞の出自と父母

親鸞は、藤原氏の末流である日野氏の出自で、父について『親鸞伝絵』には、「皇太后宮大進有範」とされている。また、蓮如の子息である実悟がまとめた『日野一流系図』によると、「皇太后宮権大進　正五位下」とされている。皇太后宮大進とは、公家社会においてはそれほど高い位ではなく、公家としては中級程度の地位であった。この官職が、日野有範にとって何歳頃のものであったかは定かではないが、有範の長兄であり親鸞を猶子とした範綱や次兄の宗業は、「従三位」となっており、位としては有範とは随分差があるといえる。さらに有範については、「出家　号三室戸大進入道」とあり、また親鸞が九歳で慈円について出家したときには、わざわざ有範の長兄である日野範綱の猶子となり、この頃にはすでに政治の社会から離れて三室戸寺に隠棲する生活を送っていたものと考えられる。

日野有範影像（京都　東本願寺蔵）

親鸞の父である日野有範が、なぜ官位の栄進をせず比較的若くして出家して隠棲生活を送っていたのかについては定かではないが、有範の父である日野経尹《つねまさ》にその要因があるとも考えられる。経尹は、専修寺所蔵の系図によると、「放埒」の人と記されており、『親鸞伝絵』では、有範を有国五代の孫とみなして経尹を世代から省いていることから考えて、経尹はこれを理由に系図から抹消されるほどの存在であったものと考えられる。

親鸞は、このような境遇の有範を父として誕生することとなった。

親鸞の父については、諸記録から知ることができるが、その母については、全くわかっていない。古くは、源氏の出自である吉光女であるとされていたが、これに関しては伝説の域を出ず、定かなことは全くわかっていない。

親鸞の兄弟

『日野一流系図』によると、親鸞は日野有範の長男とされており、有範には五人の子息が記されている。親鸞以外の四人の男子は、尋有、兼有、有意、行兼で、親鸞とともに母の名は記されていない。

尋有は、出家して比叡山東塔において善法院の院主を務めており、比叡山では常行堂検校の地位にあり、親鸞と同様に常行三昧を修していたものと考えられる。尋有が院主を務めていた善法院は、親鸞が関東から京都に帰った後の最晩年に暮らしていた三条富小路にあった善法坊の所有者であったとされており、親鸞は晩年には弟の尋有が京都の市中に営んでいた里坊に身を寄せており、終生親密な関係にあったことがわかる。

次の兼有は、天台系修験道の本山である聖護院の門人となって出家している。聖護院は天台宗でも園城寺系の寺門派に属するもので、この系統に三室戸寺が所属していたことから、兼有も父有範と関係の深い三室戸寺にあって「萱房」と称していたことがわかる。兼有が聖護院で出家し三室戸寺に身を寄せることとなったのは、父有範が三室戸寺に隠棲していた関係からであるとも考えられる。

そして有意は、比叡山で出家したようで、「阿闍梨」「法眼」の僧位であったことが知られるものの、詳しいことはわからない。

最後の行兼は、叔父の日野範綱の猶子として聖護院において出家し、兄兼有の弟子となっており、三室戸寺に所属していたものと考えられる。

このように、親鸞を含めて日野有範の五人の子息は、すべて天台宗系の僧侶となっており、誰もが俗人として貴族社会に残っていないことから、公家としての父有範の立場を伺い知ることができるとともに、兄弟がともに天台宗の僧侶でありながら、山門派と寺門派の両派に分かれていることがわかる。

親鸞の妻は二人か

親鸞の妻については、古い伝承のなかに九条兼実の娘玉日姫がいたとされている。たとえば『日野一流系図』には、親鸞の長男とされる範意に対して「母後法性寺摂政兼実公女」とされており、第二子以降の母と異なっていることが記されている。このように、室町時代の末期において親鸞の最初の妻が九条兼実の娘とされている。

親鸞の最初の妻が九条兼実の娘であるとする伝承は、佛光寺系の伝記とされる

『親鸞聖人御因縁』にみられる。この書によると、親鸞が法然の門下にいたとき法然から兼実の娘と結婚するように言われ結婚したとされている。この九条兼実の娘が「玉日」と呼ばれているのは、親鸞が京都市中の六角堂において参籠した際、救世観音に身を変えた聖徳太子から受けた夢告の「女犯偈」に「玉女」とあることから起こった伝承と考えられる。

事実、親鸞は最初に九条兼実の娘玉日と結婚したということについて、これまでの研究者は伝承の域を出ないとして批判的な立場であり、親鸞の妻として確実なのは恵信尼である。

妻恵信尼との出会い

親鸞の妻恵信尼は、その消息*から寿永元年（一一八二）の誕生であることがわかり、親鸞より九歳年下である。恵信尼の出自については、『日野一流系図』において「兵部大輔三善為教女」とされている。

恵信尼の父三善為教は、九条兼実の日記『玉葉』にみられる「越後介三善為則」と同一人物であると考えられており、このことから、親鸞の流罪地が越後（新潟県）と決められたことや、恵信尼が晩年は親鸞と離れて越後で暮らしていたことと関係があるものと考えられる。

ただ、恵信尼の出自である三善氏がどのような地位にあったのかについては、永く議論がなされてきた。つまり、恵信尼が晩年には越後で暮らしており、父三善為教が越後介を勧めていることから、三善氏は越後の地方豪族であったため、親鸞は越後流罪後に恵信尼と知り合い結婚し、恵信尼は晩年故郷に帰ったものと考えられ

＊恵信尼が晩年越後から娘覚信尼に送った書状群で、『恵信尼消息』と称し、現在は西本願寺の所蔵。

恵信尼影像
（京都　龍谷大学学術情報センター大宮図書館蔵）

ていた。しかし、三善為教の名が摂関家である九条兼実の日記に見られることや、当時は国司のうち二等官までは通常中央から派遣されていたこと、また恵信尼の高い教養などから、三善氏は京都の下級貴族であったとする見方もあり、近年は後者が有力視されてきている。

親鸞が恵信尼と出会い結婚したのは、親鸞が越後に赴いてからのことであると永らく考えられてきた。しかし近年では、二人が出会ったのは京都でのことと考えられている。それは、親鸞と恵信尼の間の第三子である信蓮房明信が誕生したのは、親鸞が越後に流罪になってから四年後の承元五年（一二一一）のことであり、越後に流罪となってから四年以内に恵信尼と出会って三人の子どもを設けることは、時間的には不可能ではないが物理的に少々無理があると考えられる。さらに、朝廷の法律である律令のうち「獄令《ごくりょう》」では、流人は家族を伴って流罪地に行くことが定められていることから、親鸞も京都において恵信尼と結婚して子どもを設けた後、家族とともに流罪地に赴いたと考えられることが、近年指摘されている。

これらのことから考えて、親鸞は京都の法然門下にいるときすでに恵信尼と結婚していたと考えられる。そしてその出会いがいつのことであったのかについては、六角堂に参籠して「女犯偈」を受けた、建仁三年（一二〇三）頃のこととするのが順当であろう。

親鸞とともに行動する恵信尼

親鸞とともに越後の流罪地に赴いた恵信尼は、その後も親鸞と行動をともにする。つまり、親鸞が罪を許されると関東に赴き、常陸（茨城県）に滞在する。そして貞永元年（一二三二）頃、親鸞が京都に帰ると、恵信尼もともにいったん京都に帰った。しかしその後、親鸞と離別して何人かの子どもを連れて越後に赴いている。恵信尼がいつ越後に赴いたのかについては、定かなことはわからないが、建長六年（一二五四）にはすでに越後にいることがその消息からわかる。このとき親鸞は八十二歳、恵信尼は七十三歳である。

恵信尼が晩年になって親鸞と別れて越後に赴いた理由としては、恵信尼がいくらかの所領を相続したため、その管理をするためわざわざ越後に行ったとするのが有力な説である。

恵信尼はその後もしばしば末娘覚信尼と手紙のやりとりをしており、これを通じて親鸞の近況を把握していた。恵信尼が晩年になって親鸞と離別したことが、決して二人の間が不仲となってしまったためではないことが、その消息から窺える。事実、親鸞が没した報せを覚信尼から受けた恵信尼は、親鸞の生前の姿を映した「御影」を送るようにと所望しており、最晩年になっても親鸞に対する深い想いが忍ばれる。

親鸞が没する前年の弘長元年（一二六一）に病気となった恵信尼は、その後いったん回復するが、文永三年（一二六六）再び病気となり、同五年三月十二日付の消息において自身の老衰が進んでいることを覚信尼に告げたのを最後に、消息が見られなくなってしまい、その後あまり時間をおかない頃に恵信尼は没したものと思わ

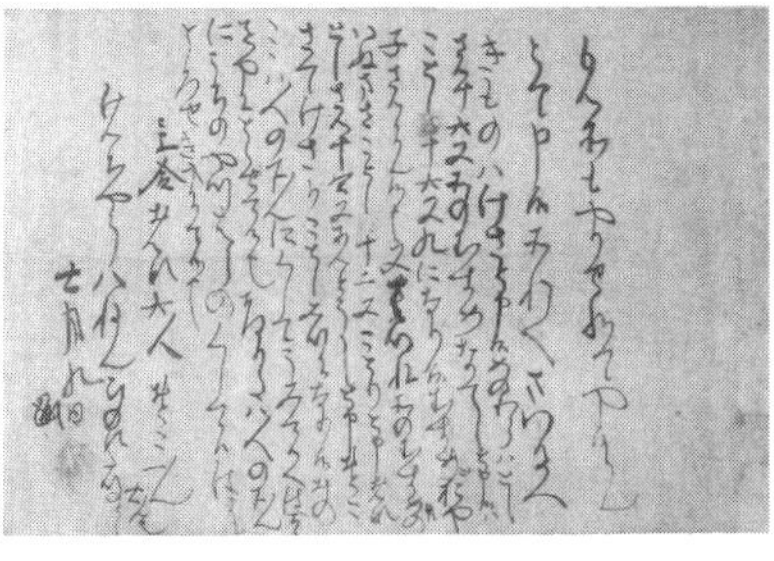

『恵信尼消息』「建長八年七月九日書状」（京都　西本願寺蔵）

れる。恵信尼七十八歳頃である。

親鸞の子どもは何人？

『日野一流系図』によると、親鸞には七人の子どもがいたとされている。年長者から順に記すと、長男範意（印信）、長女小黒女房、次男善鸞（慈信房）、三男明信（栗沢信蓮房）、四男有房（益方入道、道性）、次女高野禅尼、三女覚信尼の七人である。この『日野一流系図』の制作者である実悟*が、何を根拠としてこのようにまとめたのかについては、明確なことはわからないが、戦国時代には、親鸞の子どもは七人であると伝えられていたようである。しかしこの七人の母の記載をみてみると、長男とされる範意のみが、九条兼実の娘であるとされ、それ以下の六人については、母が恵信尼とされている。また、親鸞の曾孫である覚如が著した『口伝鈔』には、恵信尼について、「男女六人の君達の御母儀」としている。親鸞の妻を九条兼実の娘とするのは、伝承の域を出るものではなくその確証はないため、大方は、九条兼実の娘を妻とする記述が伝承を取り入れたものであるとされる。そうすると、一人目の範意というのがどのような存在であったのかについては不明な点が多くなり、その存在も含めて確定することが困難である。

親鸞と恵信尼との間に生まれた子どもが六人とされるのは確かである。このうち小黒女房・栗沢信蓮房・益方入道・高野禅尼の四人については、恵信尼が晩年親鸞と離別して越後に赴く時、母恵信尼とともに越後に同行したと考えられており、これらの子どもたちの呼び名に付けられているのが、越後の非常に限られた地域に存在する地名であり、ここからこの四人が恵信尼とともに越後に赴いたとされている。

＊本願寺第八代蓮如の十男。

しかし、その後の消息については全く伝えられていない。

息男善鸞の義絶

親鸞の後継者として早くから位置づけられていたのが善鸞である。善鸞は、親鸞から真宗の教えを受けており、このため親鸞からの信頼も大きなものであった。

親鸞が関東から京都に帰ると、関東の門弟の間で親鸞から受けた教えに対していろいろな疑問が起こり、動揺しつつあった。その主たるものとして悪人こそ救われるのだから、現世において悪行をしても良いとする「造悪無碍《ぞうあくむげ》」の考え方であった。この考え方が関東教団のあいだで広がりつつあったため、門弟から親鸞に関東下向を求めてきた。しかし親鸞は高齢で関東に赴く長旅が困難であったため、代わりに息男の善鸞を派遣する。親鸞の名代として関東に赴いた善鸞は、現地でこのような考え方を正すのではなく、現地の権力者と結んで造悪無碍的念仏者の取り締まりをはかった。さらに善鸞は、父親鸞から自分のみが秘密の教義を受けたものであると吹聴し、関東の門弟を混乱させた。親鸞は当初善鸞を信頼していたが、関東から送られてくる書状などから善鸞の不義を知り、建長四年（一二五二）頃わが子善鸞を義絶するに至った。善鸞は、親鸞から義絶された後も関東に留まり、弘安九年（一二八六）に七十歳で没したという。

善鸞の息男が如信である。

如信は、幼少より親鸞の身近で育ったが、父善鸞とともに関東に赴き、善鸞が義絶された後も関東に留まり、常陸の大網を中心に専修念仏を広めていった。これが

『慕帰絵詞』親鸞と談話する善鸞
（京都　西本願寺蔵）

門徒団化し、大綱門徒を形成していくこととなる。

晩年の親鸞を支えた末娘覚信尼

親鸞と恵信尼の間に生まれた六番目の子どもが覚信尼である。

覚信尼は、元仁元年（一二二四）の誕生で、親鸞が五十二歳にあたり、関東に滞在していたときの子である。

覚信尼は、親鸞と行動を共にして京都に移り、恵信尼と別れた親鸞の晩年には京都に留まり、親鸞の身の回りの世話をした。そして親鸞の臨終に際しては側に付き添った。

母恵信尼とは、親鸞の臨終前後にしばしば手紙を遣り取りしており、その時恵信尼から送られた手紙*が現在も西本願寺の宝蔵に残されている。

覚信尼は京都において、親鸞が出家した時後見人を務めた日野範綱の孫である日野広綱と結婚しており、広綱との間に覚恵と女子の二人が誕生した。しかし広綱は比較的若くして没したため、その後は覚信尼は親鸞のもとで生活していたようである。

そして、親鸞の没後覚信尼は、小野宮禅念と再婚して唯善をもうけている。

覚信尼は、禅念が所有していた敷地に親鸞の遺骨を移して廟堂とし、さらに禅念から譲り受けた敷地を廟堂に寄進し、自ら親鸞の廟堂を守護する「留守職《るすしき》」となった。そして覚信尼の後の廟堂留守職は、覚信尼の子孫のうち適任者を関東の門弟の承認を得て決定するとした。その後覚信尼は喉の病を患い、弘安六年（一二八三）

覚信尼影像（新潟　福因寺蔵）

＊『恵信尼消息』

頃に没したものと考えられている。

こうして親鸞の廟堂は、末娘の覚信尼の子孫によって守られることが定められたが、それは先夫日野広綱との間に誕生した覚恵に継承され、さらにその子孫へと受け継がれていった。これが「本願寺」である。

（岡村喜史）

親鸞と門弟

親鸞の師弟観

親鸞の宗教体験は、証巻に曇鸞の『往生論註』を引用して「同一に念仏して別の道なきがゆゑなり。遠く通ずるにそれ四海のうちみな兄弟たり」と説かれるように、浄土ではない世俗であっても、同一念仏に基づく平等な世界が開かれてくるものであった。したがって親鸞は、師弟の上下関係によって結ばれる組織化した教団の構成や制度等についてほとんど問題にしていない。このことは、師である法然との関係も『親鸞伝絵《しんらんでんね》』「信心諍論」上巻第七段において「聖人（法然）の御信心も、他力よりたまはらせたまふ、善信（親鸞）が信心も他力なり、故にひとしくしてかはることなし」と説かれるところからもうかがわれるし、『歎異抄』第六条において「親鸞は弟子一人《いちにん》ももたず候ふ」と師弟関係を否定し、「弥陀の御もよほしにあづかって念仏申し候ふひとを、わが弟子と申すこと、きはめたる荒涼のことなり」と聴き留められていることからも明かである。

しかしながら、親鸞の教えと人柄を慕って集まった人たちが次第に増加するにしたがって、おのずから地縁に基づく集団が形成されるようなった。親鸞も書状の宛名に「鹿島・行方、そのならびのひとゞ」「常陸国中の念仏者」あるいは門弟の個人名を書き送るようになった。このような念仏集団は定期的な集会を持ち、法然の忌日である廿五日には毎月御念仏の会合が催された。後にこの集会は、親鸞の忌日である廿八日にかわり、「念仏ノ日」「念仏勤行ノ日」と称され、さらに覚如によって『報恩講式』が撰述されると講会として行われるようになった。

弟子との交流

親鸞が関東在住中の約二十年間、どのように弟子たちと交流し、教えを説いたかという問題は、史料がなくほとんどわからない。唯一、高田本山に所蔵される信証本《しんしょうほん》『唯信抄《ゆいしんしょう》』の奥書によれば、親鸞五十八歳の寛喜二年（一二三〇）に兄弟子である聖覚《せいかく》の『唯信抄』を書写し、袖書に信証と覚然《かくねん》の名があることから、弟子に与えたことがわかる。

親鸞と弟子との交流のあり方が見えてくるのは、親鸞帰洛後のことである。年代がはっきりしているところでは、親鸞七十六歳の宝治二年（一二四八）正月二十一日に書かれた『浄土和讃』『浄土高僧和讃』が著述の初見であり、書状としては、親鸞七十九歳の建長三年（一二五一）閏九月二十日に「有念無念事」と題する書状が出されている。親鸞の帰洛が、六十二、三歳頃と考えられているので、史料的に門弟のつながりがわかるものは、最晩年に限られることになる。換言すれば、親鸞は生涯の最後まで門弟との結びつきを大切にしていたことがわかる。鎌倉時代の平均寿命は、一説には五十歳くらいと言われている。その時代状況の中で親鸞の年齢を照らし合わせてみると、あらためて親鸞の強靭な精神力と行動力に驚愕する。

教団の規模

それでは親鸞在世時に形成された門徒集団、いわゆる教団はどのような実態であったのであろうか。まずはその規模について考えてみたい。

延慶二年（一三〇九）、親鸞が示寂して四十七年後の史料であるが、次のような門弟数に関する記載がある。

「顕智・順性・信寂以下門弟等数千人、令散在于諸国」（西本願寺文書）

これは青蓮院が「親鸞上人門弟等御中」へ差し出した文書であるが、ここには門弟の数が「数千人」示されている。

また、南北朝期に制作された『親鸞《しんらん》上人《しょうにん》門侶《もんりょ》交名牒《きょうみょうちょう》』には、親鸞の直弟子として四十四名、その直弟の弟子、すなわち親鸞の孫弟子として「上人面授」と註記されるものが四名、合計四十八名が親鸞に直接する弟子として名があげられている。『親鸞上人門侶交名牒』は、注進状の形をとっていることから幕府へ提出するために作製されたとも考えられている。したがって、その性格上、列記されるのは指導的地位にあった門弟に限られたことが予測される。現に親鸞の書状にあらわれる門弟であって、『親鸞上人門侶交名牒』に見えない門弟は二十名に達する。しかも各門弟の門下にはたくさんの同信の人々が集まっていたようで、『御消息集』第六通には、「おほぶの中太郎の方のひとは九十なん人とかや、みな慈信坊の方へとて中太郎入道をすてたるとかやきき候ふ」と、常陸大部の中太郎のもとには九十余名の念仏者がいたことが記されている。『親鸞上人門侶交名牒』に名を連ねない中太郎入道でこの規模である。このように見てくると先の青蓮院が発した文書にある「数千人」という数は、大雑把であるが一つの目安になりそうである。ちなみに当時の日本の総人口は約一千万人と考えられている。

門弟の社会的立場

では、親鸞の門弟はいかなる社会的立場の人たちであったのであろうか。そのことを端的に示すのは、親鸞が門弟たちに書き与えた『唯《ゆい》信《しん》鈔《しょう》文《もん》意《い》』や『一《いち》念《ねん》多《に》念《ねん》文《もん》意《い》』の奥書の言葉である。そこには、「ゐなかのひとびとの、文字のこころもしらず、あさましき愚痴きはまりなきゆゑに、やすくこころえさせんとて、おなじことをたびたびとりかへしとりかへし書きつけたり。こころあらんひとはをかしくおもふべし、あざけりをなすべし。しかれども、おほかたのそしりをかへりみず、ひとすぢに愚かなるものをこころえやすからんとてしるせるなり」(『唯信鈔文意』)と書かれている。すなわち一文不知の愚痴無知の人たちが、親鸞の信仰に共感した人たちだった。親鸞は具体的にその人たちのことを、「具縛の凡愚、屠沽の下類」と位置づけている。先の引用に同じく『唯信鈔文意』の中では、「具縛はよろづの煩悩にしばられたるわれらなり、煩は身をわづらはす、悩はこころをなやますといふ。屠はよろづのいきたるものをころし、ほふるものなり、これはれふしといふものなり。沽はよろづのものをうりかふものなり、これはあき人なり。これらを下類といふなり」と、具体的にその罪業的な生き方、社会階層について言及している。しかも親鸞自身も「われらなり」と同じ立場に立つ。続いて

「変成金」を説明して、「れふし・あき人、さまざまのものは、みな、いし・かはら・つぶてのごとくなるわれらなり。如来の御ちかひをふたごころなく信楽すれば、摂取のひかりのなかにをさめとられまゐらせて、かならず大涅槃のさとりをひらかしめたまふは、すなはちれふし・あき人などは、いし・かはら・つぶてなんどを、よくこがねとなさしめんがごとしとたとへたまへるなり」というように、実はかかる立場の者こそ、仏の大慈悲の救いの光に摂取される人たちであり、真実の念仏者となることができる者と親鸞は受けとめていたのである。

「トメルモノ、ウタヘハ　　石ヲ水ニイル、ガゴトクナリ
トモシキモノノアラソヒハ　　水ヲ石ニイル、ニニタリケリ」

（『皇太子聖徳奉讃』）

という一首も、親鸞がそういう門弟たちの立場にあったからこそ詠み得たものと考えられる。

他方、親鸞の手紙の中には、武士出身を想起させる門弟名が多く見受けられる。太郎入道（覚信）、高田入道、平塚入道といった入道と呼ばれる人たちは、武士であることが想像される。覚信の息子と考えられる慶信も、大番役として上洛する鎌倉幕府の御家人であることが親鸞自筆書状から判明する。おそらく関東から送られる親鸞の経済的側面を支える「こゝろざしのもの」は、彼らの力によって支えられたものと言いえよう。さらに性信房と言ったように親鸞から「房」と呼ばれた人たちも、寺院乃至道場を有する在地の有力者と考えられ、門徒集団を支えていたようで

ある。

次に、門弟の地理的分布についてみておきたい。先に紹介した『親鸞上人門侶交名牒』は、親鸞の門弟の名前と活動拠点を系図的に記した名簿で、初期真宗教団の地理的分布を示す基礎史料である。それに基づき直弟を国別にまとめると表のようになる。

下野国	6名
常陸国	19名
下総国	4名
武蔵国	1名
陸奥国	7名
越後国	1名
遠江国	1名
洛中	8名
不明	1名

直弟の七割が関東在住

このように直弟四十八名中、七割近くが関東在住の人たちで占められており、門弟の主流が東国にあったことが知られる。なお洛中の八名については、親鸞の親族四名と秘書役を務めた蓮位が含まれている。したがって親鸞帰洛後に生まれた直弟は、善善、乗信、賢阿の三名だけということになる。ここに帰洛後の親鸞の教化が、東国に集中しており、洛中では新しい門弟を育てるというよりは、著述活動に専念をした実情をみることができる。

門弟集団への親鸞の考え

親鸞帰洛後の東国門弟は、各地の有力門弟を中心に、地域的な結合による念仏者の集団を形成し、やがてその集まりは地名を冠した門徒名によって呼ばれるようになった。存覚の自叙伝『存覚一期記』には、正安三年（一三〇一）の条に「鹿島門徒」、嘉元元年（一三〇三）の条に「横曽根門徒」の呼称がみられる。また、元亨三年（一三二三）の条の「信海門徒」のように集団の指導者名を冠することもあったようである。ただし、親鸞にはこのような門徒名の使用例がない。個人宛の書状に、別の門弟への内容を書き加えたり、門弟間のつながりについて言及するところから、門下の地理的分布や相互の関係は把握しているが、各門弟集団という意識は希薄だったようである。

　この点に関して興味深いのは、念仏を禁止されて困っていることを嘆願した真浄坊に送った親鸞の手紙の内容である。『御消息集』第七通に、

　さては、念仏のあひだのことによりて、ところせき（居づらい、困っている）やうにうけたまはり候ふ。かへすがへすこころぐるしく候ふ。詮ずるところ、そのところの縁ぞ尽きさせたまひ候ふらん。念仏をさへらるなんど申さんことに、ともかくもなげきおぼしめすべからず候ふ。（中略）そのところの縁尽きておはしまし候はば、いづれのところにてもうつらせたまひ候うておはしますやうに御はからひ候ふべし

と慰めの言葉とともに「念仏の縁が尽きたのだから、他へ移るように」と指示を与えている。このような「現地を立ち去る」「在地性のない教化」は、佐貫での三部経千部読誦の一件があるように親鸞自身の実践の中に見出されるものである。最近の研究成果によれば、親鸞直弟として有名な真佛の「高田門徒」の地理的分布を調べて、真佛が教化した門弟が「広範囲に散在していては、同じ門下として統一行動は不可能」であり、また「そうした行動の形跡は認められない」と報告している。この点は、「横曽根門徒」の性信についても言えることで、「師を異にする他の門徒を加えた地域集団は成立していない」「東国に分布した親鸞の門弟たちは、教団を組織することがなかった」と結論づけている。そしてその理由として、法然上人の遺言状の第一条「遺弟同法等、全不可群会一所者也」の尊守と、親鸞自身の聖的《ひじりてき》教化形《きょうけけい》

態《たい》にあるとされている。しかしながら、冒頭で概略しているように、一方で親鸞の手紙には門弟集団に宛てたものがあり、念仏集団が定期的な会合を持つことを伝える手紙もある。また、高田本山に所蔵される親鸞が外題を認めた善導「五部九巻《ごぶくかん》」の版本には袖書がなく、それが個人の所有物ではなく高田門徒の共有物であった可能性が高いことが指摘されている。ともかくも親鸞門弟の実像を解明する今後の研究の動向が期待されるところである。

親鸞の意識の変化

いずれにしても親鸞が門弟の教団形成を意識するのは、門弟の増加に伴い、造悪無碍《ぞうあくむげ》、専修賢善《せんじゅけんぜん》、*知識帰命《ちしききみょう》といった真宗教義に対する様々の異解が表面化することによってである。その動向は、「善知識をおろかにおもひ、師をそしるものをば謗法のものと申すなり。あやをそしるものをば五逆のものと申すなり。同座せざれと候ふなり。されば北の郡に候ひし善証房は、おやをのり、善信をやうやうにそしり候ひしかば、ちかづきむつまじくおもひ候はで、ちかづけず候ひき」（『末灯鈔』第一九通）。「また親鸞も偏頗（不公平、えこひいき）あるものとききて候へば、ちからを尽して『唯信鈔』・『後世物語』・『自力他力の文』のこころども、二河の譬喩なんど書きて、かたがたへ、ひとびとにくだして候ふも、みなそらごとになりて候ふときこえ候ふは、いかやうにすすめられたるやらん」（『御消息集』第六通）とあるように、親鸞が門弟を忌避したり、門弟が直接、親鸞を避難することもあったようである。

これらの事件を契機として、親鸞は門弟に宛てた手紙の中で、「この文をもつて、

＊関東で起こった異義の中でも、いわゆる善鸞事件は、親鸞が最も心を痛めた深刻な事件であった。親鸞は断腸の思いで実子の慈信房に義絶状を認めるとともに、門弟に宛てた手紙の中では「よきこと」と語っている。「よきこと」とは、人々の信心がたじろいだということは、それによって人々の信心が真になる道が開けたという意味で喜ぶべきことであるといった思いである。親鸞は、最も心痛な状況を本当の信心に気づく機縁と積極的に受けとめ、門弟に教示したのである。

鹿島・行方・南の荘、いづかたもこれにこころざしおはしまさんひとには、おなじ御こころによみきかせたまふべく候ふ」（『末灯鈔』第二〇通）。「念仏申さんひとは、性信坊のかたうど（方人＝見方）にこそなりあはせたまふべけれ」（『御消息集』第二通）。「聖人の廿五日の御念仏も、詮ずるところは、かやうの邪見のものをたすけん料にこそ、申しあはせたまへと申すことにて候へば、よくよく念仏そしらんひとをたすかれとおぼしめして、念仏しあはせたまふべく候ふ」（『御消息集』第八通）と、門弟が団結して異義にあたるべきことを説くようになる。

異義事件が表面化する一方、門弟と交わす手紙には、一途に親鸞を慕う門弟と一人一人の門弟を大切にする親鸞との心の交流が綴られている。主人に無断で上洛したゑん仏に対する思いやりや、親鸞直弟中、唯一親子と判明する覚信・慶信父子との生死無常を超える一味の法悦で結ばれた心の行き交いは、現存する自筆消息に感応することができる。

生きている限り、人間は必ず老い、やがて死んでいくわけであるが、長生きをし、僧侶でありながら家族を持った親鸞の生き方には、同じ年に生まれた明恵（一一七三－一二三二）や同時代に生きた道元（一二〇〇－一二五三）が経験し得なかった実存的な苦しみを背負っている点において、特異な宗教経験が開かれていると言える。そこに親鸞の教えを聞いた人たち、いわゆる門弟たちは魅力を感じるとともに、心の支えを求めたと言っても過言ではない。

（安藤章仁）

どこから学び始めるか

浄土三部経・七高僧

浄土三部経

《浄土三部経とは》「浄土三部経」という言い方は、法然の『選択本願念仏集』の二門章にはじまる。往生浄土を明かす根本聖典三部ということであるが、今はもっと厳密に、浄土真宗の根本教義を示す、正しくよりどころとする聖典という意味である。康僧鎧《こうそうがい》訳『仏説無量寿経』（大経）上下二巻、畺良《きょうりょう》耶舎《やしゃ》訳『仏説観無量寿経』（観経）一巻、そして鳩摩羅什《くまらじゅう》訳『仏説阿弥陀経』（小経）一巻をいう。親鸞は、康僧鎧訳以外の『大経』の異訳も用いるし、『小経』の玄奘《げんじょう》訳である『称讃浄土経』の文も引用している。しかし、浄土真宗においてはこれら三本をもって正依《しょうえ》としている。仏教学的には、訳者に疑義のある場合があっても、これも右のとおりで変更しない。また、宗祖が用いなかったから、サンスクリットの原典だとかチベット訳などはよりどころとはしない。

《三部経の内容》『大経』の内容は、簡単に言ってしまえば、上巻に「弥陀成仏の因果」が説かれ、下巻には「衆生《しゅじょう》往生の因果」が示されている。すなわち、法蔵菩薩の四十八願とそれに続く修行が弥陀成仏の因であり、その因が完成して、阿弥陀仏となり極楽浄土が建立され、衆生救済のために六字の名号を成就していること、これが弥陀成仏の果である。衆生往生の因とは、阿弥陀仏の名号を聞信すること（信心を賜ること）ただ一つで浄土往生がかなうという、絶対他力の大道である。すなわち私たちに与えられる救済のすがた。往生の果とは、私たちが浄土に往生して得るところの証果である。

またそれらに加えて、釈尊の出世《しゅっせ》本懐《ほんがい》としての教えがこの『大経』であること、釈尊が本願の念仏に導き信後の倫理生活を勧めた「三毒・五悪段」の説、仏智疑惑のものの往生は不完全な往生の胎生《たいしょう》であり、正しい往生の化生《けしょう》は得られないこと、教えが滅尽する末法《まっぽう》のときにもこの『大経』だけは滅びずに存続すること、なども説かれている。

さらに偈頌《げじゅ》（詩の形式）の部分として、法蔵菩薩が、師の世自在王仏を讃嘆しつつ、自己の願いを表明した「讃仏偈」（嘆仏偈）、四十八願を誓った後に、偈頌にしてまとめて重ね誓った「重誓偈」（三誓偈）、そして下巻にでる、浄土に往きて阿弥陀仏に観《まみ》えるよう釈尊が勧めて詠った「往覲《おうごん》偈」（東方偈）の三種類がある。

『観経』は、有名な王舎城の悲劇が語られ、それを機縁として、浄土往生のための定善十三観と散善三福が説かれる。そして、散善三福を九とおりの人間（九品《くぼん》）に配当して示すのであるが、下三品（下の上、下の中、下の下の人間）は三福無分の極

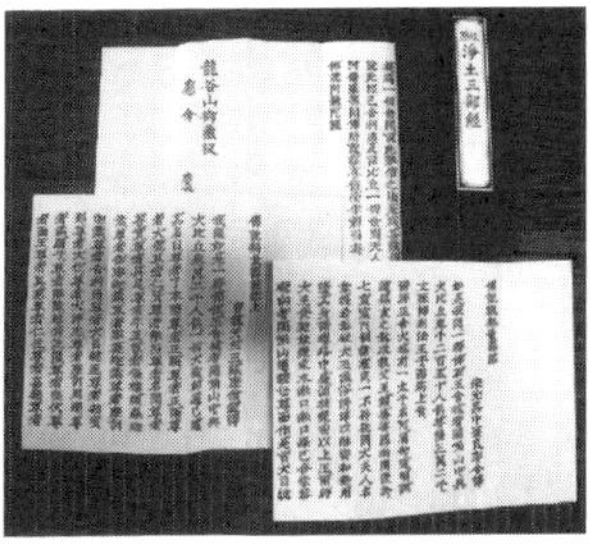

「三部経」巻子本と折本

悪人で、これらは一つとして善を行うことができないから、定散二善ではなしに「念仏の一行」だけが勧められている。また経末には、念仏行はとても優れた往生行であると説かれている。

『小経』は、釈尊が五濁《ごじょく》の世の衆生を憐れんで、誰に問われることもなしに自らすすんで説いた（無問自説《むもんじせつ》）経といわれる。極楽浄土を讃嘆し、光明無量、寿命無量のゆえに阿弥陀と号することを説明し、弥陀と同様の証果を得る往生を勧めている。そして、この極楽に往生するために、少善根福徳の諸行を捨てて、多善根多福徳の念仏行によるべきことを教えている。また、六方世界の諸仏はこの念仏の功徳を証明し、念仏の行者を護念していることを説いて経が終わっている。

《三経の差別門と一致門》　ところでこの「三部経」の内容は、表面的に見るかぎり、阿弥陀仏の本願と他力念仏を教える『大経』、定散二善の実践を中心的に示す『観経』、そして自力念仏を勧める『小経』と、必ずしも同一ではない。しかし、『観経』と『小経』とは顕説《けんぜつ》と隠彰《おんしょう》というふたつの見方があって、表に説かれた内容（顕説）では定散二善や自力念仏を説いてはいるが、表現のおくそこで本意として説いていること（隠彰）は、ともに『大経』に同じく、他力念仏の法であると考えるのである。

このように「浄土三部経」の内容を、それぞれが説き示すものは異なっていると考えるのを三経差別門、おくそこではすべて同一の内容を説いているとするのを三経一致門という。親鸞独特の「三部経」に対するとらえ方である。

「七祖聖教」（西本願寺蔵版）

七高僧の教え

七高僧とは、親鸞が浄土教の祖師として尊崇した、インド・中国・日本の七人の高僧をいう。すなわち、龍樹菩薩・天親（世親）菩薩＝インド、曇鸞大師・道綽禅師・善導大師＝中国、源信和尚（恵心僧都）・源空（法然）上人＝日本、の七人。そして、この七高僧の著作で浄土真宗で大切にするものを「七祖聖教《しちそしょうぎょう》」というが、『十住毘婆沙論』の「易行品」（龍樹）、『無量寿経優婆提舎《うばだいしゃ》願生偈』（浄土論あるいは往生論と略称する、天親）、『無量寿経優婆提舎願生偈註』（往生論註あるいは浄土論註、また単に論註などと略称する）と『讃阿弥陀仏偈』（曇鸞）、『安楽集』（道綽）、『観無量寿経疏』と『法事讃』と『観念法門』と『往生礼讃』と『般舟讃《はんじゅさん》』の五部（善導）、『往生要集』（源信）、『選択本願念仏集』（源空）を指していう。

《龍樹と易行道》龍樹は、『華厳経』の「十地品」を註釈した書物『十住毘婆沙論』の第九章「易行品《いぎょうぼん》」のなかで、仏道を難行道と易行道に分ける。陸路を徒歩で歩いてゆくのにたとえられる困難な修行の道と、船に乗って水上を進むのにたとえられるやさしい道だという。易行道すなわちやさしい道こそ求め願われるべき方向であって、これは、「信方便の易行」という名で出てくるが、結局、「信心を内容とする称名」のことである。

すなわち、阿弥陀仏などの諸仏諸菩薩の名号《みょうごう》を称える行が易行道であって、龍樹

龍樹（愛知　妙源寺蔵）

は、阿弥陀仏の信仰を表明し、称名行によって不退転地《ふたいてんじ》にいたることを教えたのである。「易行品」においては、必ずしも弥陀一仏への称名行だけが説かれるわけではないが、親鸞は、意識的な読み替えによって、阿弥陀仏に対する称名易行にとりきっていった。

　こうして、最初に阿弥陀仏信仰に生きた先輩として龍樹が位置づけられている。これが七高僧の第一に入れられている理由でもあろう。

《一心願生（信心）を明かした天親》『無量寿経優婆提舎願生偈』（浄土論・往生論）という書物は、ごく小さいものであるが、九十六句の詩句と三千字足らずの散文とからなっている。全体として、「浄土三部経」に説かれている無量寿仏（阿弥陀仏）について論議し、西方浄土に生まれたいと願うこころを語っている。

　詩句部の内容は、天親の阿弥陀仏への帰依と願生浄土の思いを表明したうえで、浄土のすばらしさについて、国土・阿弥陀仏・菩薩の三つの点から計二十九種で讃えている。散文部では、この浄土へ往生するための行として、礼拝《らいはい》・讃嘆《さんだん》・作願《さがん》・観察《かんざつ》・回向《えこう》という五念門行を語り、その行の結果として、往生のすがたを近門《ごんもん》・大《だい》会衆門《えしゅもん》・宅門《たくもん》・屋門《おくもん》・園林遊戯地門《おんりんゆげじもん》の五果門で説明している。

　天親（世親）が七高僧の一人として注目されるのは、「世尊、われ一心に尽十方無《じんじっぽうむ》礙光《げこう》如来に帰命《きみょう》したてまつりて、安楽国に生ぜんと願ず」という表明を最初にしているからである。尽十方無礙光如来すなわち阿弥陀如来に帰依をすること、浄土往生を一心に願っていることがポイントで、「一心」これこそが信心に他ならない、五

天親（愛知　妙源寺蔵）

念門行はこの一心にそなわる功徳であると考えられてゆく。それで、天親は、一心（信心）を明らかにのべひろげたという点で功績とされている。

《曇鸞による浄土論の深い内容の開顕《かいけん》》

曇鸞は『浄土論』を註釈しながら、かれ独自の視点で浄土教の思想を深化させていった。実は、五念門は一心すなわち信心にそなわる功徳であって、五念は一心におさまると見ていったのも曇鸞であった。親鸞が、五念門行は私たち凡夫《ぼんぶ》のなし得る行ではなくて、法蔵菩薩のなしたまうた行であるとして、その行を成就した功徳を私たちに回向してくださるのだ、すなわち、他力回向の信心に五念門行の功徳がこもっていると主張するのは、この曇鸞の発揮を踏まえているのである。

曇鸞がさらに重視されるゆえんは、「他力」をあきらかに示したということにある。「覈求其本釈《かくぐごほんじゃく》」とよびならわしていることであるが、「覈《まこと》に其の本を求むるに、阿弥陀如来を増上縁《ぞうじょうえん》となす」といい、また「おほよそこれかの浄土に生ずると、およびかの菩薩・人・天の所起の諸行とは、みな阿弥陀如来の本願力によるがゆゑなり。なにをもつてこれをいふとなれば、もし仏力にあらずは、四十八願すなはちこれ徒設《とせつ》ならん」と語って、阿弥陀如来の本願力＝仏力こそがすべてであると主張する。そして、この項目のまとめとして「他力を増上縁となす」と言っているから、阿弥陀如来の本願力＝仏力がすなわち他力であって、この他力こそが往生を得させる根源の力だと説くのである。ということで、曇鸞『往生論註』のエッセンスは、他力思想であるとされている。

曇鸞（愛知　妙源寺蔵）

その他で曇鸞が示した特徴的な教えも簡単にふれておこう。阿弥陀仏に救われるべき人間はどんな種類のものであるか議論して、謗法罪《ほうぼうざい》のものは浄土願生の理がないから救われないと示したこと、信心のすがたを丁寧に説いたこと、法性法身《ほっしょうほっしん》と方《ほう》便法身《べんほっしん》という二種法身説を説き、阿弥陀仏のすがたをあきらかにしたこと、さらには「回向に二種あり」として往相《おうそう》と還相《げんそう》を教えたことなどがある。親鸞の「鸞」はこの曇鸞からとったといわれるが、このように、浄土真宗にとって特に重要な事柄がいくつも明かされている。

《末法における往生の道を説いた道綽》　道綽は『安楽集』で時代と人の宗教的素質に相応する教えを追求して、「浄土門」でなければ救われないと主張した。かれの生きた時代は「末法《まっぽう》」であり、仏教が衰滅し人間の資質が劣ってしまったという強烈な時代認識があったからである。当時、釈尊入滅《にゅうめつ》がBC九四九年とされていて、そこから正法《しょうほう》五〇〇年、像法《ぞうほう》一〇〇〇年が経過して、AD五五二年に末法に入ったと考えられていた。道綽はAD五六二年生まれであるから、末法に入って十一年目にあたる年に誕生したのである。

それゆえ、「当今は末法にして、現にこれ五濁《ごじょく》悪世なり。ただ浄土の一門のみありて、通入すべき路《みち》なり」とかれは言うのである。いくらさとりを得る可能性・仏《ぶっ》性《しょう》があり、「聖道門《しょうどうもん》」というすばらしい仏法があろうとも、それでは、いまの末法時代には何の役にもたたない。ただただ念仏をして浄土往生を願う浄土門のみが、私たちのとるべき道である。このように道綽は考えて、聖道門と浄土門という仏法

道綽（愛知　妙源寺蔵）

の分類を示し、浄土門＝念仏によるべきことを強く訴えたのである。

《浄土教義の大成者・善導》　善導の業績は、「古今楷定《ここんかいじょう》」という言葉で語られている。善導以前と同時代の仏教者の『観経』解釈の謬りを正し是非を定めるという意味で、⑴九品はみな凡夫であり聖者ではないとして、『観経』が凡夫の救済を説いた経典であることを強調したこと、⑵阿弥陀仏の浄土は凡夫も聖者も一緒に住んでいる次元の低い世界ではなく、きわめてすぐれた報土《ほうど》であり、下品《げぼん》の凡夫がそこに生まれられるのは、ただ仏願力によるからだとしたこと、⑶下品の人が十声の念仏で往生できるというのは釈尊の方便にすぎず、「やがていつの日にか遠い将来に」の意味である（別時意《べつじい》）という説を、「南無阿弥陀仏」の名号には往生のための願も行もそなわっているから、この名号をとなえる称名念仏《しょうみょうねんぶつ》でただちに往生できるのだと説き示したこと、がその内容である。

またかれは、道綽のときまで曖昧であった念仏を限定して、称名一行に念仏を取りきっていった。往生のための五種の正行として、読誦《どくじゅ》・観察《かんざつ》・礼拝《らいはい》・称名・讃嘆《さんだん》供養《くよう》を教えているが、このうち第四の称名を「正定業《しょうじょうごう》」（正しく衆生の往生が決定する行業）とし、前三後一の読誦等の四行を「助業《じょごう》」（称名の助であり伴である行業）とすることに明らかである。さらに、『観経』の至誠心・深心・回向発願心という三心を解釈して、後世に重大な影響をおよぼしたが、特に深心の解釈中に明かされた「二種深信釈《にしゅじんしんしゃく》」は有名である。深心は信心（信楽）に他ならないから、結局、信心の内容をこれで示したのである。親鸞がこれをそのまま受けついでいることは言うま

善導（愛知　妙源寺蔵）

でもない。

その他のことは、いまは省略するが、善導はこのようにして浄土教の教えを大成し、中国浄土教にとどまらず、日本の浄土教に大きな影響を与えたのである。

《源信がひろめた往生浄土の教え》　恵心僧都《えしんそうず》源信は天台宗に属する僧で、横川《よかわ》の恵心院に住した。末代の凡夫のために、穢土《えど》を厭離《えんり》して阿弥陀仏の浄土を欣求《ごんぐ》すべきことを教え、それをまとめたのが『往生要集』である。その中心思想をどうみるかで、諸説があるが、法然は、第十八願の他力称名念仏を、往生のためのもっとも重要な行業として説いたのが『要集』であると解釈している。

七高僧の一人として、源信の功績とされていることは、報土と化土《けど》の往生の別を明かしたということである。すなわち、自力信心の人は化土に生まれ、他力の信心によって念仏一つを修する人は報土に生まれる。それゆえ、他力信心を得て真実報土に往生するよう願えと教えたのである。この化土は、仏教一般のそれではなく、報土中の化土で、辺地《へんじ》とか疑城胎宮《ぎじょうたいぐ》とかいわれる世界である。源信は、こうして浄土門における正行（信）と雑行（疑）の優劣と、専修（念仏一行）と雑修（諸行並修）の得失を判定したのである。

《浄土宗独立の祖・源空（法然）》　源空は天台宗の僧であったが、善導の『観経疏』の「一心にもっぱら弥陀の名号を念じて、行住坐臥に時節の久近《くごん》を問はず念々に捨てざるは、これを正定の業と名づく、かの仏の願に順ずるがゆゑなり」という文によって専修念仏《せんじゅねんぶつ》に帰した。あとは偏《ひとえ》に善導一師をよりどころにして浄土教をひろめ

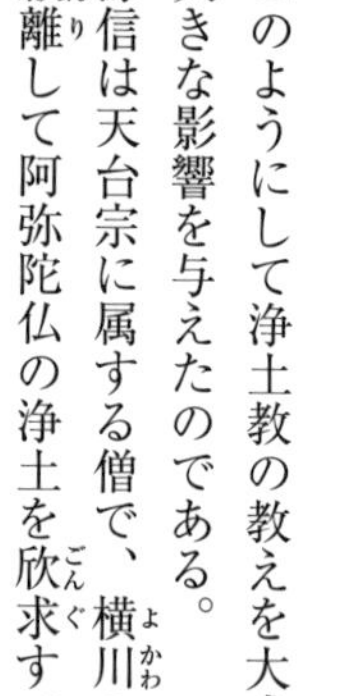

源信（愛知　妙源寺蔵）

ていったのである。
かれの浄土宗独立の宣言書が『選択本願念仏集』である。「往生の業として、阿弥陀仏が本願に選び取られた行こそが念仏である」として、称名念仏の専修を教えている。詳しい紹介をしている余裕がないので、『教行信証』にならって、有名な「三選の文」の引用で責めを果たしたい。

それすみやかに生死を離れんと欲《おも》はば、二種の勝法のなかに、しばらく聖道門を閣《さしお》きて選びて浄土門に入るべし。浄土門に入らんと欲はば、正雑二行のなかに、しばらくもろもろの雑行を抛《なげす》てて選びて正行に帰すべし。正行を修せんと欲はば、正助二業のなかに、なほ助業を傍《かたわ》らにして選びて正定をもつぱらにすべし。正定の業とは、すなはちこれ仏名を称するなり。名を称すれば、かならず生ずることを得。仏の本願によるがゆゑなり。

この「仏の本願による」という言葉に、「阿弥陀仏の選択」された念仏こそがすべてである、という源空の強い思いが見て取れよう。

親鸞はこの源空を生涯の師とした。かれが師の教えとして「正信偈」源空讃にその功績をたたえていることは、『選択集』の第八「三心章」で、「生死の家には疑をもつて所止《しょし》となし、涅槃《ねはん》の城《みやこ》には信をもつて能入となす」と述べていることによる。ただ本願を信ずること（信心）こそが浄土往生の正因であるという教えは、師・源空より得たとの言明である。

（相馬一意）

源空（愛知　妙源寺蔵）

親鸞に関する文献資料

親鸞に関する文献資料は、現存する親鸞真蹟本および書写本から、大きく次の三種の傾向に分けることができる。

①経論釈の書写・抜書《ぬきがき》
②論釈の書写・加点・編集
③自身による著作

文献資料の概観

まず、①経論釈《きょうろんしゃく》の抜書は、法然門下に入って後の比較的若い時代に集中するが、その研究態度は晩年にまで貫かれている。ここにいう経論釈とは、経は釈尊の説いた教え、論はインドの論師が経典を解釈したもの、釈は中国・日本の祖師が経論を註釈したもののことである。『仏説観無量寿経』（以下『観経』）『仏説阿弥陀経』（以下『小経』）の集註《しゅっちゅう》がその代表である。②の書写本は、自己の研鑽のためのものと門弟に授与するためのものとに分けられる。前者には『涅槃経』（南本）『大般涅槃経《だいはつねはんぎょう》要文《ようもん》』（北本）の抜書があり、後者には、法然門下の兄弟子である聖覚《せいかく》や隆寛の著述および『後世《ごせ》物語《ものがたり》聞書《ききがき》』があげられる。すでに関東時代から親鸞は門弟に書写したものを与えていたようで、寛喜二年（一二三〇）親鸞五十八歳の時に書写した『唯信抄』の真蹟本が現存する。次に加点本とは、版本に加点したもののことで、『五部《ごぶ》九巻《くかん》』『往生論註』がある。編集本としては、親鸞八十五歳の時に編集した『西方指《さいほうし》南抄《なんしょう》』『上宮太子御記《じょうぐうたいしぎょき》』がある。③については、漢文体と和文体とに分けることができる。漢文には『教行信証《きょうぎょうしんしょう》』をはじめとする文類《もんるい》や偈頌《げじゅ》、和文には和讃や経釈《きょうしゃく》文《もん》の註解《ちゅうげ》、消息《しょうそく》などがある。

この三種の傾向は、おおよそ時代順に見ることができるが、必ずしも決定的ではない。確実に言えることは、親鸞帰洛後の晩年の生活は②③を中心とする著述活動にあり、宝治二年（一二四八）七十六歳の『浄土和讃』『高僧和讃』にはじまり、文応元年（一二六〇）八十八歳の『弥陀如来名号徳』にいたるまで数多くの著作が生まれていることである。確認できる奥書から概算される著作・書写・消息の数は六十点に近くになる。しかも著作のほとんどは八十歳を超えてからものであるから、親鸞の強靭な精神力と研鑽の跡を偲ぶことができる。けれどもこの点に関しては、著述や書写が集中するのは、建長八年（一二五六）五月二十九日の善鸞義絶事件と前後しており、関東の門弟が動揺し、親鸞との関係が極度に緊張した時期であったことが知られる。したがって親鸞の晩年は、思想や信仰が円熟する一方で、異義による東国門弟の動揺を鎮静化し、念仏往生の真意を伝えるという厳しい使命を担っていたのである。

著述のカテゴリーには入らないが、晩年の親鸞は、自身の寿像を制作し、また名号本尊を書き、それらの上下に賛銘を記すなど、オリジナリティーあふれる活動も続けている。

このような一連の著作活動は、親鸞自身の宗教経験を成立

安城御影（京都　東本願寺）

させる阿弥陀仏の救いの構造を体系化するとともに、対内的には門弟に他力念仏の真実信心を勧め、対外的には浄土教の教えの真実性を弁証するという目的によるものであった。そのことは、親鸞自身の言葉で、次のように述べられている。

慶《よろこ》ばしいかな、心《こころ》を弘誓《ぐぜい》の仏地《ぶつじ》に樹《た》て、念《おもい》を難思《なんじ》の法海《ほうかい》に流す。深く如来の矜《こう》哀《あい》を知りて、まことに師教《しきょう》の恩厚《おんこう》を仰《あお》ぐ。慶喜《きょうき》いよいよ至り、至孝《しこう》いよいよ重し。これによりて、真宗の詮《せん》を鈔《しょう》し、浄土の要《よう》を摭《ひろ》ふ。ただ仏恩《ぶっとん》の深きことを念《おも》うて、人倫《じんりん》の嘲《あざけ》りを恥ぢず。もしこの書を見聞《けんもん》せんもの、信順《しんじゅん》を因とし、疑《ぎ》謗《ぼう》を縁《えん》として、信楽《しんぎょう》を願力に彰《あらわ》し、妙果《みょうか》を安養《あんにょう》に顕《あらわ》さんと。

「化身土巻」

親鸞の著述に関して、その質や量もさることながら、今日まで多くの真蹟本や書写本が現存していることも特筆すべきことである。事実、親鸞の著述群によってはじめて歴史的存在が明らかになる書物も少なくない。親鸞の努力と伝持した各時代の門弟・先達の努力の集積によって、私たちは時空を超えて親鸞の全著作に出遇うことができるのである。

これより以下、親鸞に関する文献を概観するにあたり、便宜上、「親鸞著述の文献」、「親鸞書写の典籍文献（書写・編集・加点）」、「親鸞の思想行実を伝える文献」、という三つの項目に分けて概説していく。

親鸞著述の文献

《『顕浄土《けんじょうど》真実《しんじつ》教《きょう》行《ぎょう》証《しょう》文類《もんるい》』》　教・行・信・証・真仏土・化身土の六巻よりなる漢文体の親鸞の主著であり、経論釈の文章を集めて真宗の教義を明らかにした立教開宗の根本聖典である。一般に『教行信証』と略称されるが、直弟子たちは『教行証』の呼称を用い、その他に『教行証文類《きょうぎょうしょうもんるい》』、『広文類《こうもんるい》』、『本典《ほんでん》』『御本書《ごほんじょ》』とも呼ばれる。

初めに「総序」があり、「教巻」では『大経』が真実の教えであって、本願を宗《むね》とし、名号を体とすることが述べられる。「行巻」は第十七願に基づき真実行は称名念仏の大行であることを証し、釈迦・弥陀二尊と七高僧をたたえる「正信念仏偈」（正信偈）で結ぶ。「信巻」は、大信心・三一問答（本願の三心と『浄土論』の一心との関係を明らかにする問答）・逆謗摂取《ぎゃくほうせっしゅ》を通して、阿弥陀仏の救いの構造と衆生の獲信《ぎゃくしん》の構造が明かされる。「証巻」は、往相廻向の結びとして第十一願に基づく現当二益《にやく》（現世《げんせ》で住正定聚《じゅうしょうじょうじゅ》、来世で必至滅度《ひっしめつど》の利益を得ること）と還相廻向《げんそうえこう》が説かれる。「真仏土巻」は、光明無量を誓う第十二願と寿命無量を誓う第十三願に基づいて、阿弥陀仏とその浄土を明らかにしている。「化身土巻」は、全巻の中でもっとも大部で本末に分かれている。前五巻が真実を顕すのに対して、「化身土巻」は仮偽の判別を通して真実に至る手だての意味と浄土真実を明きらかにしている。親鸞の獲信のプロセスを語る三願転入、末法思想、神祇観など重要思想も説かれている。そして最後にあらためて本書撰述の因縁が語られ巻を閉じる。

本書の撰述は、「化身土巻」で仏滅年代を算定するところに「元仁元年（一二二四、親鸞五十二歳）」という年時が記されていることから、一般にこの頃に初稿本が成立したと考えられている。寛元五年（一二四七、親鸞七十五歳）には従弟の尊蓮《そんれん》が『教

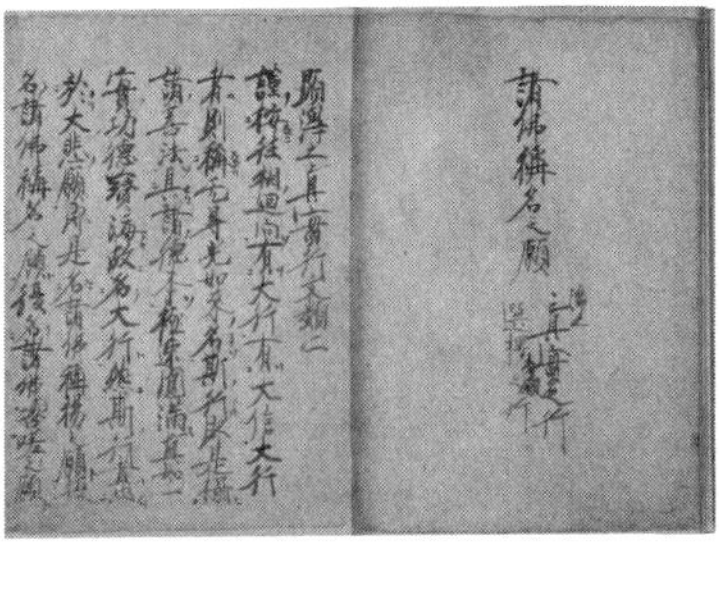

『顕浄土真実教行証文類』（京都　東本願寺蔵）

行信証』を書写し校合《きょうごう》しているので、それ以前には成立していたことは確実である。

唯一の親鸞真蹟本は、現在、東本願寺に所蔵される国宝の「草稿本」である。もと下総横曽根の坂東報恩寺に伝来したことから「坂東本《ばんどうぼん》」とも呼ばれ、関東大震災以後に東本願寺に移管された。昭和二十九年（一九五四）の坂東本解装修理の成果から、本書の初稿本は元仁元年（一二二四）以前に成立していたこと、坂東本は初稿本ではなく晩年に至るまで加筆訂正が続けられた草稿本であることなどが判明した。

親鸞在世中に本書の書写を許されたのは、尊蓮、専信房、真佛の三人のみである。その中で現存するのは真佛書写本のみで、重要文化財として高田派本山専修寺に所蔵されている。この高田本は、専信房が建長七年（一二五五）に親鸞自筆草稿本を書写したものを、真佛が清書したものである。同じく重要文化財として西本願寺に所蔵される本は、親鸞示寂後十三年の文永十二年（一二七五）に書写されたと推定されるものである。蓮如が吉崎滞在中に、本向坊了顕《ほんこうぼうりょうけん》が焼失の難を身をもって護ったという伝説から「腹籠《はらごもり》の聖教」とも呼ばれている。

《『浄土文類聚鈔《じょうどもんるいじゅしょう》』》　親鸞の主著『顕浄土真実教行証文類』の肝要を示した書。「浄土三部経」と龍樹、天親（世親）、曇鸞、善導の四師の論釈を引用するのみで簡略化されているので「略典《りゃくでん》」とも言う。その内容は、はじめに教・行・証の三法を中心に教義の大綱を示し、次に「念仏正信偈」（文類偈《もんるいげ》）をおき、最後に三心一心の問答を設けて信心の内容を明らかにしている。

撰述年代は、『教行信証』との前後関係を含め明らかではない。親鸞の真蹟本は現

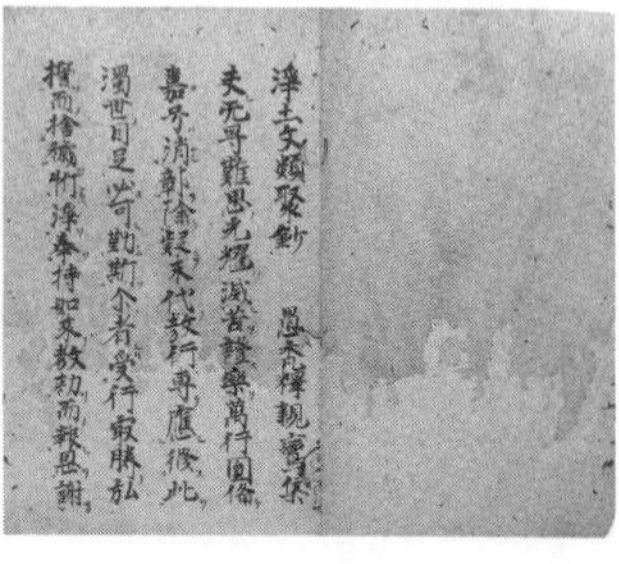

『浄土文類聚鈔』（愛知　上宮寺蔵）

存せず、滋賀県光延寺に延慶二年（一三〇九）に書写された古写本がある。その他に愛知県上宮寺に南北朝時代の写本、愛知県浄光寺に建長七年（一二五五）の原本奥書を持つ室町時代の写本が伝来する。

《『浄土三経往生文類《じょうどさんぎょうおうじょうもんるい》』》　『仏説無量寿経』『仏説観無量寿経』『仏説阿弥陀経』の「浄土三部経」について、経論釈の文を引用して、それぞれに難思議往生《なんじぎおうじょう》・双樹《そうじゅ》林下《りんげ》往生《おうじょう》・難思《なんじ》往生《おうじょう》があることを述べ、その真仮を判別し、往相廻向の信証二法を説く。広略の二本があり、略本の親鸞真蹟本は、建長七年（一二五五、親鸞八十三歳）に撰述された。現在、西本願寺に所蔵されるが、表《おもて》表紙《ひょうし》の黒印から、もと横曽根報恩寺に伝来したことがわかる。広本は、康元二年（一二五七、親鸞八十五歳）の撰述で、真蹟本と伝えるものが真宗興正派本山興正寺に所蔵される。この広本には、略本に説かれていない真実行や還相廻向が加筆されている。この点について、親鸞は略本撰述の翌年に著した『往相廻向還相廻向文類』という短編の中で詳述している。そしてその翌年に広本が撰述されている。したがって広本は、略本と『往相廻向還相廻向文類』を統合整理したものと考えられている。

《『愚禿鈔《ぐとくじょう》』》　この書は、図式的な表現で全編が満たされる教相判釈《きょうそうはんじゃく》の書であって、上下二巻により教判論と安心領解《あんじんりょうげ》が示され、親鸞の信心の立場を明きらかにしている。愚禿とは、親鸞みずからの内省的自称であり、その点を配慮し『二巻鈔』とも呼ばれる。現存する諸本の奥書は、建長七年（一二五五、親鸞八十三歳）と記すが、撰述年代は確定されていない。

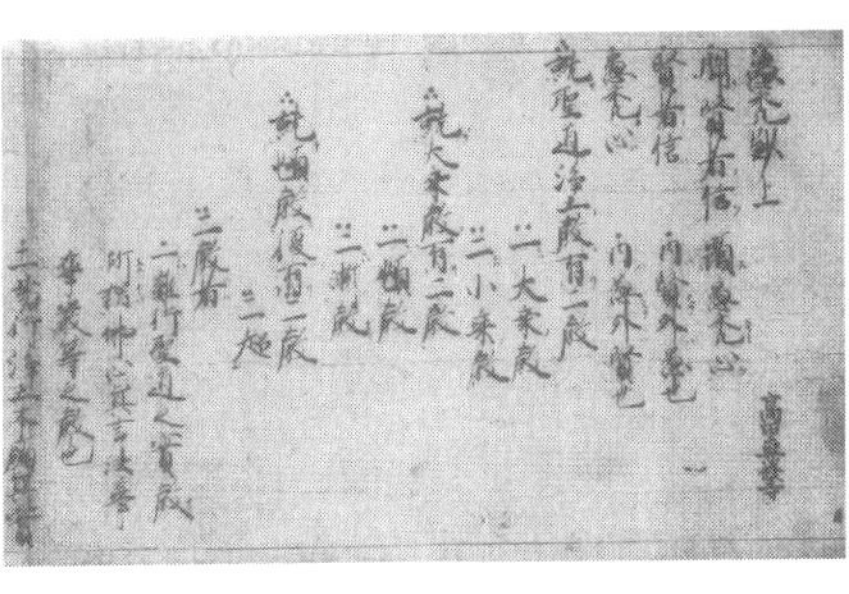

『愚禿鈔』（三重　専修寺蔵）

内容は、まず上巻では一代仏教を二教二超《ちょう》、二教二出《しゅつ》の組織により分類し、いわゆる二双四重《にそうしじゅう》の教判をもって浄土真宗の教義の綱格を開顕している。つづいて下巻では『観経』に説かれる三心（至誠心《しじょうしん》・深心《じんしん》・廻向発願心《えこうほつがんしん》）について善導の「散善義」によって真仮を判じ、要門自力の立場は弘願《ぐがん》他力の真実信心に帰すべきことを明かしている。

真蹟本は現存しないが、存覚の『嘆徳文《たんどくもん》』や『浄典目録《じゅうてんもくろく》』にその名が記されている。現存最古の写本は、高田派本山専修寺に所蔵される顕智本である。顕智が永仁元年（一二九三）に書写したもので、巻子本《かんすぼん》三巻である。現在、流布《るふ》するものは、存覚が下巻を暦応三年（一三四〇）、上巻を康永元年（一三四二）に書写したもので、京都常楽寺に所蔵される。その他、覚如写本系として正応二年（一二八九）と暦応四年（一三四一）の奥書を持つ二種の写本が伝わっている。

《『入出二門偈頌《にゅうしゅつにもんげじゅ》』》　七言四十八句の偈頌《げじゅ》（漢文の歌）で、略して『二門偈』または『往還偈』という。撰述年代は、一般に東本願寺が所蔵する信証本の奥書から建長八年（一二五六、親鸞八十四歳）とされているが、流布本の茨城県聖徳寺本の巻尾には「愚禿八十歳」とあり、それに基づけば建長四年（一二五二）に草稿されたことになる。

入出二門とは、自利利他の二門のことである。天親（世親）の『浄土論』と、それを註釈した『往生論註』には、五念門行のうち、礼拝《らいはい》・讃嘆《さんだん》・作願《さがん》・観察《かんざつ》の行によって浄土に生まれ、近門《ごんもん》・大会衆門《だいえしゅもん》・宅門《たくもん》・屋門《おくもん》の果を得ることを入功徳（自利）、

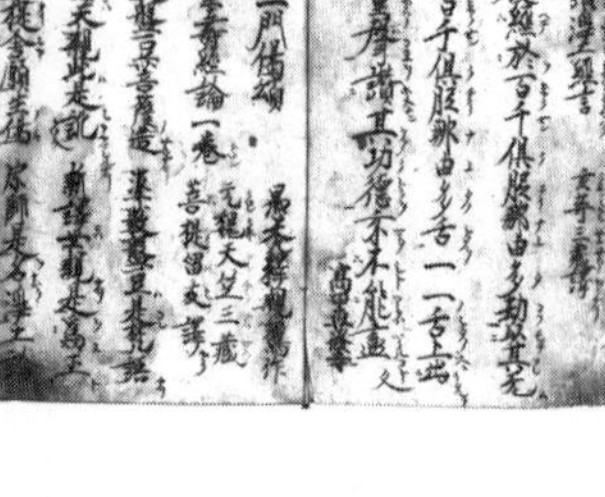

『入出入門偈』（三重　専修寺蔵）

後一念の廻向によって還相し、救済のはたらきをする薗林《おんりん》遊戯《ゆげ》地門《じもん》を出功徳（利他）と示す。本書は、この入出二門が、法蔵菩薩因位中の所修の行によって成就し、本願力廻向によって衆生の救済が成立することが述べられる。さらに道綽・善導の釈によって他力廻向を讃え、信心の行者を称讃している。

《「**三帖《さんじょう》和讃《わさん》**」》　和讃とは、「現世《げんぜ》利益《りやく》和讃《わさん》」の標題に「ヤワラケホメ」と註記されるように漢讃に対し和語で仏徳をわかりやすく親しみやすく讃嘆するものである。和讃は、当時の流行歌（＝今様《いまよう》）の一種である法文歌の形式的影響を受け、四句一章の連作、七五調に整えられており、リズム感があり、内容も理解しやすく、おぼえやすいものとなっている。このことは、親鸞が常に民衆を意識し、人々に仏教を伝えたいという熱き思いからくるものである。その内容は、優雅で格調高く、親鸞の宗教経験に裏打ちされた内面から沸き上がる感動が綴られており、日本和讃史上、質量ともに群を抜いている。というのも和讃は、平安時代以降、盛んに作られるが、ほとんど残っていない。その中で親鸞は、五百首以上の和讃を作り、しかも自らの加筆本や自筆本を書写したものが現存している。

　ところで親鸞の和讃は、和語といっても実際には大和ことばより漢語の方が圧倒的に多く用いられている。このことは、人々のためにわかりやすく説く一方で、仏教的価値に重みをおかない大衆化、俗受けを拒む意図があったと考えられる。ここに生じる矛盾、すなわち親鸞が仏教の教えを人々にやさしく伝える意図で和讃を制作しながら、難解な仏教用語を多用するという矛盾は、漢語に右訓《うくん》・左訓《さくん》・四声点《ししょうてん》

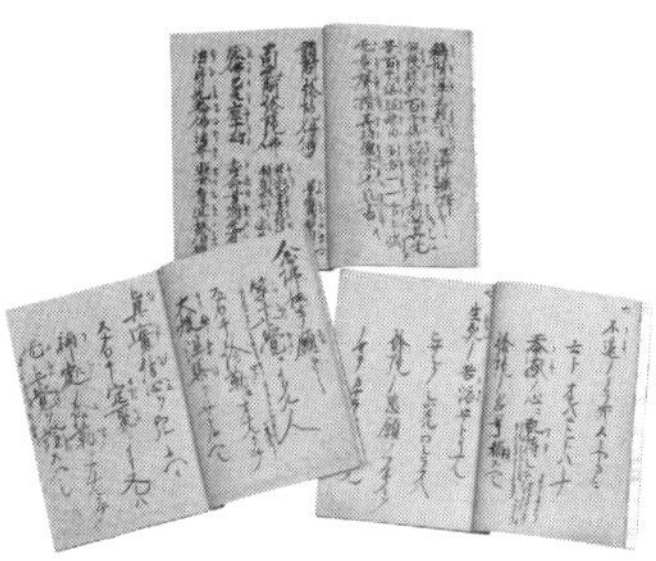

『三帖和讃』（三重　専修寺蔵）

という解説を施すことによって解決させている。

和讃の撰述年時は、『浄土和讃』と『浄土高僧和讃』は一連の撰述で、初稿本の脱稿は宝治二年（一二四八、親鸞七十六歳）である。『正像末法和讃』は、正嘉元年（一二五七、親鸞八十五歳）に草稿が制作されつつあることが知られる。

「三帖和讃」とは、『浄土和讃』、『浄土高僧和讃』、『正像末法和讃』をまとめた名称で、従覚の『慕帰絵詞《ぼきえことば》』以来、用いられる呼称である。『浄土和讃』は「浄土三部経」を中心に阿弥陀仏とその浄土を讃嘆したもので一一八首からなる。『浄土高僧和讃』は、「正信念仏偈」（正信偈）の依釈段《えしゃくだん》と同様に七高僧の行実や著作を讃嘆したもので一一七首よりなる。『正像末法和讃』は、『浄土和讃』『浄土高僧和讃』に説かれた教法が時機相応の教えであることを讃嘆したもので国宝本（未完稿）は四一首、国宝本の完稿を書写した顕智本は九九首、文明本は一一六首からなる。

親鸞は「三帖和讃」のほかにさらに二種の聖徳太子和讃（『皇太子聖徳奉讃《こうたいししょうとくほうさん》』七五首・『大日本粟散王聖徳太子奉讃《だいにっぽんこくぞくさんのうしょうとくたいしほうさん》』一一四首）も制作している。

「三帖和讃」は、一時期に製作されたものではなく、修正・増補・清書と長い年月を費やして制作されたもので、種々の異本や伝本が伝わっている。高田派本山専修寺に所蔵される国宝本「三帖和讃」は、親鸞自筆および直弟の真佛が書写したものに親鸞が加筆したものである。刊本として最古のものは、蓮如が吉崎滞在中の文明五年（一四七三）に「正信偈」とあわせて四帖一部として開版したもので、「文明本」と呼ばれている。国宝本と比べて内容に変化が見られ、底本について明確でないが、全体としてよく整備されており、流布本の原型となっている。

《『尊号真像銘文《そんごうしんぞうめいもん》』》　「尊号」とは、礼拝《らいはい》の対象となる十字・九字・八字・六字の名号本尊のことである。ここでは銘文の内容から十字名号と推定される。「真像」とは、浄土真宗の祖師方の肖像画のことである。「銘文」とは、尊号や真像の上下に書かれた経論釈の要文である。本書は、銘文のみを集めて、その意味を平易に解釈したものである。親鸞自身の文として「正信念仏偈」（正信偈）二十句にも註解が施されている。親鸞の円熟した晩年の思想や礼拝の対象の本質的な意味が示されるとともに、関東の門弟の信心が動揺している時に指針となるように書かれたものと考えられている。

広略二本の真蹟本が現存し、ともに重要文化財に指定される。略本は、福井県法雲寺に旧蔵したもので、建長七年（一二五五、親鸞八十三歳）に撰述され、所釈の銘文を十六文を収める。広本は、本末二巻に分かれ、正嘉二年（一二五八、親鸞八十六歳）に書かれたもので、高田派本山専修寺に所蔵される。略本に比べて所釈の銘文が二十一文に増広され、形式も整備されている。

《『一念多念文意《いちねんたねんもんい》』》　『一念多念証文《いちねんたねんしょうもん》』とも言う。本書は、関東の門弟におこった一念多念の論争にあたり、親鸞が法然門下の兄弟子である隆寛（一一四八―一二二七）が著した『一念多念分別事《いちねんたねんぶんべつのこと》』に引証される経論釈の要文に註釈を加え、一念多念のいずれにも偏執しない念仏往生の真意を明らかにしたものである。一念多念の論争とは、往生の正因《しょういん》が信の一念または行の一念で決定《けつじょう》するのか、あるいは生涯にわた

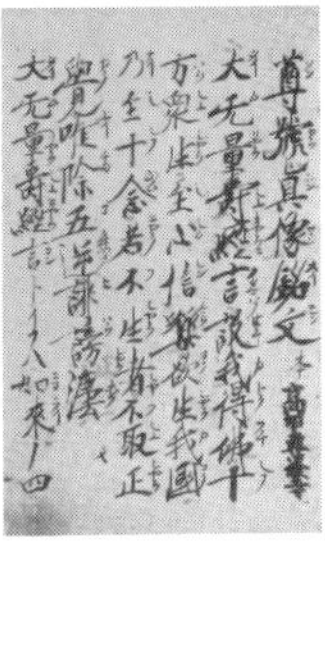

『尊号真像銘文』（三重　専修寺蔵）

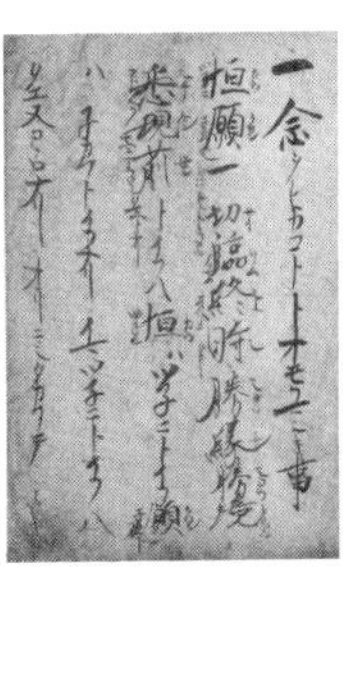

『一念多念文意』（京都　東本願寺蔵）

る数多くの称名によって決定するのかという救済の問題である。

ところで本書は『一念多念分別事』所引の文をすべて註釈したものではない。取捨選択と増補がなされ、『一念多念分別事』を超えた親鸞独自の理解が示されている。隆寛も親鸞も基本的には一念多念に執着しない他力念仏の往生義に立脚するが、親鸞は隆寛に導かれつつ、『一念多念分別事』では明らかでなかった信一念に基づく即得往生、現生正定聚《げんしょうしょうじょうじゅ》の立場を明らかにしている。さらに信の一念を明かす中で、一念多念の論争とは別に弥勒・諸仏等同という信仰上の問題も取り上げている。このことが関東の門弟の中で問題になったいたことは、消息で何度も取り上げられていることによって概要を知ることができる。本文では、「信巻」便同弥勒釈に引用される王日休《おうにっきゅう》の『浄土文』を抄録し、他力の信を得た念仏者は「无上涅槃にいたること弥勒におなじきひと」と説いている。

親鸞真蹟本が東本願寺に所蔵され、奥書から康元二年（一二五七、親鸞八十五歳）に撰述されたことが知られる。

《唯信鈔文意《ゆいしんしょうもんい》》　法然門下の兄弟子である聖覚（一一六七—一二三五）の『唯信抄』の要文を註釈し、他力念仏往生の実践内容を、人々に理解しやすいようにわかりやすく書き著したものである。

親鸞は、書簡の中で聖覚の『唯信抄』、隆寛の『一念多念分別事』『自力他力事《じりきたりきのこと》』および『後世物語聞書《ごせものがたりききがき》』の四つの書物をあげ、「この御文ともをよくよくつねにみて、その御こゝろにたかへずおはしますべし」と、門弟に熟読するように勧めてい

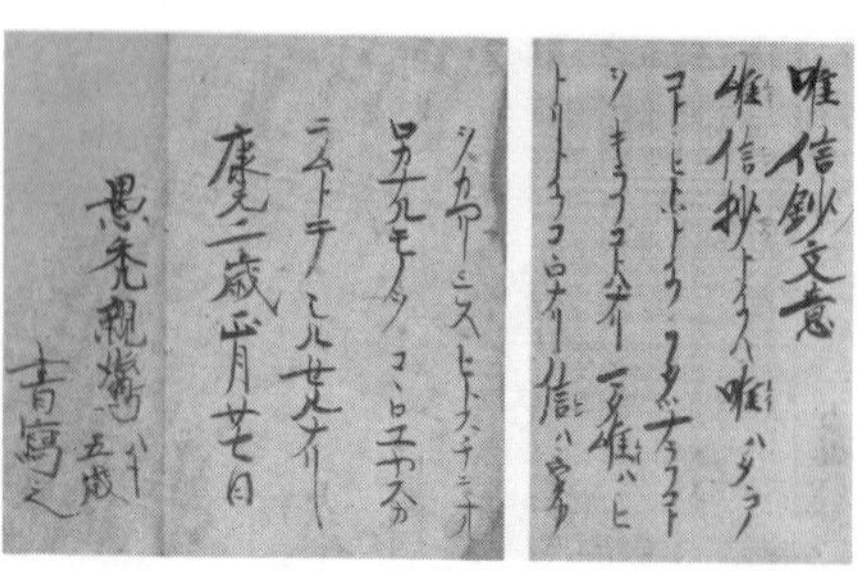

『唯信妙文意』（三重　専修寺蔵）

る。ことに『唯信抄』を早くから尊重し、『唯信抄』成立後九年の寛喜二年（一二三〇、親鸞五十八歳）を端緒に少なくとも五回以上は書写し、門弟に与えている。

親鸞真蹟本が高田派本山専修寺に二本所蔵されており、奥書からともに康元二年（一二五七、親鸞八十五歳）に書写されたことが知られる。執筆時期については、盛岡本誓寺に現存する古写本が、建長二年（一二五〇、親鸞七十八歳）という最も早い撰時を伝えている。


《『如来《にょらい》二《に》種《しゅ》廻向《えこう》文《もん》』》　本書は、天親（世親）の『浄土論』に説く往相廻向と還相廻向に関する要文を集め、往相廻向の真実の行信証を第十七、十八、十一願文で明らかにし、還相廻向については第二十二願を引いて釈した短編である。そして最後に自利利他ともに法蔵菩薩の誓願に基づくもので、行者のはからいではないことを述べ、「他力には義なきをもって義とす」という法然の言葉で結んでいる。

高田派本山専修寺に正嘉元年（一二五七、親鸞八十五歳）の奥書を持ち、覚信から顕智へと伝持された古写本が所蔵される。また、本書とほぼ同内容の南北朝時代の古写本『往相廻向還相廻向文類』が愛知県上宮寺に所蔵されている。『浄土和讃』と題される七つの聖教から構成される最後に収録されるもので、康元元年（一二五六、親鸞八十四歳）の原本奥書が記されている。

ところで『往相廻向還相廻向文類』は、『浄土三経往生文類』の略本が撰述された翌年に書かれたもので、しかも『浄土三経往生文類』の広本で増補され、略本には書かれていない真実行や還相廻向について言及されている。そのことから、まず

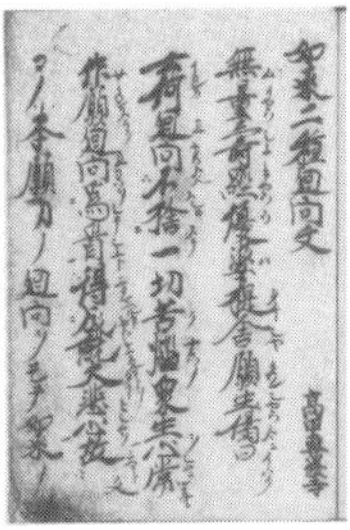

『如来二種廻向文』（三重　専修寺蔵）

『浄土三経往生文類』の略本が書かれ、その後一年おきに『往相廻向還相廻向文類』と『如来二種廻向文』が述作され、それらを整理統合して『浄土三経往生文類』の広本が成立したものと考えられる。

《『弥陀如来名号徳《みだにょらいみょうごうとく》』》　前半に阿弥陀仏の光明の徳をたたえる十二光（无量光《むりょうこう》・无辺光《むへんこう》・无碍光《むげこう》・无対光《むたいこう》・炎王光《えんのうこう》・清浄光《しょうじょうこう》・歓喜光《かんぎこう》・智慧光《ちえこう》・不断光《ふだんこう》・難思光《なんじこう》・无称《むしょう》光《こう》・超日月光《ちょうにちがっこう》）を解説し、後半に十字名号「歸命盡十方无㝵光如来」と八字名号「南无不可思議光佛」の功徳を讃嘆した短編。十二光の内、初めの六光については『西方指南抄』（上巻）の釈を受けている。

真蹟は現存せず、大正七年（一九一八）長野県正行寺で古写本が発見され、初めて江湖に紹介された。正行寺本は、中間に切断された箇所があり、完本ではないが、文応元年（一二六〇、親鸞八十八歳）の奥書があり、本書が親鸞の著述中、最晩年に書かれたものであることを伝えている。

《「消息《しょうそく》」》　親鸞は、六十二歳頃に帰洛すると、その後は関東の門弟たちと手紙（消息）のやりとりをしながら文章伝道を行った。現在、親鸞の消息は、全体で四十三通（真蹟消息六通目を浄信宛一通と御己証一通と数えた場合）が確認されている。その中で年紀の明らかな最初のものは建長三年（一二五一、親鸞七十九歳）で、最後は文応元年（一二六〇、親鸞八十八歳）である。したがって、親鸞は少なくとも十年間にわたり、しかも最晩年まで書簡による門弟との交流を大切にしていたことがわかる。

親鸞真蹟の消息は、高田派本山専修寺に七通、西本願寺に二通、東本願寺に一通

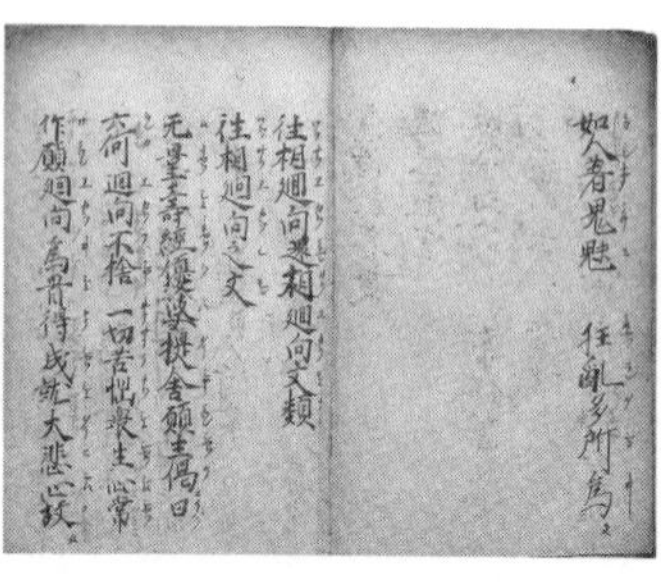

『往相廻向還相廻向文類』
（愛知　上宮寺蔵）

の合計十通が現存する。西本願寺の二通は、親鸞自身や末娘の覚信尼に関するプライベートなもので、他の八通は門弟から寄せられた質疑の解答を内容としている。

親鸞の消息は、早くから集成され、善性本《ぜんしょうほん》『御消息集《ごしょうそくしゅう》』六通（蓮位《れんい》書状一通を添える）、『末灯鈔《まっとうしょう》』二十二通、『親鸞聖人御消息集』十八通、『親鸞聖人血脈文集《しんらんしょうにんけちみゃくもんじゅう》』五通、『五巻書《ごかんじょ》』五通の五部が鎌倉時代末期までに編集されている。高田派本山専修寺に所蔵される善性本『御消息集』は、親鸞滅後十八年間にできたもので、最古の消息集の一つである。『末灯鈔』は成立は遅いが最も流布したもので、覚如の次男、従覚（一二九五―一三六〇）によって編集されたものである。正応二年（一二八九）に編集が完了するが、建武三年（一三三七）の大谷炎上に際し焼失し、転写本から改めて書写したものである。善鸞事件に直接言及したものはなく、一人一人の門弟からの問いかけに応じるかたちで、教義的な問題を説いている。『親鸞聖人御消息集』は、早い時期に編集されたもので、善鸞事件、関東の門弟の異義、念仏者に対する弾圧の問題が取り上げられており、関東教団の動向や親鸞の対応をうかがうことができる。『親鸞聖人血脈文集』は、全五通のうち四通までが性信《しょうしん》に与えられたもので、横曽根門徒によって法然―親鸞―性信の三代伝持の血脈を意識して編集されたものと考えられている。「五巻書」は、親鸞消息の最初の集成本と考えられるもので、親鸞の指示により門弟間で回覧される消息五通一組を、顕智が徳治三年（一三〇八）に書写し相承したものである。

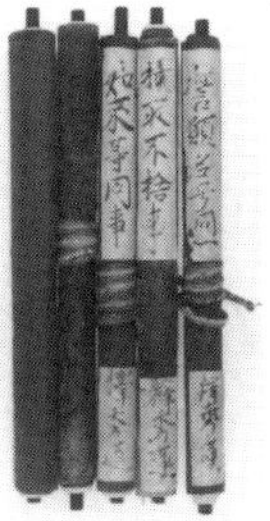

『五巻書』（愛知　妙源寺蔵）

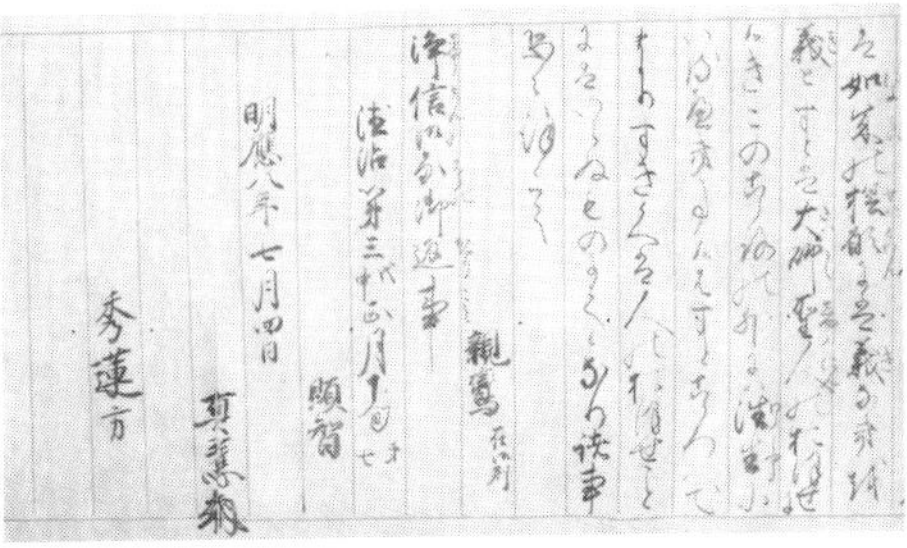

親鸞書写の典籍文献（書写・編集・加点）

親鸞は、生涯に数多くの聖教を書写（抜書を含む）・編集し、また加点を行っている。現在、確認できるものは、次の約二八点である（太字は親鸞自筆本が現存するもの）。

書写	**『唯信抄』** 『自力他力事』 『一念多念分別事』 『選択本願念仏集』 『三部経大意』 『後世物語聞書』 **『見聞集』** **「浄肉文」** **「大般涅槃経要文」** **「信微上人御釈」**
書写	**「烏龍山師并屠児宝蔵伝」** **「道綽伝」** **「曇摩伽菩薩云々」** **「須弥四域経云々」** **「震旦国十四代」** **「数名目と十悪」**
編集	「上宮太子御記」 **『西方指南抄』**
加点	『無量寿経』 『観無量寿経』
加点	**『浄土論註』** **「五部九巻」** **「観経疏」**（四巻） **『法事讃』**（二巻） **『観念法門』**（一巻） **『往生礼讃』**（一巻） **『般舟讃』**（一巻） 「二河譬喩延書」 『往生要集云』

ここでは、その中で親鸞自筆本が現存する次の代表的な九点を取り上げる。

指定	名　称	所　蔵　先
●	『観無量寿経註』『阿弥陀経註』	西本願寺
●	『西方指南抄』	高田派本山専修寺
◎	『唯信抄』	高田派本山専修寺（信証本・平仮名本）、西本願寺

◎	『見聞集』	東本願寺（断簡十四枚）
◎	「大般涅槃経要文」	高田派本山専修寺
○	「浄肉文」	高田派本山専修寺
	「五部九巻」	高田派本山専修寺
◎	『往生論註』	西本願寺

（●＝国宝　◎＝重要文化財　○＝県指定文化財）

《『観無量寿経註』『阿弥陀経註』》 親鸞が法然門下時代に『観経』『小経』の本文を書写し、経文に句切点・送仮名・返点・四声点を加え、さらに天地と行間の余白および紙背《しはい》いっぱいに註記を書き入れたものである。註記には、『観経』は主に「観経疏」により、曇鸞の『往生論註』宗暁《しゅうぎょう》の『楽邦文類《らくほうもんるい》』からも各一ヵ所引用している。『小経』は『法事讃』や元照の『阿弥陀経義疏』により、『称讃浄土経』や善導の『往生礼讃』『観念法門』も参照している。これら註記の緻密さや克明さから、両書は吉水時代の親鸞の研鑽と考えられている。

《『西方指南抄《さいほうしなんしょう》』》 法然の法語や消息、臨終の様子などの行状を写し集めたもので、上中下の三巻からなり、各巻を本末に分冊して六冊よりなる。康元元年（一二五六、親鸞八十四歳）十月から正月を返上し、約三カ月をかけておよそ九百頁の資料を書写し、校正まで行っている。法然の言行録として最古のもので、しかも他に写本のない史料が六編集録されている。全冊、親鸞自筆によるもので、現存する真蹟の中で

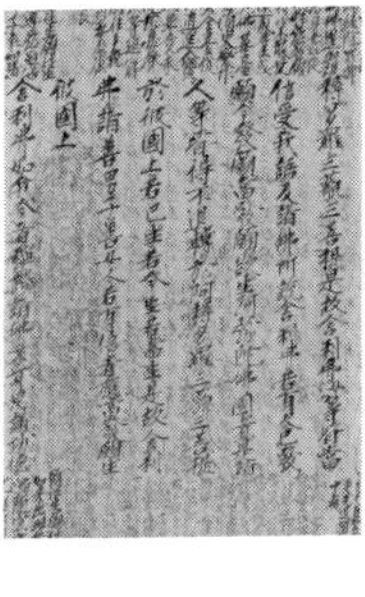

『阿弥陀経註』（京都　西本願寺）

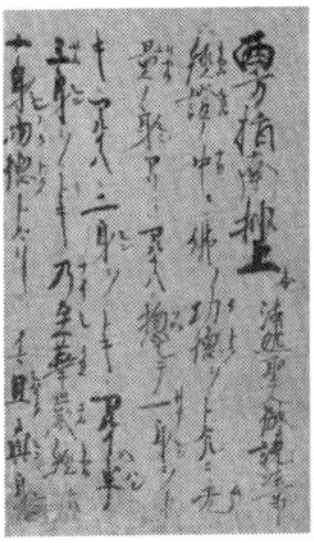

『西方指南抄』（三重　専修寺蔵）

白眉と評される。

《『唯信抄《ゆいしんしょう》』》　安居院《あぐい》聖覚《せいかく》が承久三年（一二二一、聖覚五十五歳）に著したもので、『選択集』によって念仏往生の要義を明かした書である。聖覚の自筆本は現存しない。前半で一向専修を顕正し、後半の釈疑勧信で異義を批判している。親鸞は関東在住中からこの書を書写し、門弟に味読を勧めている。また本書を註釈して『唯信鈔文意』を書いている。

《『見聞集《けんもんしゅう》』》　親鸞が文暦二年（一二三五、親鸞六十三歳）に平仮名交じり文で書写した『唯信抄』の袋綴の折り目を切り離して、そこにできた紙背に法照《ほっしょう》の『浄土五会念仏略法事儀讃』と『涅槃経』南本から抄出した文を書写した非常に珍しい形のものである。

《「大般涅槃経要文《だいはつねはんぎょうようもん》」》　『涅槃経』北本の中から三十五文を抜粋し、続けて『業報差別経』の一文を書写したものである。本書は『見聞集』とともに『教行信証』執筆のための学習ノートと考えられている。

《「浄肉文《じょうにくもん》」》　『涅槃経』の「十種不浄肉」（人・蛇・象・馬・獅子・狗《イヌ》・猪・狐・獮《サ》猴《ル》・驢《ウサギムマ》）の抜書と「三種浄肉」について『十誦律《じゅうじゅりつ》』の「見聞疑《けんもんぎ》」を離れたものであるという説明文を書き留めたものである。「十種不浄肉」は『見聞集』にも確認できるが、肉食《にくじき》に関する唯一の文言として注目される。なお末尾二行の背裏には真佛によって「女犯偈《にょぼんげ》」が墨書されており、現在は別幅となっている。

《「五部九巻《ごぶくかん》」》　善導（六一三—六八一）の著述の総称で、その内容は「観経疏《かんぎょうしょ》」

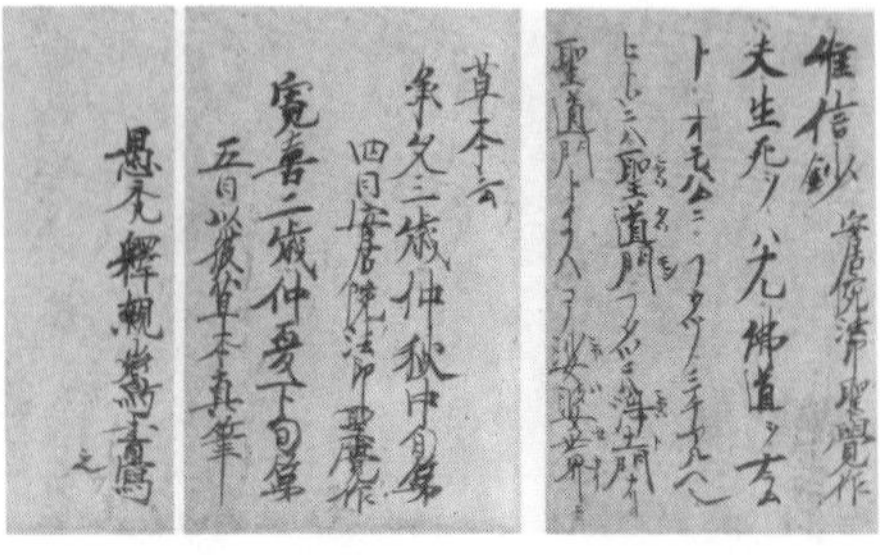

『唯信抄』（三重　専修寺蔵）

「五部九巻」（三重　専修寺蔵。以下同）

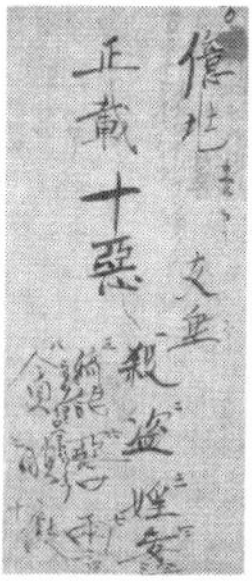

「数名目と十悪」

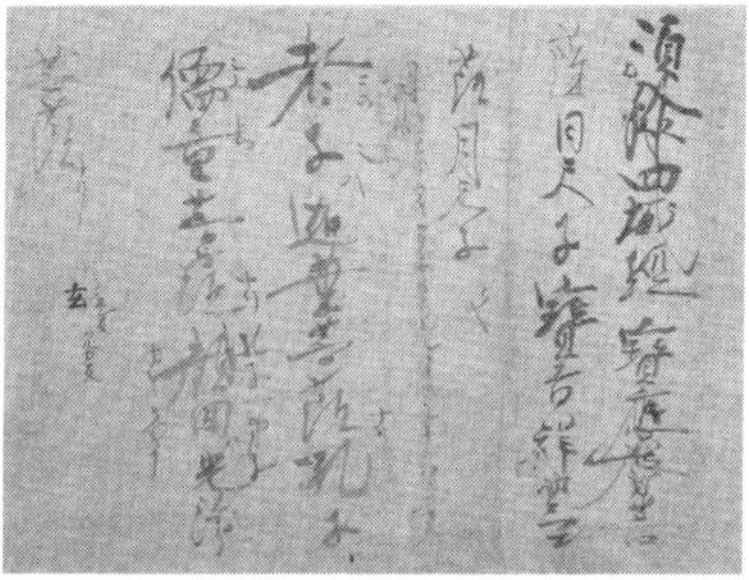

「須弥四域経云々」

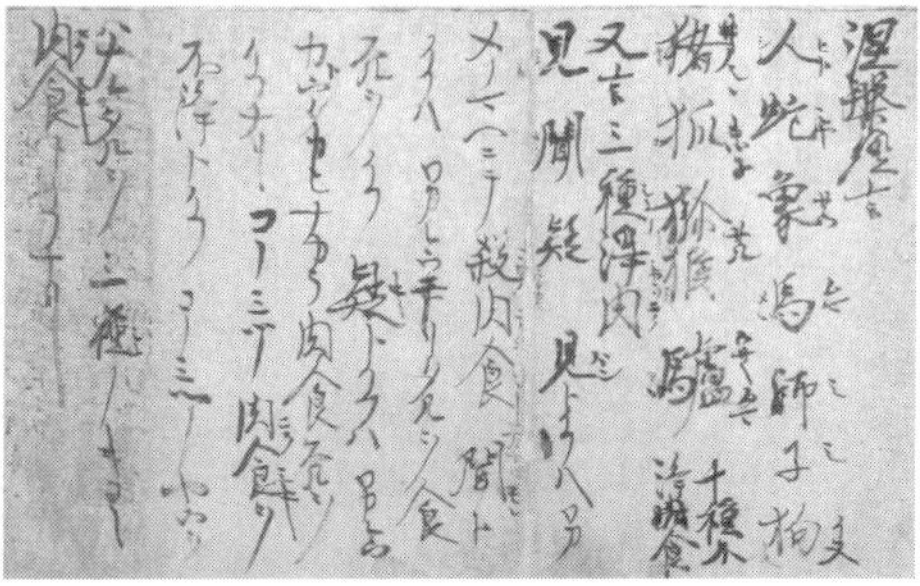

「浄肉文」

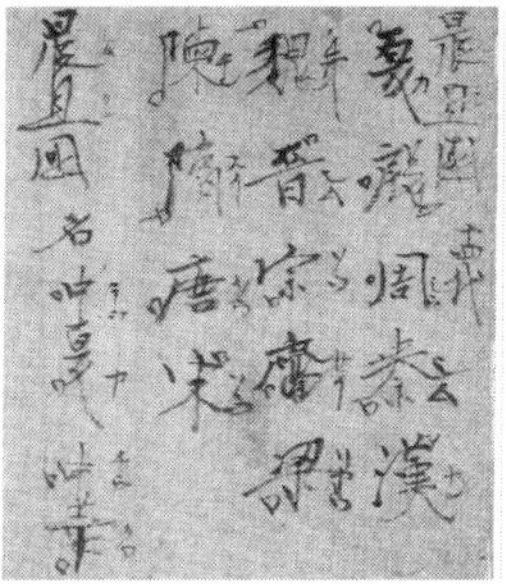

「晨旦国十四代」

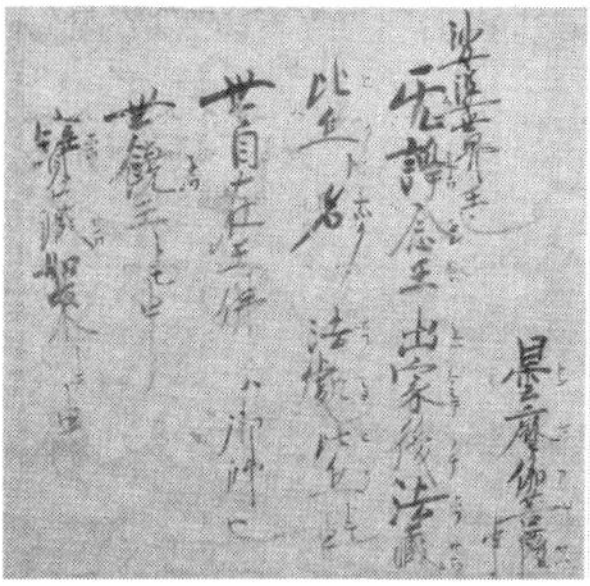

「曇摩伽菩薩云々」

四巻、『法事讃《ほうじさん》』二巻、『観念法門《かんねんぼうもん》』一巻、『往生礼讃《おうじょうらいさん》』一巻、『般舟讃《はんじゅさん》』一巻である。本書は、唯一、全九冊が揃う鎌倉時代の木版本に、親鸞が表紙の外題を書いたものである。

《『往生論註《おうじょうろんちゅう》』》　曇鸞（四七六－五四二）が天親（世親）の『無量寿経優婆提舎《むりょうじゅきょううばだいしゃ》願生偈《がんしょうげ》』（浄土論）を註釈したもので、正しくは『無量寿経優婆提舎願生偈註』といい、親鸞教義に大きな影響を与えた聖教の一つである。本書は、『往生論註』の鎌倉時代の版本に、親鸞が建長八年（一二五六、八十四歳）に朱と墨で仮名や註記を加え、下巻末に迦才《かさい》の『浄土論』から引いた曇鸞の略伝を記したものである。

親鸞の思想行実を伝える文献

親鸞の思想行実を伝える文献史料として、ここでは親鸞在世中から南北朝時代以前に成立した代表的な八点を次表に取り上げる。

指定	名称	筆写	所蔵先
◎	『恵信尼消息』	恵信尼	西本願寺
◎	『歎異抄』	唯円	西本願寺
○	『経釈文聞書』	真佛	高田派本山専修寺
	『見聞』『聞書』『抄出』	顕智	高田派本山専修寺
◎	『親鸞伝絵』	覚如	高田派本山専修寺、西本願寺（琳阿本）東本願寺（康永本・弘願本）千葉県照願寺、大阪府定専坊
◎	『拾遺古徳伝絵詞』	覚如	茨城県常福寺

（◎＝重要文化財　○＝県指定文化財）

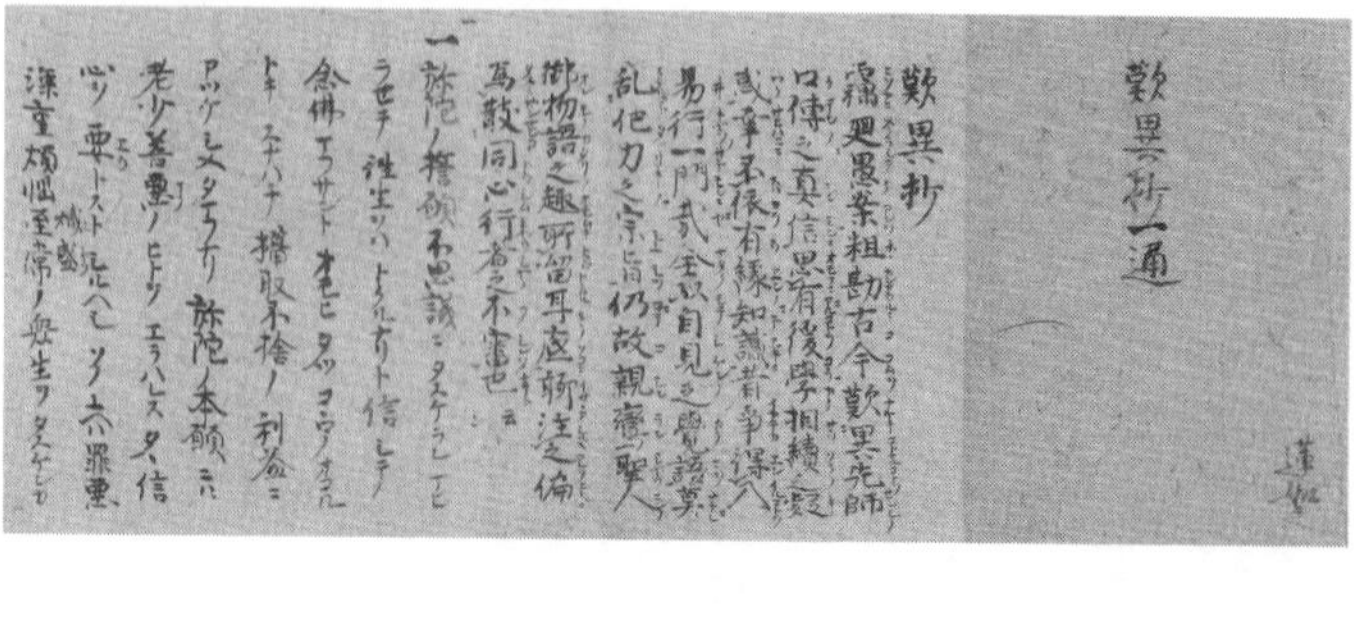

『歎異抄』（京都　西本願寺蔵）

《『恵信尼消息《えしんにしょうそく》』》　親鸞の妻恵信尼（一一八二－一二六八頃）が、末娘の覚信尼に送った書簡十通で、大正十年（一九二一）に西本願寺の宝庫で発見された。内容は、建長八年（一二五六）の譲状《ゆずりじょう》（第一・二通）、弘長三年（一二六三）から文永五年（一二六八）にわたる六年間の消息八通、『無量寿経』の一部音読を仮名書きにした経文の三部からなる。消息八通は、親鸞を回顧する内容（第三～六通）と恵信尼の晩年の生活記録（第七～十通）で、親鸞の行実や恵信尼の生活の様子や往生を待つ心情が綴られている。

《『歎異抄《たんにしょう》』》　親鸞滅後に生じた異義を正すために、前半十条で親鸞口伝《くでん》の法語を伝え、後半八条で諸異義を批判した書である。著者は、親鸞の思想信仰を十分に受けとめた直弟、河和田の唯円と考えられている。

《『経釈文聞書《きょうしゃくもんききがき》』》　真佛（一二〇九－一二五八）が『蓮華面経』『法事讃』『教行信証』などの経論釈から二五文を抜粋したものである。現在は別幅されているが、「親鸞夢記云」も元来、本書に集録されていた。

《『見聞《けんもん》』『聞書《ききがき》』『抄出《しょうしゅつ》』》　親鸞面授の直弟子で関東教団の長老であった顕智（一二二六－一三一〇）が書写した聖教の抜書で、親鸞の『見聞集』、真佛の『経釈文聞書』といった先例を踏襲するものである。『見聞』は、文字通り見聞きした聖教の要文集で、大部分を顕智が書写し、一部、数人の弟子の筆跡が確認される。『聞書』『抄出』は、顕智が『見聞』を整理したと考えられるものである。『聞書』には八〇種一五四文が集録され、その中には、原本を伝えず唯一の写本となるものや、『法華経』

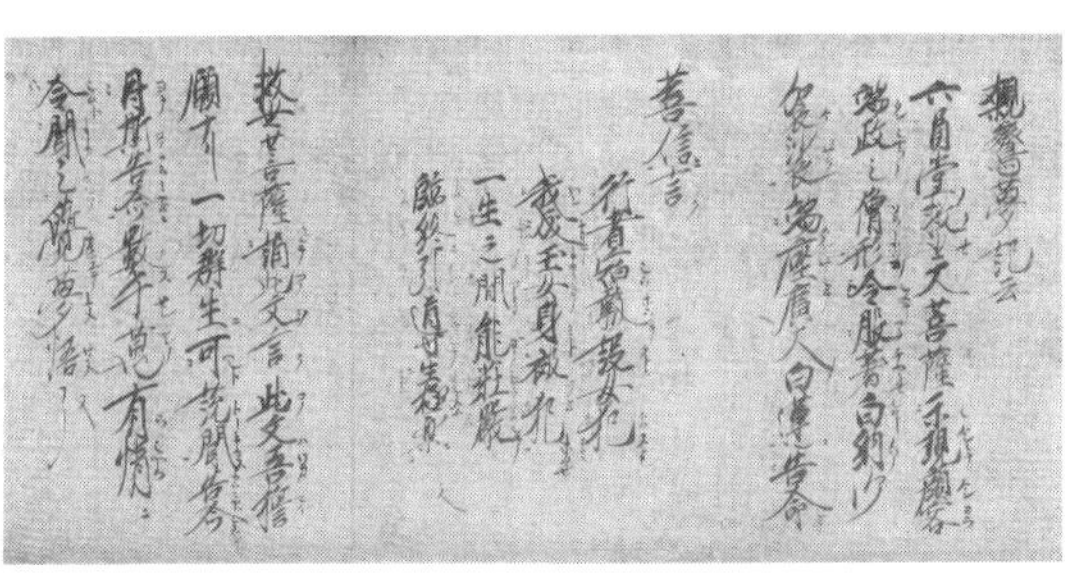

『親鸞夢記』（三重　専修寺蔵）

など親鸞の著作に引用されていない聖教が集録されており、注目される。

《『**親鸞伝絵**《でんね》』》　親鸞の生涯を記した詞書《ことばがき》と、それを図示した絵の部分とが交互に配置された絵巻物で、親鸞の生涯がダイジェストにドラマティックに綴られている。親鸞の三十三年忌を迎えるにあたり、覚如が『報恩講式《ほうおんこうしき》』に続き、永仁三年（一二九五、覚如二十六歳）に制作した。その後も増補改訂が試みられ、最終決定版が康永二年（一三四三、覚如七十四歳）に作られている。本書のうち、詞書だけを集めたものを『御《ご》伝鈔《でんしょう》』、図絵だけを集めて掛軸にしたものを『絵伝』と称し、報恩講の時に用いられている。

《『**拾**《しゅう》**遺**《い》**古徳**《ことく》**伝**《でん》**絵**《え》**詞**《ことば》』》　正安三年（一三〇一）鹿島門徒の長井導信の依頼によって覚如が執筆した法然の絵詞。親鸞の行実も六、七、九巻に記されており、法然門下における親鸞の位置づけが明らかにされている。

（安藤章仁）

（大谷本廟）

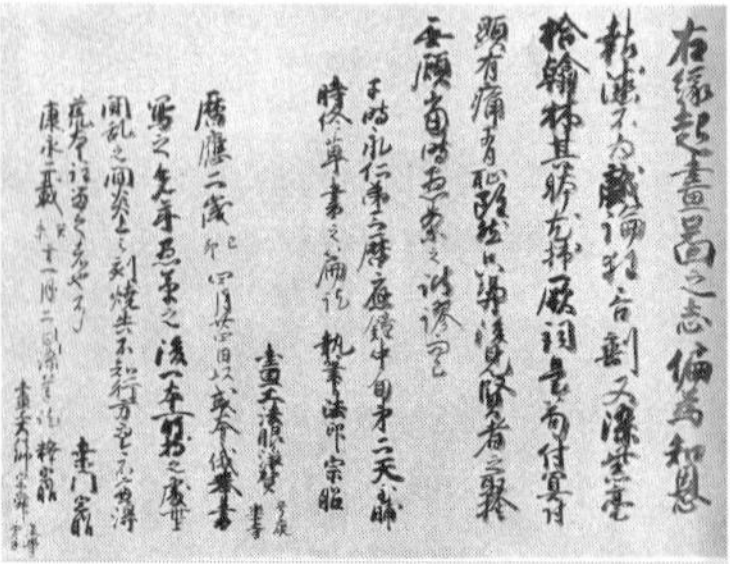

（奥書）

「親鸞絵伝」康永本
（京都　東本願寺蔵）

親鸞と真宗の歴史

本願寺の歴史

大谷廟堂の創建

関東から京都に帰った親鸞は、その後も京都において真宗の伝道に努めていた。しかし弘長二年十一月二十八日（一二六三年一月十六日）、三条富小路にあった舎弟尋有の善法坊において九十歳で没した。臨終にあたっては、晩年の親鸞とともに京都にいた末娘の覚信尼のほか、越後（新潟県）に住んでいた息子の益方をはじめ、門弟では下野（栃木県）高田の顕智や遠江（静岡県）池田の専信も上京していたという。

親鸞の遺骸は、翌二十九日東山鳥辺野の延仁寺において火葬にされ、三十日には拾骨されて鳥辺野の北大谷に納められた。

その後文永九年（一二七二）冬、親鸞の遺骨は吉水の北辺に改葬され、ここに仏閣を建てて親鸞の影像（木像）が安置された。ここに大谷廟堂が成立した。

親鸞の遺骨が改葬された吉水の地は、覚信尼が夫小野宮禅念とともに居住してい

「親鸞伝絵」の廟堂創建の段
（福岡　光円寺蔵）

た敷地であった。この親鸞の廟所に建立されたのは六角の小堂であったが、この堂を建立するにあたっては、関東の門弟たちの経済的協力によって達成したため、いわば門弟の共有となっていた。そこで覚信尼は、建治三年（一二七七）、禅念から譲り受けた敷地を廟堂に寄進し、自らはその廟堂を守護する「留守職《るすしき》」となり、さらに自身の子孫のなかから適任者がそれに就くことを定めた。

廟堂の寺院化

弘安六年（一二八三）、覚信尼が六十歳で没すると、その子覚恵が第二代の留守職に就任した。しかし覚恵は、廟堂の留守職を母覚信尼から継承したのみであり、浄土真宗の法系は継承していなかった。このため覚恵の後を継承した長男覚如は、親鸞の廟堂を寺院化することに努めた。

親鸞は、晩年に関東の門弟のもとに子息善鸞を派遣した。ところが善鸞が関東の門弟の間で邪義を言い広めたため、康元元年（一二五六）親鸞は善鸞を義絶した。この時善鸞とともに関東に赴いていたその長男如信は、その後も関東にとどまり、常陸（茨城県）大網に住していた。

如信は、父善鸞とともに関東に赴く以前、すでに親鸞から真宗の教えを受けていた。このため覚如は、弘安十年に京都東山大谷において如信と対面し、真宗の奥義を伝授された。さらに正応三年（一二九〇）から二年間にわたって関東に赴き、親鸞の遺跡を巡った。この時にも覚如は如信と会って親鸞の教えを受け継いだ。覚如は、自身が如信から専修念仏の教えを正統に受け継いでいることを『口伝鈔』や『改邪鈔』などを著して、法然によって開かれた専修念仏の教えが、親鸞から如信に

如信影像（京都　西本願寺蔵）

正確に受け継がれているとする、「三代伝持の血脈」を主張し、その教えを覚如自身が相承していることを示した。

さらに覚如は、東山大谷の廟堂を寺院化することを図り、元亨元年（一三二一）までに廟堂を「本願寺」と称するに至った。

このようにして覚如は、廟堂の留守職としてその管理者の立場に就くとともに、三代伝持の血脈によって真宗の正統な継承者となり、さらに本願寺によって親鸞門流のなかで主導的立場を主張したのである。

覚如によって寺院化が実現することになるが、その後を継承したのは、覚如の次男従覚の子善如であった。さらにその後を、綽如・巧如・存如と継承されていく。これらの歴代は、特に北陸地方を布教の地としていったようで、綽如によって越中（富山県）の井波瑞泉寺が開かれたのをはじめ、越前（福井県）には藤島超勝寺、荒川興行寺が、加賀（石川県）には本泉寺などの寺院が開創された。

覚如の時に本願寺となったものの、その後も依然として大谷の影堂に本尊を安置していたが、存如の時にようやく阿弥陀堂と御影堂が並立する両堂の伽藍形式をとることとなった。しかし本願寺は、真宗教団のなかではまだまだ大きな勢力となってはいなかった。

蓮如の活躍

存如のあとを受けたのが蓮如である。蓮如は、応永二十二年（一四一五）に東山大谷の本願寺において存如の長男として誕生した。蓮如は、若年の頃から宗学に励み、多くの真宗聖教を書写して存如を助け、また存如ととも

覚如影像（京都　西本願寺蔵）

に北陸に赴き、さらに関東の親鸞の遺跡を巡拝した。

長禄元年（一四五七）父存如が没すると、蓮如は四十三歳で本願寺を継職した。

蓮如は、本願寺を継いだ当初、近江（滋賀県）を中心に教化を図り、金字十字名号を本尊とする道場を次々と創建していった。ところがこれに対して比叡山の宗徒は、蓮如を「無碍光宗《むげこうしゅう》」の邪義をたてて他の諸宗を誹謗したなどと非難し、寛正六年（一四六五）二度にわたって大谷の堂舎を破却した。このため蓮如は、親鸞影像とともに近江の地を転々とし、金森（守山市）・堅田（大津市）などを経た後、文明三年（一四七一）、親鸞影像を大津南別所の近松に預けて長男の順如に守護させ、自身は越前（福井県）吉崎に赴いてここに坊舎を建立した。これが吉崎御坊である。

蓮如は、吉崎御坊において積極的な布教を行ったが、この頃蓮如が行った布教の特徴は、墨書六字名号の染筆と、「御文《おふみ》（御文章《ごぶんしょう》）」の製作である。

蓮如は、比叡山の衆徒による大谷破却以降、金字の十字名号を道場の本尊として新たに下付することを停止し、その代わりに紙に墨で書いた「南無阿弥陀仏」の六字名号をたくさん書いて門末に授与した。また、仮名交じりの平易な文章で書いた「御文」を多く製作し、親鸞によって開かれた浄土真宗の教えを人びとに伝えていった。さらに文明五年には、「正信偈」と「三帖和讃」を開版し、日常勤行の様式を整えた。これら蓮如の活動は、広く民衆に受け入れられ、蓮如のいる吉崎御坊には多くの人びとが参詣に押し寄せた。その参詣者は北陸地方を中心に、遠くは東北地方にまで及んだという。

蓮如影像（京都　東本願寺蔵）

吉崎御坊に参詣者が集まることによって、越前守護の朝倉氏などと争論が起こることを危惧した蓮如は、しばしば「御文」で参詣を取り止めるように指示していた。しかし、参詣は一向に収まることがなかった。

そのようななか、加賀（石川県）の守護であった富樫氏において後継者争いが起こってきた。富樫幸千代が加賀の守護を務めていたが、兄富樫政親はこれと対抗しており、この抗争に本願寺門徒も巻き込まれるようになった。また、これに加えて本願寺の門徒は、室町時代前期より越前（福井県）に勢力を伸ばしていた真宗高田派の門徒と対立することとなった。ここで本願寺門徒は富樫政親を支援し、高田門徒は富樫幸千代を支持した。ここに加賀一向一揆が勃発した。

加賀一向一揆の行動が活発になると、蓮如はこれを制止することができなくなり、やむをえず越前吉崎を退出することとなった。

文明七年八月、蓮如は吉崎を船で出て、若狭（福井県）小浜を経由し、丹波（京都府）・摂津（大阪府）を経て河内出口（枚方市）に至った。

蓮如はここにしばらく滞在して畿内各地を布教したのち、文明十年山城（京都府）山科に至って坊舎の造営を始めた。同十二年には御影堂がほぼ完成し、大津近松坊から迎えた親鸞影像を仮仏殿に安置した。ここに、寛正六年比叡山の衆徒によって破却された東山大谷の本願寺が、山科の地に再興されることとなった。

蓮如によって弘められた真宗の教えは、各地に影響を及ぼすこととなっ

吉崎御坊古絵図（滋賀　照西寺蔵）

ていった。親鸞以降、真宗の流れはいくつかに分かれており、それぞれ独自の派を形成していた。これらの流れは、蓮如の積極的な活動によって本願寺に取り込まれることとなっていく。なかでも文明十三年六月、佛光寺の経豪は多くの寺院や門徒を率いて本願寺に帰参し、興正寺を再興して蓮教と称した。これ以来興正寺は、本願寺の傘下において活動することとなる。

本願寺再興の悲願を成し遂げた蓮如は、延徳元年（一四八九）本願寺の寺務を五男の実如に譲り、自らは山科本願寺の東方に南殿という隠居所を造営してここに住んだ。さらに明応五年（一四九六）には、摂津大坂に至りここに新たに坊舎を建立した。

蓮如は晩年になっても真宗の布教伝道に力を注ぎ、活動を続けた。しかし明応八年三月二十五日、山科において八十五歳で没した。

戦国争乱の中の本願寺

蓮如の後を継いだ実如は、父蓮如にならって名号をたくさん書いて門末に下付するとともに、さらには、蓮如によって名号を下付された先に阿弥陀如来の絵像を下付して、確実に本願寺系の道場を創建していった。現在知られている実如下付の阿弥陀如来絵像は、北は北海道の松前から、南は薩摩（鹿児島県）にまで及んでおり、全国的教団へと発展していったことが知られる。さらに実如は、蓮如が製作した数多くの「御文」の中から八〇通を選んで五冊にまとめた、いわゆる『五帖御文』の編集を完成した。

また実如は、本願寺の組織化整備を行った。蓮如には多くの子どもがいて、彼らが各地方に赴き、既存の真宗寺院を継承したり、また新たに真宗寺院を建立したり

山科本願寺御影堂（復元）
（千葉　国立歴史民俗博物館蔵）

して教団の発展に貢献していた。そしてこのように発展していった本願寺教団を統制するため、「一門一家」の制度を整備した。

そして大永五年（一五二五）、実如が没すると、すでに没していた実如の次男円如の子である証如が本願寺を継職した。しかしこの時の証如は若干十歳であったため、外祖父の蓮淳と母慶寿院がしばらくの間補佐することとなった。

このように全国的に広がっていく本願寺の勢力は、戦国時代のなかにあって一大勢力と意識され、戦国大名との間に確執を生み出すこととなる。

北陸の加賀においては、守護富樫政親と結んだ一向一揆は、次には政親を高尾城に攻めて自害させ、その後約一世紀にわたって加賀支配の主導権を持ち、加賀は、いわゆる「百姓の持ちたる国」と呼ばれるようになった。

北陸における一向一揆が盛んになった頃、近畿地方においても一向一揆が活発化し、各地の勢力と衝突することとなる。蓮如の頃以来親しい関係にあった細川晴元とも対立するようになり、天文元年（一五三二）八月、細川氏と近江の六角氏及び法華宗徒によって山科本願寺は焼かれてしまい、蓮如によって創建されて以来五十四年で、本願寺は山科を離れ、同じく蓮如が晩年に創建した摂津の大坂（石山）坊に移ることとなった。

証如は、和平路線をとり、細川・六角両氏と講和し、さらに公家をはじめ武家や有力寺社とも交流を深め、また一向一揆の勢力に制圧されていた加賀を勢力下においた。そして天文十八年には朝廷より権僧正の位に任じられ、社会的地位を上げて

実如影像（大阪　天満　定専坊蔵）

いった。

大坂の本願寺には、周辺に多くの商工業者が集まり、町が形成されていった。これが本願寺寺内（境内）にできた町であるため、「寺内町」と呼ばれている。

本願寺の寺内町の起源については、蓮如が越前に創建した吉崎御坊の門前にできた「多屋」と呼ばれる各寺院の施設に求める説もあるが、実質的には山科本願寺の寺内に形成された町が最初である。大坂の寺内町については、証如によって記された『天文日記』によってその実態や機能を知ることができるが、具体的な構成や規模については諸説がある。しかし大坂に形成された寺内町は、戦国時代の争乱のなかで商工業者が自身の権利を守るという点から重要視され、近畿地方を中心に各地にも創られていった。

証如影像（京都　西本願寺蔵）

織田信長との交戦

天文二十三年（一五五四）八月、三十九歳の若さで証如が没すると、長男の顕如が本願寺を継承した。

本願寺は蓮如の時以来、社会的な地位を向上させており、証如によって権僧正に進んでいた。さらに永禄二年（一五五九）十二月には、顕如は正親町天皇から「門跡」の勅許を受け、本願寺は仏教寺院としての地位を不動のものとした。

このように勢力を確固たるものとしていった本願寺は、また新たに大名勢力と衝突することとなる。

元亀元年（一五七〇）、天下統一を目指す織田信長は、大坂にあった本願寺に寺地の退去を迫ったが、顕如はこれを受け入れなかったため、九月に直接武力衝突に及んだ。

信長は、大坂の本願寺に迫ると同時に、伊勢（三重県）長島の願証寺との対立が表面化し、元亀二年九月には、長島に籠城していた門徒を全滅させた。

このように信長の威勢に対抗すべく顕如は、信長に対抗する戦国大名諸勢力と協調し、甲斐（山梨県）の武田氏、越後（新潟県）の上杉氏、安芸（広島県）の毛利氏などと好《よしみ》を深めていった。特に毛利氏からは、籠城中の本願寺に対して海上から兵《ひょう》粮《ろう》を送るなどの支援を受けたが、信長軍による攻撃に絶えることができなくなってきた。

このようななか、信長との講和について正親町天皇からの斡旋があり、顕如はこれを受け入れることとした。ところが、長男の教如は籠城の継続を主張し、父子が対立した。このため、顕如は、天正八年（一五八〇）四月九日に親鸞影像（木像）とともに大坂を退出し、紀伊鷺森《さぎのもり》（和歌山市）の坊舎に移った。鷺森は、信長との交戦に際して本願寺を支援していた重要な門徒であった雑賀衆の中心であった。ところが、教如をはじめ下間頼龍《しもつまらいりゅう》らは、その後も大坂に残って信長に対する交戦を続け、各地の門徒にその支援を要請する書状を送った。このため、顕如は教如を義絶した。しかし教如は、顕如が退出した大坂を支え続けることが困難となったため、同年八月二日大坂を退出し、鷺森に向かった。この直後大坂の坊舎は焼失してしまった。

本願寺の京都移転と東西分派

教如は、大坂を退出して紀伊鷺森に至ったが、大坂退出について顕如から義絶されていたため、すぐに

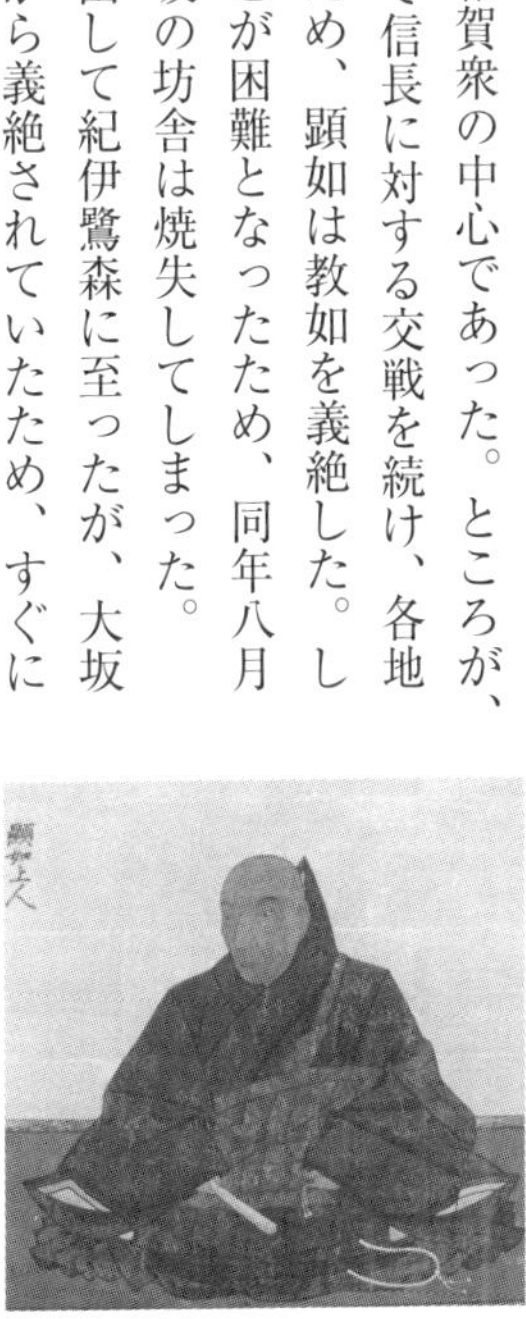

顕如影像（大阪　願泉寺蔵）

は許されることはなかった。このため教如は越前（福井県）や美濃（岐阜県）などを転々としていたといわれている。ところが、天正十年（一五八二）六月、突然信長が家臣の明智光秀に京都の本能寺において攻められ自殺すると、その直後には、顕如と教如は和解することとなった。

顕如は、親鸞の影像とともに大坂を退出して紀伊鷺森に移ったが、雑賀門徒の内部が不安定な状況であったため、天正十一年七月紀伊を退出して、和泉（大阪府）の貝塚に移った。

織田信長の後を継いで天下統一事業をすすめる豊臣秀吉は、天正十二年八月大坂本願寺の跡に築城を開始し、さらに城下町の整備に取り組んでいた。本願寺は山科以来寺内町を形成していたことに秀吉は着眼し、同十三年五月、大坂天満の地を本願寺に寄進した。このため顕如は、諸堂の創建をすすめ、八月には貝塚より天満に移った。さらに秀吉は、天正十九年には本願寺に京都移転を命じ、同年八月には寺基を京都の六条堀川に移した。

翌年十一月顕如が没すると、いったん長男の教如が本願寺を継承した。ところが、翌文禄二年（一五九三）になって、顕如の室如春尼は、顕如が生前の天正十五年に本願寺を三男に譲ることを記し書いた譲状が発見されたと秀吉に訴え出た。このため秀吉は、教如にいくつかの条件を提示して一時的な本願寺の継職を勧めたが、教如とそれを支持する下間頼龍らが受け入れなかったため、秀吉はただちに教如の隠退を命じ、三男准如の本願寺継職を認めた。これが本願寺派本願寺（西本願寺）である。

西本願寺

慶長三年（一五九八）に豊臣秀吉が没すると、全国的な体勢は徳川家康に傾いていった。教如は、このような情勢を察知し、家康との関係を深めていった。そのようななか、慶長五年に起こった関ヶ原の合戦は、家康の覇権を決定的なものとした。すると教如は、家康とさらに親密になり、ついに慶長七年二月、家康から京都東六条に寺地を寄進され、ここに新たに本願寺を別立することとなった。これが大谷派本願寺（東本願寺）である。

近世西本願寺の宗学論争

顕如が京都堀川六条の地に移した本願寺を継いだのは三男の准如である。顕如によって伽藍の整備がなされたが、元和三年（一六一七）十二月、失火のために御影堂と阿弥陀堂の両堂をはじめ、ほとんどの建物が焼失した。この後諸堂舎が再興されることとなった。現在の御影堂は、寛永十三年（一六三六）に、阿弥陀堂は宝暦十年（一七六〇）に再建されたものである。

本願寺が東西に分かれると、教団において親鸞の教えの研究と門末僧侶を養成するための宗学が盛んになっていった。西本願寺では、寛永十五年に西本願寺のなかに学寮の創建が開始され、同十七年には、河内光善寺准玄が初めて講義を行って以来、講義が続けられた。

このように全国の門末僧侶を養成するための宗学機関が整備されていったが、江戸時代を通じて三度に及ぶ宗学に関する法論が起こった。これが、承応《じょうおう》の鬩墻《げきしょう》、明和の法論、三業惑乱《さんごうわくらん》のいわゆる三大法論である。

まず承応の鬩墻は、承応二年（一六五三）に能化《のうけ》（学寮の講師）であった西吟の学説に対して、同門の肥後（熊本県）延寿寺月感が異論を唱えたことに端を発して、西本願寺の傘下に属していた興正寺准秀の独立運動が絡んで発展した事件で、結局明暦元年（一六五五）に幕府の裁決を仰いで解決をみたが、この時学寮は幕府から破却命令を受けた。その後元禄八年（一六九五）に西本願寺の門前に学林として復興された。

また明和の法論は、明和元年（一七六四）に播磨（兵庫県）真浄寺智暹《ちせん》が、『真宗本尊義』を著して、学林の前能化の法霖《ほうりん》の学説を非難したもので、結局京都所司代から処分を受け、『真宗本尊義』の版木も破棄された。

さらに三業惑乱は、宝暦十三年（一七六三）に功存《こうぞん》が『願生帰命弁』を著したことに始まり、地方の門末をも巻き込んだ暴動へと発展したため、幕府の寺社奉行まで介入し、文化三年（一八〇六）にようやく解決をみた。しかしこの時には西本願寺も幕府から閉門《へいもん》を言い渡された。

このようにして、江戸時代には全国に存在する寺院の僧侶の宗学を支える学林を中心に宗論が展開しつつ、整備されていった。

幕末から近代・現代へ

江戸時代後期になると西本願寺内の財政が極度に悪化することとなる。そこでこれを改善するため大坂の商人であった大根屋《だいこんや》小石衛門《こえもん》（石田敬起《けいき》）を財政担当に起用して、財政の再建を断行した。これが「天保の改革」である。この時の再建が成功し、西本願寺は財政危機を乗り切った。

明治にはいるといち早く海外に目を向け、赤松連城《れんじょう》・島地黙雷《しまじもくらい》らをヨーロッパに派遣して、欧州事情を視察し、帰国した彼らの意見を採り入れ、明治十四年（一八八一）、政府に先駆けて集会（現在の宗会）を開設し、末寺の僧侶が宗政に参加できる制度を確立し、教団の近代化を進めていった。

明治になって海外に向けられた目は、大谷光瑞《こうずい》（鏡如《きょうにょ》）の時中央アジアの仏教遺跡に注がれ、明治三十五年（一九〇二）に最初の西域《さいいき》探検隊を派遣した。これが「大谷探検隊」で、三度にわたって派遣された。

しかしこのような事業は、西本願寺教団の財政を大きく圧迫することとなり、結局大正三年（一九一四）に大谷光瑞はその責任をとって門主の職を退いた。

その後教団の近代化がさらに進み、第二次世界大戦以降は積極的に海外布教に務め、北米・ハワイ・南米に展開をみせるようになる。

江戸時代以降の東本願寺

慶長七年（一六〇二）に教如が徳川家康から京都の烏丸六条の地を寄進されて、本願寺を別立すると、翌年上野（群馬県）厩橋《うまやばし》妙安寺に伝わっていた親鸞木像を移して、同年十一月に阿弥陀堂を、さらに同九年六月に御影堂を創建して本山としての伽藍を整えていった。

教如が本願寺を別立すると、徐々に全国の末寺や門徒が東本願寺に従って行き、その数は西本願寺とほぼ同数となった。

さらに寛永十八年（一六四一）には、徳川家光によって東洞院通以東の六条から

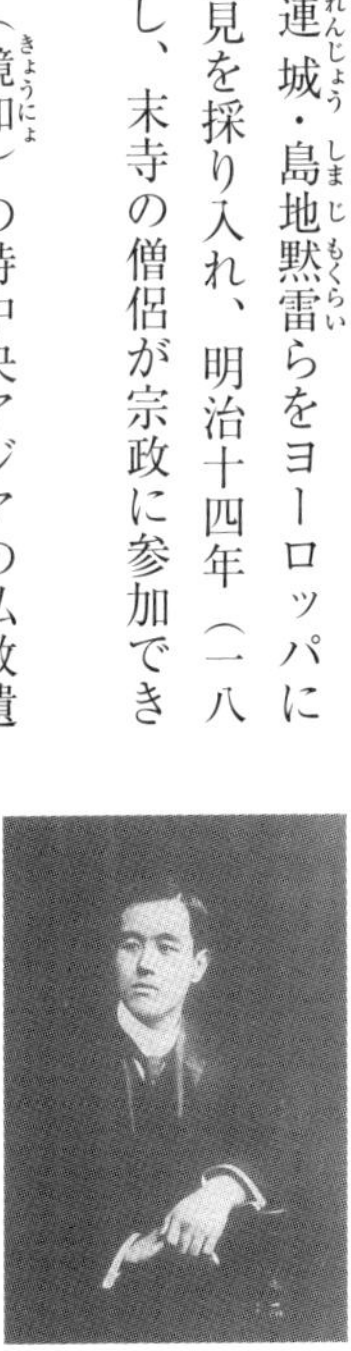

大谷光瑞

七条の間の地を寄進され、ここに寺内町が形成された。

東本願寺は、江戸時代を通じて四度の火災に遭い、その度ごとに伽藍が焼失した。その四度とは、天明八年（一七八八）、文政六年（一八二三）、安政五年（一八五八）、元治元年（一八六四）である。この四度の罹災は東本願寺に甚大な財政負担をもたらすこととなった。

西本願寺に遅れて東本願寺にも末寺僧侶の宗学教育を目的とした施設が創立された。寛文五年（一六六五）寺内の東坊のなかにはじめて学寮が開かれた。その後宝暦五年（一七五五）高倉五条の地に独立した高倉学寮が開かれ、教育機関として整備されていった。なお、大谷派の教学は、明治期に出た清沢満之の影響が大きい。

明治になると元治元年に焼失した伽藍の再建が進められていくこととなり、明治十七年（一八八四）宗派の中心的建物である御影堂が再建された。しかし教団の財政は非常に厳しいものであった。このような状況のなか、東本願寺を経済的に維持する目的で、大正元年（一九一二）に「真宗大谷派本廟維持財団」が創設された。しかし第二次世界大戦後東本願寺内における民主化の改革が進まず、大谷家と宗派内局の対立が表面化し、大谷光暢の長男光紹が、東京の浅草別院に拠り、昭和五十六年（一九八一）大谷派から独立し、東本願寺派を別立した。

（岡村喜史）

教如影像（大阪　願泉寺蔵）

真宗高田派の歴史

高田派教団の成立

高田派教団の本源は、下野（栃木県）高田の専修寺如来堂を中心に形成された門徒集団に求められる。江戸時代の高田派の学匠である五天良空が編纂した『高田《たかだ》開山《かいさん》親鸞《しんらん》聖人《しょうにん》正統伝《しょうとうでん》』（以下『高田正統伝』）によると高田専修寺《せんじゅじ》の草創縁起について、嘉禄元年（一二二五）、親鸞が五十三歳の時に下野国芳賀郡大内庄柳島に立ち寄り、ここで虚空蔵菩薩の化身である明星天子《みょうじょうてんし》から夢告を受けて一宇を建立し、そして信濃の善光寺から感得した三国伝来の一光三尊仏を本尊として迎え、如来堂に安置したのがはじまりであると伝えている。以来、如来堂は広く専修念仏の根本道場として、また高田派教団の根基として多くの門弟を育て、親鸞帰洛後は遺弟中最大の教団として発展していった。

親鸞の門弟に関する基礎資料に『親鸞《しんらん》上人《しょうにん》門侶《もんりょ》交名牒《きょうみょうちょう》』というものがある。これは親鸞に教えを受けた門弟たちの名前に住所を略記し、それを系図化した南北朝期頃のものであるが、そこには親鸞の門弟について、面授の直弟が四十八名で総計が三〇〇余名であると内訳が伝えられている。そしてこの交名牒に連なる門弟の中で圧倒的に多いのが真佛門下であり、ここに初期真宗教団が高田門徒を中心に展開していたことを知ることができる。現在、埼玉県蓮田市に真佛没後五十四年を経た延慶四年（一三一一）に建てられた真佛報恩塔と呼ばれる高さ四メートルもある巨大

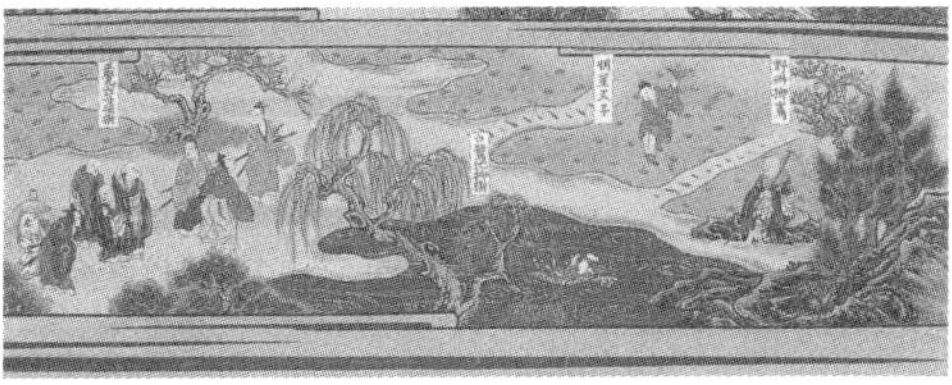

「一光三尊仏絵伝」柳島夢告（京都　真宗高田派本山専修寺京都別院蔵）

真佛報恩塔

な板碑があるが、この報恩塔の偉容をみても真佛の当時の位置づけと教化のあとを推察することができる。しかしながら高田派の始祖たる真佛は、親鸞に先立つこと四年前の正嘉二年（一二五八）に五十歳で没しているので、実質的に高田門徒の基盤を形成していったのは次の代の顕智ということになる。

顕智は真佛より十七歳年下で、顕智もまた親鸞の直弟子として親しく念仏の教えを見聞した。真佛が没した時にはすでに三十三歳、以来延慶三年（一三一〇）に八十五歳で没するまで、何度も関東―京都間を行脚するとともに各地を巡教し、北陸から近江、伊勢、三河地方に教えを広め高田派教団の礎を築いた。また、親鸞の葬儀を執り行い、大谷廟所が造営されるにあたっては中心的な役割を担うなど初期真宗教団の長老としても重きをなし。現在、毎年八月一日に高田本寺《ほんじ》にて「顕智まち」「高田まち」が催され、八月四日の顕智の命日には、三重県三日市で念仏と和讃をとなえながら町内を巡る「オンナイ」と呼ばれる民俗行事（県指定無形文化財）が伝承され、顕智の遺徳が偲ばれている。

高田派教団の特色

初期の高田門徒の特色は、『三河《みかわ》念仏《ねんぶつ》相承《そうじょう》日記《にっき》』（以下『日記』）という資料に如実に窺うことができる。この『日記』には、三河地方に念仏が広まった様子や顕智が崇敬される様子などが述べられているが、その中に「三河ヨリ高田へマイルヒト〱ノ事」として高田の門弟が、京都の大谷廟所へは行かずに関東の高田の地を訪れ、如来堂を参詣していたことが記されている。しかし、このことは決して高田門徒が親鸞の祖廟を軽んじていたことを示すも

オンナイ

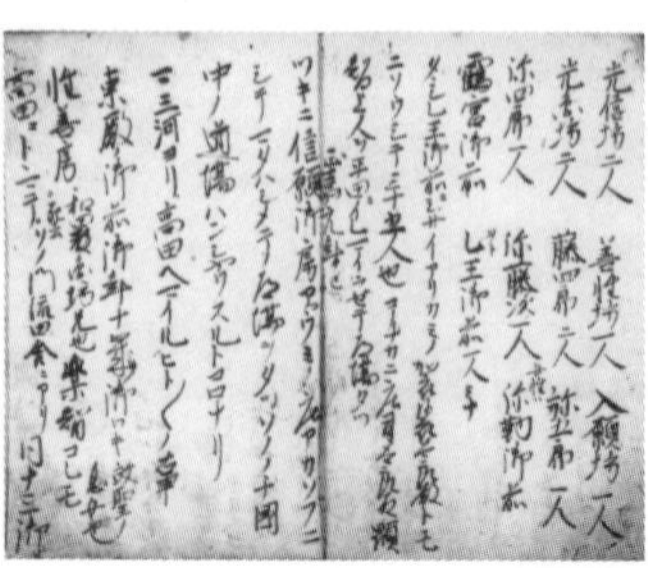
『三河念仏相承日記』（被災前）
（愛知　上宮寺蔵）

のではない。高田の本寺にも、境内南西に位置するところに笠塔婆と呼ばれる比叡山横川《よかわ》の伝統的な形式（これは高田本『親鸞伝絵』に描かれる墓碑と同一形式である）をふまえた、しかも親鸞の御真骨を納めたことが唯一実証される祖廟（『高田正統伝』に顕智が親鸞の御歯骨を御廟に納めたという記述があるが、近年高田本山の宝庫から、「鸞聖人御骨、顕智ノ御マホリ」と顕智の自筆で墨書された外包紙などが発見され、史実として裏付けられている）があり、多くの参拝を得ている。

この高田詣りで窺われることは、高田門徒には善光寺信仰が盛んであったということである。このことは、そもそも親鸞が善光寺如来信仰と深く結びついていることに由来するところであるが、高田派寺院に善光寺如来絵伝や一光三尊仏が多く伝来されているところには、具体的な善光寺信仰の伝播の様子を見ることができる。

また、善光寺如来信仰とあわせて特色づけられるのは聖徳太子信仰を基盤としていることである。親鸞と聖徳太子の関係はあらためて言うまでもないが、顕智や高田派第八代の定順が四天王寺を参詣し（高田本山には両人が四天王寺からもらい受けた裂の断片とその記録が伝わっている）、四代専空が『聖徳太子絵伝』の絵解《えとき》台本である『聖法輪蔵《しょうぼうりんぞう》』（自筆本は現存しないが、菅生満性寺寂玄の書写本が伝来している）を著していること、また高田派の寺院に聖徳太子絵伝や聖徳太子像といった法宝物を今に伝える事実が何よりの証左である。

さらに『日記』の中で「顕智ヒジリ」と明記されているように高田門徒が念仏を勧進する聖であったということも大きな特色の一つである。この聖的性格はことに

親鸞聖人御廟（栃木　真宗高田派本寺専修寺）

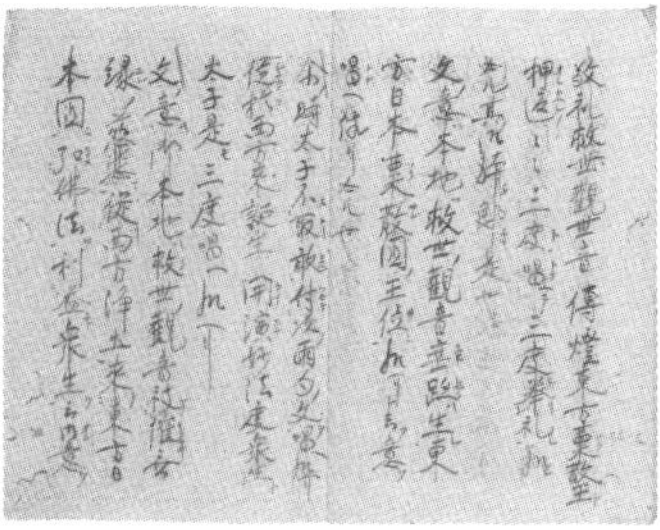
『聖法輪蔵』（愛知　満性寺蔵）

真佛や顕智の行状に顕著なことであり、そのことは両人がまさしく親鸞の面授口決の直弟として親鸞の歩んだ道をわが道として実践していたことをよく示している。この念仏の勧進については、初期の真宗教団では先に紹介した『善光寺如来絵伝』『聖徳太子絵伝』に『法然絵伝』と『親鸞絵伝』とを加えた四種の絵伝を一具にして絵解を中心に行われていたことも知られている。

この高田門徒の基盤を築いた真佛や顕智が、聖として念仏を弘通したばかりでなく、親鸞の真蹟類を大切に伝持し、貴重な文献を書写するなど親鸞の教えを体系づける基礎的作業をなしていたこともとても意義ある特徴として看過されてはならない。ここで想起されることは、真佛が親鸞の筆癖を取り入れて非常によく似た書体の字を書くことであるが、ここには真佛の親鸞を敬仰してやまない気持ちがありありと感じられるところである。そして現に高田本山にその豊富な法宝物が大切に相伝されているということは、高田派当初からの伝統を脈々と伝えているところであり、大いに特筆されるところである。

顕智以後は、下野真岡の大内氏の家系であるとされる専空・定専・空佛・順証・定順・定顕と法灯が継承され（室町末期の尊乗房恵珍の口述録「高田上人代々聞書」）、歴代は真宗教団の諸派が分立する傾向にある中、高田門徒の面影を残しながら着実に教団発展の基盤を作り上げていった。

真慧による高田派教団の発展

室町時代のはじめになると第十代の住持職《じゅうじしき》となった真慧《しんね》、そして本願寺第八代蓮如らの活躍によって、

顕智坐像
（栃木　真宗高田派本寺専修寺蔵）

「真慧影像」

真宗教団の教線が全国的に拡張し、同朋教団から本山を中心としたヒエラルヒー（本末統制）が確立するようになる。今日の高田派教団の本山機能も、真慧により関東から伊勢（三重県）一身田へ移行され、始まるのである。

真慧は永享六年（一四三四）に生まれ、蓮如よりは十九歳年下であった。両人はその当初は親密な関係であったが、三河地方における高田門徒の争奪に端を発し、寛正六年（一四六五）の比叡山僧徒による大谷本願寺破却事件を契機にして決定的に袂を別つようになる。現在、高田本山如来堂には「証拠の如来」と呼ばれる阿弥陀如来立像が安置されているが、これは大谷破却の時、真慧が高田門徒は無㝵光衆とは違うということを比叡山に申告して安堵された時に授かったものだとされている。また、高田派独特の声名として今日まで受け継がれている引声念仏《いんじょうねんぶつ》も、この時に取り入れたものだと言われている。二人の教線の角逐《かくちく》と教義理解の相違によって確執する両者の構図は、たんに宗派内にとどまらず対社会的にも表面化するようなり、加賀・越前・三河などで所謂一向一揆が起こると、一揆の目的に関わらず両派は対立する立場をとった。

真慧の積極的な教化活動は、東海・北陸方面に展開し、その本拠地として明応年間（一四九二―一五〇一）には現在の本山の前身である無量寿院が伊勢一身田に建立された。この無量寿院が本山専修寺になると、下野国専修寺は本寺《ほんじ》と呼ばれ、高田門徒の根本道場として崇敬された。さらに真慧は、宗門のあり方について十二箇条の心得（『永正規則』）を示し、葬儀式を制定（『中陰次第』）するなど諸制度の整備を行い高田派教団の基盤を確立した。

真慧の教化の特色は、親鸞と同じく、多くの手紙を門徒衆に書き送り、直参《じきさん》に対しては名号を下付するといったところにあり、特に葬儀を営む資力のない人々に野《の》袈裟《げさ》を考案し書き与えたことは、多くの民衆の崇敬を集めるところとなった。また、住持職を室町幕府から安堵してもらうなど公家社会との積極的な関係も築き、これらの結果、教団は大きく発展し、真慧は今日において中興として崇められている。

近世の高田派教団

正保二年（一六四五）一身田の大火により伽藍は灰燼に帰すが、寛文六年（一六六六）藤堂藩から寄進を受けた寺地に今日の壮麗な御影堂《みえいどう》の完成をみた。さらに宝永元年（一七〇四）には山門、寛延元年（一七四八）には如来堂の落慶を迎え、漸次、高田本山の境内が整備されていった。

十四代堯秀は「白骨の御書」や「改悔文《がいけもん》」など多くの御書を説き、『高田御書』を編纂するなど大いに門末を教導し、寛永十八年（一六四一）に大僧正《だいそうじょう》に昇任されると、堯朝に法灯を譲った。ところが十五代堯朝は、前法主《さきのほっしゅ》の大僧正位拝任の手続きに問題があったとして、正保三年（一六四六）八月二十三日、江戸浅草唯念寺で三十二歳の若さで殉難するという悲劇に見舞われてしまう。一説によれば、幕府から親鸞の真蹟類の献上を迫られ、死をもって高田山の宝物を護りぬいたともいわれている。この悲報を受けた裏方の糸姫（藤堂高虎の長女）は、落髪して高松院と名のり、七回忌にあたっては願主となって梵鐘を建立した。また江戸幕府は堯朝の自決に非常に責任を感じていたようで、後嗣選定には異例の奔走を行い、十六代には花山院

野袈裟（三重　善教寺蔵）

高田本山全景

定好の子息、堯圓が入寺することとなった。

今日に伝わる高田派の代表的法会は、だいたいこの時代から創始されており、延宝八年（一六八〇）に「千部会《せんぶえ》」がつとまり、享保十四年（一七二九）には、一光三尊仏が下野の本寺から一身田へはじめて迎えられ開扉が行われた。出開帳はそれ以後、十七年ごとに今日まで行われている。

また、教学面においても江戸時代は宗学が非常に隆盛になった。その嚆矢《こうし》となるのは、京都本誓寺の慧雲（『教行信証鈔』一五巻）や津彰見寺の普門（『教行信証師資発覆鈔』二五〇巻）の両学僧で、この本典の研鑽は広く真宗教団内の先駆的業績として高い評価を得ている。さらに親鸞伝の研究については、常超院の五天良空《ごてんりょうくう》が多大な功績を残した。寛保年間には安居《あんご》が定例化され、寛政八年（一八〇〇）に宗学を専門に研鑽する勧学堂が落慶された。このように宗学が興隆する他面において幕末には、宗義安心について伊勢の南北の僧侶による大規模な論争が起こり、安政四年（一八五七）に学寮三役が罷免され、再燃した「行信の大法乱」に対しては慶応二年（一八六六）に「慶応惑乱決判御書」が出され裁決が下された。

高田派は、早く真慧の代から朝廷や幕府と交誼を結んでおり、歴代法主には、常磐井宮、飛鳥井家、花山院家、伏見宮家、有栖川宮家、近衛家などの宮家や公家から入寺することが多かった。そのため、歴代天皇の宸翰《しんかん》や歌仙絵などの宮廷文化の遺品が多く伝来し、近世の専修寺文化の一側面を成している。また、この時期の歴代法主は風雅に通じるとともに文芸を嗜み、十七代圓猷は茶道宗旦古流《そうたんこりゅう》を相伝し、

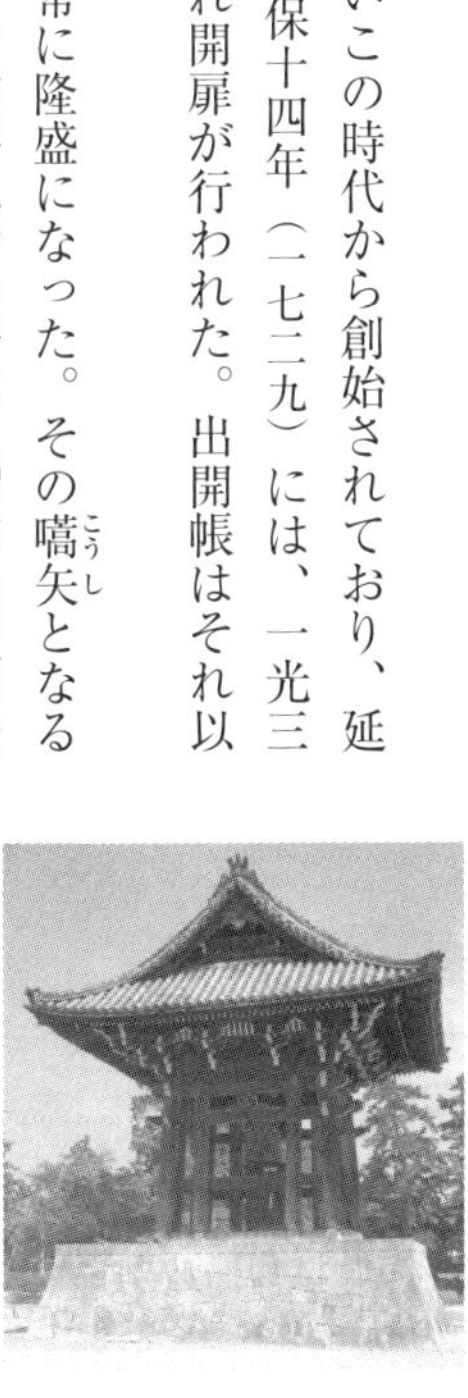

高田本山鐘楼

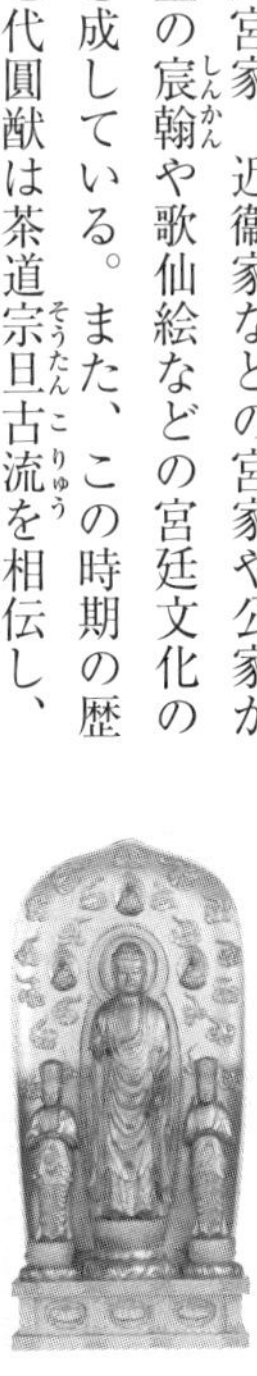

一光三尊仏
（京都　高田派本山専修寺京都別院蔵）

以後、歴代法灯親族が家元をつとめている。本山両御堂背後の庭園（雲幽園）には茶室安楽庵が営まれ、十八代圓遵が催した茶会記については七冊にも及んでいる。また、圓遵ともに漢詩に秀でた十九代圓祥は『薑《きょう》花《か》集《しゅう》』など多くの漢詩集を撰した。

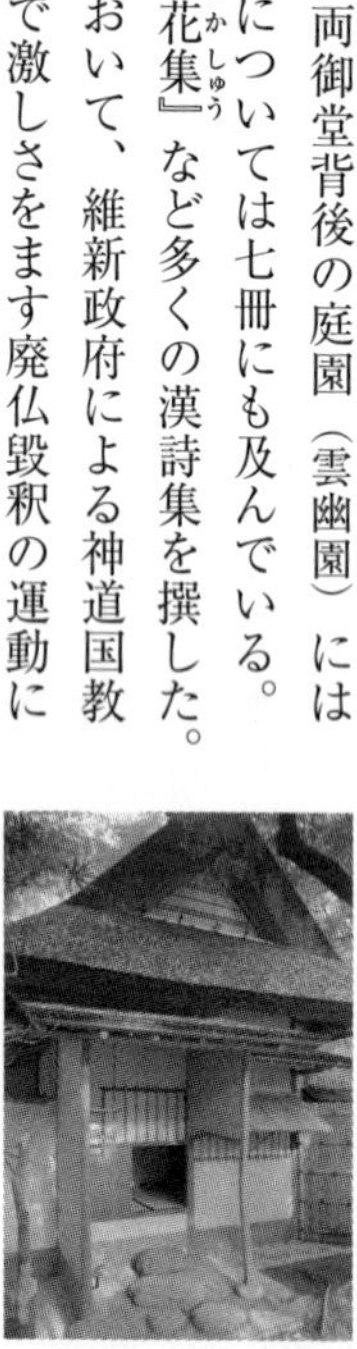
安楽庵

近現代の高田派教団の動向

幕末維新の激動期において、維新政府による神道国教化政策の強行や各地で激しさをます廃仏毀釈の運動に対して高田派、東西両本願寺、木辺派錦織寺の真宗各派は同盟して事にあたり、明治九年（一八七六）真宗五派の管長に二十一代堯熙が就任し、時勢の動向を察して機宜の対応をし、よく教団を護持した。また、教団機構の抜本的改革も行われ、宗政を合議制とし、江戸時代の重層的本末関係は本山と直末寺の関係に集約し、明治二十年（一八八七）に宗制および寺法が定められた。

昭和七年（一九三二）には高田学報社が発足し、機関誌『高田学報』が創刊されるなど学山高田の伝統が大いに発揮された。さらに大正八年（一九一九）に教学と社会福祉事業の振興基金として十万人講が結成され、大正十年（一九二一）には、慈善事業の一環として三重県最初の養老施設高田慈光院（三重養老院）が開設された。

高田派は早くから仏教社会福祉事業を鼓吹し、昭和九年（一九五一）に専精学舎（現在の三重少年学院の前身）を創設し、昭和四十三年（一九六八）には特別養護老人ホーム高田光寿園を開設した。この時期、宗門校の動きとしては、昭和二十六年（一九五一）に学校法人高田学苑が、昭和四十一年（一九六六）に高田短期大学がそれぞれ発足した。また昭和三十七年（一九六二）に宗祖七百回遠忌法要の記念事業として宝物館が建設され、昭和四十八年（一九七三）には宗祖生誕八百年・立教開宗七百五十年慶讃法要の記念事業として高田青少年会館の完成をみた。さらに昭和の大修理として本寺御影堂が平成元年（一九八九）に、本山如来堂が七年の歳月をかけて平成二年（一九九〇）に落成の慶讃を迎え、高田派教団の歴史が刻み続けられている。

（安藤章仁）

真宗佛光寺派の歴史

佛光寺教団の成立

佛光寺の寺伝によれば、越後へ流罪に遭った親鸞は、赦免の翌年、建暦二年（一二一二）に一旦、京都に帰り、山科の地に草庵を結んだと伝える。この草庵は、真宗開闢《かいびゃく》の根本道場を意味して「興隆正法寺」と号し、これがのちに発展して佛光寺となる興正寺建立の由来としている。

歴史的には、佛光寺の草創は『存覚一期記』が根本史料とされている。それによれば相模甘縄の明光坊了円の弟子であった空性房了源（一二九五—一三三六）が、元応二年（一三二〇）に関東から上洛し、本願寺覚如を訪問し、覚如の長子である存覚に指導を受けた。二十六歳の了源は三十一歳の存覚に熱心に師事し、「其後連々入来、依所望数十帖之聖教、或新草或書写入其功了」とあるように、存覚は了源のために新しく聖教を起草したり、書写して与えていた。了源は、存覚の指導を仰ぎながら正中元年（一三二四）に山科に一寺を建立した。

興正寺と佛光寺の寺号

先に述べたように佛光寺教団の寺号は、最初は興正寺であったが、後に佛光寺と改訂される。『存覚一期記』には、落慶の供養は存覚によって行われ、覚如によって興正寺と命名されたと記している。そして元徳二年（一三三〇）、山科の興正寺を「汁谷」（現在の東山区渋谷通）に移建することになるが、その一、二年前に存覚によって寺号が興正寺から佛光寺にあらためられたとある。ここに今日の佛光寺教団の寺号が確定するのである。では、なぜわずか数年で寺号が改められたのであろうか。この間の事情について、宝暦十年（一七六〇）興正寺常順が江戸幕府に提出した「本願寺末脇門跡興正寺開基以来諸留書」の写しに「覚如ヨリ門弟ヲ放サレ候ニ付、嘉暦年中寺号ヲ佛光寺ト改号」と、その理由が記されている。すなわち了源が覚如から破門されたからだというのである。破門となれば寺号は取り上げられ、新しい寺号が必要となる。またその記載年時も『存覚一期記』の記事と符合する。なぜ破門されたかは詳らかではないが、元亨二年（一三二二）の覚如による存覚義絶事件も複雑に影響しているようで、了源と存覚との密接な関係が原因のようである。

ところで文明十三年（一四八一）になると、経豪は佛光寺を去り蓮如に帰参する。経豪は、蓮如から蓮教の名をもらい、さらに山科に一寺を与えられ、覚如命名の故事にならいその寺を興正寺と号し、今日の真宗興正派十四代を継いでいる。

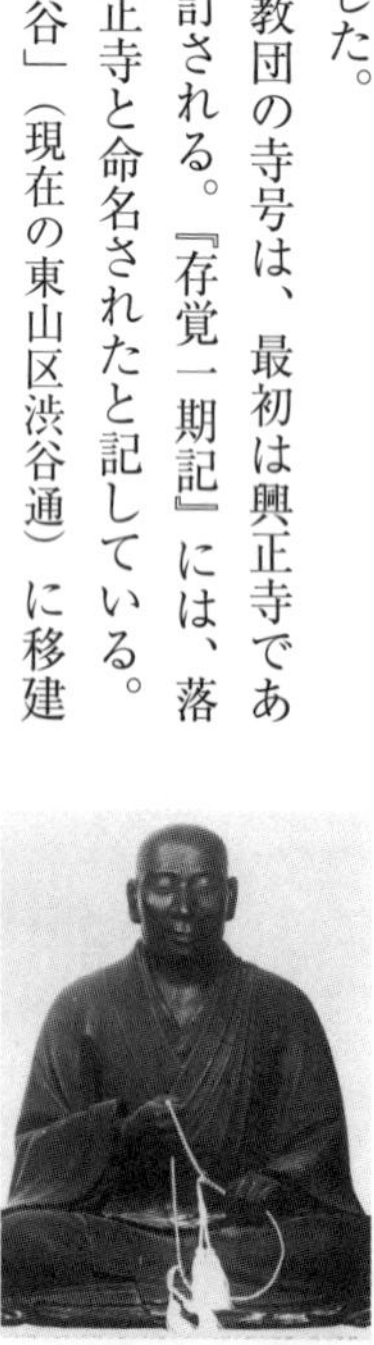

了源坐像（京都　佛光寺蔵）

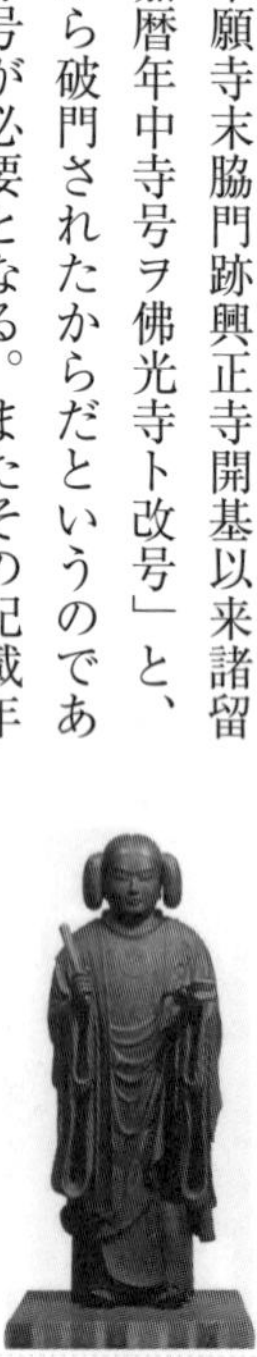

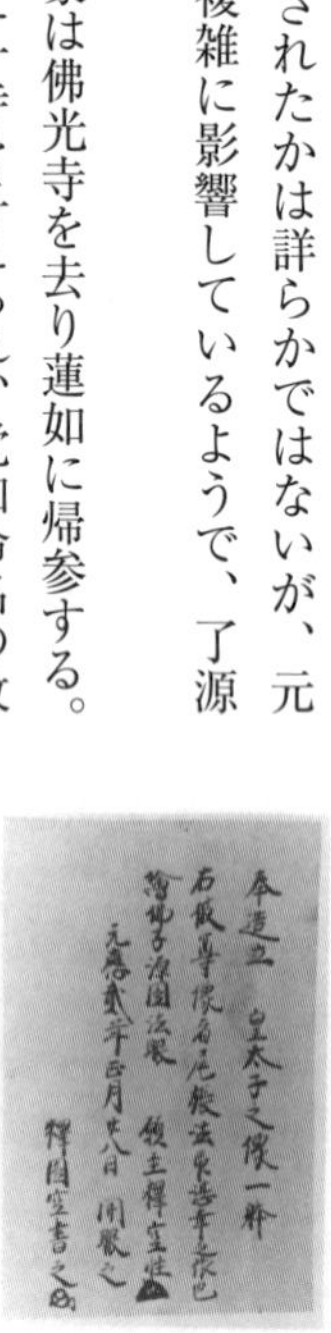

聖徳太子立像と胎内文書（京都　真宗佛光寺派佛光寺蔵）

了源による佛光寺教団の発展

佛光寺派の法統は、親鸞から第二代に関東教団の中心人物である真佛、第三代と第四代は関東六老僧に数えられる源海と了海と相承される。源海は武蔵荒木門徒の始祖であり、その弟子である了海は阿佐布門徒を形成し、自筆本の『還相廻向聞書』が現存されている。了海の思想的特徴は、知識を尊重する点にあり、その考えは後に「名帳」「絵系図」に継承されていった。第五代誓海、第六代明光《めいこう》と法統が続き、第七世に中興と崇められる了源が継職する。了源の師である明光は、相模の最宝寺に住し、後に西国布教を行い備後（広島県）に光照寺を創建したと言われている。暦応元年（一三三八）に備後で真宗門徒と法華宗徒とが論争した時には、明光の要請により存覚が法華宗徒と対論している。明光は門徒教化に「絵系図」や「光明本尊」を用い、念仏者の惣的結合をはかることにより、中国・四国地方に進展していった。

第七代了源は、佛光寺の寺伝によれば、阿佐布了海の第二子とも第三子とも称されるが、存覚の口述筆記である『存覚一期記』によれば、俗名弥三郎といい、鎌倉幕府の御家人に使えた武士の出身であると伝えている。二十六歳の元応二年（一三二〇）に山科に一寺建立を志し『勧進帳』を作成した。『勧進帳』には現在、本山脇壇に安置される聖徳太子像の造立開眼に関する記述もあり、それによれば仏師湛幸が彫刻し、頭中に了海の遺骨を納めたとある。堂々たる体躯の聖徳太子像は昭和十年に重要文化財に指定されている。

山科興正寺落慶の年に存覚は了源の依頼により、『浄《じょう》土《ど》真要鈔《しんようしょう》』『諸神本懐集《しょじんほんがいしゅう》』『持《じ》

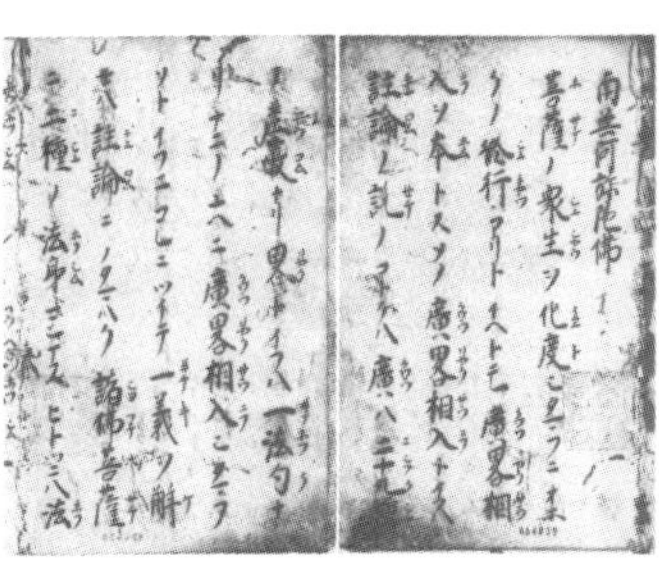

還相廻向聞書
（京都　京都大学図書館蔵）

名鈔《みょうしょう》』『女人往生聞書《にょにんおうじょうききがき》』を著している。存覚は、その前年に父である覚如の義絶を受け、了源のもとに身を寄せていたことにもよるが、二人の関係は深まり、教学、伝道において協力しあっている。その後も存覚は『破邪顕正抄《はじゃけんしょうしょう》』、光明本尊の解説書である『弁述名体鈔《べんじゅつみょうたいしょう》』、『一流相承系図』（絵系図）の序題を著している。

了源は元徳元年（一三二九）に『算頭録《さんずろく》』を著し、伝道および教団運営の基本を述べている。そこには「一向に聖人のおしえを信じて念仏を行ずるのうへにより有縁のひとにもおしえて行ぜしむべし。このおしえにしたがふのともがらは、すなはち聖人の門葉なれば、各々の門徒にくわへて惣の衆議をへて系図にくわふべし」とあり、惣の合議をへて門徒名簿（「名帳」『一流相承系図』（絵系図））へ記載することを定めている。念仏者の連帯感を強めることを意図したものであるが、門徒たちは肖像の名簿である『一流相承系図』（絵系図）に登載されることを大いに喜び、教団はめざましい発展を遂げることになった。

正中元年（一三二四）に山科に落慶した興正寺は、六年後の元徳二年（一三三〇）に渋谷に移り佛光寺と改称した。しかし間もなく火災のため焼失し、建武元年（一三三四）に復興を成し遂げた。その翌年、了源は伊賀七里峠で山賊にあい五十二歳で没した。一寺建立から十年、駆け抜けた人生の中で了源は佛光寺教団の礎を築いた。

女性僧侶の活躍

了源の亡き後、第八代を嗣子源鸞が継いだが、病弱のため、了源の内室了明尼《りょうみょうに》が補佐し教団の発展に貢献した。源鸞が在職十三年、二十九歳で病没すると、弟である唯了が跡を継ぐが、了明尼は引き続いて寺務

一流相承系図（絵系図）序題（巻頭）（京都　佛光寺蔵）

了源遷化之地

を補佐した。教団が発展しつつあるこの時期、佛光寺教団にとって最大の難事件が起こっている。すなわち観応三年（一三五二）の比叡山衆徒による佛光寺破却である。問題は容易には解決しなかったが、曼殊院大進の対応により破却は免れることになった。

永和二年（一三七八）に了明尼は八十三歳で没するが、長年の坊守《ぼうもり》として果たした功績により、佛光寺第九代に数えられている。元亨四年（一三二四）、存覚は了源の求めに応じ『女人往生聞書』を著している。その思想的根拠や了明尼の活躍を受けて、佛光寺教団は、了明尼以後、性別による差別のない開かれた教団として、多くの女性が教団護持に携わっている。

第二十七世真意尼も坊守として活躍した歴代の一人である。江戸から明治へという時代の激変期にあって、元治元年（一八六四）の禁門の変で灰燼に帰した本山を背負い、両堂をはじめとする現在の諸堂を再建した。また婦人教化にも尽力し、坊守および婦人のための法話会、女性講の組織、婦人教会の発会など、めざましい事業を展開した。

経豪の本願寺帰参

室町時代の佛光寺は本願寺を凌駕する勢いにあったが、応仁の乱により伽藍が焼亡し、一時寺基は第十二代性善の隠棲先である摂津平野に移転した。それより先の文明元年（一四六九）、第十三代光教は隠退し、兄である性善の息男経豪に跡を譲った。経豪は積極的に本願寺蓮如との親近をはかり、文明十三年（一四八一）ついに多くの門末を率いて蓮如に帰参し、山科に興正

了明尼（一流相承系図）（京都　佛光寺蔵）

真意尼影像（京都　佛光寺蔵）

寺を復興した。このとき四十八坊のうち四十二坊が経豪とともに転出したという。本願寺に属した経豪は、蓮如から蓮教の名を与えられ、興正寺第十四代を継職した。

経豪が去った佛光寺は、経豪（蓮教）の弟、二十八歳の経誉が佛光寺第十四代を継ぎ、隠居した光教や残った六坊（奥坊教音院《おくのぼうきょうおんいん》・中坊久遠院《なかのぼうくおんいん》・角坊昌蔵院《すみのぼうしょうぞういん》・南坊《なんぼう》大善院《だいぜんいん》・新坊光薗院《しんぼうこうおんいん》・西坊長性院《にしのぼうちょうしょういん》）を中心に寺勢の再興に尽くした。

その後、佛光寺の教勢は、戦国期の争乱が収拾に向かう頃に落ち着きをみせたが、天正十四年（一五八六）豊臣秀吉の請いにより、方広寺大仏殿造営のため、寺基の移転を余儀なくされるのである。それが現在の五条坊門高倉で、ここから近世の佛光寺教団の歴史がはじまるのである。

近現代の動向

江戸時代には宗学が興隆し、二十代随如は、宝永二年（一七〇五）に『善信聖人親鸞伝絵』を開版し、また多くの「御勧章《ごかんしょう》」（消息）を授け弘法に尽力した。宝暦十二年（一七六二）には学林用地が購入され、翌年に初めて安居が開繙された。

京都の中心部に位置する佛光寺は、京都の歴史に大きな影響を受けてきた。天明八年（一七八八）鴨川団栗橋付近より出火し、京都の中心街を焼き尽くした京都大火では、御影堂・阿弥陀堂をはじめとする諸堂が類焼した。この火災では京都御所、東本願寺も焼失した。このとき佛光寺では、法宝物を奉じて安永四年（一七七五）に現本堂が建立された東山別院に避難したという。元治元年（一八六四）にも禁門の変のために佛光寺は炎上した。

経誉影像（京都　真宗佛光寺派佛光寺蔵）

明治維新により封建体制が瓦解すると、佛光寺も教団組織の近代化が進み、あわせて伽藍の再興が図られた。慶応二年（一八六六）に寝殿が落成し、明治十七年（一八八四）に御影堂、同三十七年に阿弥陀堂を再建遷座し、ここに今日の両堂の偉容を見せた。日清・日露の戦争の最中、その大事業を成し遂げたのが二十五代真達の裏方二十七代真意尼である。

現代においては、『佛光寺の歴史と信仰』（思文閣出版、一九八九）『佛光寺の歴史と教学』（法蔵館、一九九六）などが出版され、教学の目覚ましい振興が注目される。特に本願寺蓮如の五百回忌に際し、多くの蓮如関連の書物が出版されたが、その中で取り上げられた「佛光寺異端説」に対し、佛光寺僧侶により、その誤りを質し、佛光寺の史実を解明したことは、特筆すべきことである。また、宗祖親鸞聖人七百五十回大遠忌法要・佛光寺草創八百年記念法要に向けた教学関連事業の中で、近年発見された江戸初期の版木三五〇〇枚の調査が推進され、その中から仮名草子の版木影印本の発刊を計画するなど新たな取り組みが試みられている。

（安藤章仁）

佛光寺鳥瞰

興正寺の歴史

興正寺の創建

文明二年（一四七〇）、佛光寺を継いだ経豪《きょうごう》は、本願寺蓮如の長男順如を介して蓮如と接近し、同十三年多くの末寺や門徒を引き連れて蓮如に帰依し、自身は蓮教と改め、山科の本願寺寺内に佛光寺の旧号とされる「興正寺」を再興した。

その後、興正寺は本願寺と行動をともにし、本願寺が山科から大坂へ移転すると、これに従って移っていった。

興正寺は、戦国期西日本に教線を積極的に展開していった。特に和泉（大阪府）堺の港から瀬戸内の海路を利用して、中国・四国・九州へと教線を伸ばした。この時広がった教線は、その後の興正寺の勢力を位置づけるもので、讃岐（香川県）・安芸（広島県）・周防・長門（山口県）・豊後（大分県）に末寺を多く抱えていた。

興正寺証秀《しょうしゅう》には子どもがいなかったため、永禄十年（一五六七）本願寺顕如の次男であった顕尊《けんそん》が興正寺に入寺し、翌年証秀が没すると顕尊が跡を継いだ。

興正寺の住職として本願寺顕如の次男顕尊が就くと、すでに永禄二年に本願寺顕如が朝廷より門跡《もんぜき》の称号を許されていたため、これにあわせて永禄十二年興正寺顕尊は脇門跡の勅許を受けた。こうして仏教界においてその地位を確固たるものとしていくこととなったのである。

興正寺は、その後も本願寺と行動をともにし、豊臣秀吉の命令によって天正十九年（一五九一）に京都堀川七条の現在地に移転した。

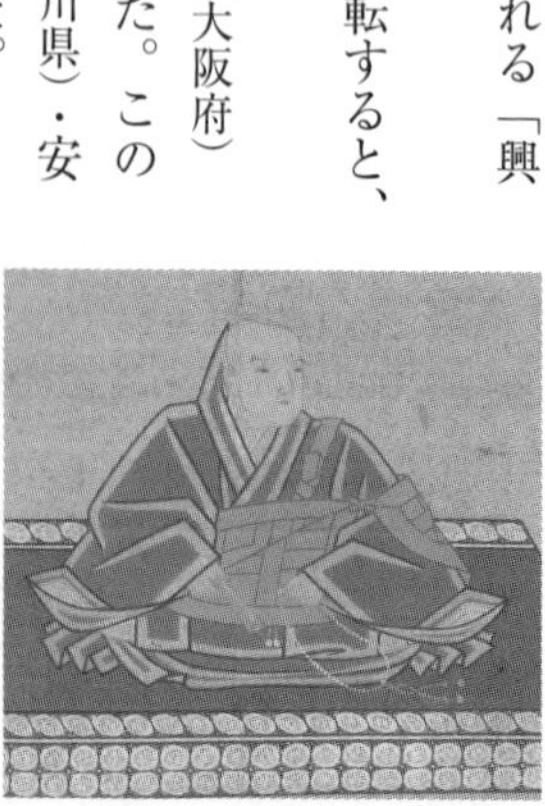
蓮教影像（京都　興正寺蔵）

江戸時代の興正寺

本願寺顕如が没して長男教如と三男准如との間で後継者問題が起こると、この時には顕尊は平静を保ったが、慶長七年（一六〇二）に教如が徳川家康より寺地の寄進を受けて本願寺を別立すると、顕尊の跡を継いでいた准秀《じゅんしゅう》は、教如に従おうとする行動に出た。ところがこの目論見が発覚してしまい、結局興正寺はそのまま西本願寺の傘下に留まることとなった。

しかし、江戸時代を通じて興正寺は絶えず別派独立の行動を起こしており、それがもっとも表面化したのは、西本願寺の学寮において起こった宗論の一つ「承応《じょうおう》の鬩墻《げきしょう》」である。西本願寺の学寮において西吟《さいぎん》と月感《げっかん》の論争に対して、准秀が月感を支持して京都の本山を離れ大坂の天満御坊に移り、西本願寺の宗学上の内紛に乗じて西本願寺に異議を唱えた。結局、幕府の介入によって、西本願寺学寮は取り壊しとなり、准秀も越後（新潟県）今町に移されることとなった。

その後も興正寺は、機会があるごとに西本願寺から離れようと企てた。興正寺は、西日本に多くの末寺・門徒を抱えていたため、西本願寺にとって興正寺が独立されると多くの末寺・門徒が離れていくこととなる。そこで西本願寺では、興正寺末の寺院を興正寺から離して西本願寺の直末寺とするようになり、しだいに興正寺の勢力が削減されていくこととなった。

興正寺の独立

江戸時代を通じて西本願寺の傘下に組み込まれ、絶えず西本願寺門主と姻戚関係を結んでいた興正寺であるが、文化七年（一八一〇）真恕《しんじょ》は、鷹司政通《たかつかさまさみち》の子息を法嗣と定めた。しかしまだ若年であったため、文化九年真恕はいったん本誓を後継者に指名し、同年没した。

その後文政元年（一八一八）本誓が引退して、跡を鷹司政通の子息に譲り、これを本寂とした。こうして興正寺の門主は西本願寺と血縁のない本寂が継承すること

顕尊影像（京都　興正寺蔵）

となった。

本寂は、幕末維新期に勤王派として活躍し、また明治維新期の廃仏毀釈の風潮のなかでは、積極的にキリスト教の排斥を唱えて、護法の立場を貫いた。また明治五年（一八七二）には、新政府から教部省に招かれ、国家神道推進のなかにあって仏教側の要請によって教導職養成の大教院設置に尽力した。ところが、大教院設置に反対する東西本願寺が明治八年に大教院を脱退すると、この機に乗じて西本願寺からの独立を宣言。翌九年六月、本寂（華園摂信《はなぞのせっしん》）は西本願寺と協議し、別派独立願いを教部省に提出した。ここに興正寺は念願の独立を成し遂げ、興正派として新たな歩みをしていくこととなった。

しかし江戸時代を通じて西日本に多くの末寺・門徒を抱えていた興正寺であったが、明治初年の本末制解体に際して、いったん全寺院が西本願寺末とされたことが大きく影響し、江戸時代に多く存在した興正寺末寺はほとんど興正寺の独立に随従することがなく、結局独立時には、香川県にあった末寺が興正寺の独立に従った。このため現在でも興正寺の末寺は香川県に多くみられる。

（岡村喜史）

興正寺本山

真宗木辺《きべ》派の歴史

本山は錦織寺《きんしょくじ》である。寺伝によれば、親鸞が嘉禎元年（一二三五）関東から帰洛の途中、毘沙門《びしゃもん》堂があるこの木部《きべ》の地に歩みを留めたところ、地頭の石畠《いしばたけ》民部大輔資長（那須氏の一族）をはじめ、人々の請いによって滞在した。六十三歳の親鸞は、笈《おい》に納めていた阿弥陀如来像（茨城県の霞ケ浦《かすみがうら》の湖中より得たと伝えられる）を安置して、浄土真宗の教えを説いた。暦仁元年（一二三八）天女が蓮の糸で織った紫香の錦を捧げて仏徳を讃嘆するという不思議なことがあり、これを伝え聞いた四條天皇は「天神護法錦織之寺」の勅額を下し、それ以来錦織寺と呼ばれるようになった。

この地に念仏が伝わったのは遠く関東からで、横曽根門徒系統から流れてきたのである。親鸞帰洛後、当寺は性信・願性・善明・愚咄《ぐとつ》と継承されていく（『存覚上人神日記』）。また寺伝では性信・善性・願明・愚咄と述べられている（『錦織門跡法脈譜系相承之次第』）。慈観は父存覚の『六要鈔』を書写し、これを本願寺第四代善如に授与した。これが今日西本願寺に伝わる『六要鈔』である。覚如の長子存覚は愚咄の娘奈有と結婚し、瓜生津《うりうず》（八日市市）や木部をよく訪れていた。また愚咄は存覚が錦織寺に入寺することを要請したが、存覚は代わりに子の慈観（綱厳）を差し向けた。その後、慈達・慈賢・慈光・慈範と続く。また、本願寺とも深い関係を持ち、教化範囲は近江一国だけでなく、伊賀、伊勢に及んだ。

しかし、慈範の子勝恵は四〇カ所の門徒を率いて、本願寺の蓮如の傘下に移った。このため、他家から養子を迎え、慈澄が継承する。続いて慈養・慈教・慈統と続くが、天正年中本願寺が織田信長と戦った時は、浄土宗の僧が入寺して浄土宗・真宗の二宗兼学が行われた。この間しばらく歴代に加えられない人たちが住職を勤めた。

錦織寺（木辺派）

そして、慈仁の時に二宗兼学をやめ、真宗に完全復帰するのである。続いて中興上人といわれる良慈の時、宝暦十一年（一七六一）親鸞聖人五百回忌法要が勤まる。さらに常慈・宅慈・歓慈・賢慈・淳慈と続くが、淳慈の時に財政難に陥り、淳慈は実家に帰ってしまった。その後、西本願寺第二十一代の明如の次男孝慈が入寺した。兄に光瑞（鏡如）、妹に九条武子がいる。孝慈七十七歳の時、昭和三十二年（一九五七）真宗各本山に先立つこと四年、親鸞聖人七百回忌法要が営まれた。次の宣慈は昭和四十八年（一九七三）に親鸞聖人御誕生八百年・立教開宗七百五十年法要を執行し、続いて御影を修復し、さらに現第二十二代円慈が平成十二年（二〇〇〇）に阿弥陀堂を修復する。

（林智康）

毫摂寺（出雲路派）

越前四箇本山の歴史

真宗出雲路派

本山は毫摂寺《ごうしょうじ》である。南北朝の初めごろ、本願寺覚如の高弟であった乗専が、京都の出雲路に開いた寺である。第五代善幸の時、暦応元年（一三三八）に越前水落のあたりの山元庄（鯖江《さばえ》市神明町）に移転した。この地に第十一代善秀の代に至るまで在住した。しかし、天正三年（一五七五）一揆のために、寺を焼かれ一時横越證誠寺に寄ったが、京都柳原大納言より第十二代善照を迎え、慶長元年（一五九六）に現在地の味真野地区清水頭に移転した。ここはもと太子堂があり、先に秀吉より除地朱印を頂いていた。この頃より寺運は大いに伸び、専照寺・誠照寺・證誠寺の三寺と並んで越前四箇本山と称された。当時は代々花山院家の猶子となっていたが、第二十二代善慶以後は、一條家の猶子となり、文禄年中に青蓮院に属し院家に列せられた。寛永五年（一六二八）・安永三年（一八七八）に別派独立の許可を得て出雲路派を公称し、ついで両堂が完成した。その後、漸次諸堂の再建が成り、法灯が綿々として今日に伝承されている。

真宗三門徒派

本山は専照寺である。当時は親鸞の法脈を継ぐ如導（平判官康頼の玄孫）が、正応三年（一二九〇）越前（福井県）大町の里に一宇《いちう》を建立して専修寺と称したのがはじまりである。本願寺の覚如は大町の坊舎をたずね、如導に『教行信証』を伝授した。如導の弟子に道性・如覚・道願・祖海等がいて大いに教化に努めたので、その教えは加賀・若狭に及んだ。

しかし、如導没後は教団の結束が乱れ、道性がまず分離して山元に一派（山元派）を独立させ、ついで如覚もまた鯖江に一派（誠照寺派）を立てた。また、内にあっては三河の勝鬘寺の高珍を迎えて主とする一派も生じて、教団は混乱した。しかし多くの門葉はこれを喜ばず、了泉の嫡男浄一を擁して蕗野里中野に移って専照寺と改称した。このように三派相対して鼎立《ていりつ》していたので世に三門徒衆と言われた。中野に移った浄一は弘法に熱意を込め、徳望も高く、永享七年（一四三五）将軍足利義教が深く帰依して、中野の寺地をはじめ、門前ならびに末寺の諸役免除の朱印が付与され、寺基はおおいに栄えた。その後二〇〇年、一向一揆の攻略に遇い堂舎す

専照寺（三門徒派）

べて焼き尽くされ、また門末の離散も多く、往時の壮観は全く影をひそめた。その後、一揆は信長により鎮定され、柴田・丹羽の諸氏の時代、第十一代善連は教法の興隆に努めた。そして、正親町天皇より権大僧正を賜り、さらに天正十三年（一五八五）八月勅願所となった。

以来、北の庄（福井）堀小径にあること一三〇余年、さらに第十七代証如は享保九年（一七二四）に寺基を現在地に移した。しかし、天保八年（一八三七）の大火のため諸堂悉く灰燼《かいじん》に帰した。またその後復興したが、昭和二十三年（一九四八）の福井大地震に遇って、御影堂を残し一切の建物が倒壊した。しかし昭和三十六年（一九六一）、親鸞聖人七百回大遠忌を迎え、本堂の再建・客殿の新築がなったけれども、目下復興の途上にある。

真宗誠照寺派

本山は誠照寺である。承元元年（一二〇七）、親鸞が越後へ配流の途中、越前上野ケ原の豪族波多野景之の別荘に滞在し、弥陀の本願の要法を説いた。景之は一族とともに聞法し随喜して、念仏の行者となり、空然と称した。この地を世に「車の道場」と言う。その後、景之は親鸞の第五子道性（有房・益方）を招請してこの「車の道場」に迎え、自分の娘を配して後継者とし、孫の第三代如覚と教線を広げた。如覚の時に「車の道場」が狭くなったので、景之の寄進によって現在地に移り、後二條天皇より「真照寺」の勅額を賜った。

「車の道場」は現在、「上野別院」と称して、本山の別院となっている。お堂には慈覚大師作と伝えられる阿弥陀如来像が本尊として安置されているが、これは親鸞

誠照寺（誠照寺派）

の形見の背負木像であると言われている。道性・如覚は「正信偈」・「和讃」・「勧化章」を通して、越前はもとより加賀・能登・越後・美濃へと念仏の教えを広め、世に「和讃門徒」と呼ばれた。そして、第七代秀応の時に後花園天皇より改めて「誠照寺」の勅額を賜った。その後、一向一揆に続く秀吉の兵火により一時衰微に向かうが、第十五代中興秀誠により秘伝手引阿弥陀如来を本尊として誠照寺教団は再興され後に二條摂関家を猶子家とする門跡寺となった。文久二年（一八六二）堂宇は火災にあったが、明治十年（一八七七）に再建し、現在の二條秀政まで二十九代にわたり、本願他力念仏の根本道場として相承され今日に至っている。

真宗山元派

本山は證誠寺である。山元派は親鸞・善鸞と相承し、第三代浄如は若年にして上洛して、祖父親鸞に常随親化を受け、親鸞が遷化すると分骨を奉持して山元庄に帰住し、真宗の教法弘通に専念した。そして嘉元二年（一三〇四）八月二日、後二條天皇より「山元山護念證誠寺」の勅額及び勅願所を蒙った。次に第九代善充の時に後土御門天皇から「真宗之源親鸞嫡家」の綸旨並びに菊桐の紋章等を下賜された。その後法灯は連綿相継ぎ二十五代を経ている。

寺基は第五代旦応の時、天台宗中本山長泉寺の焼討ちに遇い、山元庄より旧日野川を渡って横越保に避難し、文明七年（一四七五）第八代道性の時、当地に寺基を定めたが、その後本願寺一向一揆に攻められて、各地に難を避け、門末のほとんどは本願寺に改派した。また第十一代善教の時、慶長元年（一五九六）に第十六代善寿の子善照が毫摂寺を別立させるという分立騒動があり、当寺は焼討ちに遇い、村

證誠寺（山元派）

国の郷（武生市村国町）に移住した。この間残る門末の大部分が分離したが、元禄三年（一六九〇）第十六代善応の時に、福井藩士の厚意により横越の旧知の一部を得て堂宇を復興した。

元禄六年天台宗聖護院門跡の院家となった。明治維新後天台宗から離れたが、明治五年（一八五三）には政府の宗教政策のため、いったん本願寺派に属した。別派独立をしたのは明治九年（一八七六）である。しかし、昭和二十三年（一九四八）四月十二日、第二十四代善敬の時に、児童の失火により御影堂・阿弥陀堂・対面所・書院等を焼失した。昭和二十六年（一九五一）の御影堂につづいて、昭和三十九年（一九六四）阿弥陀堂、昭和四十年（一九六五）対面所、昭和五十年（一九七五）書院と、二十七年間を経て漸く復興した。昭和五十六年（一九八一）本山北側の国道四一七号線拡張工事に伴い、境内地五三七平方メートルが削られ、庫裡、土蔵、庭園、五条塀等を移転改築し、四年の歳月を経て、昭和五十九年（一九八四）七月二十五代光教の代に完成を見た。

（林智康）

真宗十派住所一覧

浄土真宗本願寺派（西本願寺）
〒600-8358
京都市下京区堀川通花屋町下ル
電話　075-371-5181
http://www.hongwanji.or.jp/

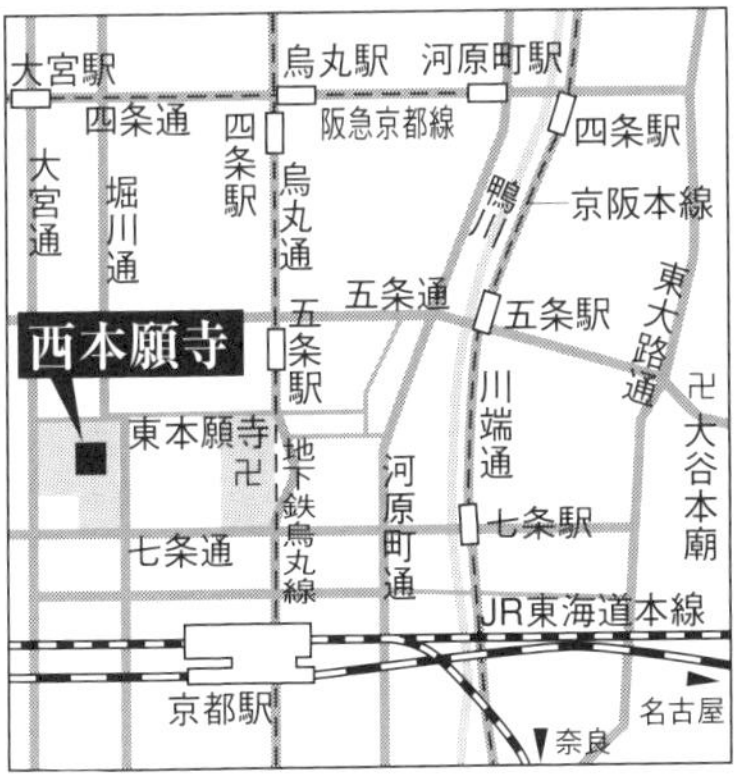

真宗大谷派（東本願寺）
〒600-8167
京都市下京区烏丸通七条上ル
電話　075-371-9181
http://www.tomo-net.or.jp/

真宗高田派 専修寺
〒514-0114
三重県津市一身田町2819
電話 059-232-4171
http://www.senjuji.or.jp/

真宗佛光寺派 佛光寺
〒600-8084
京都市下京区高倉通仏光寺下ル新開町397
電話 075-341-3321
http://www.bukkoji.or.jp/

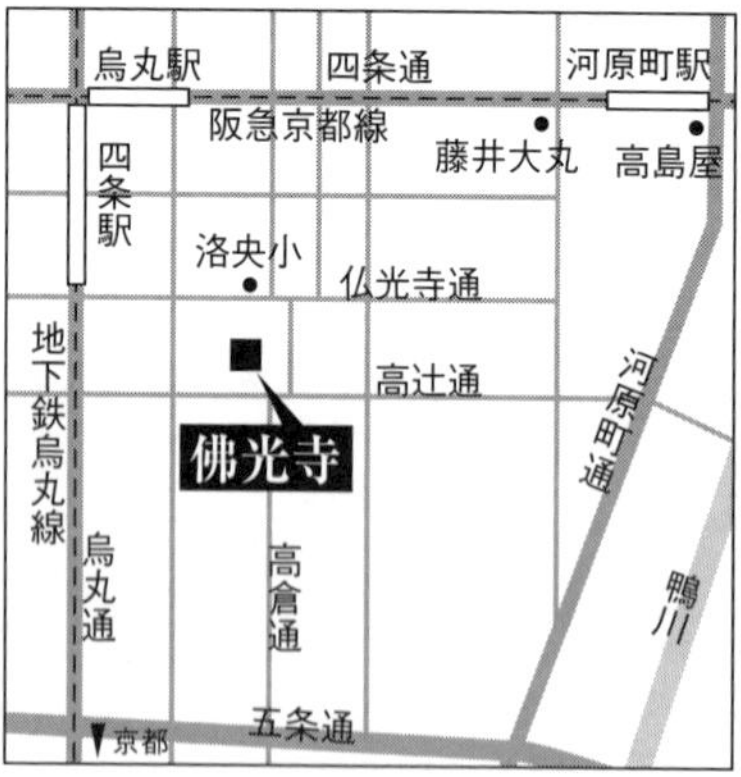

真宗興正派　興正寺
〒600-8261
京都市下京区堀川通七条上ル
電話　075-371-0075
http://www.koshoji.or.jp/

真宗木辺派　錦織寺
〒520-2431
滋賀県野洲市木部826
電話　077-589-2648

真宗出雲路派　毫摂寺
〒915-0012
福井県武生市清水頭町第2号9番地
電話　0778-27-1224
http://www2.ttn.ne.jp/~izumoji-ha/

真宗誠照寺派　誠照寺
〒916-0026
福井県鯖江市本町3丁目2-38
電話　0778-51-0139
http://www.geocities.jp/honzanjoshoji/

真宗三門徒派 専照寺
〒918-8005
福井県福井市みのり2丁目3-7
電話 0776-36-0229

真宗山元派 證誠寺
〒916-0036
福井県鯖江市横越町第13号43番地
電話 0778-51-0636

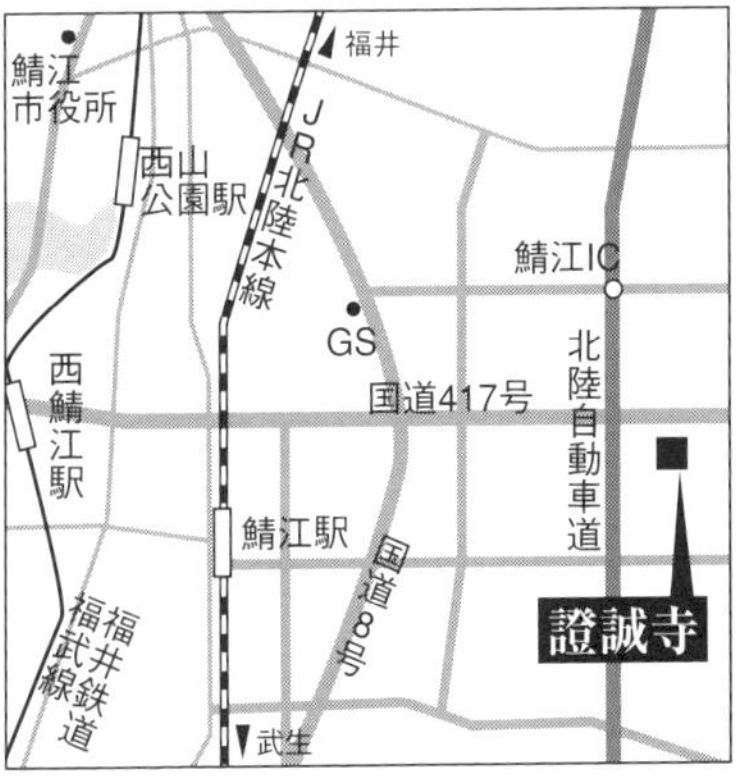

第2部

親鸞ゆかりの地を歩く

京都

親鸞誕生の地・日野の里

親鸞は、今から八三〇年前の承安三年（一一七三）四月一日（新暦五月二十一日）、京都の東南にある山科の日野で生まれた。幼名を松若麿《まつわかまろ》、また鶴充麿《つるみつまろ》といった。現在、真言宗の法界寺《ほうかいじ》があり、阿弥陀堂と薬師堂の二つの仏堂が建っている。その薬師堂の近くに、親鸞誕生にちなんだ「産湯《うぶゆ》の井戸」や「胞衣《えな》塚」と伝えられるものがあり、また法界寺の東に親鸞誕生の地を顕彰して西本願寺の日野誕生院があり、その後方には日野家の墓所が整備されている。

法界寺と日野誕生院

親鸞の父は日野《ひの》有範《ありのり》、母は貴光女《きっこうにょ》（吉光女）と伝えられている。日野氏は藤原氏の流れをくみ、藤原鎌足の七代の孫である家宗《いえむね》の時に法界寺を創立し、家宗の五代の孫である資業《すけなり》は日野を姓とし、永承六年（一〇五一）に法界寺に阿弥陀堂を建てた。

日野誕生院景観

薬師堂は法界寺の本堂で、伝教大師自作と伝えられる薬師如来を本尊としている。したがって法界寺は「日野薬師《ひのやくし》」や「乳薬師《ちちやくし》」と呼ばれ、安産や授乳を求める女性の参拝が多い。阿弥陀堂は古く「丈六堂《じょうろくどう》」と呼ばれ、本尊の阿弥陀如来は、宇治平等院の定朝作の上品上生仏をならった丈六仏である。

誕生院は、西本願寺第十九代本如が親鸞の誕生を顕彰したことに始まり、次の第二十代広如の時に誕生講がもうけられ、さらに昭和三年（一九二八）に新しく本堂が建てられた。それは平安初期の様式で本尊阿弥陀如来の両脇壇に、親鸞幼童の御影と父有範の木像が置かれている。

親鸞の父母観

父有範は四歳、母貴光女は八歳の時に亡くなったという説があるが、しかし有範は皇太后大進を退くと入道して、日野の南にある三室戸《みむろど》に隠棲し、かなり老年にいたるまで生きていたと思われる。ということは、有範が亡くなった時、父の供養のために、親鸞が題名を書き、弟の尋有が訓読を記したという『無量寿経』の写本（正平六年〈一三五一〉存覚書写）が現存するからである。経典に加点したということは、尋有がかなりな年齢に達しており、有範の長命を意味する。ここで親鸞の父母観を、親鸞が八十五歳に著した『正像末和讃』にある「皇太子聖徳奉讃」と親鸞が亡くなって二五年から三〇年後に弟子唯円の著した『歎異抄』を通してみてみたい。

初めの「皇太子聖徳奉讃」では、「和国の教主聖徳皇」と聖徳太子を日本の国に現れた釈迦とたたえ、観音菩薩の化身であり、あたかも父母の様な気持を持つと述べ

日野誕生院境内

られている。

救世観音大菩薩　聖徳皇と示現して　多々《たた》のごとくすてずして　阿摩《あま》のごとく
　にそひたまふ
無始よりこのかたこの世まで　聖徳皇のあはれみに　多々のごとくにそひたま
　ひ　阿摩のごとくにおはします
大慈救世《くせ》聖徳皇　父のごとくにおはします　大悲救世観世音　母のごとくにお
　はします

「多々」は父のことであり、「阿摩」は母のことである。「すてずして」とか、「そひたまふ」という感傷的な言葉から、父母との離別に対する深い想いがうかがわれるとともに、「観音菩薩→聖徳太子→父母→親鸞」というあたたかい慈愛が感じられる。

後の『歎異抄』第五章に、

親鸞は父母の孝養《きょうよう》のためとて、一返にても念仏まうしたること、いまださうらはず。そのゆゑは、一切の有情はみなもて世々生々《せせしょうじょう》の父母《ぶも》兄弟なり

とある。現代語訳すると、

親鸞は亡き父母の追善供養のために念仏したことは、かつて一度もありません。というのは、命のあるものはすべてみな、これまで何度となく生まれ変り死に変りしてきたなかで、父母であり兄弟・姉妹の関係であったからです

という意味になる。ここでも個人的な感情を超えた親鸞独自の念仏観、衆生観、生

命観がみられる。

有範一家の出家

親鸞には、尋有《じんぬ》・兼有・有意・行兼の四人の弟がいた。二弟の尋有は、権少僧都《ごんしょうそうず》、五弟の行兼は、権律師《ごんりっし》である。上は大僧正から始まる僧職の中で、権律師は最下、権少僧都はその二つ上にしかすぎないが、公職であって、無位無官に近い状態であった親鸞とは異なっている。伯父の宗業《むねのり》が晩年に従三位の位にのぼっているので、甥たちにとっても関係があったかもしれない。四弟の有意が「三位公」と通称されており、従三位宗業と直接の結びつきがみられるし、三弟の兼有は父有範が出家後に住んだ三室戸の萱坊《かやのぼう》を継承している。

有範をはじめ、一家がすべて仏門に入ったことは何か重大な問題が起きたためであろうと考えられる。その原因をいくつかあげてみたい。

まず有範の父経尹《つねまさ》の放埒《ほうらつ》がある。従四位下阿波権守であったが、生活の乱れがあったため、日野家の世代から除外されている。

次に、有範の兄宗業は平氏討伐で敗れた後白河上皇の皇子である以仁王《もちひとおう》の学問の師であった。王が京都の相楽郡で敗死した時に、遺体の確認に呼ばれている。また親鸞の母が源義親の子孫であるという説もあり、有範と源氏の挙兵は無関係であり得ないかもしれない。

さらに有範の勤め先の皇太后である建春門院滋子が亡くなり、失脚して出家したとも考えられる。彼女は後白河上皇の女御で、高倉天皇の生母、仁安三年（一一六八）に皇太后になり、安元二年（一一七六）に亡くなって

日野誕生院
浄土真宗本願寺派　本願寺別堂
京都市伏見区日野西大道町一九
電話　075－571－0174
JR（奈良線）六地蔵駅より徒歩二十五分。
京阪（宇治線）六地蔵駅より、京阪バス八番。
地下鉄（東西線）石田駅より、京阪バス七番。

いる。日野一族は後白河上皇に関係が深く、親鸞出家に立ち会った伯父範綱は上皇の近臣でもあった。

以上、有範一家の出家の動機については種々考えられるが、明確に指摘することは難しい。

（林智康）

出家得度の地・青蓮院

親鸞は、養和元年（一一八一）、九歳の年に、伯父の日野範綱に伴われ、京都の粟田口《あわたぐち》にある青蓮院で、慈円を師として出家剃髪をしたとされる。ただ史実としては、当時慈円は白川御房と呼ばれる場所に住んでいたと考えられ、その住房を親鸞は訪れたのではないかと思われる。いずれにしても白川御房は現在の青蓮院付近にあったと考えられ、この地で範宴《はんねん》という名を与えられた親鸞は、以後二〇年間にわたる比叡山での修行生活に入ったのである。

親鸞出家の地・青蓮院

現在の三条通神宮前の交差点を南に折れ、しばらくなだらかな坂を登ると、大きく枝を張り青々とした葉を繁らせたクスの巨木が、苔むした石垣と白い漆喰《しっくい》の築地塀におおいかぶさるように数本そびえ立っている。この白い壁とクスの巨木のコントラストが非常に印象的な寺院が、親鸞出家の地、青蓮院である。

青蓮院

慈円と青蓮院

青蓮院は天台宗の寺院であるが、古くから皇族や有力な貴族出身者の僧が住職をつとめ、門跡寺院とも称される格式の高い寺である。その繁栄の基礎を築いたのは、親鸞を仏門に導いた慈円である。摂政九条兼実の実弟でもあった慈円は四度にわたり天台座主の位につく一方、歌人としても有名で、また『愚管抄』という独自な視点から書かれた歴史書を残すなど、多才な人物でもあった。

親鸞と青蓮院

現在の青蓮院は、薬医門から中に入り右手に進むと、本堂で本尊の熾盛光《しじょうこう》如来が安置された華頂殿があり、さらに狩野派の障壁画により飾られた小御所や宸殿と呼ばれる建物が並んでいる。また、東側には室町時代に作られた回遊式の美しい庭園があり、東山を借景とした四季折々の美しさを見せてくれる。寺宝として、日本三大不動の一つで国宝にも指定されている「青不動」を所蔵していることでも有名である。

親鸞ゆかりの建造物としては、まず宸殿に「親鸞出家」の間と称される部屋がある。ただ、この建物は火災にあって明治時代に再建されたものである。また、車寄せのところには童形の親鸞の銅像があり、そのそばに「明日ありと思うこころのあだ桜　夜半《よわ》に嵐の吹かぬものかは」という歌が残されている。この歌は日が暮れて青蓮院に到着した親鸞に、明朝に出家の儀式を行おうと寺のものが申し出たのに対し、親鸞が即座に歌で返答したとされるもので、この歌を聞いた慈円は即刻得度の儀式を行ったと伝えら

青蓮院
天台宗
京都市東山区粟田口三条坊町
電話　075－561－2345
京都駅より
京都市営バス五・四六・五七・一〇〇系統で「神宮道」下車、徒歩二分。一二・四六・二〇一・二〇三・二〇六系統で、「知恩院前」下車、徒歩5分。
京都市営地下鉄東西線東山駅下車、徒歩三分。
京阪三条駅下車、徒歩十五分。

れる。さらに、入り口にもどり薬医門から左手に進むと「植髪堂《うえかみどう》」と呼ばれるお堂がある。堂内には剃髪前の親鸞の姿を写したとされる木像が安置されているが、植髪堂と呼ばれるのは、剃髪した親鸞の髪をこの像に植えたという伝承にもとづいている。

まだ幼さの残る九歳の年で、生まれ育った日野の里を後にした松若麿（親鸞の幼名）の胸中にはどのような思いがよぎっていたのであろうか。親鸞の曾孫にあたる覚如は、『親鸞伝絵』上巻第一段の中で、「興法の因うちにきざし、利生の縁ほかに催しによりて」と衆生利他の思いから出家得度をしたと短く伝えているが、親鸞自身は自らの出家の動機については何も語らない。しかし、語り尽くせないようなさまざまな思いがあったはずである。その思いを尋ねて、今でも静かなたたずまいを残す青蓮院を訪れてみてはどうだろうか。

（嵩満也）

学問修行の地・比叡山延暦寺

伝教大師の開創による比叡山

伝教大師最澄の開創による延暦寺が鎮まる比叡山は、京都側から見ても、琵琶湖湖畔から見ても、秀麗な山容をあらわしている。現在比叡山に参詣するには、ドライブウェイのバス便や、八瀬・坂本から通じるケーブルカーなどを利用できる。ただし、足に自信があり、歩いて登りたいという人は、京都一乗寺から山頂にのびる雲母坂《きららざか》をたどるといい。道中は険しいが、京都から比叡山に登る最短距離で、かつて、朝廷の勅使が延暦寺に登る際に、このコースをとるのが恒例だったので、勅使坂、表坂とも呼ばれていた。

延暦寺は比叡山そのものが境内であるだけに、大自然の美にも恵まれている。老木が生い茂る樹林からは、小鳥のさえずる声が俗世の憂いを忘れさせてくれるかのように響いている。親鸞はこの比叡山で、九歳から二十九歳までの二〇年間を学道ひとすじに精進した。

比叡山での行実

比叡山は、東塔、西塔、横川の三塔に分かれるが、東塔の本堂であり、延暦寺一山の総本堂でもある根本中堂から無動寺谷にそって、千日回峯行の行者の通り道でもある急坂を下り、明王堂に至ると、その先に大乗院がある。親鸞の比叡山での行実は、直接の記録は何一つ見いだし得ない、というのが現状であるが、『高田正統伝』によると、親鸞はこの大乗院で、出家後勉学したと伝えられる。大乗院は天台宗の寺院なのに、本尊として親鸞の像が安置されており、親鸞の恩徳を慕う浄土真宗の伝統行事「報恩講」もここで執り行われている。この像は、「蕎麦《そば》食いの親鸞像」と呼ばれるもので、親鸞が六角堂に参籠するためにここを抜け出していた時、蕎麦振る舞いがあったが、その像が親鸞の身代わりに蕎麦を食べていた、という伝説を持つ木像である。

その他の文献では、覚如の『報恩講式』には、

台嶺（比叡山）の窓に入りたまひしよりこのかた……

大乗院

として、慈鎮和尚の許で顕教・密教の諸教を学び、修行に専念した様子が記され、『親鸞伝絵』上巻第一段には、下山直前に「首楞厳院の横川」の余流の流れに席をおいていたことが記される。また存覚の『嘆徳文』の、

定水を凝《こ》らすといえへども識浪しきりに動き、心月《しんがつ》を観ずといへども妄雲なほ覆ふ

という一節は、禅定を水面に譬え、禅定三昧の境地に至ろうとしたが、煩悩の波によって心を統一することが出来ず、また心のなかにある仏性を月に譬え、煩悩の雲が覆ってついにそれを観ることができなかったと述べて、親鸞が自力聖道門の教えに限界を感じた様子を伝えている。

そうした諸史料のなかでももっとも注目されるものが、大正十年に本願寺の蔵から発見された『恵信尼消息』である。

この文ぞ、殿の比叡の山に堂僧《どうそう》つとめておはしましけるが、……

とあるように、親鸞は、ある時期、常行（三昧）堂の不断念仏僧として、「堂僧」を勤めていたことが知られる。「常行三昧《じょうぎょうざんまい》」とは、一般には、『摩訶止観』に説かれる「止観念仏」を修するものを意味すると認識されているが、ここでいうそれは、円仁が中国から将来した法照禅師の五会念仏の流れを汲むもので、堂内の阿弥陀仏像の周囲を、口に阿弥陀仏の名をとなえ、心に阿弥陀仏を念じながら、七日ないし九〇日の間、歩きめぐる「不断念仏」を指す。これは「山の念仏」ともいわれ、法華三昧とともに天台宗の主要な行であった。現在延暦寺には、西塔に常行堂・法華

比叡山延暦寺
天台宗本山
電話　077-578-0001
滋賀県大津市坂本本町四二二〇
バス：京都駅から京阪バスまたは京都市バスに乗車すると、約一時間一〇分で延暦寺バスセンターに到着する
電車：JR湖西線「比叡山坂本駅」下車、連絡バス七分で「ケーブル坂本駅」へ行き、ケーブルカーで延暦寺駅へ。また京阪「坂本駅」からバス二分で、ケー

堂という五間四方、宝形造という全く同じ形の建物が二つ並び、渡り廊下で結ばれている（重文）。力持ちの弁慶が、この渡り廊下を天秤にして担いだという伝説から「にない堂」とも呼ばれている。

さとりを求めて、苦しみ悩んだ青年親鸞の煩悶を偲ぶ場所、それが比叡山延暦寺である。

（山本浩信）

ブル坂本駅へ。叡山電鉄「八瀬遊園」から、叡山ケーブルとロープウェイを乗り継ぎ、比叡山頂駅へ上り、そこからバス六分。比叡山の東塔・西塔・横川の間は、シャトルバスが、三〇分間隔で連絡。ドライブウェイは歩行禁止。

常行三昧堂

参籠を企図した六角堂

六角堂とは

正しくは頂法寺《ちょうほうじ》という。御堂が六角の形をしているので、一般に六角《ろっかく》堂《どう》と呼ばれる。華道の池坊《いけのぼう》と深い関係がある。三条通りと四条通りの間、すなわち六角堂通にある。京都の町は平安京の名残があり、町に碁盤の目のような区切りがある。

丸《まる》・竹《たけ》・夷《えびす》・二《に》・押《おし》・御池《おいけ》／姉《あね》・三《さん》・六角《ろっかく》・蛸《たこ》・錦《にしき》／四《し》・綾《あや》・仏《ぶっ》・高《たか》・松《まつ》・
万《まん》・五条《ごじょう》

京都の東西を走る通りを歌い込んだ「地口歌」（わらべ歌）である。「御所」の南側に丸太町通りがあり、続いて南へ、竹屋町・夷川・二条・押小路・御池／姉小路・三条・六角・蛸薬師・錦小路／四条・綾小路・仏光寺・高辻・松原・万寿寺・五条の各通りがある。

二〇年におよぶ比叡山の学問と修行において、親鸞は悟りを得られなかった。建仁元年（一二〇一）山を下りて六角堂に参籠し、聖徳太子の本地である観音菩薩に祈念して、今後の歩むべき道を求めた。「参籠」とは、願いごとがあると霊験あらたかな神社・仏閣に日数を決めてこもり、日夜勤行につとめて祈念することで、平安時代の中頃から盛んに行われてきた。『六角堂縁起』によれば、六角堂は聖徳太子が難波に四天王寺を創建するために、この山背（山城）地方に良材を求め、如意輪観音を安置して祈念されたことに始まる。その後平安末期から始まる末法思想とともに太子信仰が強まり、人々の尊崇を集めた。

聖徳太子の示現の文

親鸞の妻恵信尼《えしんに》が末娘の覚信尼《かくしんに》に宛てた『恵信尼消息』第三通に、

なによりも殿の御往生、なかなかはじめて申すにおよばず候ふ。山を出でて、六角堂に百日籠《こも》らせたまひて後世《ごせ》をいのらせたまひけるに、九十五日のあか月、聖徳太子の文を結びて、示現にあづからせたまひて候ければ、やがてそのあか月出でさせたまひて、後世のたすからんずる縁にあひまゐらせんとたづねまゐらせて、法然上人にあひまゐらせて……

と、親鸞は百カ日の参籠をはじめ、九五日目の暁に太子の文を口誦結文《くじゅけつもん》し、その示《じ》現《げん》（の文）に催されて、吉水の法然を訪ねることになる。そして今度は、後世《ごせ》のたすかる縁にあうために上人の元へ、百カ日間天候の如何にかかわらず通う。さらにすべての者が生死《しょうじ》（迷い）を出ることのできる道（念仏往生の教え）を説かれるのを聞いて、上人の進まれる所はどこでも、たとえ人が悪道（地獄）に墜ちていくにちがいないと言っても、この道を進むほかないと述べる。これは『歎異抄』第二章にある「往生極楽の道は念仏以外にはない」という文や「たとえ法然上人にだまされて、念仏して地獄に堕ちても後悔はしない」という文と同じ内容である。

今日、太子の示現の文について二説がある。㈠磯長《しなが》の「廟窟偈《びょうくつげ》」と、㈡六角堂の「夢想偈《むそうげ》」である。多くの学者はどちらかの説をとっている。しかし、前述の「聖徳太子の文を結びて、示現にあづからせたまひて候ければ」は、ただ一文だけを述べたものであろうか。

これを「親鸞が（従来知っていた）聖徳太子の文を結び（結文、最後の句まで述べるという意味）、（新しく）示現をいただかれましたので」と解釈すると、親鸞の「既知の偈文」（聖徳太子の文）と「未知の文」（示現の文）の二種類の偈文が存在することになる。その二種類の文として、㈠磯長の「廟窟偈」と、㈡六角堂の「夢想偈」をそれぞれあてはめることもできるが、高田専修寺蔵の『三夢記』（①磯長の「夢告」—親鸞十九歳、②大乗院の「夢告」—親鸞二十九歳、③六角堂の「夢想偈」）の中、①磯長の夢告と、③六角堂の「夢想偈」の二文をあてはめる第三の説も大いに考慮される。

磯長の「廟窟偈」は、親鸞が八十五歳に書写した『上宮太子御記《じょうぐうたいしぎょき》』の巻末に「文《もん》松子伝《しょうしでん》」として引かれている。また金沢市の専光寺に八句を取り出した「三骨一廟《さんこついちびょう》文《もん》」（弥陀三尊位　太子—救世観音菩薩　太子の妃　膳大郎女《かしわでのおおいらつめ》は勢至菩薩、太子の母穴穂《あなほ》

六角堂（頂法寺）

六角堂

部間人皇后《べのはしひとのひめみこ》―阿弥陀仏）については、親鸞の真筆が残っている。この事から、当時聖徳太子の作と言われていたこの「廟窟偈」を親鸞自身も注目していたと思われる。そして、親鸞は「廟窟偈」の文を継承して『三夢記』の第一文磯長の夢告の偈文を書いたと思われる。

また『三夢記』の第三文にもある六角堂の「夢想偈」は親鸞の真筆ではないが真作であると言われる。

　行者宿報にて女犯すとも　我玉女の身と成りて犯されん　一生の間よく荘厳し　臨終に引導して極楽に生ぜしめん

(訳)仏道の行者であるあなたが過去の行為の報いにより　女性と一緒になりたいならば　私が美しい女性となって妻になりましょう。そして一生の間りっぱにお世話して、臨終には導いて浄土に生まれさせよう

この六角堂の「夢想偈」については三説が考えられる。㈠妻帯（結婚）の許可を示す。㈡聖道自力の教えを捨てて浄土教（他力念仏）に帰入することを示す。㈢往生浄土の確信を示す。とくに第三説は、『恵信尼消息』第三通の始めにある「なによりも殿の御往生、なかなかはじめて申すにおよばず候ふ」と、その返し書きの「この文ぞ……九十五日のあか月の、示現の文なり。御覧候へとて、書きしるしてまゐらせ候ふ」の文より、恵信尼が末娘覚信尼が抱いていた夫親鸞の往生浄土に対する疑念を取り除く内容になっている。

後年親鸞は「皇太子聖徳奉讃」（『正像末和讃』）に、「聖徳皇のあはれみて　仏智不

紫雲山頂法寺（六角堂）
京都市中京区六角通東洞院西入堂之前町二四八
電話　075－221－2686
京都市営地下鉄烏丸御池駅下車、徒歩五分。
京都市営バス五一・六五系統、京都バス四五系統で「烏丸三条」下車、徒歩三分。
京都市営バス四五系統で「烏丸御池」下車、徒歩五分。

思議の誓願に　すすめいれしめたまひてぞ　住正定聚の身となれる」「聖徳皇のおあはれみに　護持養育たえずして　如来二種の回向に　すすめいれしめおはします」と述べ、六角堂参籠を追慕し、太子の示現の恩を感謝している。

（林智康）

草庵のあった地・岡崎御坊

平安時代、貴族の別荘地であった岡崎の地は、そののち、東山十郷の一つとして、南は粟田口《あわたぐち》に隣接する。六角堂の参籠を終えた親鸞は、この地に草庵をむすび、ここから東山吉水の師・法然の禅房へ通ったといわれる。その旧址を「しんらん屋敷」と伝えるが、享和元年（一八〇一）東本願寺第二十代達如の時、堂宇を建立して、御坊としたのがはじまりとされる。

『恵信尼消息』に、

法然上人にあひまゐらせて、また六角堂に百日籠らせたまひて候ひけるやうに、また百か日、降るにも照るにも、いかなる大事にもまゐりてありしに……

といわれるように、六角堂に一〇〇日間の参籠を企図したように、百カ日約三カ月の間、吉水の法然上人の許へ親鸞は通った。法然の説く「生死出づべき道」を親鸞は何度も聞いて、「たとえ地獄であっても、法然上人の行くところであるならばどこまでもついて行く」とまで言い切るに至ったのである。念仏の教えが生死《しょうじ》を超える

岡崎別院

道であると確信するにいたるのに、一〇〇日の時間を要したのであった。

では、果たしてどこから吉水へ通ったのか。一説に『親鸞聖人正統伝』には、「岡崎の辺りに一の庵室をしつらひ、御給仕のひまには、此所に住せたまふ」とあることから、現在の岡崎別院の地にあった草庵から法然のもとへ通ったのではないかといわれている。なお、岡崎別院本堂の左方の八角の石柵でかこまれた池は、かつて親鸞が越後配流の折、姿をうつして名残を惜しんだといい伝えられ、鏡池とも、姿見の池とも呼ばれる。

念仏の道が在家生活を仏道にしていく道であるということを自問した親鸞の姿を思い浮かべながら、この地を訪ねてみてはどうだろうか。

（山本浩信）

よき人法然との出会い・吉水の草庵

吉水草庵　六角堂で聖徳太子の文の示現を受けた親鸞は、ただちに東山吉水の草庵に法然を訪ねたと妻の恵信尼の手紙は伝えている。六角堂から吉水の草庵があった場所までは、直線距離にして二キロほどの距離である。

吉水の草庵跡は、祇園の八坂神社裏手にある円山公園から、さらに華頂山を中腹まで登ったところにある。円山公園の有名なしだれ桜の前を右へ折れ公園を出ると、左手に親鸞の東大谷祖廟の石畳の坂がある。その坂を登り祖廟の門を入るとすぐに

岡崎別院
真宗大谷派
京都市左京区東天王町二六
電話　075-771-2921
京阪電鉄丸太町駅下車徒歩二十分。
京都市営バス丸太町京阪前バス停より二〇四、九三系統で五分、「岡崎神社前」下車すぐ。

鼓楼があるが、その脇に「法然親鸞両上人御旧跡吉水草庵　慈圓山安養寺」という石碑が建っている。その先の急な石段を木立の中を登って行くと、現在は時宗の寺院となっている安養寺がある。ここがかつての吉水の草庵跡である。

法然と吉水草庵

法然は、美作《みまさか》の国（現在の岡山県）の出身で、在地の押領使《おうりょうし》漆間《うるま》時国《ときくに》の長男として生まれた。しかし、父の非業の死により十三歳の時に出家をした。その後、二八年もの間、比叡山で天台の修学と修行を続け、その間に膨大な一切経を何度も読破したと言われる。そのような法然を人々は「智慧第一の法然」と呼んだが、法然は「愚痴の法然」「十悪の法然」と自らは呼び、自身の修行の成果に満足せず、思い悩む日々を送ったと言われる。しかしある時、比叡山黒谷の報恩蔵で、中国の善導が書いた『観経疏』の言葉を読み、そこに説かれる阿弥陀仏の本願に誓われた念仏行による救いこそ、自らを含む末法の世のすべての人びとが救われる道であると確信し、吉水の地に草庵を結び、浄土宗の独立を宣言したのである。

この草庵を訪ねた親鸞は、その後、雨の日も照る日も一〇〇日の間、一日も欠かすことなく法然のもとに通いつめ、「生死いづべき道」（恵信尼消息）を求めて自らの疑問を直接問いただし、法然が説く本願の念仏こそ、歩むべき真実の道であることを思い定めたのである。

法然と親鸞の別れ

法然は親鸞よりもちょうど四十歳年長であったが、法然と親鸞の別れは念仏弾圧というかたちで訪れた。承元元年（一二〇七）、

安養寺

興福寺からの念仏停止の奏状と後鳥羽上皇の私憤を受けて弾圧が断行され、京都で念仏の教えを広めることが禁止されただけでなく、法然は土佐へ、そして親鸞は越後へと流罪に処せられた。親鸞は後に、この出来事を主著『教行信証』のなかで、「仏法に背き、正義にもとるもの」と厳しく批判している。

この草庵で、親鸞が法然とともに過ごしたのは、二十九歳から三十五歳までの六年間にすぎなかったが、よき人法然との出会いは、その後の親鸞の生涯にとって決定的な意味を持つものであった。そのことは、八十四歳をこえた親鸞が、関東から命がけで親鸞の教えを確かめようとやってきた門弟たちに対して、

親鸞におきては、ただ念仏して、弥陀にたすけられまゐらすべしと、よきひとの仰せをかぶりて、信ずるほかに別の子細なきなり
（『歎異抄』第二章）

と、かつて自分が吉水の草庵で法然から聞いた教え以外に伝える教えはないと応答していることにも知ることができる。その意味で、吉水の地は親鸞の念仏者としての歩みの原点となり帰着点ともなった出会いの場所である。

（嵩満也）

安養寺
京都市東山区八坂鳥居前東入円山町
電話　075-561-5845
京阪四条駅より徒歩二十五分程度。
京都市営バス四六・一〇〇・二〇一・二〇六系統などで「祇園」下車。徒歩十分。

晩年を過した地・五条西洞院

二〇年にわたり住み慣れた関東の地から、京都の地に帰って来た親鸞の生活は、弟尋有の扶《たす》けや、親鸞を慕う関東の人びとから届けられるあたたかい懇志によって支えられていた。

しばしの住まいを定めて

『親鸞伝絵』下巻第五段に、

扶《ふ》風《ふう》馮翊《ふよく》ところどころに移住したまひき。五条西洞院わたり、これ一つの勝地なりとて、しばらく居を占めたまふ。

と記されているように、定まった住居はなかったようで、京都のところどころに移り住み、五条西洞院や三条富小路あたりに、しばしの住まいを定められていたようである。

いまこのあたりへ行ってみると、狭い道路をはさんで、小さな商店がひしめきあって軒をならべており、まったく下町の風景である。

光円寺に安置される平太郎の木像

当時の五条（今の松原通）の西洞院には、かつて平太郎が親鸞を訪ねた旧跡と伝える光円寺がある。

この平太郎のことは、同じく『親鸞伝絵』下巻第五段に、

常陸国《ひたちのくに》那荷西郡《なかのさいのこおり》大部郷《おおぶのごう》に、平太郎なにがしといふ庶民あり。聖人の訓《おしえ》を信じて、もつぱらふたごころなかりき。しかるにある時、件《くだん》の平太郎、所務に駈《か》ら

光円寺石碑

平太郎木像（京都　光円寺蔵）

れて熊野に詣《けい》すべしとて、ことのよしを尋ねまうさんがために、聖人
へまゐりたるに

とあるように、熊野参詣の可否を親鸞に尋ねるためにここを訪れたという
ことが記されている。光円寺には、平太郎の木像が安置されている。

著述活動・門弟の来訪

親鸞は、齢八十の坂を越えてからも、精魂かたむけてきた著述の完成と各地からはるばる聖人を慕って訪ねてくる門弟に対応する日々を送っていた。

親鸞帰洛の理由として、諸説はあるが、親鸞の主著『教行信証』を完成させるためであるといわれる。また、晩年の著作として忘れてならないものは、経典のこころや高僧の教えの要、そして自らの信境を、今様形式の和語で讃嘆する「和讃」である。親鸞には、『浄土和讃』、『高僧和讃』、『正像末和讃』その他の和讃があるが、特に、『正像末和讃』に収録される「愚禿悲歎述懐讃」には、八十歳を過ぎた親鸞の悲しみが見てとれる。そうした悲しみの背景には、親鸞の息男慈信房善鸞が異義を唱え、関東の門弟を惑わせ、結果として、断腸の思いでわが子を義絶するにいたったという悲劇的な事件がある。ある門弟は、手紙に託してその疑問を親鸞に問い、親鸞は懇切丁寧に手紙をしたため答えていった。また
それでも疑問が残る者は、『歎異抄』第二章に、

おのおの十余箇国《じゅうよかこく》のさかひをこえて、身命《しんみょう》をかへりみずして、たづねきたらしめたまふ御こころざし、ひとへに往生極楽のみちを問ひきかんがためなり。

光円寺
真宗大谷派
京都市下京区松原通新町西入藪下町七
市バス「烏丸松原」で下車

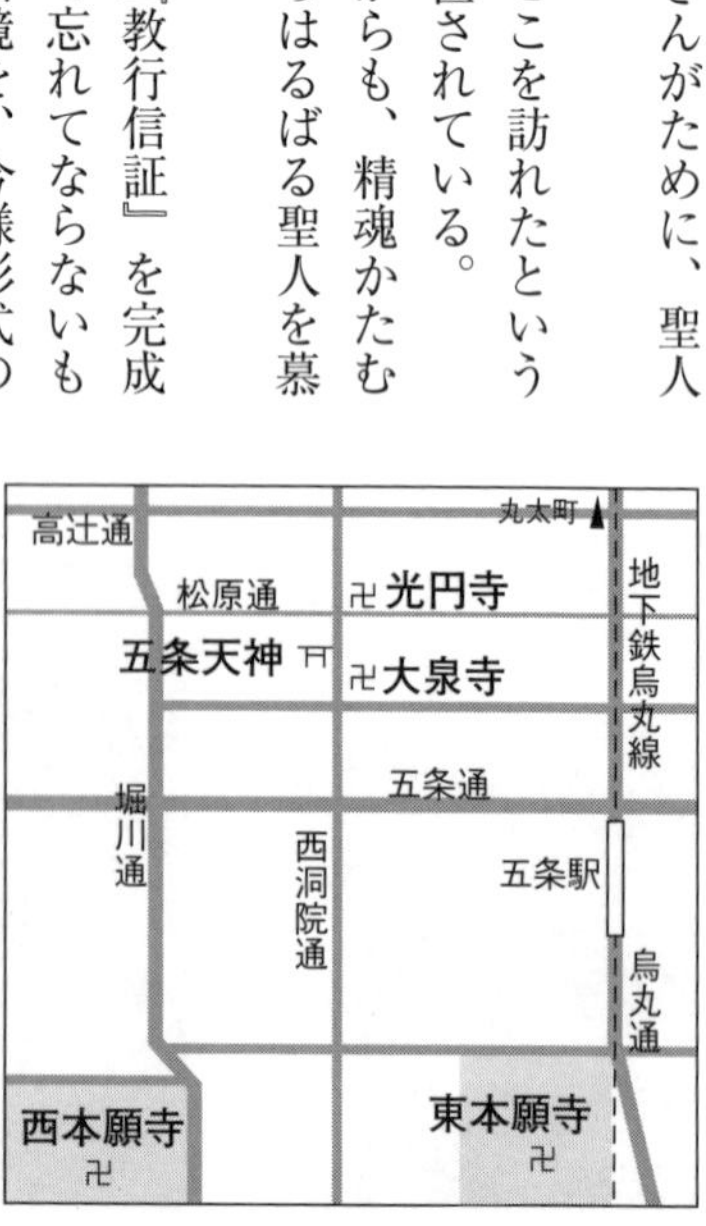

という言葉があるように、自ら直接出向いて、常陸《ひたち》の国から、下総《しもうさ》、武蔵《むさし》、相模《さがみ》、伊豆《いず》、駿河《するが》、遠江《とうとうみ》、三河《みかわ》、尾張《おわり》、伊勢《いせ》、近江《おうみ》といった、一〇余カ国の国境をこえて、ほぼ一カ月にも及ぶ旅をして、京都へ参じた。途中には、険阻《けんそ》な山谷、大河があり、まさに命がけの旅でもあったであろう。そのような危険な旅をしてまで、門弟が親鸞を慕って尋ねてきた理由は、ただ一つ「浄土へ往生する道」を問いただすことにあった。関東から訪ねて来た門弟と晩年の親鸞が出会った場所、それが五条西洞院である。また、光円寺のすぐ近くにある浄土宗の大泉寺は、かつての九条家の別邸で花園院と称し、（同じ五条西洞院あたりの晩年の）親鸞旧跡と伝えられる。

（山本浩信）

親鸞示寂の地

一説には光円寺

六十二、三歳頃に京都に帰った親鸞一家については、曾孫の覚如が著した『親鸞伝絵』下巻第五段冒頭に、

> 聖人故郷に帰りて往事をおもふに、年々歳々《ねんねんせいせい》夢のごとし、幻のごとし。長安・洛陽の棲《すみか》も跡をとどむるに嬾《ものう》しとて、扶風馮翊《ふふうふよく》ところどころに移住したまひき。五条西洞院わたり、これ一つの勝地なりとて、しばらく居を占めたまふ

と述べるように、定住することを好まないで、右京・左京のあちらこちらに移り住んだが、五条西洞院あたりが気に入り、しばらく住んでいたという。現在は光円寺

善法院跡

がある。続いて、常陸国から上洛した大部の平太郎が熊野参詣にあたって親鸞に教えを請うところがある。また覚如の伝記を述べた次男従覚著の『慕帰絵詞』第四巻に、親鸞が息男善鸞と対話しているところへ弟子の顕智が訪ねてくるところが見られる。光円寺の余間には平太郎の木像が置かれ、ありし日のことが偲ばれる。寺伝によると、親鸞は当地で入滅し、その遺体は事情あって善法院へ移されたという。

往生の地に大きく二説

親鸞は八十三歳の時、すなわち建長七年（一二五五）十二月十日の夜、火災によって住家が焼け、三条富小路の弟尋有の善法院に移った。この善法院は比叡山東塔にある善法院の里坊であった。『親鸞伝絵』下巻第六段には「禅房は長安馮翊の辺　押《おし》小路《こうじ》の南、万里《までの》小路《こうじ》より東《ひんがし》」と、善法院は京都の左京、押小路の南、万里小路より東にあると述べるが、親鸞著で顕智書写の法語「獲得名号自然法爾《ぎゃくとくみょうごうじねんほうに》」の末尾には「三条富小路」、すなわち三条坊門小路と富小路の交わる地）とされている。

親鸞の往生の地は二説ある。それは「長安馮翊」の解釈の違いから二つに分かれる。一つは真宗大谷派（東本願寺）では「京都の町全体の総称としての長安の馮翊（左京）」とするが、浄土真宗本願寺派（西本願寺）は「京都の一地域、すなわち長安（右京）にある馮翊の地」とする。詳しく述べれば、大谷派では、京都市内にある馮翊、すなわち左京地域であると解釈し、三条富小路、押小路南、万里小路東は現在の京都御池《おいけ》（旧柳池《りゅうち》）中学校の場所にあたり、以前は校庭に「見真大師《けんしんだいし》遷化《せんげ》之旧跡」

善法院跡
京都市中京区御池通柳馬場角（北東）
京都駅から市バス河原町御池下車、徒歩五分。地下鉄「京都市役所前」または「烏丸御池」下車徒歩五分。京都御池中学校内。

と刻まれた石碑が立っていたが、今は裏門片隅に移されている。さらにこのあたりは虎石町といわれ、大谷派の法泉寺が早くより遺跡として守ったとされ、『故実叢書』の古図にも「親鸞上人往生地」と記されている。

一方、本願寺派では『帝王編年記』などによって、長安すなわち朱雀大路の西側地区に善法院を求め、現在の角坊別院であると定めた。この地域は山の内と称されており、この善法院は室町時代以前はさびれて相国寺領となっていたが、さらに安政四年（一八七七）第二十代広如が学者に研究考証させ、親鸞往生の地と定めた。そして、江戸末期の親鸞六百回忌を迎えるにあたり、坊舎を建てて顕彰した。

（林智康）

角坊別院
浄土真宗本願寺派
京都市右京区山ノ内御堂殿町二五
電話　075‐841‐8735
京福電鉄嵐山本線　四条大宮駅発山内駅下車、徒歩五分。
三条京阪、四条大宮駅から市バス一一番、山ノ内で下車、徒歩五分。京都駅から市バス七五番山ノ内御池で下車すぐ。

大谷本廟

親鸞の茶毘《だび》所

親鸞の遺骸《なきがら》は、亡くなった翌日の十一月二十九日に、東山の鳥辺野《とりべの》の南に運ばれ茶毘にふされ、その遺骨は翌三十日に、そこからほど遠からぬ鳥辺野の北に位置する大谷の地に埋葬されたと伝えられる。

茶毘が行われたこの鳥辺野の南という場所が現在のどのあたりにあたるかについては、従来二つの説がある。一つは東山今熊野の交差点から東に入り、山科の勧修寺へ山越えで抜ける道をしばらく行ったところにある延仁寺のあたりであるという説である。この延仁寺はいまは真宗大谷派の寺院で、境内に「見真大師御荼毘所」という明治に入って建てられた石碑が立っている。

もう一つの説は、東山五条の西大谷、すなわち現在浄土真宗本願寺派が大谷本廟としているあたりとする説である。大谷本廟の北側にある墓地の中をしばらく奥に進むと、谷間に「親鸞聖人奉火葬之古跡」と刻まれた古い石碑が立っている。親鸞の遺骸はそこで荼毘にふされたとするのである。

親鸞の遺骨が最初に埋葬されたとされる、鳥辺野の北、大谷の地とは、現在の東大谷、すなわち大谷派本願寺が大谷祖廟としている場所あたりであったと考えられる。

大谷本廟と本願寺

『親鸞絵伝』などによると、最初の親鸞の墓は、笠塔婆《かさとうば》の石碑のまわりに石柱をめぐらせただけの質素なものであったようである。しかし、およそ一〇年後の文永九年（一二七二）に、その遺骨は掘り起こされ、親鸞の末娘覚信尼が寄進した大谷の土地、すなわち青蓮院の南、知恩院の北西の一角に位置している崇泰院《そうたいいん》のあたりに改葬され、門弟達の援助でそこに六角形のお堂が建てられた。崇泰院は、現在は浄土宗の寺院であるが、その門前には、かつてそこが「大谷影堂」であったことを伝える「元大谷」という石標が立っている。

「大谷影堂」の管理は覚信尼とその一族に任されたが、その維持・管理については関東の門弟たちを中心に経済的な支援が行われた。そのこともあってか、その管理

見真大師御荼毘所（延仁寺）

親鸞聖人奉火葬之古跡（大谷本廟）

者は留守職《るすしき》とも呼ばれた。また、覚信尼の孫にもあたる覚如の代になると、天台宗の寺院としての本願寺が成立した。本願寺が、御影堂と本堂の二つのお堂を持つ両堂制という特殊な伽藍になっているのはそのことに由来する。

西大谷・東大谷の祖廟は、いまでも全国各地から、親鸞を慕って集まる門信徒の姿がたえることがない場所である。

（嵩満也）

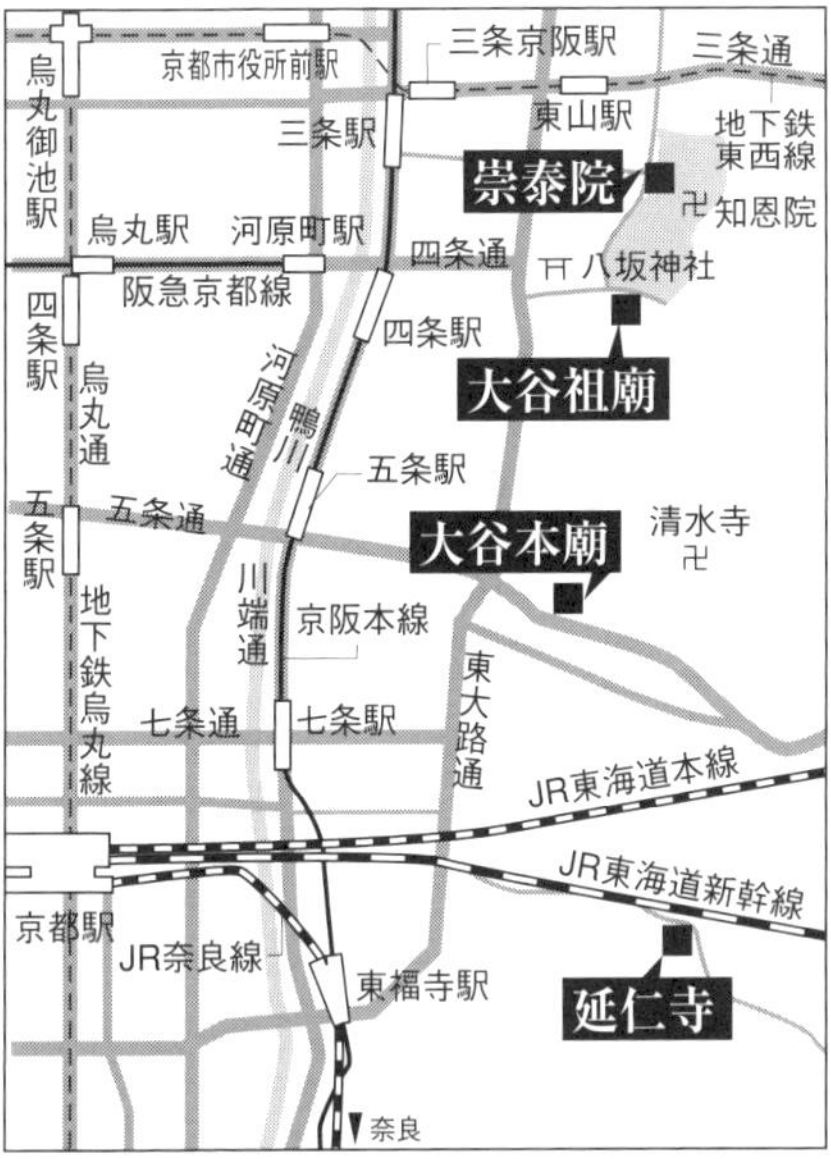

大谷祖廟

崇泰院

大谷本廟

信越

流罪の地、越後国府

流罪の親鸞　法然の門下において念仏の教えを受けていた親鸞は、承元元年（一二〇七）法然とともに朝廷から専修念仏の停止を受けた。このため法然は土佐国（高知県）へ、親鸞は越後国へ流罪とされた。

『親鸞伝絵』には、「鸞聖人罪名藤井善信《よしざね》、配所越後国国府、このほか門徒、死罪流罪みなこれを略す」とされる。朝廷から罪を蒙った親鸞は、罪人として国家の管理下におかれた。このため流罪先では越後における行政施設の国庁にいたと考えられる。越後国府がどこであったのかについては、現在具体的には確定していないが、古代から地方官庁の周辺に国分寺や国分尼寺が創建され、国の一宮《いちのみや》が立地した宗教的にも各国の中心とされていた。このため、国分寺があり、一宮*としての居多《こた》神社がある現在の上越市内が有力視されている。

親鸞の流罪地を越後国に決定された理由についてははっきりしたことはわからな

越後国分寺

親鸞上陸の地・居多ヶ浜

＊越後一宮としては、居多神社の他に弥彦神社もその候補とされる。

い。しかし、流人《るにん》は流罪地において受け入れ態勢が定まっていた必要があったと考えられている。そこで注目されるのがその妻恵信尼《えしんに》の存在である。親鸞の妻恵信尼は三善氏の出身で、三善氏は越後国と関わりが深く、国司として赴任していたことがあったという経緯が指摘されている。このことから親鸞は流罪前にすでに結婚していた恵信尼の関係によって流罪地を越後とされたようである。

国府の地は、江戸時代から親鸞の流罪地として注目されていたようで、現在の国分寺には親鸞木像が安置され、「竹之内草庵」の旧跡とされている。また親鸞が越後国府に至る道のりとして、北陸道を陸路進み、小野浦《このうら》から乗船して国府の居多《こた》ケ浜に上陸したとされている。

建暦元年（一二一一）十一月、親鸞は罪を赦免《しゃめん》されるがすぐには京都に帰らず、しばらくこの越後に留まった。しかし建保二年（一二一四）頃に越後を後にして関東へ向かった。

親鸞の流罪の旧跡としては、本願寺派国府別院と大谷派源光寺があり、「居多ケ浜」には、親鸞の上陸を彷彿《ほうふつ》とさせるレリーフなどがある。またこの付近に自生する葦《あし》は、葉が一方にのみ向かって出ていることから、親鸞が国府を後にして関東に向かったことを、門弟を始め葦までもが名残りを惜しんで親鸞を見送ったためといわれ、「親鸞聖人越後七不思議」の一つに数えられる「片葉のアシ」である。

本願寺派国府別院

恵信尼の墓

罪を許された親鸞は、しばらく越後（新潟県）に留まった後関東に向かった。そして関東で教化をした後、貞永元年（一二三二）頃京都に帰った。これまでについては、親鸞の家族も行動を共にしていたと考えられる。関東から京都に帰った時、親鸞はすでに六十歳という年齢に達しており、当時の一般的年齢から考えて、高齢であったと思われる。しかし親鸞は、それから二十年ほど後には、永く連れ添った妻恵信尼と離別の生活を送ることとなるのである。

晩年の離別

京都の親鸞のもとを去った恵信尼は、晩年を越後で暮らした。恵信尼がいつ親鸞から離れて越後に赴いたのかについては、はっきりとはわかっていない。しかし恵信尼が晩年に末娘覚信尼《かくしんに》に宛てた手紙など*が、現在西本願寺の宝蔵に残されており、少なくとも建長六年（一二五四）には恵信尼は越後に赴いていることがわかる。この時親鸞八十二歳、恵信尼七十三歳であった。

恵信尼がなぜ晩年になって親鸞と離別して越後に赴いたのかについては、いろいろな説がある。しかし現在では、恵信尼が晩年になって父三善為教《ためのり》の越後における所領を相続したため、その領地の管理として赴いたとするのが有力である。

親鸞と恵信尼が晩年に不仲となったため恵信尼は郷里の越後に帰ったとする説もあるが、恵信尼は越後の出自ではなく京都の下級貴族の出身であるため、ある程度

＊『恵信尼消息』

の教養を備えていたと考えられ、またその出自である三善氏が越後の国司を務めるなど、越後と関わりが深いことが指摘されており、これらのことから恵信尼は越後に赴いたものと考えられる。

恵信尼が所領を相続したといっても、非常に零細なものであったと考えられる。それは、所領を管理するために現地に管理人を置けるだけ十分なものではなく、自らが赴いて所領の管理をしなければならないほどのものであったことから想像できる。

子供を連れての越後行

恵信尼が越後に行ったのは単身ではなかったことが、覚信尼に宛てられた手紙などからわかる。

手紙には、「小黒《おぐろ》女房」という女子と「栗沢《くりさわ》（信蓮房）」「益方《ますかた》大夫入道」という男子の名が見られる。またこの他にも、親鸞との間に生まれた子供には、「高野《こうや》禅尼」という女子があったことが『日野一流系図』から知られる。これらの名前につけられた地名が親鸞の流罪地であった越後国府の南東方向に残っている。上越市安塚区には小黒《こぐろ》という地が、また上越市板倉区には「栗沢」「升方（益方）」「高野」という地をそれぞれ確認することができる。さらに栗沢の近く米増には、三善氏ゆかりの「山寺薬師」と呼ばれる薬師如来を安置するお堂があり、その近くには信蓮房が不断念仏を行ったと伝える「聖《ひじり》の岩窟《いわや》」という洞窟がある。これらの地名で呼ばれた子供たちが恵信尼の晩年にも見られることから、親鸞との間に生まれた子供が恵信尼とともに越後に赴いたものと考えられる。

山寺薬師堂

最後まで夫親鸞を敬慕する

恵信尼は、晩年になって夫親鸞と離別するが、それは必ずしも親鸞と不仲となったのが原因でないことは、その書状の内容から知ることができる。

覚信尼との手紙の遣り取りを見ていくと、恵信尼が覚信尼に親鸞のことを回想する部分も交えて書き記していることがわかる。さらに弘長二年の十一月二十八日に親鸞が没した報せを受けた恵信尼は、ただちに覚信尼に返事を書き、「なによりも殿（親鸞）の御往生、なかなかはじめて申すにおよばず候ふ」とし、さらに「されば御りんず（臨終）はいかにもわたらせたまへ、疑ひ思ひまゐらせぬ」と親鸞の浄土への往生は疑いないことと確信したと記している。

さらに親鸞が没した翌年の二月十日の書状には、「あの御影の一幅、ほしく思ひまいらせ候ふなり」と親鸞の生前の姿を描いた御影《ごえい》を送ってほしいと覚信尼に頼んでいることがわかる。これらのことから考えて、恵信尼は夫親鸞をその最晩年まで慕っていたことがわかり、晩年の離別はやむを得ない苦渋に満ちた別れであったことが想像できる。

恵信尼と覚信尼の間で交わされた手紙は、文永五年（一二六八）三月十二日が最後となっており、恵信尼は越後の地において間もなく没したものと考えられる。

恵信尼は晩年、「とひたのまき」という地に暮らしていたことがその書状から知ることができる。板倉町米増には、「とよ田」という地名が残っている。その近くに「こぶしの森」と呼ばれ、近年まで樹齢六〇〇年に及ぶと考えられるこぶしの木があ

恵信尼墓所

ったところがあり、ここに現在「恵信尼の墓」とされる五輪塔が田んぼの中にひっそりと立っている。あたかも夫親鸞から遠く越後の地に離れて今も親鸞を慕い続けているかのごとくである。

勧進聖としての親鸞を伝える長野善光寺

越後から関東へ向かう

建暦元年（一二一一）十一月、流罪を許された親鸞は、しばらくしてから関東に赴いた。親鸞がいつ越後の地を後にしたのかについてははっきりとした時期はわかっていないが、建保二年（一二一四）には上野（群馬県）佐貫《さぬき》において「三部経」の千部読誦を発願していることから、その頃にはすでに越後を後にしていることがわかる。赦免《しゃめん》から佐貫までの親鸞の行動は不明である。しかしそのルートから推察して信濃（長野県）を通過したことは間違いないであろう。ここで注目されるのが長野の善光寺である。

この頃の善光寺には多くの聖《ひじり》が所属していた。善光寺聖は、善光寺の本尊を模した像を納めた笈《おい》を背負って諸国を遍歴し、各地で念仏を広めていくとともに、寺院の創建や修復のための募財を集めて回る旅の念仏僧である。

親鸞の姿を描いたいわゆる「安城御影《あんじょうのごえい》」は、狸皮の敷皮を用い、猫皮を張った草履を前に揃え、猫皮を巻いた鹿杖を横たえた姿で描かれている。これらの道具が当時の聖がよく使用したものであることから、親鸞には聖的性格があったとの指摘が

善光寺

なされている。

親鸞は善光寺大本願

親鸞七十歳の仁治三年（一二四二）、弟子の入西房《にゅうさいぼう》が親鸞の御影を描きたいと願い出て許された時、その絵師として定禅法橋《じょうぜんほっきょう》が呼ばれた。定禅法橋は、親鸞の顔を見るとびっくりして昨夜の夢のことを語りだした。定禅法橋が見た夢には尊い僧が二人現れて、一人の僧がもう一人の僧の姿を描いてほしいと言ってきたので、この方はどなたであるかと質問すると、その僧が、このお方は「善光寺の本願の御房」であると言ったため、定禅法橋はこの方こそ「生身の弥陀如来」であると確信し拝礼したという。今、親鸞に会ってみると、まさに昨夜の夢に見た善光寺の大本願と同じ顔をしていると言って敬ったという。

この話は、覚如がまとめた『親鸞伝絵』に見られるものであるが、ここでは親鸞を善光寺の大本願と同じであると位置づけようとしており、親鸞と善光寺の関係がうかがい知れる。

善光寺の親鸞伝承

親鸞と善光寺を直接的につなぐものは残されていない。しかし、いくつかの伝承が残されている。

親鸞が越後から関東へ赴き布教した結果、関東に多くの門弟が誕生した。そのもっとも有力な門徒団が下野（栃木県）高田において真佛・顕智が中心となって活動していた高田門徒である。高田門徒はその後高田派として一派を形成するが、その本寺である専修寺《せんじゅじ》の本尊は金銅製の阿弥陀三尊で、いわゆる「善光寺如来」と呼ば

善光寺
長野市元善町四九一
電話　026－234－3591
JR長野駅から善光寺行のバスで約一〇分「善光寺大門」下車

れるものである。この本尊は、親鸞が関東に赴いたとき自ら持ってきたものであるとされており、もしそうだとすれば、善光寺の勧進聖《かんじんひじり》としての親鸞の姿が浮かび上がるであろう。

また善光寺内にも親鸞の伝説がある。

参道を進むと仁王門手前の右手に願証院堂照坊のお堂がある。ここは親鸞が善光寺参詣に際して宿とした坊で、その時親鸞が熊笹の葉に墨を染めて六字名号を書いたという「熊笹の名号」がある。

そして仁王門を入って左に進むと小さな祠《ほこら》があり、ここには親鸞が石に爪で阿弥陀如来を彫ったとされるもので、「爪彫如来像」として眼病の信仰がある。

さらに本堂の中には、妻に設けられた向拝《ごはい》から堂内にはいると、妻戸台《つまとだい》と呼ばれる高い台の上には花瓶に一本だけ生けられた松がある。これは「親鸞松」と呼ばれており、親鸞が善光寺に参詣した際献上したものが今に受け継がれているという。

（岡村喜史）

関　東

三部経読誦を試みた佐貫

佐　貫　関東の親鸞聖跡を紹介するとなると、どうしてもこの佐貫《さぬき》という地をとりあげる必要がある。関東地方の記録がここからはじまるだけではなく、大正時代になって公になった『恵信尼消息《えしんにしょうそく》』において、「三部経千部読誦《どくじゅ》」という行為およびその中止の記述となってあらわれ、親鸞の生き方にかかわる重要事件があったところだからである。

佐貫という土地　佐貫は利根川の中流地域である。「上野国《こうずけのくに》佐貫」で、この地に比定される場所がいくつかあって、現在の群馬県邑楽《おうら》郡板倉町の佐貫というのが最有力である。利根川を中心とする水系はいまのようには定まっていなかったが、利根川や渡良瀬《わたらせ》川を使った水運が発達し、交通の要衝であったという。しかし、このような水運の地であるから、常時水害に見舞われる、利根川の氾濫原でもあったと考えられている。

ここは、現在でも群馬県・栃木県・東京都・埼玉県、そして茨城県の県境付近である。当時としても、少し離れると別の国になるという厄介な位置関係にあった。地図帳を開いて確かめてみれば、よくこのことが理解されるはずである。恵信尼が「武蔵《むさし》の国やらん、上野《かんずけ》の国やらん、佐貫と申すところにて」と述べているのは、国境が入りくんでいて、どの国に属する土地かはっきりしない、という意味であるに違いない。

三部経千部読誦の試みとは

『恵信尼消息』第三通によれば、「衆生利益《しゅじょうりやく》」（人びとの幸福）のために、「浄土三部経」を千回読もうと試みたことがあった。が、それは教えからして意味のないことだと考え直して中止した、という経験をしたというのである。そして、それを記録した文のあとに続いて、

三部経、げにげにしく千部よまんと候ひしことは、信蓮房《しんれんぼう》の四つの歳、武蔵の国やらん、上野の国やらん、佐貫と申すところにて、よみはじめて、四五日ばかりありて、思ひかへして、よませたまはで、常陸へはおはしまして候ひしなり。

とも記されてあるから、この経験は佐貫の地でおこったことがはっきりしている。

水害に苦しむ人びとを見たせいか。何とか人びとの苦しみを軽減してやりたいという止むにやまれぬ気持ちが、この経典を読誦するという行為になったのである。「衆生利益」が仏教者たるものの務めならば、当然のことと言わなければならない。しかし親鸞は、この試みを無意味であると考えて、中止したのであった。

利根川付近

読誦中止の意味するもの

親鸞の教えには、自力《じりき》を信じて何かを行うということは一切ない。浄土往生のための行いとしては、念仏ひとつ、あるいは名号《みょうごう》ひとつであって、阿弥陀如来の本願力にまかせきって生きる以外には何もない、と考えられている。だから、「名号のほかにはなにごとの不足にて、かならず経をよまんとするや」というのである。この本願力の一人ばたらきを信じいただいて生き、人にもこれを伝えて生きることだけが大切なので、「自信教人信《じしんきょうにんしん》」の他に何も必要ではないのである。

他人の不幸に涙し、その苦しみを取り除いてやりたいと思うのも尊いことであるが、罪悪深重《ざいあくじんじゅう》といわれる煩悩の私たちがなし得るかといえば、結局、これは不可能のことなのである。経典を何回読誦しようとも、水害に悩む人びとの苦しみは決して解消されない。

こう考えた親鸞は、念仏・名号を広め、信心を教える伝道の生活に邁進《まいしん》するのであるが、この決心を固めた出来事が三部経千部読誦の中止ということであった。関東の草深い農民の生活にとけ込んでいった親鸞の心持ちを、この事件にうかがうことができよう。親鸞の生き方の最重要事がここにあるということ、絶対他力の宗旨にかかわる大事件としての経験であるということ、利根川の流れに臨んでこうした内容を思ってみよう。

この板倉町には、真言宗所属の寺院・宝福寺があって、原始真宗教団のリーダーの一人、性信《しょうしん》の木像が伝えられていた。横曽根《よこそね》門徒の教線の広がりを示すもので

性信像（群馬　宝福寺蔵）

あろう。ただ、現在は、この宝福寺は無住で荒廃し、高等学校と幼稚園の敷地になっている。

下妻、小島の草庵とさかいの郷

親鸞が関東で最初に居を定めたところは、下妻《しもつま》の地であったとされている。市街地の南のはずれ、一面の稲田の中に位置して、「小島の草庵跡」というのが残っている。現在では宅地開発がすすみ、耕地整理や道路網の整備などでだいぶ周囲の雰囲気も変化したが、三〇年ほど前までは稲田以外には何もないようなところであった。田圃の中であるから言うまでもないこと、台地でもないので、梅雨の季節など大雨でもあれば、水の中に取り残されてしまうような地勢である。ただ真東には平野にそびえ立つ筑波の峰が望まれ、平地におけるアクセントとなって景色に色を添えている。

小島の草庵跡とは

この草庵跡は下妻蓮位という門弟の屋敷跡で、三月寺という寺院の遺跡だといわれる。そのことは、永禄年間（一五五八―一五七〇）につくられた『反故裏書《ほごうらがき》』にはじめて出る。だから、親鸞が本当に三年間生活したのがこの場所であったかどうかは、確認のしようがない。現在は、平野の強い西風で痛めつけられたか、年数のわりには衰えが目立つ一本のイチョウの大木と、四基の五輪の塔が残っているだけの草地である。敷地の面積もごく狭いものである。地元の遺跡保存会の手になる「親鸞聖人御旧跡」の碑がはずれに建てられているが、

小島の草庵跡のイチョウの大木

北側にはすぐそばに町工場のごとき建物もできていて、格別文化的な遺跡といった雰囲気は残っていない。

さかいの郷の夢の経験

親鸞が下妻に滞在していたことは、『恵信尼消息』にみえる「常陸の下妻と申し候ふところに、さかいの郷と申すところに候ひしとき」という記述で確かめられる。ここで恵信尼が面白い夢を見たというのである。すなはち『消息』の第一通に、

鳥居のやうなるによこさまにわたりたるものに、仏を掛けまゐらせて候ふが、一体は、ただ仏の御顔《みかお》にてはわたらせたまはで、ただひかりのま中、仏の頭光のやうにて、まさしき御かたちはみえさせたまはず、ただひかりばかりにてわたらせたまふ。いま一体は、まさしき仏の御顔にてわたらせたまひ候ひしかば、「これはなに仏にてわたらせたまふぞ」と申し候へば、申す人はなに人ともおぼえず、「あのひかりばかりにてわたらせたまふは、あれこそ法然上人にてわたらせたまへ。勢至菩薩にてわたらせたまふぞかし」と申せば、「さてまた、いま一体は」と申せば、「あれは観音にてわたらせたまふぞかし。あれこそ善信《ぜんしん》の御房（親鸞）よ」と申すとおぼえて、

というのがその記述の一部である。恵信尼は「さかいの郷」というところで、堂供養の夢を見た。二体の仏が掛けられていたが、光の中にあってすがたがはっきりしない。周囲の人に何仏であるかと問うと、一体は法然上人、すなわち勢至菩薩であるという答えを得たので、ではもう一体はと問うた。そうしたら、観音菩薩すなわ

小島草庵
茨城県下妻市小島
関東鉄道常総線下妻駅下車。バスはないのでタクシー利用が便利。車は、常磐道谷和原ICから国道二九四号線を約三〇キロ、四十五分。

ち善信御房（親鸞）であると答えられたという経験である。

こうして恵信尼は、自分の夫親鸞を観音菩薩としてますます尊敬して生きてゆくことになったのだという話。これが「下妻さかいの郷」での経験であったのである。この「さかい」の地は、小島の草庵から三キロほど東の「下妻市坂井」のことだとか、市街地の北部「下妻市大宝《だいほう》」付近であるとかいわれている。これまた格別の遺跡ではないが、このあたりの地勢や風土を経験して、親鸞の生活を思いやれば興味のつきないものがある。

稲田の西念寺

親鸞の関東での生活といえば、第一に「稲田《いなだ》の草庵」が思い出される。現在では、笠間市稲田という地名である。稲田という名からも想像されるように、いまなお草深い感じで、親鸞の当時そのままに自然環境が残っているような、豊かな自然に包まれた土地である。「浄土真宗別格本山」と称する西念寺《さいねんじ》という寺院がその跡である。

関東での生活二〇年がすべてこの地で行われたというのではない。しかし、ここで親鸞の代表作『教行信証《きょうぎょうしんしょう》』が著されたと信じられているので、ここが関東生活の代表地のようになっているのである。

下妻・小島の草庵からの移住

親鸞は関東に至った後二、三年して、下妻からこの地に移住したという。当時の笠間《かさま》の領主は、法然上人とゆかりがあった宇都宮頼綱の一族、笠間時朝《ときとも》であったと伝えている。かれは、笠間の城を中心として、山をめぐらして西の京都を彷彿《ほうふつ》させるような景観を築いていたという（笠間城記による）。この時朝の招きがあって、親鸞は笠間の稲田の地に移ったという説がある。西念寺の寺伝によれば、やはり宇都宮氏の一族の、稲田郷の豪族・稲田九郎頼重の招きでここに移った。頼重は親鸞を迎えてその弟子となり、教養と称した。現に、この教養の墓といわれるものが寺の山側に残っている。

稲田の地での教化活動

稲田の地で親鸞がしたことは、当然、この地の人びとへの伝道、お念仏を広めることであった。おそらく農民たちの生活と同化して、み教えを喜び念仏を伝える生活をしていったものと思われる。有名な山伏・弁円《べんねん》と出会い、かれを弟子としたのもこの地に滞在していたときのことである。

教行信証の撰述・立教開宗

この稲田に滞在していたときの格別重要な出来事は、主著『教行信証』がまとめられたということである。「化身土巻」（本）に、「その壬申《みずのえさる》よりわが元仁元年甲申《きのえさる》に至るまで、二千一百七十三歳なり」という表現があるが、この「元仁元年甲申」という年が、西暦一二二四年のこと、親鸞五十二歳の時で、この時に『教行信証』が一応できあがったとされているのである。それで、この年を真宗教団は「立教開宗」の年と定めているわけである。

西念寺
笠間市稲田
電話　0298-74-2042
JR水戸線稲田駅下車、徒歩二十分。バスは笠間駅発福原駅行き西念寺前下車。バスの本数が少ないので、笠間駅か稲田駅からタクシー利用が便利。車は、常磐道水戸ICから国道50号を約二十キロ、三十分。

実際には、『教行信証』という書物は、何回も加筆訂正されていて、親鸞の生前には完成しなかったなどという説もあるから、この元仁元年の成立も、一応の外形が定まったくらいに考えなければならない。でも、この地でできたというのは少し不思議な気がする。それだけ文化の進んでいた所であったと語られる場合もあるが、厖大《ぼうだい》な引用文の整理を一体どのようにしていたのだろうか。草深い地の農民と念仏の対話をなしつつ、一方で、経や論書からの引用漢文の学術的な整理など、並大抵の困難ではなかったろう。それも、関東に入ってから一〇年ほどの期間、どこまで完成した内容のものであったか。

弁円ゆかりの地・大覚寺

関東の旧跡の一つに板敷山《いたじきさん》大覚寺がある。山伏弁円と親鸞の出会いの場所に建つ寺である。稲田から南に一〇キロほどもあるであろうか。筑波山の東側の山裾に位置し、それほど高いというのではないが、いくつか峠道を越えて行かなければならない。寺の本堂も、後と左側は山がせまっていて、板敷山の山塊にいだかれて建っているという感じ。樹木で囲まれた中に、鮮やかなブルーの屋根瓦がめだつが、落ちついたおもむきである。

山伏弁円の待ち伏せ

稲田の草庵に住まいして付近への伝道のために、親鸞は板敷山の麓を何度も通っていた。それで、弁円という山伏・修験《しゅげん》

稲田の西念寺山門

者《じゃ》が、自己の弟子や信者を奪われる危機感を持ち、親鸞を害しようとたくらんだ。親鸞を脅し伝道活動にブレーキをかけようとしたわけである。そのために親鸞の帰り道に待ち伏せをしていた。それが板敷山であった。今なお、この板敷山の頂上付近には、護摩《ごま》壇《だん》跡だという石組みが残されている。山伏が護摩を焚いて祈祷した場所であろう。結局、弁円は目的を果たすことができず、稲田の草庵に押し込んで行くことになった。けれども、親鸞に会うやいなやその威光にうたれ、かえって髪を下ろし弟子となったという話である。

親鸞の弟子となった弁円・明法房

弁円、名を改めて明法房《みょうほうぼう》は、以後敬虔《けいけん》な真宗の聞法者として生きた。後に親鸞が帰洛して、この明法房の死・浄土往生を聞いて記した手紙が何通か残っている（『親鸞消息』）。「明法御房の往生のこと、おどろきまうすべきにはあらねども、かへすがへすうれしく候ふ」とか、「明法御房の往生の本意とげておはしまし候ふこそ、常陸国うちの、これにこころざしおはしますひとびとの御ために、めでたきことにて候へ」などと語っている。「かへすがへすうれしく候ふ」とか「めでたきことにて候へ」とかいう表現に、親鸞の心持ちがよく現れているであろう。親鸞と弁円の出会いがどれほど劇的であ

大覚寺
茨城県石岡市大増
電話　0299－43－2735
JR常磐線石岡駅から柿岡までバス三十分。柿岡乗り換え板敷山行きバス三十分、終点下車、徒歩五分。またはJR水戸線稲田駅か羽黒駅下車タクシー利用。車は、常磐道千代田石岡ICから約二十五キロ、四十分。水戸ICから国道50号を経て約二十五キロ、四十分。

ったか、今になっては確かめようもない。しかし、この地を訪れて、親鸞の積極的な伝道活動を想像してみるのも意義のあることであろう。

また、この明法房の開基の寺や墓所のある寺など、茨城県には弁円にゆかりのあるところがいくつも残っている。

原始真宗教団のふるさと・専修寺

関東での伝道生活は大きな稔りを得た。その代表が高田門徒といわれる集団の形成である。高田門徒の本拠地がこの専修寺《せんじゅじ》であり、やがて真宗高田派の本山として発展していった。この本山は、今では三重県伊勢の一身田に寺基を移したから、ここは「真宗根本道場」とか「本寺」とか称されている。

親鸞は、五十三歳の時、稲田からこの地に移ったという。数多くの門弟を得たのでかれらの希望を入れて、一堂

専修寺御影堂

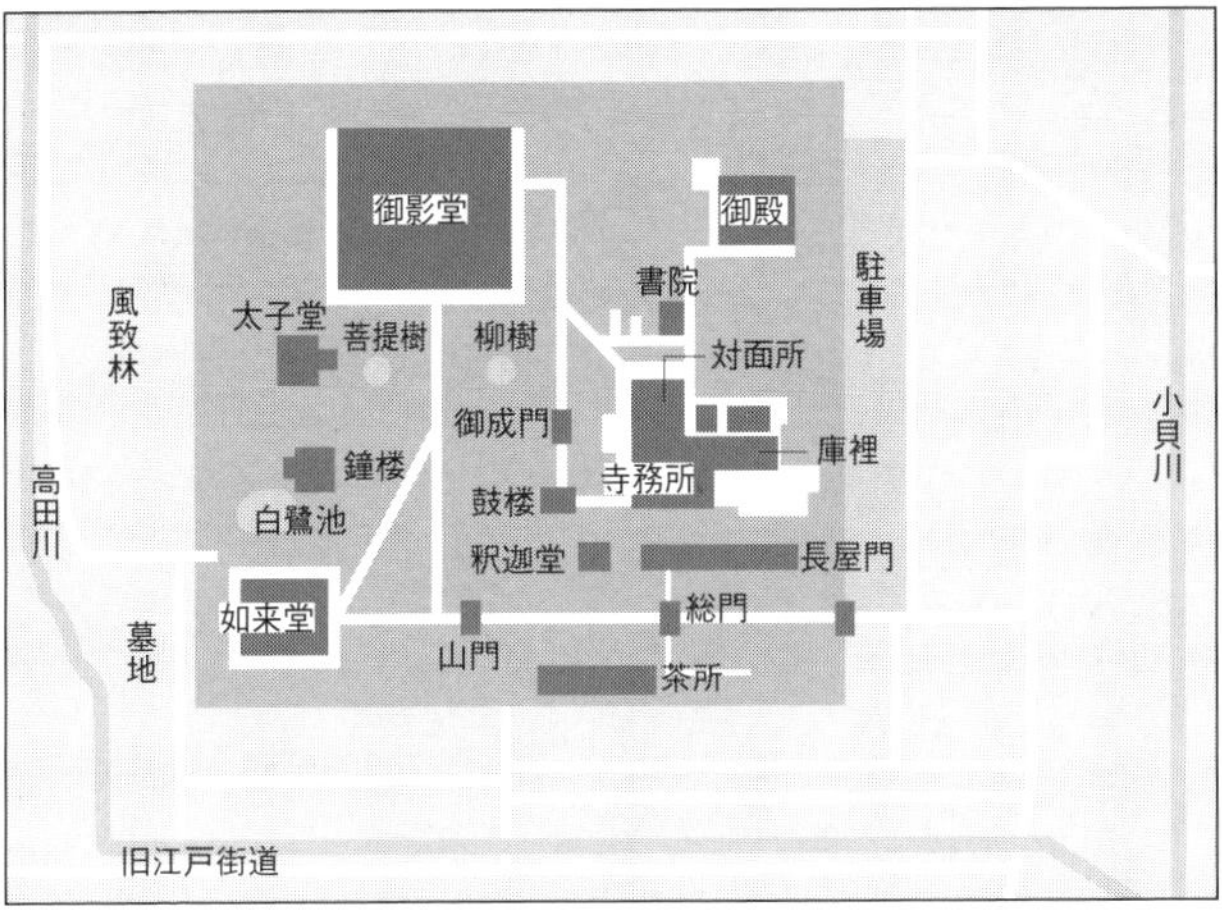

専修寺略図

を建立し、長野の善光寺から「一光三尊仏」を迎えて本尊としたという。すなわち草庵跡とか住居跡とかいうのではなく、親鸞が開基になって建立したれっきとした寺院という伝えである。

専修寺の伽藍配置

茅葺きの素朴な総門を初めとして、古風なたたずまいをみせているので、以下しばらく特徴的な伽藍の様子を説明しよう。総門からまっすぐに山門、如来堂と通じている。この建築様式が真宗寺院としては特異である。山門を持つということ、如来堂の建築様式の異質性、ひとことでいえば、太子信仰の影響下でできた形式と考えられよう。その本尊が先の「一光三尊仏」で、この点も、真宗寺院としては格別である。

このラインと直角に、すなわち境内地の北側最奥のところに、本寺最大の建築物である御影堂《みえいどう》がある。現在は銅板葺きになっているが、もとは茅葺きであったらしく、その形を忠実に復元している。屋根のかたちが何ともいえず、温かく美しい。境内が参拝客で雑踏するようなことは少なく、落ちついた感じの広い寺域でもあるので、これとあいまって、非常に落ちついた豊かな感じに浸れるところである。

境内の西と北側に「風致林」としてかなり大きな杉の樹木が残されているのもよい。平野の真ん中に位置しているにもかかわらず、それなりに樹木が影をおとし、寺域を幽玄な感じに保っている。今では観光寺院といった性格も強くなっているが、とにかくゆったりとしていて、気持ちが伸びやかになるであろう。読者各位の参拝

専修寺
栃木県真岡市高田
電話　0285－75－0103
JR水戸線新治駅下車。またはJR真岡線久下田下車。両駅よりタクシー利用が便利。車は常磐道水戸ICから約四十キロ、六十分。東北道佐野藤岡ICから約四十五キロ、七十分。

を勧めておきたい。

国史跡の聖人御廟

おそらく普通の参拝客はカットするであろう。が、参詣する価値あるものに「御廟所」がある。場所は寺域の南西の角。西と南に高田川が流れている。略図で見ると、ほんの狭い地域であるが、かなり大きな樹木の中にあって、とても落ちついた雰囲気の廟所である。手入れもよく行き届いているように思われた。

高田の第三代顕智《けんち》が、親鸞の遺骨を京都より持ち帰って造ったという。小さい五輪塔風の墓石を、同質と思われる玉垣が囲んでいる。一メートル以上もあったであろうか、孟宗竹の花立が一対、中には松が生けられていた。この墓石に向かって左側（西側）には、第二代から第九代までの歴代上人の墓碑も建てられている。これら墓石も同じく五輪塔風のもので、麗々しく誰々の墓などという野暮な文字は彫られていないから、ゆったりとかれら先達の時代を回想することができた。このところも参詣者は是非に訪れて欲しいものである。

報仏寺と唯円

有名な『歎異抄』ではあるが、その撰者はいまひとつはっきりしていない。が、有力なものに、常陸河和田《かわだ》の唯円説がある。その唯円のゆかりの寺がこの報仏寺である。

報仏寺
茨城県水戸市河和田町
電話　029－251－5789
JR常磐線水戸駅下車。茨城交通バス桜川車庫行きで終点下車。または、茨城オートバス桜川西団地・桜川車庫行きで終点下車。徒歩四分。JR常磐線赤塚駅下車の場合は、徒歩三十五分。茨城交通バス桜川車庫行きで終点下車、徒歩四分。車は常磐道水戸ICから約三・五キロ、十分。

唯円の活躍

唯円はこの報仏寺の寺伝によれば、『親鸞伝絵』下巻の第五段にでる大《おお》部《ぶ》の平太郎（水戸市飯富町にある真仏寺の開基）の弟で、平次郎という人物であったという。親鸞面授《めんじゅ》の弟子として名高い人で、親鸞の信仰をよく伝えて、覚如や唯善に教義を授けた。そのことを、『慕帰絵詞《ぼきえことば》』第三巻第三段には、「正応元年のころ、常陸国河和田唯円房と号せし法侶上洛しけるとき、対面して日来不審の法文にをいて善悪二業を決し……唯円大徳は鸞聖人の面授なり、鴻才弁説の名誉あり」と記している。亡くなったのは、「正応元年冬のころ」とか「翌正応二年二月、下市にて往生」などの説があって、一定していない。正応元年は一二八八年で、親鸞滅後二六年にあたっていて、このころまでは生存して法義を伝えていたことを知ることができる。

歎異抄の撰述

『歎異抄』の撰者をこの河和田の唯円とする説は、玄智《げんち》の『大谷本願寺通紀』や了祥《りょうしょう》の『歎異抄聞記』などによるものであり、現在ではもっとも有力と考えられていて通説のようになっている。関東から上京した門弟が撰者でなければならないような記述が本文中に見られ、第九章や第十三章は、問答の当事者である唯円の自記と考えなければならないことなどを根拠としている。撰述の年代は、「露命わづかに枯草の身にかかりて候ふ」と後序にあることから、唯円の最晩年のことであったと思われる。

　この唯円の開基というのが報仏寺。以前は茅葺き屋根であったが、今は瓦屋根に建てかえられて、あまり大きくない本堂がある。水戸市近郊の住宅街に位置してい

報仏寺

るけれど、結構豊かな樹木の中にたてられているので、落ちついたたたずまいである。唯円ゆかりの寺という以外に格別なこともないが、新緑の頃にでも訪れると、木々の緑の中で、何ともいえないほのぼのとした気分に浸れるであろう。

性信開基の報恩寺

性信房といえば、原始真宗教団を構成した高田門徒や鹿島門徒とならぶ「横曽根門徒」のリーダーである。「善鸞義絶」という哀しい結末に終わった建長の念仏訴訟にかかわって、訴訟の当事者としてその解決にあたり、善鸞義絶状の宛先人となっている。すなわち親鸞の高弟で、親鸞上洛後の関東教団をリードした一人として名高い。この性信開基の寺で、「関東二十四輩《にじゅうよはい》」の第一番とされるのが報恩寺である。下総国横曽根（茨城県常総《じょうそう》市）の地にあって、横曽根門徒の中心道場として栄えた。しかし、火災によって江戸に移転したために、現在では「坂東・報恩寺」として知られているのは、東京都台東区にある報恩寺の方である。しかし、横曽根の地にも寺は残っているし、結構閑静な土地柄であるから、親鸞の活動の場所を思いやるには、この下総報恩寺にも捨てがたいものがある。

善鸞義絶の念仏訴訟事件

親鸞の後継者とされていた善鸞であったが、関東の門弟たちが聞いた教えを「萎《しぼ》んだ華」にたとえ、自分が夜中にこっそりと父親鸞から聞いたものこそが真実であると主張し、門徒を自分の下に

下総・報恩寺

引き入れた。そして、これまでの関東教団のリーダーたちで自分の指示に従わないものを、念仏の教えを乱すものとして鎌倉幕府に訴えたというのである。この訴訟の責任者として、念仏の教えを守るため活躍したのが性信であった。さいわい、この性信の主張が認められ、関東教団が護られたのであった。親鸞は、この事情を知るに及んで、とうとうわが子善鸞を義絶したのである。親鸞の言葉は厳しい。教団を破る破僧の罪、父親鸞に嘘をいいつのる殺父の罪と、親鸞のあくまで法義に生きる私情をさしはさまない姿勢を示す事件であったし、親鸞晩年の最大の痛恨事であった。時に建長八年（一二五六）五月のこと、八十四歳の時である。

坂東本・教行信証

この報恩寺に伝わったのが親鸞真蹟の『教行信証』である。宗祖親鸞の加筆、訂正の跡が処々に見られるので、草稿本と考えられている。撰述過程が彷彿とする直筆訂正や書き加えなどが明らかで、資料的価値が第一級のものだから、現在では国宝の指定を受けている。坂東の報恩寺に伝わったものということで、通称「坂東本《ばんどうぼん》」と呼ばれているものである。

西本願寺蔵本が、今では真蹟ではないとされるので、現存ただ一つの真蹟本としての価値がますます高まった。「証巻」には「釈蓮位」の袖書があって、常随の門弟蓮位に授与されたという来歴も明らかであるし、「弘安陸（癸未）二月二日釈明性譲預之　沙門性信（花押）」というような記録も見られて、伝世の由来も明確である。現在、この坂東本は、真宗大谷派本山の東本願寺に移管されて所蔵されている。ま

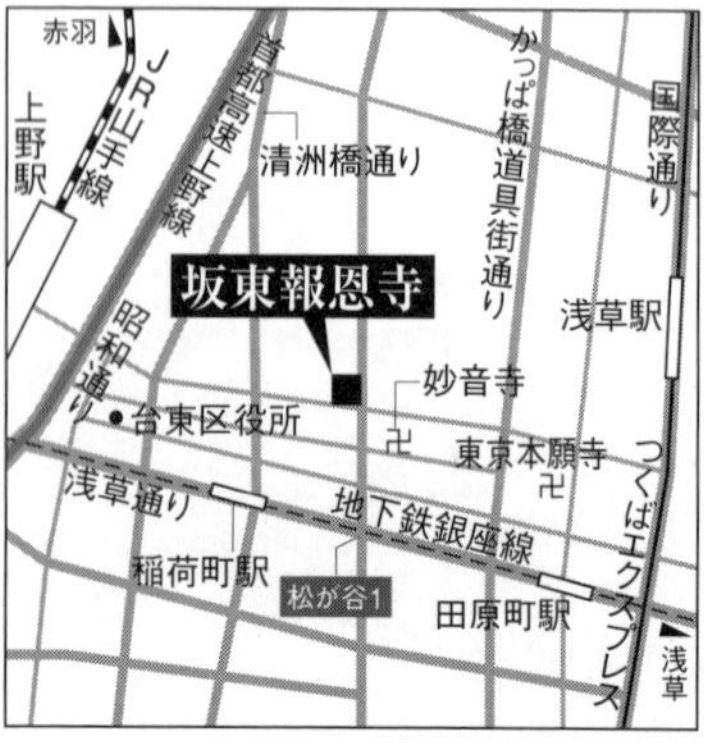

板東・報恩寺
東京都台東区東上野
電話　03－3844－2538
地下鉄銀座線稲荷町駅から徒歩五分。またはJR線上野駅から徒歩十五分。車では首都高速道、向島ICから約四キロ、十五分。

た私たちは、精巧なコロタイプ版でこの本文に接することができる。

善鸞と弘徳寺

弘徳寺《こうとくじ》はいわゆる「関東二十四輩《にじゅうよはい》」の第五番に属する寺院である。開基は、平家一族にかかわりがある相馬義清という武士であったという。自宅を寺にあらためて出家して、信楽房《しんぎょうぼう》と称し、薬師如来を本尊として信仰生活を送っていたところ、親鸞が関東に移住してきて、その教化によって弟子となった。そこは新地の弘徳寺というが、かれの開基である弘徳寺は他にもあって、千頭《せんず》の弘徳寺と称している。この千頭の方の弘徳寺には、前項に述べた善鸞の墓があるのでここに紹介することにしたのである。

親鸞の下を離れた信楽房

信楽房は、詳しい事情は明らかではないが、親鸞の弟子になった後に自義を主張して真宗の教えに反し、親鸞の下を離れたと伝えられている。それが覚如のときに許され、本願寺への帰参がかなったのだという。あくまで推定であるが、そういう縁があって、義絶された善鸞とも近しい関係を保っていたのであろうか。

善鸞房の墓所

義絶された後の善鸞の動静はあまり明確ではない。教団の外に放逐されて、巫女などの主領として東国をうろついて

弘徳寺（新地）
茨城県結城郡八千代町新地
電話　0296－49－1623
関東鉄道常総線・下妻駅から古河行または山川回り結城行バスにて「沼森十字路」下車、南へ徒歩二十分。下妻駅からタクシー十分。
国道二九四号線バイパスから国道一二五号線を西へ、鬼怒川を渡り約二キロ、三つ目の信号を左（南）へ一・三キロ、右側にあり。

いたと伝えられている。『最須敬重絵詞《さいしゅきょうじゅうえことば》』第五巻第十七段によると、「はじめは聖人の御使として坂東へ下向し、浄土の教法をひろめて、辺鄙の知識にそなはり給ひけるが、後には法文の義理をあらため、あまつさへ巫女の輩に交て、仏法修行の儀にはづれ、外道尼乾子《げどうにけんし》の様にておはしましければ、……』などと記されている。

そして、覚如の東国行のとき、相模国の余綾《ゆるぎ》山中で体調をくずして心細い思いをしたことがあった。その時、善鸞とその子如信の一行と出会ったとも記録されている。善鸞は八十歳ほどの年齢で、修験者のような風体をしていたようである。その善鸞が、覚如の病気平癒のために護符を飲むように勧めたというのである。

こういう善鸞の墓石が千頭の弘徳寺に残っているのである。信楽房の自義を唱えての離反とあわせて興味のあるところであろう。筑波山が修験者によって開かれたこと、板敷山付近が弁円という山伏の勢力範囲であったこと、あるいはこの善鸞の後世のすがたが山伏のようであったこと、これらを考えあわせ、高田の太子信仰なども考慮に入れると、当時の関東の宗教風土の独特さが見え、宗祖の苦労が身にしみて感じられるであろう。

（相馬一意）

善鸞の墓石（神奈川　弘徳寺）

東　海

三河念仏の里

親鸞と東海地方の関係は、親鸞が住みなれた関東を去り、京都へ向かう帰路に有縁の人々に仏法を伝えたところからはじまる。帰洛の年時については、古い資料に記されたものがなく定かでないが、関東在住がおよそ二〇年というのが通説となっているので、文暦元年（一二六二）の六十二歳頃と考えられている。そのコースについては、箱根を越えたと伝えられているので、現在の東海道を通ったようである。

東海地方は、京都と関東の中間地点にあたり、特に三河地方は、東西に鎌倉街道が通り、南北には矢作川《やはぎがわ》が流れ、その水運と沿岸の肥沃な大地は、初期真宗教団の要地として位置づけられ、多くの古刹や法宝物が現存している。

三河地方における真宗教団の動向

三河地方における真宗の始まりは、『大谷本願寺通紀』によれば文暦二年（一二三五）親鸞が帰洛の途次、三河国矢作の柳堂《やなぎどう》で布教したことを萌芽とすると伝えている。また『三河《みかわ》

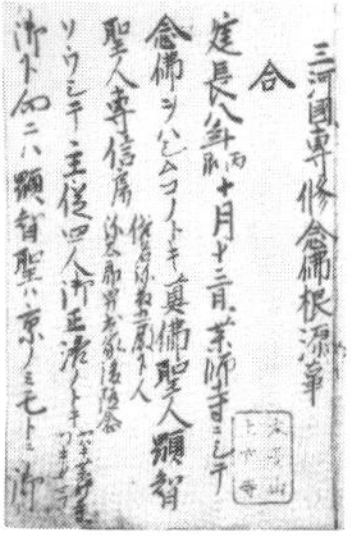

『三河念仏相承日記』（被災前）（愛知　上宮寺蔵）

念仏《ねんぶつ》相承《そうじょう》日記《にっき》』には、建長八年（一二五六）に高田の真佛・顕智・専海らが矢作の薬師寺で布教したことが記されている。このように三河地方における初期真宗教団は、高田門徒を中心に展開をみた。

十五世紀後半になると本願寺第八代蓮如（一四一五―一四九九）の三河進出により、三河真宗教団は本願寺派に転じ、急激に教線を伸張していくことになる。その端緒は、蓮如が上宮寺如光に下付した名号の裏書から、寛正二年（一四六一）頃と考えられている。その規模は東海地方全域に及び、『如光弟子帳』（文明十六年〈一四八四〉）によれば、上宮寺傘下の道場は、三河を中心に尾張、伊勢三国に一〇五カ所があげられている。

十六世紀には、佐々木上宮寺、針崎勝鬘寺、野寺《のでら》本證寺の三河三カ寺や一家衆《いっけしゅ》の土呂《とろ》本宗寺《ほんしゅうじ》によって三河本願寺教団が統率されるようになった。ここにいう三河三カ寺は、永禄六年（一五六三）から翌七年に起きた三河一向一揆の拠点ともなった。この一揆後の禁制が解かれ、復興の状況下にあった頃、三河本願寺教団は、本願寺の東西分派に伴い、三河三カ寺側は東本願寺に、本宗寺側は西本願寺にそれぞれつくことになった。

近世になると三河三カ寺は中本山《ちゅうほんざん》としての役割を担い寺勢を誇り、「自国他国御末寺寺号」（慶應四年〈一八六八〉）によれば、本證寺の末寺は一九一カ寺が記され、その範囲は丹波から江戸にまで及んでいた。

近代においては、明治初年の護法一揆である大浜騒動（明治四年〈一八七一〉）が

下段左から、安藤州一・暁烏敏・清沢満之・佐々木月樵

三河地方を舞台に起こっている。

以上のように三河地方は、親鸞在世中から真宗史の表舞台に常に登場するわけであるが、それだけに重要人物も多く輩出してきた。念仏の道を深く頷きながら歩んだ妙好人のお園《その》（一七七六—一八五三）、『歎異抄』の著者として唯円説を提唱した妙《みょう》音院了祥《おんいんりょうしょう》（一七八八—一八四二）、近代大谷派の基盤を作った清沢満之（一八六三—一九〇三）、佐々木月樵《げっしょう》（一八七五—一九二六）がその代表者である。

親鸞説法の旧跡・三河念仏発祥の地

桑子《くわご》の妙源寺は、矢作川中流域に位置する愛知県岡崎市に所在し、寺基は当初のままである。

寺伝によれば、親鸞が関東から帰洛の折、この地の領主であった安藤薩摩守信平の請いによって、城内の太子堂で説法を行い、深く帰依した信平（念信）が堂宇を建立したのが草創であると伝える。その親鸞説法の伝承を持つ柳堂《やなぎどう》（太子堂）は、三河真宗念仏の最古の道場として中心的役割を担い、現在では、現存する全国唯一の初期真宗教団の御堂として重要文化財に指定されている。

妙源寺は、数多くの建築、絵画、書跡、美術工芸にわたる真宗文化財を伝世しているが、その中でもっとも貴重とされる法宝物の一つが親鸞自筆の「名号本尊」である。現存する四本のうちの一幅で、枯淡にしてしかも勢いがある筆跡で、十字名号と天地の賛銘が料紙に大書されている。

元久二年（一二〇五）に法然から親鸞へ相伝されたと伝える「選択《せんじゃく》相伝御影《そうでんのみえい》」は、専門家により賛銘の筆跡が法然と認められ、その内容

柳堂（太子堂）

親鸞筆十字名号（愛知　妙源寺蔵）

が「化身土巻」末尾と一致することから、伝承が事実として比定されるもっとも注目される法然の肖像画である。

その他、三河念仏発祥の地としての妙源寺には、親鸞在世中に製作された現存最古の光明本尊《こうみょうほんぞん》や、初期真宗教団の門弟の動向や地理的分布を示す『親鸞上人《しんらんしょうにん》門侶交名牒《もんりょきょうみょうちょう》』、さらに鎌倉時代に製作された三河地方オリジナルの四種三幅絵伝（◎親鸞上人絵伝、◎法然聖人絵伝、◎善光寺如来絵伝。聖徳太子絵伝は現在、奈良国立博物館に収められている）が伝えられている。

選択相伝御影（愛知　妙源寺蔵）

・本證寺　名鉄西尾線碧海桜井駅下車南へ徒歩三〇分。タクシーでJR安城駅から二〇分、JR三河安城駅から二五分

・上宮寺　JR西岡崎駅下車、北へ徒歩五分

・満性寺　名鉄東岡崎駅下車七分、菅生川明大橋北岸東

・妙源寺　JR西岡崎下車、南へ徒歩三分

虫干法会・法宝物を間近で拝す絶好の機会

東海地方で特筆すべきことは、関係する旧跡寺院が年一回、法宝物の開帳をしていることである。現在、虫干法会《むしぼしほうえ》（瀑涼）を行っている寺院は、次の通りである。

※文化財の前にある記号の意味は次の通り
●＝国宝
◎重要文化財
○＝県指定文化財

本證寺	大谷派	七月二三日 二四日	安城市野寺町野寺二六 ○五六六-九九-〇二二一	◎聖徳太子絵伝十幅、◎善光寺如来絵伝四幅、城郭伽藍
上宮寺	大谷派	七月二五日 二六日	岡崎市上佐々木町梅ノ木三四 ○五六四-三一-六二七七	『浄土和讃・往相廻向還相廻向文類』、如光弟子帳、上宮寺文書
満性寺	高田派	八月七日 八日	岡崎市菅生町字元菅五七 ○五六四-二五-二一五四	◎色紙阿弥陀経、○南無仏太子、絵伝類
妙源寺	高田派	八月七日 八日	岡崎市大和町字沓市場六五 ○五六四-三二-五四〇二	親鸞筆十字名号、選択相伝御影、◎柳堂（太子堂）、◎絵伝類

（参照）『本證寺　その歴史と美術』安城市歴史博物館、一九九七年
『よみがえる上宮寺の法宝物』自照社出版、二〇〇四年

高田本山宝物館

高田本山専修寺

親鸞真蹟の宝庫・高田本山専修寺《せんじゅじ》

現在、真宗高田派の本山は三重県一身田に所在している。高田門徒の根本道場である下野国高田（栃木県真岡市）の専修寺は、本寺《ほんじ》と呼ばれ本山とともに崇敬されている。本寺を伊勢に移し本山化したのが、中興と崇められる第十代真慧（一四三四―一五一二）である。明応年間（一四九二―一五〇一）には、現在の本山の前身である無量寿院が一身

田に建立され、今日の壮麗な御影堂《みえいどう》は、寛文六年（一六六六）に再建されている。

本山専修寺に所蔵される宝物は、一身田の無量寿寺が本山として機能する時に移されたものと考えられているが、詳らかではない。しかしながら、今日たくさんの親鸞の真蹟群が無事に伝承されてきたことは特筆すべきことである。

高田本山の法宝物の特徴は、本願寺に所蔵されるものが親鸞自身が所持していたものが多いのに対して、高田門徒の弟子に与えたものが多いことである。親鸞真蹟の二幅の「名号本尊」をはじめ、親鸞自筆消息七通、「三帖和讃」、『西方指南抄』、『唯信抄』、『唯信鈔文意』、『尊号真像銘文』、『見聞集』等々である。親鸞面授の直弟子であり、初期真宗教団を形成した第二代真佛（一二〇九―一二五八）、第三代顕智（一二二六―一三一〇）に関連する文献もたくさん伝えられており注目される。


（安藤章仁）

第3部

親鸞の世界への広がり

近代における親鸞研究の歴史

日本の宗教者の中で、歴史上親鸞ほどさまざまな人びとの関心を集めてきた人物はいない。特に明治以降、日本が近代化をおしすすめるなかで、それまで浄土真宗という一宗派の開祖にすぎなかった親鸞について、たとえば哲学者は哲学者の立場から、歴史家は歴史家の立場から、そして共産主義者は共産主義者の立場から関心を持ち、さまざまな親鸞像を生み出してきた。

ここでは、特に明治以降の教団内外に見られた親鸞研究の動向について概観的に紹介することにしよう。

近代以前の親鸞研究

明治以降の親鸞研究の展開について考えようとする場合、それ以前から積み重ねられてきた親鸞研究の存在を無視することはできない。浄土真宗の歴史の中で、親鸞の教えに関する学問的な研究が本格化するのは江戸時代以降のことであるが、その拠点となったのは、学林や学寮といった東・西本願寺が設置した宗学研究機関であった。*

学林は、寛永十六年（一六三九）に西本願寺が創設した学寮に起源を持つが、間もなく学林と改称され、西本願寺における宗学研鑽と僧侶養成の拠点となった。学

＊近代に入り、学林は現在の龍谷大学に、高倉学寮は現在の大谷大学へとそれぞれ発展していった。

林には能化職と呼ばれる西本願寺を代表する学者が一名置かれ、学生たちへの講義をおこなうとともに、地方へも出張して講義をおこなったが、そのことにより各地で教学が振興し、各地に学轍《がくてつ》と呼ばれる学派が生まれるきっかけとなった。

江戸時代を通じて、西本願寺では学林とこれらの学轍の間で活発な論争がおこなわれ、ときに教理解釈の対立がエスカレートして幕府権力の介入を招くこともあった。たとえば、寛政九年（一七九七）から文化三年（一八〇六）にかけて、三業惑乱と呼ばれる大論争が起こり、最終的には西本願寺と関係者双方が寺社奉行により厳しく処分を受けるという事件が起こった。以後、西本願寺では、教理解釈の統制が強められ、文政七年（一八二四）には勧学職を複数置き学林の集団指導体制をしいたが、なかでも空華《くうげ》学派と呼ばれる学轍の主張がしだいに宗派内の教学の主流となっていった。

一方、東本願寺でも寛文六年（一六六五）に別邸の渉成園内に学寮を創設し、宗学の研鑽に当たらせるとともに、僧侶の養成につとめた。学寮には講師職と呼ばれる東本願寺を代表する学者がやはり一名置かれ、学寮での講義の他に地方講義もおこなった。また、宝暦五年（一七五五）には、学舎を高倉通魚棚に移し、以後高倉学寮と呼ばれるようになった。けれども、東本願寺では、一門一轍と言われるように、学派としては高倉学寮以外のものは成立しなかった。そのため、西本願寺のような学派間の論争は起こらず、江戸時代を通じて高倉学派の説が宗派内の唯一の権威を保った。

龍谷大学本館講堂

学林や学寮における宗学研究は、厳密な聖典解釈にもとづく教理の解明に重点がおかれた。聖典解釈においては、ただ正確に文献の意味を解釈するだけでなく、会《え》通《つう》と呼ばれる方法によりその解釈の妥当性が議論された。なかでももっとも議論の的となったのは、親鸞の行と信についての理解であったが、その成果は講録というかたちで蓄積されていった。たしかにこのような宗学研究の進展により、全体として緻密《ちみつ》な教理体系がこの時期には構築されていったが、一方その内容はしだいに抽象的で煩瑣なものとなっていった。

ただ、江戸時代を通じて、これらの宗学研究機関では毎年多くの人びとが学び、近代以降親鸞研究だけでなく、仏教学研究にも大きな影響を与える学者を多く輩出したことも事実である。

明治初期の教学的課題

明治元年（一八六八）、明治維新により日本が近代化の道を歩み始めたことは、封建的な社会体制の中で特権的な地位を与えられてきた仏教教団にとって、その存亡の危機に直面することを意味していた。なかでも、寺領の没収等による寺院経済の破綻や神仏判然令とともに吹き荒れた廃仏毀釈《きしゃく》の嵐は、仏教教団に大きな打撃を与えた。浄土真宗の場合には、比較的それらの影響を受けることは少なかったものの、大きな時代の転換期にあたり、さまざまな問題への対応を迫られることになった。

明治初頭に、浄土真宗が対外的に直面していた大きな課題として、次の二つの問題があげられるであろう。一つは、仏教寺院や僧侶は無用の存在であると主張する排仏論への対応であり、もう一つはキリスト教解禁への対策である。排仏論の問題は、すでに江戸時代初期から、林羅山などの儒学者たちが仏教の遁世主義や来世主義を批判するかたちで提起されていた。けれども、浄土真宗が排仏論に対して強い反応を示すようになるのは、江戸時代後半になってからである。それは、いよいよ顕著になってきた幕藩体制の動揺の一因を、仏教と結びつけた経世論者の排仏論が、浄土真宗寺院を批判の的としたからである。すなわち、民衆の間に根を下ろした浄土真宗寺院を社会に寄生する存在として強く非難したのである。

それに対する浄土真宗の対応は、積極的に反論する立場も一部には見られたが、自己弁護的にその社会的な有用性を主張するものがほとんどであった。たとえば、浄土真宗の教え（真諦）と世間の秩序（世俗諦）との相依関係を主張すること（真俗二諦論）により、排仏論が主張した仏教無益論に反論したのである。けれども、明治のはじめに見られる排仏論を取り巻く情況は、江戸時代の場合とは大きく異なっていた。具体的には、寺院の整理や寺領の没収、そして神仏分離令に端を発する廃仏毀釈の中で排仏論が展開され、真宗教団は明治新国家における自らの位置を模索しつつ、この問題に対応しなければならなかった。そのような時代背景のもと、東・西本願寺はその活路を教団体制の近代化の中に求めようとした。その中で、重要な役割を担ったのは、西本願寺の島地黙雷や赤松連城、あるいは東本願寺の大谷光瑩や石川舜台といった、明治のはじめに教団から欧米視察に派遣された人びとであった。

島地黙雷

島地は、新政府による明治初頭の神道国教化政策に対して「大教院分離建白書」（一八七三）を提出し、信教の自由という近代的な思想に立ってそれを批判した。また、西本願寺における宗制の制定や宗会の開設に尽力するなど、教団体制の近代化をはかった。一方、石川も、教団内の学制・機構改革で中心的な役割を果たした。このように、東・西本願寺は、まず教団組織の近代化をはかることにより、明治新国家における教団の存在感を示し事態を打開しようとしたのである。

キリスト教解禁に対する対策は、すでに幕末期より学林や学寮の学者によりすすめられていたが、思想的には一方的な破邪の姿勢で一貫されていた。

けれども、一八八〇年代になると、仏教思想がもつ近代的な知識と矛盾しない面を積極的に主張することにより、キリスト教に対する仏教の優越性を示そうとする反論も見られるようになる。たとえば、東本願寺の井上円了などによる反論がその代表的なもので、井上は『真理金針』（明治十九年・一八八六）、『仏教活論』（明治二十年・一八八七）などを著し、仏教と科学が思想的に矛盾しないことや仏教の近代国家論を論じることにより仏教の優越性を力説した。そして、これらの主張は、近代化がすすむ中で自信を失いつつあった当時の仏教徒に自信を与えることにもなった。

明治はじめの東・西本願寺は、たしかに時代や社会の変化への対応に汲々とする面はあったが、近代的な学問方法を身につけた人材の養成にまったく無関心であったわけではなかった。たとえば、明治十一年（一八七八）に東本願寺は南条文雄と笠原研寿をイギリスに派遣し、オックスフォード大学のマックス・ミュラーのもと

井上円了

でサンスクリット語とパーリ語を学ばせている。また、西本願寺は明治十五年（一八八二）に藤枝沢通をフランスに派遣しシルバン・レビーのもとでサンスクリット語を学ばせ、さらに明治二十三年（一八九〇）には高楠順次郎をヨーロッパに派遣している。

このような経緯もあり、近代日本の仏教学研究は、当初サンスクリット語、パーリ語を基本とする文献学を中心に進展した。しかしその後、テキスト・クリティックを基本とするその研究方法は、漢訳経典の文献学的研究にも応用されるようになり、さらにそれらの成果にもとづく思想史的研究の発展へとつながっていった。中でも高楠は、『大正新脩大蔵経』（大正十三年－昭和九年・一九二四－一九三四）、『国訳南伝大蔵経』（昭和十年－昭和十六年・一九三五－一九四一）の出版という偉業を成し遂げ、日本における近代仏教学研究の基礎を固めた。

このように日本の近代仏教学研究の発展は、明治初期における東・西本願寺の動向と深い関係を持っている。ただ、両本願寺のこのような動きは、あくまで教団外の未曾有の変化に対応するための動きであり、伝統的な親鸞研究の近代化にすぐに結びつくものではなかった。むしろその点では旧態依然とした研究が、それらの動きとはまったく無関係につづけられていたのが実態であった。

近代的な親鸞研究の展開

明治初期に見られる伝統的な親鸞研究の動向を、当時出版された書籍の内容を通して見ると、そこには排仏論、キリスト教排斥論とならんで、江戸時代に蓄積された学僧の講録の開版が多く見ら

大蔵経

れることに気づく。

たとえば、西本願寺の僧朗《そうろう》、大瀛《だいえい》、道隠《どうおん》、月珠《げっしゅ》、あるいは東本願寺の慧琳《えりん》、法海、深励《じんれい》、徳竜といった、江戸中期から末期にかけて活躍した学僧たちの講録がこの時期には多く開版されている。このことは、それまで学派ごとにまとめられてきた研究を広く一般に知らせるきっかけになった。しかし別の見方をするならば、教団の外では近代化が進みつつあるにもかかわらず、教団内では学派の伝統を守ることが依然として関心の中心をしめていたことを示しているとも言える。

ところが、西洋の近代的な考えや学問が徐々に日本の社会に浸透した一八九〇年代に入ると、教団内部からもそのような旧態依然とした研究のあり方に対して批判の目が向けられ、近代的な視点を持った新しい研究が生まれるようになる。そしてこれらの研究は、その研究の方向性から三つのタイプの研究に大きく分けて考えることができるように思われる。一つ目は、客観的・体系的な方向性を強く持つ研究、二つ目は、主体的・精神主義的な方向性を強く持つ研究、そして三つ目は、啓蒙的・実践的な方向性を持つ言論活動あるいは運動である。

一つ目の客観的・体系的な研究は、おもに西本願寺の近代的な研究に多く見られる方向性で、明治後半から昭和初期にかけて活躍した前田慧雲の主張などに典型的に見られるものである。二つ目の主体的・精神主義的な研究は、東本願寺の近代的な研究に強く見られる方向性で、「近代教学の祖」とも呼ばれる清沢満之の思想がその代表である。三つ目の啓蒙的・実践的な方向性は、たとえば境野黄洋、高島米峰らが宗派を超えて展開した新仏教運動がその代表的なものである。

前田慧雲は、安政四年（一八五七）に伊勢の西本願寺の寺院に生まれ、東京帝国大学講師、東洋大学学長、龍谷大学学長を歴任した、近代の西本願寺を代表する仏教学者である。近代的な仏教研究に通じていた前田は、「宗学研究法に就いて」（『六条学報』第六号、明治三十四年・一九〇一）という論文を発表し、閉鎖的にただ伝統を重視する宗学研究を批判し、近代的な学問方法にもとづいた宗学研究の必要性を論じた。この中で前田は、近代的学問方法の導入に反対する保守的な宗学研究者の動きを批判し、学問的相互批判による客観的研究の必要性を呼びかけた。そして、伝統的な宗学研究の方法論的な問題点として次のような四つの点を指摘した。

すなわち、㈠表面的訓詁《くんこ》的な解釈、㈡並列的宗祖眼的な解釈、㈢宗派的別途《べつず》的な解釈、㈣分析的論題的な解釈の四点に、伝統的な研究の方法論的な意味での問題点があると指摘し、宗学が近代化を果たすためには、㈠本質的哲学的な研究、㈡歴史的当分的な研究、㈢思想史的通途《つうず》的な研究、㈣組織的体系的な研究、といった幅広い視点からの研究が必要であると主張したのである。この前田が提案した四つの近代的な研究法は、必ずしも当時の宗学者たちにすぐに受け入れられたわけではなかった。しかし、その後の宗学における教理史研究の隆盛や親鸞以後の教学形成をテーマとした教学史研究の発展へとつながっていった。

清沢満之は、文久三年（一八六三）に尾張藩の藩士の家に生まれ、東京帝国大学哲学科に入学し、その後愛知県の東本願寺の寺院に入寺し、近代的信仰の確立によ

前田慧雲

る教団の改革を志した。清沢は明治二十九年（一八九六）に白川党と呼ばれるグループを作り同人誌『教界時言』を発行し、教学の近代化に無関心な宗学研究者を批判し、近代的な信仰の樹立による宗門改革を訴えた。清沢は、すでに『宗教哲学骸骨』（一八九二）の中で、親鸞の教えそのものをさす宗義と、親鸞の教えについての研究である宗学とを区別すべきことなどを主張していたが、あらためて宗学研究は時代の変化に適応しつつなされなければならないと呼びかけたのである。しかし、明治三十年（一八九七）にその活動に対して教団から処罰を受け、改革運動は途中で挫折せざるをえなかった。

この事件をきっかけに清沢は、教団の改革は主体的な自己探求なしには成り立たないと考え、明治三十三年（一九〇〇）に東京の本郷に自己探求の実験を実践するための結社浩々洞《こうこうどう》を開き、多田鼎《ただかなえ》、佐々木月樵《ささきげっしょう》、暁烏敏《あけがらすはや》、曽我量深《そがりょうじん》らと共同生活をはじめた。また、翌年には雑誌『精神界』を創刊し精神主義を提唱し、東京に移転した真宗大学（後の大谷大学）の学監となった。しかしこころざし半ばで、明治三十六年（一九〇三）に三十九歳の若さで亡くなったのである。この清沢による精神主義運動は、清沢の死後、多田、佐々木、暁烏、曽我といった個性豊かな門弟たちによって受け継がれ、東本願寺における親鸞研究のひとつの大きな流れを形成していった。また、清沢の宗教哲学的な親鸞理解は、近代日本を代表する哲学者である西田幾多郎の思想にも影響を与えたと言われる。

このように、明治半ばを過ぎるころになると、東・西本願寺の中からも宗学の近

清沢満之

代化が主張されるようになるが、前田が研究方法の近代化により宗学の近代化をはかろうとしたのに対して、一方清沢が主体的な信仰の樹立にそれを求めたところに、その後の両者の研究の方向性のちがいが如実に示されている。もちろん、東本願寺に、近代的研究方法を重視する研究の流れもあったし、西本願寺にも信仰について主体的に思索する者がいなかったわけではない。ただ、その後西本願寺における研究は客観的・体系的な研究を重視する傾向が強くなり、東本願寺では主体的・精神主義的な研究が次第に主流となっていった。

たとえば、その後西本願寺では、江戸時代以来蓄積されてきた学林やさまざまな学轍の講義録が『真宗全書』（全七五巻、大正元年―大正五年・一九一三―一九一六）として集大成され、宗学研究の基礎資料を提供した。また龍谷大学により、浄土真宗だけでなく一般仏教の項目を含む百科辞典的な辞書と言える『仏教大辞彙』（大正三年―大正十一年・一九一四―一九二二）が出版され、その後の仏教研究全体の進展に大きく貢献した。そして、このような客観的・体系的な資料にもとづいて、大正末から昭和初期にかけて、小山法城『真宗概論』（一九二四）、脇谷撝謙《ぎけん》『真宗概説』（一九二五）、島地大等『真宗大綱』（一九三〇）、神子上恵龍『真宗概説』（一九五五）などの概説書が多く出版され、普賢大円の『真宗行信論の組織的研究』（一九三五）のように、江戸時代の学説を分析し整理した研究が生まれることになった。

一方、東本願寺では、清沢の流れから、たとえば暁烏敏の『更正の前後』（大正九年・一九二〇）、曽我量深の『救済と自証』（大正十一年・一九二二）、佐々木月樵の

『親鸞教序説』（大正十二年・一九二三）、金子大榮の『真宗学序説』（大正十三年・一九二三）、多田鼎の『大無量寿経の宗教』（大正十四年・一九二五）などが相ついで出版され、主体的な親鸞理解が反響を呼び教団内外に多くの読者をえた。また、高倉学寮の伝統を継ぐ流れからも江戸時代以来の宗学研究を集大成した『真宗体系』（全三七巻、大正五年－大正十四年・一九一六－一九二五）が刊行され、その存在感を示した。

三つ目の新仏教運動は、欧米の啓蒙的・自由主義的な思想に影響を受け、仏教徒の社会的な意識改革を通して仏教の近代化をはかろうとする運動であった。このような動きは、すでに明治初期に西本願寺の古川老川《ふるかわろうせん》（勇）による経緯会の活動や、龍谷大学の学生による反省会*などの活動にも見られたが、明治二十五年（一八九二）に東本願寺の境野黄洋が中心となり西本願寺の高島米峰、浄土宗の渡辺海旭らとともに、宗派を超えて結成した仏教清徒同志会がその代表である。この運動は教団制の否定など急進的な主張をしたため、結局教団とは絶縁したが、機関誌『新仏教』を発刊し活発な言論活動をおこなった。また、そのような活動を通して、境野や高島らはキリスト教社会主義を唱えた木下尚江や社会主義思想家幸徳秋水・堺利彦らとも交流をひろげ、反戦論や廃娼運動など幅広い社会運動を展開した。

新仏教運動は、主に言論による社会啓蒙をその活動内容としたことにより、実践的な運動としては不十分な面もあったが、親鸞の教えを基本に、仏教を現実社会の中で真剣に位置づけようとした点では評価されるべき運動であった。

このように一八九〇年代以降それぞれ特色のある研究が、龍谷大学や大谷大学、

＊その機関誌『反省会雑誌』はのちに『中央公論』へと発展した

あるいは教団内外でもおこなわれていった。しかし、大正時代もおわり頃になると、全体主義的な風潮が社会全体を覆いはじめることと歩調を合わせるように、しだいに大学における自由な研究と保守的な立場をとる教団との間の衝突が起こるようになる。たとえば、このような時期に起こったのが、龍谷大学における野々村事件（大正十二年・一九二三）や学長選出問題（昭和四年・一九二九）、あるいは大谷大学における金子大榮異安心事件（大正十四年・一九二五）や曽我量深異安心事件（昭和五年・一九三〇）といった出来事であった。

　野々村事件とは、龍谷大学の宗教学の教授であった野々村直太郎が、『浄土教批判』（一九二三）という著作の中で、浄土の実在を否定し浄土教の教えを批判したのに対し、西本願寺がその主張を問題視し、大学に対して野々村の解任を要求した事件である。大学はその要求を拒否したが、結果的に野々村は僧侶の資格を剥奪され大学を辞任することになった。その後さらに西本願寺は、大学に対する介入を強め、昭和四年（一九二九）には学長前田慧雲の後任に弓波瑞明《ゆなみずいめい》を一方的に任命したことから教員と学生が反発し、それに抗議して梅原真隆、森川智徳ら十数名の教授が辞任した。これが学長選出問題と呼ばれる事件である。

　金子大榮異安心事件とは、大谷大学教授金子大榮が『浄土の観念』（大正十四年・一九二五）、『彼岸の世界』（大正十四年・一九二五）という著作の中で、浄土の主体的理解を展開したのに対して、東本願寺がその理解を異安心として批判し、昭和三年（一九二八）に金子の僧籍を剥奪して大谷大学を辞任させた事件である。さらに、昭

曽我量深

和五年（一九三〇）には曽我量深が『如来表現の範疇としての三心観』（昭和五年・一九三〇）の中で展開した信心理解も異安心とされ、やはり僧籍を剥奪された曽我が大谷大学を辞任した。これが曽我量深異安心事件である。

これらの事件は、いずれも世界恐慌などの影響で、日本の社会全体がしだいに閉塞感を増していく時期に、教団の中の教権的・保守的勢力と大学の中の自由な学問との対立が生み出した事件である。もともと、東・西本願寺における教団の近代化は、伝統的な教権主義と近代的自由研究との微妙なバランスの上に成り立つものではあったが、これらの事件後両教団ともさらに保守的な教権の強化がはかられていった。

大正期・昭和初期の親鸞研究の動向

次に、少し視点を変えて、大正期以降の歴史学・哲学の分野で見られた親鸞研究の動向に目を向けてみよう。

先に、明治初期の近代の仏教学研究が、文献学的研究を中心に進んできたことを指摘したが、明治期後半には、その進展を承けてとくに大乗非仏説をめぐる議論がさかんになった。たとえば、高倉学寮で学んだ村上専精は、『仏教一貫論』（明治二十三年・一八九〇）を著し、近代的研究の成果をもとに、仏教を一貫する釈尊の根本精神を明らかにしようと試み、『仏教統一論』（明治三十四年・一九〇一）では大乗非仏説を肯定しつつ根本仏教による諸仏教の統一を論じた。その意図するところは大乗仏教そのものの否定ではなかったが、その主張は当時の教団の伝統的な研究にとっては容認できないものであり、大きな批判を受けた。この分野では、その後南条文雄『梵本無量寿経大意』（明治三十五年・一九〇二）、矢吹慶輝『阿弥陀仏の研究』（明治四十四年・一九一一）などによる客観的な研究も進んだが、伝統的な立場との溝は大きかった。

大正期に入り、仏典の文献学的研究についでとくに進展したのは歴史学的立場からの親鸞研究であった。その一つのきっかけは、親鸞の歴史的実在性に対する疑問であった。歴史学における研究の立場は、実証的な方法により歴史的事実を確定しようとするものであり、その眼が、長い間信仰の対象であった一宗の開祖の実在に対しても向けられたのであった。親鸞の場合には、その歴史的実在を証明するもっとも古い資料が、覚如によって製作された『親鸞伝絵』など教団内部のものに限られ、当時の公文書の中にもその名前が見あたらないことから、その実在に対して疑問が投げかけられたのである。ただ、この親鸞抹殺説は、一方で教団内外で親鸞の実在性を歴史的に確かめるための研究を活発化させ、親鸞の生涯についての歴史学的研究を大いに進展させるきっかけにもなった。

まず親鸞の歴史的実在を証明するためにすすめられたのは、親鸞の筆跡についての研究であった。実在する文書の筆跡の鑑定を通して、その実在を証明しようとしたのである。そしてこのことは、親鸞の真蹟とされる文書の確定という書誌学的な研究を飛躍的に発展させることにもなった。

親鸞の筆跡については、東京帝国大学の辻善之助が「親鸞上人の真蹟研究」（『書画骨董雑誌』大正十年・一九二一）を発表し、筆跡鑑定から確かに親鸞が実在したことを主張したが、同年に西本願寺の書庫より、親鸞の妻恵信尼の手紙が発見されたことにより、その歴史的な実在は動かしがたいものとなった。

しかし、親鸞の歴史的実在を証明しようとする研究の過程で、それまで教団内で無批判に伝承されてきた『親鸞伝絵』やその他の文献に示される内容に関する矛盾も明らかになり、それをめぐり研究がさらに展開した。たとえば、中沢見明は『史上の親鸞』（大正十一年・一九二二）を著し、教団に伝わる親鸞伝を歴史学的に考証し、その事実について批判の目を向けた。また、先の恵信尼の手紙については、発見者でもある鷲尾教導が『恵信尼文書の研究』（大正十二年・一九二三）を発表し大きな反響を生んだが、それにともなって、親鸞の手紙についての研究が進み、たとえば梅原真隆による『末灯抄の研究』（大正十四年・一九二四）を生んだ。また、真宗史全体に対する研究も進み、山田文昭『真宗史』（大正十四年・一九二四）、日下《くさか》無倫『真宗史の研究』（昭和六年・一九三一）、禿氏祐祥《とくしゆうしょう》『真宗史の特異性』（昭和十年・一九三五）といった研究が発表され、この時期の親鸞研究としてはもっとも盛んな議論がたたかわされた。

また昭和の初め頃になると、哲学研究においても親鸞思想がたびたび取り上げられるようになった。哲学的な視点からの親鸞理解という点では、すでに清沢満之がその先駆者と言えるが、この時期には三願転入に見られる親鸞の信仰構造に関する研究があいついで生まれている。

三願転入の問題については、すでに真宗史学の立場から日下無倫が「親鸞聖人の思想三転」（『合掌』、昭和十三年・一九三三）という論文の中で取りあげていたが、哲学者の季平紀美は『三願転入の論理』（昭和二年・一九二七）を著して哲学的視点から三願転入の研究をはじめておこなった。しかし、三願転入の哲学的研究で、もっとも思索的で影響力があったのは武内義範の『教行信証の哲学』（昭和十六年・一九四二）である。武内は、親鸞の主著『教行信証』の論理構造が、ドイツ観念論哲学の大成者でもあるヘーゲルの『精神現象学』と『大論理学』の関係において成り立つ論理構造と、同様の深い論理性をその中に持っていることを指摘し、三願におけるそれぞれの意識の発展段階を弁証法的に考察した。

武内の著作は、戦後の親鸞の哲学的研究にも大きな影響を与えたが、その師でもある田辺元は戦後間もなく『懺悔道《ざんげどう》としての哲学』（昭和二十三年・一九四八）を著し、武内と同様、三願転入の論理を通して親鸞の思想を解明しようとした。しかも、この著作は単に哲学的・観念論的な関心からなされたのではなく、「懺悔道」という言葉にも示されるように自己の深い罪の意識と結びついたものでもあった。これらの武内、田辺の親鸞理解は、敗戦直後の荒廃した精神をかかえていた当時の人々に幅広く読まれ、戦後の親鸞理解の展開にも大きな影響を与えた。

また、戦前に親鸞思想と実存的に深く向き合った哲学者に三木清がいる。三木は、西田幾多郎のもとで哲学を学んだ俊才であったが、社会主義運動に傾倒し何度も政府の弾圧を受け、最後は獄中で死を迎えた。三木は青年期から親鸞思想を含むさま

武内義範

ざまな宗教思想に実存的に関心を持っていたが、晩年になってとくに親鸞と思索的に向き合うようになり、「親鸞」という未完の草稿を残している。未完成のまま終わったため、三木の親鸞理解の全容は分からない部分もあるが、とくに歴史意識ということを思索する中で親鸞思想の宗教的真理性を明らかにしようとするもので、戦後の左翼思想の親鸞理解にも大きな影響を与えることになった。また、西田幾多郎も最晩年には「愚禿親鸞」（昭和二十年・一九四五）という小文を書き残している。

戦後の親鸞研究の展開

戦後の親鸞研究は、まず思想史的研究がリードするかたちで展開する。それは、戦前の全体主義的な日本のあり方を反省し、戦後の新しい民主主義的な価値を求める動きと連動するものであった。日本の歴史上、思想史的に民主々義的な価値の源泉となりうるものとして鎌倉仏教の思想が取りあげられ、なかでも親鸞の思想が注目を集めたのである。

たとえば、家永三郎は『日本中世思想史研究』（昭和二十二年・一九四七）を著し、親鸞らの鎌倉新仏教の意義をそれ以前の平安仏教と思想史的に対比し、平安仏教を古い国家や支配者にとっての価値を守る仏教として位置づけ、それに対して鎌倉新仏教は改革派の仏教であり、民衆の仏教であると位置づけた。しかも、その中でももっとも革新性の高い思想が親鸞の思想であると指摘したのである。親鸞思想を改革派の仏教とする理解は、すでに早くから原勝郎が「東西の宗教改革」（『芸文』、明治四十四年・一九一一）の中で主張したことでもあったが、家永はそれを思想史的な意味で明らかにしようとしたのである。

真宗史関係概説書

この家永の視点は、その後多くの歴史学研究者により、鎌倉新仏教成立についての研究と親鸞の教団的基盤についての研究の中でさらに展開された。前者の研究としては、井上光貞『日本浄土教成立史の研究』（昭和三十一年・一九五六）、田村円澄『日本仏教思想史研究』（昭和三十四年・一九五九）、石田充之『鎌倉浄土教成立の基礎研究』（昭和四十一年・一九六六）、重松明久『中世真宗思想の研究』（昭和四十八年・一九七三）などがあり、後者の研究としては、山田文昭『親鸞とその教団』（昭和二十三年・一九四八）、中沢見明『真宗源流史論』（昭和二十六年・一九五一）、笠原一男『親鸞と東国農民』（昭和三十二年・一九五七）、赤松俊秀『鎌倉仏教の研究』（昭和三十二年・一九五七）などがある。

しかし、黒田俊雄は『日本中世の国家と宗教』（昭和五十年・一九七五）の中で、これらの研究に対して批判的な立場をとった。すなわち、鎌倉時代を古代国家の解体と中世国家の形成という理論的枠組みの中でとらえ、親鸞などの鎌倉新仏教は民衆を基盤として、日本における宗教改革を実現したというこれらの研究に共通して見られる前提を厳しく批判した。黒田は、歴史的現実としては、鎌倉時代においても依然として古代的な寺院は「顕密主義」ともいうべき共通の理念により国家権力と結びつき、圧倒的な勢力を持っていたこと主張した。この顕密体制論と呼ばれる黒田の理論は、戦後の鎌倉仏教の歴史的研究に一石を投じ、現在もそのことをめぐり活発な議論がおこなわれている。

また、親鸞の生涯についての研究も進み、宮崎圓遵『親鸞とその門弟』（昭和三十一年・一九五六)、松野純孝『親鸞—その生涯と思想の展開過程』(昭和三十四年・一九五九)、赤松俊秀『親鸞』(昭和三十六年・一九六一)笠原一男『親鸞』(昭和三十八年・一九六三)、古田武彦『親鸞』(昭和四十五年・一九七〇)など多くの研究成果が生まれた。

さらに、共産主義に傾倒した服部之總が書いた『親鸞ノート』(昭和二十三年・一九四八)や『続親鸞ノート』(昭和二十五年・一九五〇)も戦後社会の中で読者を集めた。服部は戦前に親鸞の護国思想を示す根拠とされた「朝家の御ため国民のために念仏まふし」(『末灯鈔』第七通)という一節には、全くそのような護国思想はないことを主張したが、その一節の解釈をめぐって他の研究者との間で護国論争と呼ばれる論争が起こった。その議論の中で、服部の解釈を批判する二葉憲香の『親鸞の研究—親鸞における信と歴史』(昭和三十七年・一九六二)などの研究も発表された。また、他にも共産主義的な視点からの親鸞理解として、佐野学の『親鸞と蓮如』(昭和二十四年・一九四九)、林田茂雄『たくましき親鸞—共産主義者による再発見』(昭和二十五年・一九五〇)、森竜吉『親鸞—その思想史』(昭和三十六年・一九六一)などが発表された。

教義研究においては、戦後間もなく「信巻別撰」という問題が提起され論争が起こった。この論争は、結城令聞が「教行信証の信巻別撰についての私見」(『宗教研究』一二二号、一九四九)の中で、『教行信証』「信巻」がもともと他の巻とは別に成立したものであると主張したことに対して起こった論争である。しかし、結局この説は

東西本願寺概説書

親鸞の真蹟本である板東本の研究などにより否定されることになった。

その後西本願寺では、再び伝統的な親鸞研究が主流となり研鑽がつづけられたが、その成果として、普賢大円『真宗概論』（昭和二十五年・一九五〇）、大江淳誠『教行信証講話』（昭和三十二年・一九五七）、大原性実『真宗学概論』（昭和三十六年・一九六一）、桐渓順忍『親鸞は何を説いたのか』（昭和三十九年・一九六四）といった概論的な著作が発表された。ある意味では、この時期に戦後の西本願寺における親鸞思想の体系的な研究はひとつの頂点に達したと言えるが、時を同じくして仏教学者の上田義文が「親鸞の〈往生〉の思想(1)・(2)」（『親鸞教学』13・14、昭和三十七年－三十八年・一九六八－六九）を発表し、親鸞の「往生」の用法に二つの態度があることを指摘し、親鸞の往生思想の本質はこの世で往生するというところにあると主張した。この説は、それまで往生を来世での浄土往生に限定して説いてきた伝統的な立場から批判を受け、上田と宗学者との間で往生思想をめぐる論争がたたかわされた。論争はいつの間にか親鸞の文の解釈それ自体が中心となり議論されるようになったが、しかし上田が提起した問題はたんに文の解釈にとどまるものではなく、親鸞思想における大乗仏教的な論理構造の理解をめぐるものでもあり、本質的な問題そのものはまだ決着していないとも言える。

また、西本願寺では一九七〇年代に教団改革運動が起こり、それに呼応して龍谷大学の信楽峻麿らが教団と教学の近代化を主張した。その中で、信楽は『真宗教団論』（昭和五十年・一九七五）、『宗教と現代社会—親鸞思想の可能性』（昭和五十八年・

一九八三）などの著作を著し、近代的な教団のあり方と主体的な親鸞理解にもとづく現代教学を提唱した。

一方、東本願寺では、改革派の金子大榮や曽我量深らが引き続き大きな影響力を持っていたが、広瀬杲が『宿業と大悲』（昭和三十六年・一九六一）などを出版しその流れを継承し影響力を保った。また、伝統的な親鸞研究では稲葉秀賢が『真宗概論』（昭和四十三年・一九六八）などを出版し、それまでの高倉学寮の伝統を守った。

さらに戦後の文献研究の進展に大きく貢献する出来事として特筆すべきは、昭和四十八年（一九七三）に親鸞聖人生誕八百年の記念行事として企画された『親鸞聖人真蹟集成』（全九巻別巻二、昭和四十八年－五十年・一九七三－一九七五）の出版である。このことにより、研究者はもとより、一般の人々も親鸞自筆の原文を容易に目にすることができるようになったのである。

今後の親鸞研究は、このような過去の研究に学びつつ、さらに新たに展開を見せてくれることであろう。

（嵩　満也）

親鸞と文学・芸術

文　学

「親鸞と文学」という項目ではいろんな内容が考えられる。ここでは、真宗や親鸞の専門研究者でない文学者の、「親鸞」という人名をタイトル中に掲げて発表した作品に限って扱うことにしたい。真宗にかかわって発言した文学者は、それなりに多くいる。真宗や親鸞について否定的にでも何か言及したことのある作家といえば、もっと多くの数になるであろう。だから、小説・戯曲・評論とジャンルは限定しないが、あくまで作品タイトルに「親鸞」の語を用いて、主体的に親鸞を考察した人物とその作品についての案内である。その人自身の生き方の中に親鸞の思想が重要な比重を占めていたと考えるからである。

このように条件づけてみると、ここに挙げるべき人名・作品はそれほど多くない。漏れているのもあるとは思うけれども、これまでに評価されてきているのは左のような人と作品である。

人物の年代順にして、名前と作品名を羅列するならば、

一、木下尚江（一八六九―一九三七）……法然と親鸞、明治四十四年（一九一一）、（評伝）

二、倉田百三（一八九一―一九四三）……出家とその弟子、大正六年（一九一七）、（戯曲）

三、吉川英治（一八九二―一九六二）……親鸞、昭和十一年（一九三六）、（小説）

四、亀井勝一郎（一九〇七―一九六六）……親鸞、昭和十四年（一九三九）、（評論）

五、丹羽文雄（一九〇四―二〇〇五）……親鸞、昭和四十四年（一九六九）、（小説）

六、野間　宏（一九一五―一九九一）……歎異抄、昭和四十四年（一九六九）、（評論・エッセー）

親鸞、昭和四十八年（一九七三）、（評論）

七、吉本隆明（一九二四―　）……最後の親鸞、昭和五十一年（一九七六）、（評論）

八、真継伸彦（一九三二―　）……親鸞、昭和五十年（一九七五）、（評論）

親鸞全集全五巻、昭和五十七―五十九年（一九八二―八四）、（聖典の和訳）

ということである。以下、二から八に限って、この人と作品についての簡単な紹介である。

倉田百三『出家とその弟子』

倉田百三は白樺派《しらかばは》に属する文学者である。一高在学中に結核にかかり、結局退学してしまったのであるが、その後教会に通ったり、西田天香の一燈園《いっとうえん》に入ったりした。大正六年（一九一七）に、こうしたかれが『出家とその弟子』という戯曲を発表すると、たちまち本はベストセラーになり、親鸞ブームを引き起こしたという。

常陸の国を行脚《あんぎゃ》中の親鸞一行は、吹雪の中、日野左衛門という人の家に一夜の宿を乞うた。親鸞を悪しざまにののしった左衛門であったが、やがて教えにふれて改心することになり、その子「松若」も出家することになった。これが有名な『歎異抄』の著者唯円という設定である。一方、親鸞の実子・善鸞は、人妻への恋慕、遊女との愛のために勘当の身で、酒色に溺れる日々であった。献身的な弟子となった唯円は、この親子の仲をとりなそうと善鸞のもとに出入りしているうちに、今度は自分が遊女・かへでへの思いをいだくようになってしまった。遊女と懇ろにしてよいものかどうかで悩みをかかえ、精進《しょうじん》を唱える他の弟子たちからは非難をうけるようになってしまったのである。

親鸞は、皆から責められているこの唯円を、「裁かずに許されねばならぬ」とみとめ、本人自身に対しては「恋を隣人愛にまで高めよ」と教え諭す。そして終幕で、最後まで仏を信じると言い切れない善鸞を受け入れ、善鸞と和解をして臨終を迎えるのである。

仏教を人道主義の立場で理解したもので、キリスト教的理解の下で唯円の生き方も親鸞の思想も描かれている。だから、「近代日本の代表的な宗教文学」と位置づけられたりしているけれど、「宗教文学」ということを認めるにしても、本当の意味で、仏教文学といえるかどうかは疑問である。あくまで戯曲、文学として理解しなければならないであろう。歴史上の親鸞、あるいは善鸞や唯円像を描いたり、かれらの考え方を把握したりするには、別の方向からせまる必要がある。

けれども、かれは後に『仏教聖典を語る叢書』の一つとして、『一枚起請文・歎異抄―法然と親鸞の信仰―』（昭和九年・一九三四）という書物を著している。浄土教家の思想に対する深い思い入れがあったことを物語っている。親鸞の思想がかれのうえに重要な位置を占めていたということに疑問の余地はない。大正時代、この時にあたっていわゆるインテリの心を惹《ひ》きつけていた精神、いわゆる時代精神とは何であったのか。これを考える場合、『出家とその弟子』が必読書の一つであることに間違いのないところである。

ロマン・ローランは、現代文学における信仰のもっとも純粋な表現がここにあると絶賛しているし、ドナルド・キーンは、「白樺派の作家によって書かれた戯曲の中でもっとも有名な作品」と評している。しかし、当時の上演の大成功と文学的作品・戯曲としての完成度とはまた別の問題で、今なお評価しうる文学作品としては扱われていない。

吉川英治『親鸞』

吉川英治は、尋常小学校卒の学歴しか持っていない。それが、懸賞小説の一等入選を三回くり返して小説家の道へ進んだのである。

小説家としての出発点は大正十年（一九二一）の毎夕新聞社への入社で、そこでの家庭・学芸欄担当の記者としての活動からはじまった。大正十一年には、社長命令で「親鸞記」を連載した。かれの最初の新聞連載小説といわれるものである。が、著者名も出されず、単行本も関東大震災でほとんど焼け、この作品はほとんど読まれなかったという。

最初期のかれの小説は、『鳴戸秘帖』を代表にして、伝奇性に富んだ大衆物であったとされる。それが、求道者の生涯を描いた伝記的歴史物語へと転換してゆくのであるが、その転換点に位置するのが有名な『宮本武蔵』（昭和十—十四年・一九三五—一九三九）であった。ということは、昭和十一年三月から十一年八月にかけて『名古屋タイムス』等に連載され、講談社から刊行された小説『親鸞』の影響が大であったと言わなければならない。本人の自発的意思で書いた「親鸞記」ではなかったが、最初の連載小説の経験が生きて、この『親鸞』になったことは言うまでもない。そして、この作品を完成してゆくにしたがって、親鸞の真摯《しんし》な生き方、理想を追求してやまない強靱《きょうじん》な意志力などをはっきりと意識するようになった。そうして、その「求道者的生き方」を宮本武蔵の生涯に重ね合わせて、小説の世界を構築していったものと思われる。

かれはまた、この『親鸞』あるいは『宮本武蔵』に見られる「求道の生涯」「求道者の精神」を、自身に当てはめて考えもしたであろう。これまでの自己の生き方そのものが一個の求道者の物語であった。『親鸞』という作品が、「吉川文学の本質を考えるための好材料」であるというのはこういう意味であろう。苦労しながらかれを守り育てた母のより所であった親鸞。だから、この母への思いが親鸞思想に対する熱い思いとなっている。

吉川は、敗戦にいたる体制崩壊の栄枯盛衰《えいこせいすい》のありさまを、『新書太閤記』『三国志』『新・平家物語』という三作品に結晶させ、かれの精神がつねに広範な大衆の情感とともにあることを示した。このことは、オポチュニズム（ご都合主義）や通俗性などではなしに、「本人の資質に根差した日本人の平均的情感」（大河内昭爾の評言）を適切に表現したことの現れであろう。次元の低い「大衆小説」といった意識をうち破り、一般大衆の共感を得つつ戦後日本人の生きる情熱を再確認させたことは、十分に評価されてよいことである。こういう一連の仕事の原点が、『親鸞』にあったと考えられるわけである。

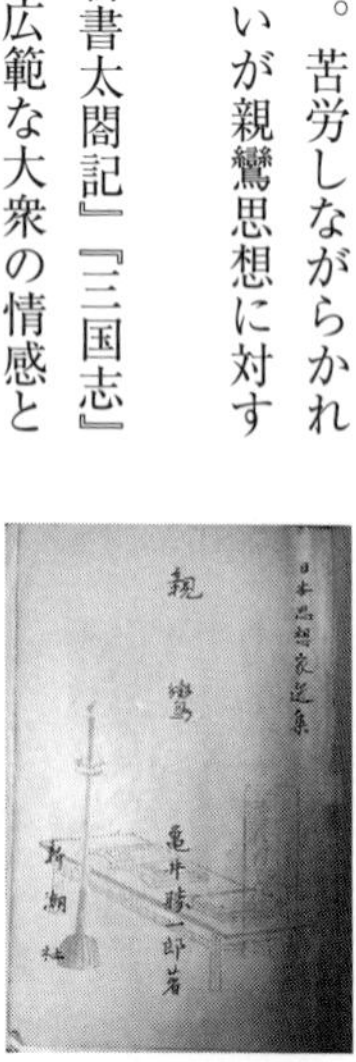
亀井勝一郎著『親鸞』

亀井勝一郎『親鸞』

亀井は、東大在学中に共産主義青年同盟の一員として活躍し、三年で退学することになった。昭和三年（一九二八）、治安維持法違反容疑で検挙され、五年秋まで、二年半の獄中生活を送った。この刑務所生活で重病にかかり、「共産主義の非合法的政治運動には今後一切関与せず」の転向上申書を提出して出獄したのである。それゆえかれも転向作家の一人である。

しかし、ドナルド・キーンによって「もっとも知的なレベルで一九三〇年代に日本回帰を見せた亀井勝一郎」といわれる人物である。昭和十年（一九三五）に保田与重郎らとともに「日本浪漫派」をつくり、精力的な活動を開始した。古い日本やその思想を讃美し、西洋文明に媚びて伝統を忘れた日本を歎く評論活動である。日本の伝統をアジアの文化の中に位置づける、アジア的理想への回帰を提唱した『二十世紀日本の理想像』（昭和二十九年）につながる活動で、他の転向者などとは比較にならない圧倒的な影響力を日本人の上に持った。

　最初の業績が『大和古寺風物誌』（昭和十二年）である。古い堂塔《どうとう》伽藍《がらん》や仏教哲学が、新たな光を投げかけられて息を吹き返している。そして、こういう仕事の戦前で最大なるものが『親鸞』（昭和十九年）である。昭和十三年（一九三八）頃より岡本一平・かの子夫妻と知りあい、仏教書を読むようになったこと、内村鑑三や倉田百三などの著作を通じて、宗教への関心を深めていったことなどが伝えられている。そのような縁があって『親鸞』なのであろうが、もともとかれは真宗門徒の家の出でもある。この作品の内容は、文学者の独りよがりの親鸞論などではなく、日本の、世界に誇るべき思考・精神的営みとしての、親鸞精神の再評価をするもので、かれの「戦前の代表作」という評価さえ与えられている。

　発心（第一章　邂逅、第二章　往相と還相、第三章　伝説）
　夢告（第四章　転身、第五章　信と行）
　流転（第六章　凡夫の自覚、第七章　悪人往生）
　聞法（第八章　言葉と音声、第九章　仏々相念、第十章　終の栖）
　如来（第十一章　自然法爾、第十二章　臨終）

という五部・十二章の構成である。この項目から見ても、単なる伝記などではないこと一目瞭然であろう。本人は「学問的研究というよりは、私の親鸞讃歌として読んでいただきたい」などと言っているが、必ずしもそんな生やさしいものではない。全体の分量はそれほど多くはなく、聖教《しょうぎょう》からの引用も数多いというほどではない。しかし『教行信証』の文も引かれていて、真宗・親鸞についての素養など、何もなくても簡単に理解できる、といった内容にはなっていないことに注意するべきである。

かれが親鸞から学びとったものは、安心立命《あんじんりゅうめい》の境地への到達としての救いではなくて、むしろ救われざる人間の現実への明晰な凝視力であったなどといわれている。この作品によって親鸞の姿・生き方をつかむのではなく、亀井がいかなる生き方、人間のとらえ方を学んだかを知るために、この『親鸞』は読まれるべきである。その後も、かれには宗教関連の文章がいくつもある。「私の宗教観」（昭和二十八年）、「宗教についての十七章」（昭和三十六年）、その他である。こうした作品群の出発点をなすのがこれである。そういう意味でも重要なものであるが、宗教の提示する救いの観念を虚妄としてしりぞけつつ、「人生苦」に耐える覚悟に徹してゆこうとした亀井勝一郎、かれに「人間の生の驚くべき不安定に対する開眼」をもたらした作品がこれなのである。

丹羽文雄『親鸞』　丹羽文雄は真宗の高田派に属する一寺院に生まれた。だから、書くべくして小説『親鸞』を書いたように思われるかも知れない。しかし実はそうではない。住職をしている養子の父と祖母との不倫、そのことに端を発した実母の旅役者との恋愛、そして役者を追っての家出、つまりは母と父との愛憎の環境が、かれの作品を生みだしたのである。

　戦後、昭和二十七年（一九五二）のことである。かれは『遮断機』なる作品を発表して評判になった。そしてこれが、仏教に関心の深かった亀井勝一郎の批評を引き出したのである。すなわち、作品『遮断機』の解説中に「彼に必要なのは親鸞の思想である」とある言葉によって、宗教的模索のいとぐちが指摘され、あらためて親鸞の思想へと関心が向かったのである。一旦は住職業を継ぐべく出家して僧侶の仕事をしたこともありながら、寺を出奔《しゅっぽん》して作家生活に入っていた。それが、これまで逃げていた親鸞思想と真正面から向き合う心になったということであろう。

　こうして、悪人正機《あくにんしょうき》の世界というか絶対《ぜったい》他力《たりき》の慈悲というか、いずれにしても、仏教文学と名づけてよいような作品群を多く生んでいった。昭和二十八年（一九五三）の『青麦』、昭和三十・三十一年（一九五五－五六）の『菩提樹』、昭和三十七年－四十一年（一九六二－一九六六）の『一路』等々。『一路』の主人公は加那子という女性、かの女は美貌と才気をもって自分の描いたように人生を歩んで行く。最後のさいごになって現実に見るも無惨に裏切られる。作者の分身である加那子に、「懺悔とは罪を告白し、ゆるしを請うためではないのだ。それは、自分の力では越えられないものがあることを告白することであった」と示すのは、作者自身の魂の叫びが現れているのであろう。

　親鸞思想と向き合って作家生活を続けた丹羽は、『親鸞』という小説を発表した

(初出＝昭和四十－四十四年・一九六五－一九六九、サンケイ新聞に連載。昭和四十四年新潮社から刊行、五巻または三巻)。民衆の中にこそ真の仏教があると比叡山を下りた親鸞、「承子《しょうし》」と知りあって公然と妻帯した親鸞、肉食妻帯《にくじきさいたい》の破戒僧ということで越後への流罪、そして、善鸞に裏切られた親鸞の葛藤《かっとう》などが克明に描かれている。一貫して追及してきた親鸞思想のかれなりの集大成がこの作品であるといえよう。過ちを犯すしかない自己、過ちを犯して救われるはずのない存在。親鸞の思想研究を通じて得た人間の本性に対する理解が、小説『親鸞』の人物像の中に赤裸々に描かれている。

実の母と父との愛憎劇、生家の寺を出奔し父を裏切り、アメリカ留学中の長男に裏切られた(親の意思に反してドイツ女性と結婚してしまった)、という個人的な環境が、人間の本性に対するかれの理解をより深いものとし、地獄必定《じごくひつじょう》の人間存在を先鋭に浮かび上がらせもしたのであろう。

けれども、あくまで小説というジャンルの文学作品だということを忘れてはならない。歴史的人物である親鸞が、丹羽の描いた姿、生き方をした人物であったかどうかは確証がない。いや、学問的研究をこととしているものには、歴史資料あるいは親鸞の著作から考えられる親鸞像との隔たりに、埋めがたいものがあると感じられてならない。やはり、丹羽の生きた特異な環境、家庭的な状況が大きく作用しているのであろう。願わくば、専門研究者の親鸞研究書と一緒に読んで欲しいと思う。こういうものと比較してはじめて、丹羽『親鸞』の特異性・独自性もよく見えてくるはずだから。

野間宏『歎異抄』『親鸞』

野間宏は兵庫県の出身である。学生時代には軍国主義化に抵抗する学生運動家たちと交わり、卒業しては大阪市役所に入り、被差別部落の福利事業を担当した。昭和十四年（一九三九）に徴兵されて兵役についたかれは、南方の攻撃に参加したが、マラリアにかかり日本へ送還された。そして、病が回復しないうちに、今度は治安維持法違反の思想犯として大阪陸軍刑務所に拘禁され、半年間の服役生活を送ったのである。

戦後、『暗い絵』（昭和二十一年・一九四六）で登場した野間は、この年に新日本文学会に入会し、翌年冬には日本共産党にも入党して、作家としての活動をはじめていった。昭和二十二年（一九四七）に執筆を開始した『青年の環』こそ、完成まで二十三年という長い期間を要したが、昭和二十三年（一九四八）の『崩壊感覚』、昭和二十七年（一九五二）の『真空地帯』と発表し、作家としての揺るぎない地位を築いていった。椎名麟三、武田泰淳、埴谷雄高らとともに「第一次戦後派」とよばれている。

新日本文学会に所属してはいたが、かれの立場も作品の傾向も、プロレタリア文学とは一線を画するものであったし、ソルジェニツィンの『イヴァン・デニソヴィチの一日』などを読むにおよび、社会主義リアリズムにも疑問を感じるようになっていった。いわゆるスターリン批判の動きの中で、政治的立場や文学者としての方向性を明確にする必要性が求められたこともあり、かれの問題にする主題は、こう

野間宏著『歎異抄』

して徐々に変わっていった。

野間宏の父は、浄土真宗にかかわる在家仏教の一派・実源派《じつげんは》の教祖であった。そしてかれはこの秘《ひ》事《じ》法門《ぼうもん》一派の後継者の地位にあって、五歳頃から宗教的修行を積んだという。したがって、マルクス主義からしては批判されるべきことではあったにしても、かれから宗教の問題を完全に取り去ることはできなかったのである。「宗教は阿片」という公式を鵜呑みにすることでことは終わらなかった。父の宗門を否定し、そこからの脱出をはかった人間だけに、「性と権力に主体的に取り組み、衆《しゅ》生《じょう》の中の真の仏教をめざした」はずの親鸞を、主体的な課題として再び取り上げねばならなかったということである。

こうして昭和三十七年（一九六二）の『わが塔はそこに立つ』が登場してきた。全努力を傾けて否定しようとした親鸞を、もう一度自分の前に置いて、宗教の問題を自分の問題、日本人全体の問題として考え直すというのがかれの意図であった。自己の立脚地を見定める、仏教について正確な理解をする、これが人びとを真につかまえその行動をとらえるためにどうしても欠かせないものであるという確信を得たということであろう。

この野間宏に、自己の宗教思想の根源を直接に語るものとして、昭和四十四年（一九六九）の『歎異抄』と昭和四十八年（一九七三）の『親鸞』とがある。『歎異抄』は、単なる聖典の内容紹介ではない。人生論的エッセーというべき作品で、読めばかれの親鸞理解の深かったことがよくわかる。思想的追求として高度な地点に到達している。『親鸞』は新書版の書物であるが、親鸞生誕八百年にあたり、「仏教を支配の仏教から、支配を破り在家大衆と深くかかわる仏教、仏教本来の仏教に返す」という立場で叙述されたものである。親鸞の主著である『教行信証』を一字一字たどるようにして読んだ結果がこの本だという。

けれども、こうした作品をくり返して読んでいると、作品の瑕疵《かし》が見えてきて、専門研究者としては内容を全部認めるわけにはゆかない。聖典理解に納得できない点もあるし、親鸞のとらえ方に賛成できない部分もある。でも、著者なりに自分の関心の範囲の中で、真摯《しんし》に親鸞と格闘している点については十分評価できる。必ずや一読されるよう勧めておきたいものである。目次を掲げておけば、

一、釈尊から親鸞へ　二、津田左右吉の批判　三、末世
四、『教行信証』の構造　五、ダルマ（法）　六、日本の浄土教
七、『教行信証』のたたかい　八、農民（生産者のなかへ）　九、『教行信証』の〈完成〉
十、信巻の思想構造　十一、愚禿　十二、証（あかし）
十三、〈絶対〉と〈平等〉　十四、時代へのかかわり　十五、仏教と現代

となっている。これからも、野間『親鸞』の特徴がよくうかがえよう。

吉本隆明『最後の親鸞』　吉本隆明は異質の人である。東京工業大学卒でありながら、詩人・評論家として名をなした。一九七〇年代の学生運動はなやかなりし頃は、過激派の理論的指導者として祭り上げられたこともある。文学者の戦争責任や転向問題を軸として、知識人の「大衆からの孤立」による「思考

転換」とその日本的条件、「大衆の原像」論、家や国家の共同性の問題、などを一貫して追及してきた作家であると考えられていて、心的世界の解明をめざして旺盛《おうせい》な評論活動をしてきた存在である。いや、いまなお活動し続けている現役である。

　この吉本に『最後の親鸞』という作品がある。これがはじめて出たのは春秋社の小雑誌『春秋』上で、昭和四十九年（一九七〇）一月号であった。しかしいまは、その後数年の親鸞研究の成果である「和讃」（昭和五十年・一九七五）、「ある親鸞」（昭和五十一年・一九七六）、そして「親鸞伝説」（昭和五十一年）を合冊した単行本『最後の親鸞』（昭和五十一年十月、春秋社刊）によって、かれのこの方の業績を紹介することにしたい。

　吉本は、『教行信証』は引用の経典や註釈の言葉に制約されていて、この制約の中で親鸞を見つけようとすると、浄土門思想の祖述者《そじゅつしゃ》としての親鸞が見つかるだけである、という。だからそこには、「最後の親鸞」すなわち「親鸞、最後の思想」は見いだしがたい。それで、著述よりも弟子に告げた言葉に思いこめられた思想から親鸞像を考えてゆくのである。具体的には、『歎異抄』あるいは『末灯鈔《まっとうしょう》』におさめられた語録を通じて「最後の親鸞」にせまってゆこうとしている。

　かれの見つけた「最後の親鸞」は、〝「そのまま」〈非知〉〟（原文のまま）という生き方であり、悪人正機、愚者正機を越えたあり方であり、『歎異抄』の「面々の御計《おんはからひ》」とか「総じてもて存知せざるなり」と表現されている境地であった。「絶対他力そのものをふたたび対象化し、さらに相対化したあげく、ついには解体の表現にまでい

吉本隆明著『最後の親鸞』

たっている最後の親鸞」という言葉がかれ自身によって語られている。

　こうした親鸞のとらえ方が、真宗教団をはじめとする広範な親鸞研究者によって承認されることは難しいと思われる。けれども、『歎異抄』や『末灯鈔』におさめられた消息文《しょうそくもん》などが分かりやすい和訳文で示され、難しい内容が平易な語り口で述べられているから、読者にとっては大変読みやすい作品になっている。全体の分量も小さめであるから、手頃に読めるものである。「最後の親鸞」というとらえ方に賛成せずとも、煩悩《ぼんのう》・念仏・本願そして三願転入《さんがんてんにゅう》あるいは絶対他力《ぜったいたりき》など、親鸞思想の重要な概念がよく把握できるし、親鸞という人物がどんな存在であったか、を考えるのに最適なものの一つであろう。

　この姿勢は、その他の論稿においても貫かれている。「和讃」では、「親鸞和讃のもつ〈非詩〉的な性格」を認めた詩人・吉本が、〈人間存在一般に施さるべき『大経』の「五悪」の意識を、自己懺悔に変容させた浄土真宗の精髄〉としての「親鸞の和讃のしらべ」を語る。「ある親鸞」では、門流たちの口伝《くでん》に映った親鸞を、法然の「一念義停止《ちょうじ》起《き》請文《しょうもん》」中に非難されている「北陸道の一の謗法の者」的な生き方にとらえ、その理想型を「賀古の教信沙弥《きょうしんしゃみ》」に見ている。『改邪鈔《がいじゃしょう》』の「たとひ牛盗人とはいはるとも、もしは善人、もしは後世者、もしは仏法者とみゆるやうに振舞ふべからず」という生き方に親鸞の理想的姿を見いだし、そこに、師・法然とも異なった人間像を見ようとしているわけである。「親鸞伝説」では、「ほとんど信仰そのものの解体といってよい親鸞の教義は、相応の偶像破壊の説得力をもち、また自身も〈非僧非俗〉の風体をとっていて、どこからみても〈聖化〉されるべき理由はなかった」と述べる作者が、親鸞を〈聖化〉させてゆく過程で、超人的な奇蹟の人として潤色してできあがった親鸞伝記という観点で、親鸞伝説を見てゆこうとするものである。したがって、史実としての親鸞像などが云々されているのではない。

　こういうことで、非常にユニークな親鸞の姿が本書では描かれている。賛成すると否とにかかわらず、読者が、親鸞という人物をできるだけ具体的な存在として描いてゆこうと考えるなら、必ず一度は読んでおきたい書物である。

真継伸彦『親鸞』他

　真継伸彦という作家は、京都府生まれで、京都大学独文卒である。青年期における妹の死や、死の恐怖におののきながら大峰山中をさまよった経験などが、かれの作風に影響しているという。また、学生運動との思想的葛藤《かっとう》の経験から、「非暴力主義による平和運動」を理想とし、積極的な実践もしている。

　かれが小説家としての名を世に知らしめたのは、昭和三十八年（一九六三）の『鮫』と昭和四十五年（一九七〇）の『無明《むみょう》』の連作を発表してからである。人間の無明の世界を、信仰と一揆の精神的指導者蓮如の死までと、主人公心源の信仰のない信仰者の自由、無明のままに生きる自由を直覚する過程、心的・思想的な闇の深さ、そこからの新しい光の照射といった内容で描いている。このようにして仏教に深い思いを注いでいった真継が、ストレートに仏教研究の成果を発表した一冊に、『親鸞』（朝日評伝選6、昭和五十年・一九七五）がある。第一章「親鸞に何を学ぶか」、

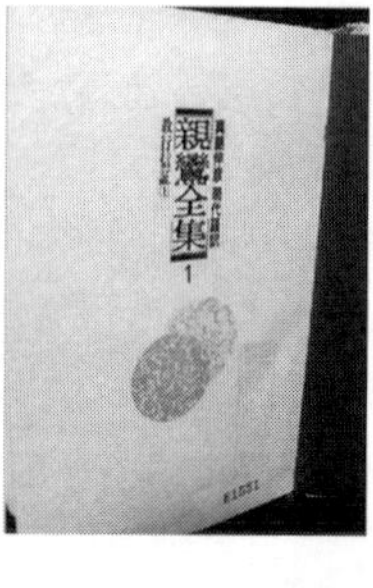

真継伸彦著『親鸞全集』表紙

第二章「信心の確立」、第三章「信心の展開」、第四章「信心の迫害と堕落」、結び「信心の復活」という五章立ての評伝である。二十代のなかばのころに『歎異抄』を読んで救われた思いをした経験から、『歎異抄』を解説しつつ、その中から親鸞の根本思想をくみ上げて紹介しようと試みたものである。だから、まず第一章に『歎異抄』の和訳全文を掲げておいて、それを根拠にして以下の章が成り立っている。

「よきひと」法然との出会いを第二章で、「三願転入」による親鸞の信仰の深化と、「自信教人信」による信心の展開とを第三章で語る。第四章では、「専修念仏を徹底した親鸞思想が、絶対自由主義ないし無政府主義という意味でのアナーキズムの、不思議な先駆であった」という認識を持って、「専修念仏者たちが地上に現実に、どのような浄土信仰共同体を造りだしたかという問題を、浄土仏教の最大宗門である本願寺の歴史を略述しながら考えて」ゆく章である。タイトルは「信心の迫害と堕落」。こういう視点で「承元の法難」、「三部経千部読誦の試みと中止」、「善鸞事件」、蓮如宗主の活動と教団の退歩なるものが語られている。結びの章は、自身の中国への旅行経験に基づいて、「共産主義の、理想のひとつは、親鸞が嫌いぬいていた国家の廃絶である」として、在家仏教と共産主義の一致を語り、このところに「信心の復活」を見ようとしている。

『歎異抄』によってあるべき親鸞のすがたを見るのは、『最後の親鸞』と同じとらえ方である。しかし、この著者の親鸞観は、やはり少しばかり極端のように感じられる。

「親鸞の妻恵信尼はこの地方の豪族の出身であって、晩年にいたっても大勢の下人をかかえていた」（一七四ページ）とか、「蓮如は命からがら河内国出口へ逃走した。敗北の責任は下間安芸蓮崇一身に負わされ、彼は蓮如から破門された」（一九四ページ）とか、あるいは「蓮如はのちに示すように、親鸞の信心をしだいに歪曲してゆく」（一九六ページ）などという表現があって、事実誤認と思われる記述が目につく。また、「弥陀の光明にてらされまいらするゆへに、一念発起するとき金剛の信心をたまはりぬれば、すでに定聚のくらゐにおさめしめたまひて……」と『歎異抄』第十四章の原文をあげながら、「私たちは最初、くだいて言えば『お助けください、阿弥陀様』という意味で念仏するだろう」と解説するなどは（一六〇ページ）、明らかに誤訳というべきで、教学上到底認めがたい感じがする。この辺は十分に注意して読む必要がある。

さらに、表現が激烈なわりに、文章全体から滲み出る著者の親鸞から受け取った感動が伝わってこない。文章に味がないというかエ夫がいまひとつなので、作家の文章としてはこれは随分とマイナス要因であろう、全体を読み通すにはかなりの根気が要った。なかなか一般の人には勧めがたいものがある。

ただ、この書物は随分以前に書かれた書物である。共産主義体制の国家がほとんど崩壊した現在、価値観もだいぶ変化していて、著者自身の考えも大分変わっているることだろう。今はたしてどんな親鸞像を持っているか、「第二の親鸞」でもまとめてもらって、以後の思想的深化を確かめてみたい気がしてならない。

なお、真継には、その後に『親鸞全集』全五巻という親鸞著作の和訳という業績がある。各巻の構成は以下のとおり、最後にそれを記しておこう。
発行は昭和五十七年から五十九年（一九八二―八四）、法蔵館から刊行されている。第一・二巻「教行信証」、第三巻「宗義・註釈」、第四巻「和讃・書簡」、そして第五巻「言行・伝記」からなっている。専門家でもない一作家が、これだけの典籍を積極的に現代語訳したということは、何はともあれ、その業績を評価しなければなるまい。親鸞にこれまで無縁であった数多くの作家たちが、これによって認識を新たにするというのなら大きな喜びでもあろう。

以上、筆者の管見にふれた作品の紹介をしてきた。手元にある資料を使っての解説であるから、人によって濃淡さまざまな書きぶりである。読者の了解を得なければならない。また、範囲を勝手に限ったから、ここで紹介すべき文学者で漏れている人がいるのかも知れない。「親鸞」といった特定の題材では作品はないにしても、親鸞について語り、真宗について論じているものは、少し思い出すだけでも、松岡譲、柳　宗悦、嘉村礒多、岡本かの子などからはじまって、現代の司馬遼太郎、五木寛之や高　史明や津本　陽まで、随分と多くの作家たちがいる。しかしかれらについても一切を割愛している。最初にふれたとおりである。これらの足りない部分については、『仏教文化事典』（佼成出版社）の「仏教と文学」のうちの「9・近代文学と仏教」でも見ていただいて、読者各自での研究にまかせたいと思う。とくに、この章末の「参考文献」などを渉猟《しょうりょう》して、作品の性格などを了解したうえで、文学史をまとめた書物などにあたるならば、より深い理解が得られるであろう。

（相馬一意）

芸術

親鸞の伝えた念仏の「こころ」は、日本文化の歴史のなかで、一つの「かたち」を取りながら、大衆とともに連綿と育まれてきた。この章では、浄土真宗と文化について考えてみたい。

絵巻物の制作の始まり

平安時代の中頃から「絵巻物《えまきもの》」の制作が始まった。この絵巻は、紙を横に長く貼りつなぎ、これに文章（詞書）と絵とを交互に配置した巻物で、親鸞在世の鎌倉時代になると、戦争の話や寺院の由来などをテーマにした「絵巻」が盛んに作られるようになっていた。ことに、親鸞の曾孫にあたる本願寺第三代覚如《かくにょ》の青年期には、僧侶の伝記を絵巻形式で作ることが流行し始めていた。覚如は、親鸞が亡くなって満三十三年にあたる永仁三年（一二九五）十月、その風潮を先取りするように、曾祖父親鸞の絵巻を制作したのであった。

この時覚如は、弱冠二十六歳という若さであったが、それより前、二年間にわたって、父覚恵《かくえ》と一緒に東国に下向し、曾祖父である親鸞の遺跡を巡拝したり、親鸞から直接教えを受けた門弟たちに会い、親鸞の行状について話を聞き詳しく調べ、それに基づき、この制作に当たったという。ここに、現代、真宗寺院の報恩講で、内陣に飾られる親鸞の生涯をテーマにした絵巻が出現することになり、現代にも連綿とその伝統は息づいている。

この絵巻は、全体が十三段からなり、詞書は、覚如自らふるい、絵は、康楽寺《こうらくじ》浄賀《じょうが》という画家に描かせた。これが「親鸞伝絵《しんらんでんね》」で、略して「伝絵」という。

当初制作されたものは、図絵と詞書の部分は一体であったが、その図絵を多くの人に見てもらうために、また拝読されるために図絵と詞書きの部分が分離され、その絵の掛け軸が絵伝として独立し『御絵伝』と名付けられ、詞書きの部分が『御伝鈔』と呼ばれるようになった。

「伝絵」ができると、門弟たちはたいへん喜び、覚如に制作を願い出るたびに、覚如はそのつど推敲を加えていった。例えば、題名一つをとってみても、最初は「善信聖人絵」と名付けられていたが、二カ月後に関東の門弟に与えるための一本を制作した際には、「善信聖人親鸞伝絵」と改め、晩年近くになると、「本願寺聖人親鸞伝絵」となっている。内容も最初は、上段六段、下巻七段の計十三段であったのが、後になると、別に言い伝えられていた親鸞の事績を二つ追加して、上段八巻、下段七巻の計十五段となっている。

ところで、絵巻というのは、もとは貴族たちが物語を鑑賞するために作ったのが始まりであったが、同時にそれを眺めるのはせいぜい数人止まりで、多人数の人々が一緒にこれを見ることはできない。それは真宗寺院のように、大勢の門徒が集まる場には不向きな形式である。そこで、絵巻の中の図絵と詞書を切り離して、図絵だけをならべて竪型の掛軸にし、それを吊り下げて人々に見てもらい、詞書の方は一冊の書籍にして、それを絵の前で読み上げることが考え出された。大衆本位の真宗教団にはうってつけの形式であったから、たちまちにそれが広く流布するようになったのである*。

古浄瑠璃『しんらんき』

さて、親鸞の生涯にこめられた念仏のこころというものは、覚如において、絵伝という「かたち」でまとめられたわけであるが、その後、江戸時代には、その当時盛行した「浄瑠璃《じょうるり》」、「節談説教」や「絵解き」など庶民芸能のなかで、浄土真宗の文化的な広がりを見せた。

浄瑠璃とは、室町時代に興り江戸時代に完成した語り物の総称で、三味線を楽器とする。江戸時代の浄瑠璃と言えば、近松門左衛門《ちかまつもんざえもん》の名を思い浮かべる人が多いと思うが、近松は、竹本義太夫《たけもとぎだゆう》と組んで、従来の浄瑠璃の内容を劇的に高め、文学作品としても傑出した作を次々と著したため、やがてそれ以前の浄瑠璃を「古浄瑠璃」と呼び、時代を区別するようになった。

その古浄瑠璃の一つに、寛永年間（一六二四－四四）の中頃に刊行された『しんらんき』と題するものがある。題名の通り、親鸞の一生涯を浄瑠璃にしたものである。親鸞に題材を求めたものはこの後も、寛文年間（一六六一－七三）に『御かいさんしんらん記』『浄土さんたん記並おはら問答』『よこそねの平太郎』が刊行されたのをはじめとして、『六角堂救世菩薩』『救世観音利益糸取縁』『親鸞記』と、次々に発表

*『聖典セミナー親鸞聖人絵伝』平松令三（本願寺出版社）参照。

仮名草紙『親鸞上人記』（京都　龍谷大学学術情報センター大宮図書館蔵）

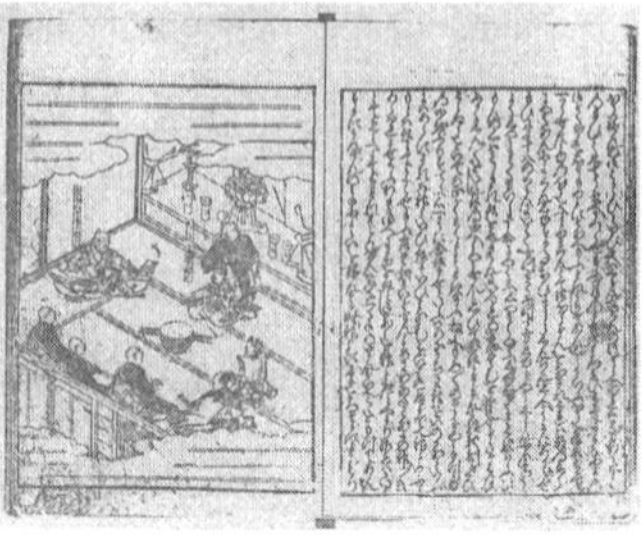

「しんらんき」の流れに属するもので、親鸞物の浄瑠璃の上演停止、正本不能の結果、仮名草紙の形態での刊行が試みられるに至ったものと考えられている。

されており、親鸞関係のものの人気のほどが知られる。

これら一連のものは、真宗の「安心《あんじん》」という点から、実は宗門にとってはあまり好ましいものではなかったようで、東本願寺からは禁止の願いが出されていた。

宗教の文化的な広がりを見るとき、特に浄土真宗では、宗義安心にかなったものかどうかという峻別は、今日でも避けては通れない視点であるが、当時の民衆文化である浄瑠璃を通して伝わった親鸞の魅力は、想像以上に深かったといえる。

庶民芸能の源泉

古浄瑠璃『しんらんき』などが寺院の外での真宗文化であるのに対し、寺院内での法座活動はどうだったかというと、充実したものであったことが窺える。

当時、どこの寺院でも、年に何度となく法座が開かれ、正月のお参りに始まり、宗派固有の法座や、四季のリズムに合わせた法座があった。そうした法座では、節《ふし》をつけた語りが参詣者の心を揺り動かす「節談説教《ふしだんせっきょう》」が行われていた。また掛軸をかけてその「絵」の解説を行う「絵解《えと》き」も行われていた。いずれも話が練りに練られて一定した形となり、「説教台本」が成立した。説教僧はそれを暗記し、情感たっぷりに話していた。

近世の豊かな大衆芸能は、説教から派生してきたものであり、こうした寺院内での文化は、落語や講談、浪花節といった民衆文化を生み出す源泉ともなった。

「節談説教」は、浄土真宗独自の説教用語である。ことばに節《ふし》をつけて行う説教は、日本では仏教伝来以降、特に天台宗における安居院《あぐい》流と三井寺派の唱導が節付説教

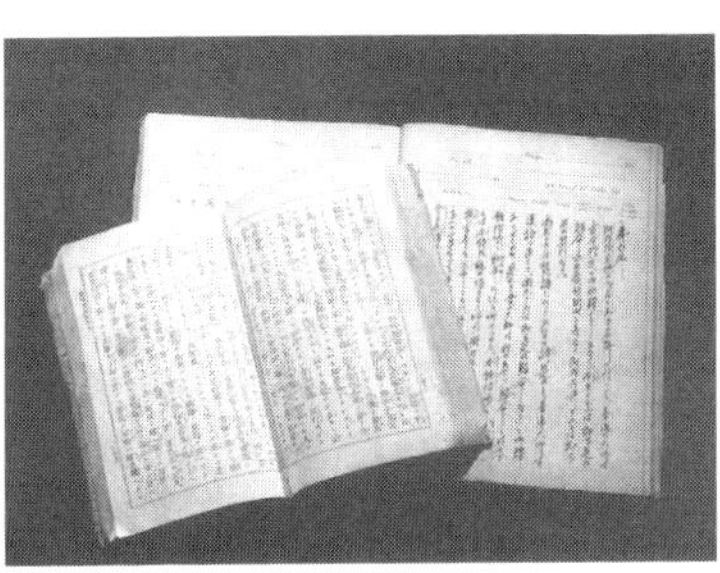

節談説教を講じた西河義教師の説教本とノート（京都　安楽寺蔵）

として繁栄し、その流れが真宗に入って飛躍的な発展を遂げた。「節談」という呼称は、浄土真宗で近世後期に用いられるようになったものである。説教者たちは、修練に修練を重ねた見事な節回しで、聞く人を信心の世界へと誘った。

往事、お説教は聴聞《ちょうもん》の場であると同時に、娯楽的な要素を兼ね具えていた。皆とっておきの着物を着てお寺に参詣した。大正時代には蓄音機が現れ、活動写真が現れるなど、次第にお説教の持つ娯楽的な要素の必要性がなくなっていった。今日でも映像を通した娯楽物は事欠かないが、こうした娯楽物の普及と節談説教の衰退は表裏をなしている。こうした中、節談説教を現代に再現している方が大勢いる。

なぜ、今日節談説教を再興する動きがあるのだろうか。それは、近代において忘れ去られた大事なもの、つまり、説教者の情感豊かな音声を通して、われわれの五感を揺さぶるものがそこにあるからではないだろうか。

宗祖降誕会での催し

少し、流れは異なるが、明治五年（一八七二）、初めて宗祖親鸞の降誕会《ごうたんえ》法要が行われた。歴史的に見れば新しい法会であるが、これに先だって、文政十一年（一八二九）日野《ひの》の地に親鸞の誕生を顕彰して、一つの堂宇が建立されている。この堂は親鸞の父・日野有範《ひのありのり》にちなんで「有範堂」と呼ばれ、文久九年（一八六二）には日野誕生講が結ばれ、毎年法要が勤められていたが、明治維新前後の混乱の中、休止状態になっていた。それを本願寺第二十一代明如《みょうにょ》が本山での法要として始めた。

この法要を始めるにあたって、明如は、島地黙雷《しまじもくらい》や赤松連城《あかまつれんじょう》らを、ヨーロッパの

降誕会法要における祝賀能

宗教事情の視察や留学生として派遣した。その報告の中で、彼らは、キリスト教では、クリスマスといって、キリストの生誕を祝う習慣があることを明如に告げた。このことが、日野での法要という先例にも増して、宗祖降誕会を始める大きなきっかけになったものと思われる。

明如は、明治という新時代に即応した法要として、当時の最先端の文化をいち早く取り入れ、宗祖降誕会という新しい形を考え出したのであった。その後、宗祖降誕会は、差定《さじょう》（式次第）などが見直され、明治二十四年（一八九一）頃には、祝賀《しゅくが》能《のう》などが始まるなど形式を変えつつ、今日に至っている。

そして今日…

そこで、これらの大衆・庶民芸能の流れが、どのように受け継がれているかを考える時、これは文学の分野とも関連するが、倉田百三の『出家とその弟子』という戯曲が浮かんでくる。この戯曲は、親鸞から義絶された善鸞《ぜんらん》の行状と、親鸞の弟子唯円《ゆいえん》との関わりなど、錯綜した人間関係の中、真実に生きることと煩悩の苦しみを描いたものである。大正八年（一九一九）一九一九年に有楽座で劇場公演され、特に青年層に受け入れられ、一世を風靡した。

映像文化の力を借りて、親鸞に関する映画の放映も、何度もされている。近年では、三國連太郎による親鸞の生涯を取り扱った『白い道』、また蓮如に関するものであるが、五木寛之の原作による＊『蓮如ものがたり』など、親鸞の魅力を訴える作品はその後も放映され続けている。

＊山田雅教「浄土真宗と文化」『宗教と現代社会』教学研究所ブックレット（本願寺出版社）参照。

美術品

次に「美術品」として表れたものについてふれておきたい。柳宗悦《やなぎむねよし》（一八八九－一九六二）は、美学者であり、宗教哲学者である。柳は、朝鮮美術や木喰仏《もくじきぶつ》の発掘を通じて、無名の民衆が生活の必要に応じて無心に作った作品の美に目覚め、「民芸」（民衆的工芸）という語を創称し、その運動を展開した。戦後、民芸美の基礎付けを宗教に求め、一遍《いっぺん》や妙好人《みょうこうにん》を研究した。晩年に著した『南無阿弥陀仏』（岩波文庫）は、浄土思想を民芸美学の基盤として捉え直し、日本における浄土思想の系譜を、法然―親鸞―一遍とたどり、一遍をその到達点として、歴史的に位置づけたものである。また、讃岐の庄松《しょうま》、貞信尼《ていしんに》、物種吉兵衛《ものだねきちべい》、浅原才市《あさはらさいち》、足利源左《あしかがげんざ》など浄土真宗で妙好人と呼ばれる人びとのことばを世に紹介した。浄土真宗の外の立場にありながら、鈴木大拙と並んで、妙好人を世に知らしめた功績は大である。

この柳宗悦の目を釘付けにしたものが浄土真宗にはある。それは、東本願寺城端《じょうはな》別院善徳寺に所蔵される「色紙和讃《しきしわさん》」である。それまでの美術史家は、親鸞の書いた名号や、その伝記をしるした『親鸞伝絵』などに美術的な価値を見い出すに止まっていたが、柳はそれまでと全く異なる観点から、浄土真宗には独自の美があることを指摘した。「色紙和讃」とは、色紙に親鸞の「和讃」が木版で印刷されたものである。蓮如によって文明五年（一四七三）に開版されたものが「文明版」として名高いが、城端別院には、その重版（天文二十二・一五五三年刊）が蔵されている。

柳と色紙和讃との出遇いは、昭和二十一年（一九四六）の五月二八日のことであ

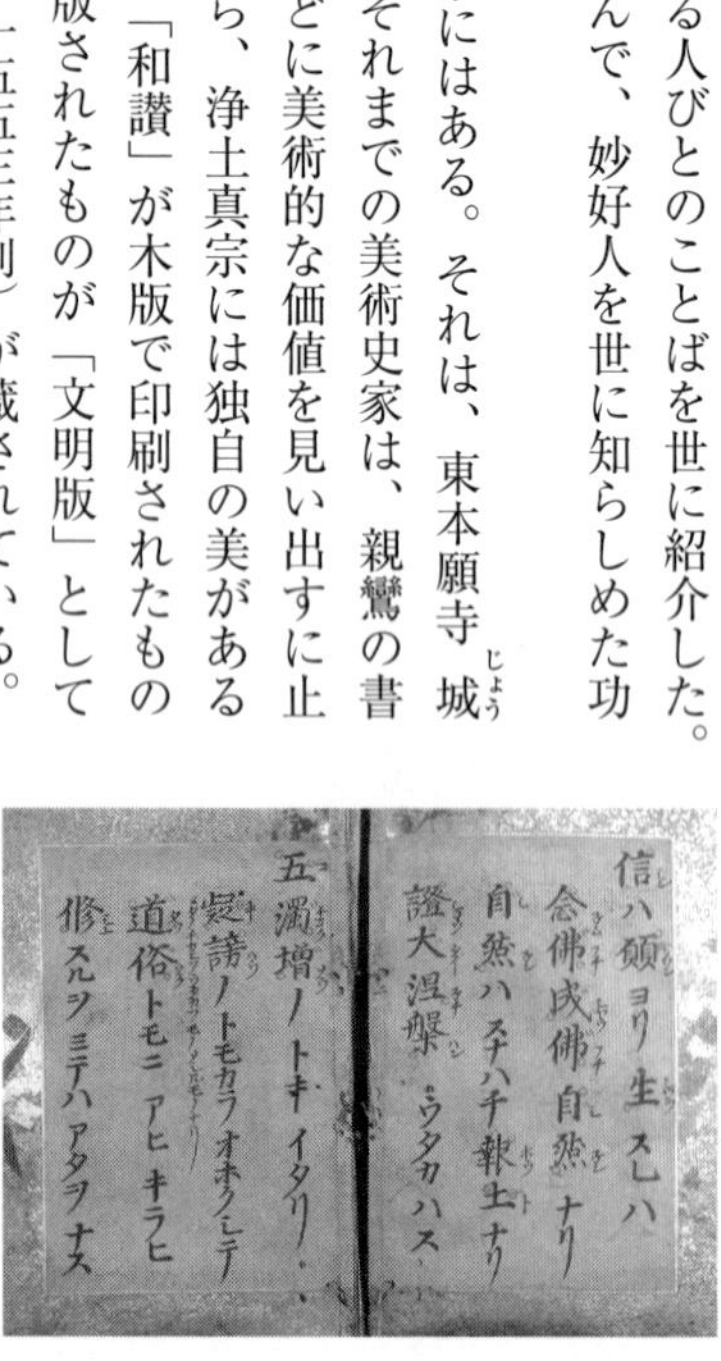

天文版三帖　色紙和讃
（富山　城端別院善徳寺蔵）

った。彼は、その色紙と活字の美しさ、造本に魅せられた。柳は無名の職人がつくる、日常生活に供される工芸品に美の原点を見いだしたが、この色紙和讃には、読む時の便宜のために、句読点が、朱色の紙には黄色の文字で、黄色の地には朱色で施されており、それは、民衆に読みやすくするためであると柳は考えた。また色紙和讃には、「真宗漢字」「真宗仮名」としかいいようのない独自の書体が多くある。それらの不思議な字形に柳は魅了された。柳の晩年の書体は、どことなく「色紙和讃」の書体に似ているという。*

また、柳の影響を受けて、真宗のこころのこもった美術品を制作している人をあげるとするなら、棟方志功《むなかたしこう》（一九〇三－一九七五）がいる。

版画家・棟方志功は三十三歳のとき、国画会出展の「大和し美し版画巻」が、柳宗悦・河井寛次郎《かわいかんじろう》・浜田庄司《はまだしょうじ》の目にとまり、指導をうけるようになった。いずれも民芸運動の中核となる人物である。そして棟方自身も除々に世に知られるようになり、民芸運動にはなくてはならない存在となっていく。

この棟方の作品が、富山県西砺波《となみ》郡福光町の光徳《こうとく》寺（真宗大谷派）に多く所蔵されている。そもそも、光徳寺と棟方との関係は、彼が三十五歳のときに、河井寛次郎の紹介によって、同寺十八代高坂貫昭と出会ったことに始まる。

昭和二十年（一九四五）、志功四十二歳のとき、東京大空襲で代々木山谷の家を焼失し、一家六人で躅飛山光徳寺へと疎開することになった。住居を「躅飛閣雑華堂」と命名し、東町鍛冶屋の一間を借り「雑華堂絵所」の小札を掲げ、制作の場とした。

＊阿満利麿「柳宗悦と色紙和讃」『念仏のこころ——蓮如と本願寺教団』（読売新聞社）参照。

その後、四十八歳までの約六年間、この地で製作に没頭した。

彼の仕事に対する姿勢には、民芸運動に共鳴してから得た「他力」というものがあった。昭和十三年（一九三八）、三十五歳のとき、はじめて文展（文部省美術展覧会・現在の日展）で特選をとったときの彼の言葉には、次のようなものがある。

> それまでは、入選したり、賞を貰ったりすることが、絵描きの幸福だと思っていたのですが、そういうことはとるにたらないことで、（略）自分とか自信とかいうこと位つまらぬ、何にもならないものはないということを教わりました。（略）自分でないものからはじまってこそ、仕事というものの本当さが出てくるのではないかということ、本当のものは他力なものからこなければならない、（略）本来、美というものは自然にしらずしらずのうちに仕事の中に潜んでくるもので、こっちから見つけようとしてもできないものです
>
> （木村正俊『棟方志功の世界―日本美の原点』）

そこには、柳宗悦の「民芸」の考え方が反映されており、根本的には禅の「無」につながる発想だともいわれるが、しかしながら、彼自身の別の言葉に、

> いままでの自分がもっている、一ツの自力の世界、自分というものは、自分の力で仕事をするというようなことから、いや、自分というものは小さいことだ、自分というものは、なんという無力のものか、なんでもないほどの小さいものだという在り方、自分から物が生まれたほど小さいものはない、そういうようなことを、この真宗の教律から教わったような気がします。

光徳寺

（「わたしの極道」『板極道』中央公論新社）

という言葉も見られる。

以下、棟方志功の仏教関係の作品を列挙しておく。

・「釈迦十代弟子」（国画会展出品、佐分賞受賞・昭和十五〈一九四〇〉年）
・「光徳寺畏尊図」（光徳寺蔵・昭和二十二〈一九四七〉年）
・岡本かの子詩「女人観音版画巻」十二柵（昭和二十四〈一九四九〉年）
・「蓮如上人の柵」（光徳寺蔵・昭和二十四〈一九四九〉年）
・「御二河白道図」（高岡・善興寺蔵・昭和二十六〈一九五一〉年）
・「蓮如上人遠忌ポスター」（光徳寺蔵・昭和三十〈一九五五〉年）
・「帰命盡十方無碍光如来」（光徳寺蔵・昭和三十八〈一九六三〉年　親鸞聖人七百遠忌の講演会で聴衆の前で描いたもの）
・「如来三尊図」（同年）
・「必至無上道」（年代不詳・西恩寺蔵）
・「我建超世願」（年代不詳・西恩寺蔵）
・「阿弥陀如来像」（年代不詳・西恩寺蔵）＊

念仏のこころは、時代と大衆のなかで、それぞれの「かたち」を取りながら、生き続けていく……。

（山本浩信）

＊京都精華大学創立三十周年記念展観目録『棟方志功肉筆画展―その宗教的な美』参照。

世界的な視野から親鸞を見る

国際的視野から見た親鸞の教え

親鸞の教えは、世界各地で人びとの信仰のよりどころとなっている。その信徒の多くは、明治以降に海外へ移住し定住した日本人移民の子孫たちである。これらの信徒をかかえる、ハワイ、北米、カナダ、南米の真宗教団は、これまでにさまざまな困難に直面しながらも、十九世紀末から今日にいたるまで発展をとげてきた。

また戦後には、そのような日本からの移住者とはまったく無関係に、ヨーロッパ各地に親鸞の教えに帰依する人びとのグループが誕生している。さらに最近では、東欧、オーストラリア、香港、シンガポール、そしてアフリカのケニアにも念仏の教えをよろこぶグループが生まれており、必ずしも信徒の数は多いとは言えないが、海外における新たな教えの広がりとして注目される。

一方、学術的な面では、長い間、親鸞の教えに対する関心の度合いは、原始仏教や上座部仏教、あるいは禅仏教やチベット仏教などと比較するとそれほど高くはなかった。しかし、昭和四十一年（一九六六）には、西本願寺系の米国仏教団によりカリフォルニア州バークレイ市に米国仏教大学院（The Institute of Buddhist Studies）

が設立され、海外における親鸞研究の学術的拠点となっている。

また戦前から、親鸞の教えを英語圏に紹介する努力はなされてきたが、それらは主に個人的なものであり質的にも量的にも十分なものとは言えなかった。しかし、昭和三十三年（一九五八）には龍谷大学に仏典翻訳部が設置され、親鸞の教えと浄土教思想を中心とする仏典翻訳が開始された。また平成元年（一九八九）には、昭和四十八年（一九七三）以来、西本願寺国際センターの手により、順次すすめられてきた親鸞の全著作の翻訳事業が完結した。さらに、国際的な親鸞研究の学術交流の場として、昭和五十五年（一九八〇）には国際真宗学会（International Association of Shin Buddhist Studies）が創立され、学術機関誌*The Pure Land*が定期的に出版されている。その意味では、今後、親鸞の教えに対する国際的な理解がさらに深まるための環境は整いつつあると言うことができる。

そこで、ここではこれまでとは少し角度をかえて、国際的な視野の中で親鸞の教えがどのように広がりまた理解されてきたのかについて取りあげてみよう。

近代以前の親鸞の教えとキリスト教との出合い

歴史的に、親鸞の教えの存在がはじめて国外に紹介されたのは、十六世紀半ばに日本を訪れたカソリックのキリスト教宣教師たちによってであった。

永禄四年（一五六一）、イエズス会のポルトガル人宣教師ルイス・ビレラは、ローマへ書き送った報告書のなかで、直接親鸞の教えについてはふれていないが、本願寺が日本の仏教教団のなかでも最大の勢力を誇る宗派であり、僧侶は妻帯し世襲制

本願寺国際センターによる翻訳出版本

の慣習を持つこと、さらには信者の大部分が庶民であり、盛大な報恩講という儀式を執り行うことなどについて報告している。

また、その後来日したイタリア人巡察師バリニャーノは、数年という短い滞在期間にもかかわらず、親鸞の教えでは阿弥陀仏の大いなる慈悲が強調されること、信徒はどんな悪人であっても仏の名前を称えその功徳を確信するだけで救われることなど、その教えの内容についてもさらに踏み込んだ報告をおこなっている。

これらの報告がどこまで正確に当時の状況を伝えているかは別にして、すでに十六世紀には日本にやって来た宣教師たちが、親鸞の教えの存在についてヨーロッパの人々に伝えていたことは事実である。

もちろん、これらのカソリックの宣教師たちによる浄土真宗の記録は、必ずしも親鸞思想そのものへの関心からなされたものではなかった。あくまでキリスト教の伝道を目的とするものであった。しかし、たとえば僧侶が戒律を持たず世襲的にその地位を守るという仏教の存在は、出家の伝統を厳しく守るスリランカや東南アジアなどの仏教についてある程度の知識を持っていた宣教師たちにとって、特異な存在として目に映ったものと考えられる。さらに、阿弥陀仏の大いなる慈悲を強調し、そのはたらきを信じることにより、いかなる罪を犯した人も救済されるという浄土真宗の教えに対しては、当時イエズス会がヨーロッパで敵対していたルターなどのプロテスタント派の教えとまったく同じであるとも述べている。けれども、まさに極東の辺境の地で、そのような教えと遭遇したことは、宣教師たちにとってはまったく予期せぬ出来事であったにちがいない。

親鸞の教えの存在は、このようなかたちで、すでに日本の国外に伝えられていたが、周知のように、その後日本は厳しい鎖国政策とキリスト教禁教の政策をとり、親鸞の教えもそれ以上の関心を海外で呼ぶことはなかった。そして、親鸞の存在が再び国際的な舞台で光を当てられるようになるのは、日本が鎖国政策を放棄し、明治維新をへて国家の近代化の道を歩む十九世紀半ば以降のことになる。

ただ、十六世紀半ばにみられるこのような親鸞の教えに対する理解は、その後の理解にも共通してみられるようになった。とくに、信徒が他の仏教とは全く異なった慣習を持ち、しかもキリスト教プロテスタント派ときわめてよく似た信仰を持っているという理解は、近代以降の欧米人の親鸞理解においても多く共通して見られるものである。

十九世紀半ばになると今度は浄土真宗の側からキリスト教の側に対して接近がなされた。すなわち、幕末期の東・西本願寺は、開国後のキリスト教解禁を視野に入れた対策と研究をおこないはじめており、キリスト教文献の収集や、長崎にいた宣教師への接触がはかられた。

たとえば、西本願寺の原口針水は、当時キリスト教に接近した浄土真宗の僧の一人である。原口は身分を隠して、文久二年（一八六二）頃から長崎でプロテスタント派のアメリカ監督教会宣教師ウイリアムスに会ってキリスト教についての知識を得ようとした。ウイリアムスは名も知れぬ仏教僧の知的好奇心に大いに関心を示したようで、両者の間には密接な交流があったようである。また、アメリカ改革派の宣教師であったフルベッキは、長崎でキリスト教関係の典籍や天文・地理・生物といった科学書を希望するものに分け与えたりしていたが、原口はそれらも入手していたようである。同様の活動は、東本願寺の千厳、慈影といった僧によってもなされており、これらの動きからキリスト教解禁という事態を、当時の東・西本願寺がいかに危機感をもって受け止めていたかが知られる。

いずれにしても、幕末期の浄土真宗とキリスト教の三〇〇年ぶりの再会は、全く表面的なものにとどまり、思想的な交流としてはほとんど意味を持たないものであった。しかしその再会の相手が、かつてイエズス会の宣教師たちが、親鸞の教えとの類似性を指摘したプロテスタント派の宣教師であったことは、皮肉な歴史の巡り合わせであったかもしれない。

近代におけるアジア開教

明治維新に始まる日本の近代化は、急激な社会体制の変化と欧米の文化・思想・学問の流入による日本人の価値観の大きな変化をともなうものであった。そのような時代情況の中、東・西本願寺は海外開教というかたちで、国際的な舞台に進み出ることになる。

まず明治のはじめに、いち早く海外への開教に着手したのは東本願寺であった。そのきっかけは、明治六年（一八七三）に中国人への伝道を志し単身で清国に渡航した小栗栖香頂の行動であった。小栗栖は、その後明治二十九年（一八九六）に東本願寺の支援を受け、谷了然らとともに再び上海に渡航し東本願寺別院（上海別院）

を開設した。この東本願寺による明治初期の中国布教は、日本国内の排仏的な動きとキリスト教伝道の解禁により日本の仏教が衰退しつつあるという危機感から、その活路を中国開教により見いだそうとする護教的精神にもとづくものであった。すなわち、日本と中国の仏教徒が手を組んでキリスト教に対抗するために、浄土真宗の中国人への布教を志したのである。そのために小栗栖は自分で中国語の『真宗教旨』を執筆するとともに、日本人開教使が中国語での布教ができるようにするために語学教育にも力を入れ、上海に江蘇教校を設立した。この江蘇教校には日本から留学生が送られ中国語を学習し一定の成果をおさめたが、現地の中国人への布教は中国側の日本の仏教への関心がうすくあまり進まなかった。

この小栗栖の試みは、仏教徒による主体的な海外伝道として歴史的には高く評価されるが、財政上の理由からその活動は明治二十六年（一八九三）には一時中断された。その後、明治二十八年（一八九五）の日清戦争の勝利をきっかけに、東本願寺だけでなく西本願寺や他の仏教教団も加わり中国開教は再び積極的に進められるようになった。ただ、その布教活動は、中国各地に居留する軍人や一般日本人を対象とするものとなったことからも知られるように、加速しつつあった日本の植民地主義的な国策に追随するかたちで進められるようになった。

朝鮮半島への開教も、その先鞭をつけたのは東本願寺であった。しかし、それははじめから日本の国策に協力するかたちで始まった。すなわち、明治八年（一八七五）の江華島事件をきっかけに朝鮮半島で増加した日本人軍属や居留民への布教を

東本願寺上海別院

政府から要請された東本願寺は、明治十一年（一八七八）、奥村円心を釜山に派遣し別院を開設したのである。奥村らは日本人への布教に努める一方、韓国内の親日的な独立党を支援し、独立党が実権を握ったことにより朝鮮半島におけ東本願寺の地保を固めていった。また、日清戦争以後朝鮮開教に着手した西本願寺は、東本願寺への遅れを取り戻すため精力的に布教を展開し、従軍布教や思想犯を対象にした刑務教誨にも力を入れた。そして、明治四十年（一九〇七）には京城別院を開設し、開教の拠点とした。そのことにより、朝鮮が日本に併合される明治四十三年（一九一〇）頃には、五〇あまりの出張所・布教所を朝鮮半島に開設するまでになる。また、巌常円などの韓国語布教により、韓国人による韓人教会が組織され、さらに一〇〇カ寺以上の朝鮮系寺院が西本願寺に帰属するなど飛躍的にその勢力を拡大した。

台湾への浄土真宗の開教は、明治二十七年（一八九四）の日清戦争に際して西本願寺が従軍布教使を派遣したことにより始まった。台湾は翌年の下関条約により日本の領土の一部となったが、それをきっかけに西本願寺は明治二十九年（一八九六）には台北・台中・台南に駐在開教使を派遣し本格的な台湾開教に着手した。その布教は日本人だけでなく、現地の台湾人に対してもおこなわれたが、それはもともと台湾総督府の要請を受けて始められたものであった。すなわち、台湾人の日本人化という日本政府の政策の一翼を担う役割をはたすものであったが、そのためにそれに対する台湾人の抵抗も強かった。また東本願寺も、西本願寺に少し遅れて台湾開教に着手したが事情はほぼ同じであった。

またアジア地域で、そのほかに早くから浄土真宗の開教が進められた地域としては、ロシア沿海州・シベリア地域がある。この地域への開教は、先ず明治二十年（一八八七）に西本願寺によりウラジオストックの日本人居留民への伝道が開始されている。その後、内陸のイルクーツクなどにも布教所が置かれるなど、その開教の範囲は拡大したが、明治三十七年（一九〇四）の日露戦争以後、ロシア国内での活動は姿を消していった。

中国東北部にあたる「満州」における東・西本願寺による開教は、日露戦争後に日本が「満州」地域に得た権益の拡大とともに盛んにおこなわれるようになる。たとえばそれまで一カ寺にすぎなかったこの地域の西本願寺の開教の拠点が、昭和五年（一九三〇）までにおよそ一八カ寺に増えている。さらに、昭和六年（一九三一）年の満州事変と翌年の満州国建国によりその寺院数はおよそ三二カ寺にまで増えている。また、中国国内でも昭和十二年（一九三七）の盧溝橋事件以降には、河北省を中心におよそ三〇カ寺の寺院が設立されている。これらの経緯は、西本願寺の「満州」開教がいかに日本の軍事行動と密着したものであったかを示している。

このように、明治初期からすすめられる東・西本願寺によるアジア開教は、早い段階から宗教的な意味での伝道という意味合いは薄れ、次第に全体主義的な国家権力への追随へと変質していった。このことは、江戸幕府という後ろ盾を失った東・西本願寺教団が、明治近代国家の中での自らの存在意義を国益との関係の中で示そうとしたことにもよる。しかし、もっとも大きな原因は、そのような全体主義的な視点を超克する宗教的な共同体としての教団観を構築しえなかったところに求められるであろう。

このような戦前のアジアの開教は、日中戦争から太平洋戦争に至る十五年戦争が日本の敗戦により終わったことにより、跡形もなく消滅してしまった。しかしこのことは、真宗教団を世界的な視野から見ようとするとき、決して見過ごすことはできない歴史である。教団としてこの歴史的事実をありのままに見つめ、その歴史に学ぶことを通して、これからのアジア各地の人々との信頼関係を築いていかなければならない。

ところで、このような中で、戦前に世界的な視野と独自な仏教観にもとづいてアジアを舞台に活躍をした人物に大谷光瑞がいる。大谷光瑞は西本願寺二十二代門主でもあるが、明治三十五年（一九〇二）、明治四十一年（一九〇八）、明治四十三年－大正三年（一九一〇－一九一四）の三次にわたり中央アジアとチベットに探検隊（大谷探検隊）を送り、インドから日本へと仏教が伝播したその跡を探査させた。大正三年（一九一四）には、その巨額な出費などのため西本願寺の財政が傾き、責任を取って門主の地位を辞したが、その後日本・中国・台湾を拠点にさまざまな事業を行うとともに、多くの著作を残した。これまでの大谷光瑞に対する歴史的評価は、中国開教との関わりも含め賛否両論ある。もちろん、彼の生涯の行動は当時の時代状況の制約を受けており、たとえば植民地主義的な近代の考え方を超えるものではなかった。しかし、仏教とアジアを中心に据えたその思想は、ひたすら欧米に並び追

砂漠をわたる第3次大谷探検隊
（京都　龍谷大学学術情報センター大宮図書館蔵）

いつくことをめざした日本の近代主義の思想的枠組みを超える視点を持っていた。その意味では、評価は分かれるにしても、当時では数少ない世界的視野から日本として浄土真宗の将来を考えた人物であったと言える。

ところで、このようなアジア開教の歴史に対して、ハワイ・アメリカ・南米への開教の歴史は大きくその趣を異にしている。とくに、開教が教団の勢力拡大や国家権力への追従により始められたものではなかったという点で大きく異なる。これらの地域への開教は、移民により海外に出かけていった人びとからの要請を受けて開始されたのである。また、それらの教団は戦前から日本の東・西本願寺教団と密接な関係を保ってきたが、日本の敗戦以後も消滅することなく現地の人びととの信仰のよりどころとして今日まで存続している。この点も、アジア開教の歴史とは大きく異なっている。

そこで、次にそのようなハワイ・アメリカ・南米地域への開教について取り上げることにしよう。

ハワイ・アメリカ・南米への開教の歴史と現状

最初にも述べたように、海外の浄土真宗の信徒の大半は、明治期に日本から海外に移住した移民の子孫たちである。現在、アメリカ本土とハワイにはおよそ五〇万人、ブラジルをはじめ中南米にはおよそ一一六万人の日系人が生活していると言われるが、これらの人々が海外の真宗寺院の信徒の大半を占めている。

日本から海外への組織的な移民が開始されるのは、明治元年（一八六八）にアメリカ人商人の仲介によりハワイへの移民がおこなわれたことによるが、明治十八年（一八八五）に日本とハワイ王国との間で二国間条約が結ばれて以後、もっとも盛んに移民がおこなわれた。そして、明治三十年（一八九七）以降、アメリカ本土への移民が容易になったこともあり、アメリカ本土への日本人移民の数も増加した。

ところで、このような日本人移住者はもともと海外での定住を目的として出かけたわけではなかった。大半は独身の若い男性であったが、一定期間働いてお金を蓄え日本へ帰国することを考えていた。日本とアメリカとの所得格差が一〇倍以上開いていた当時にあっては、たとえ短い期間の出稼ぎであってもそれなりの財をなすことができたのである。

また、今日海外における日系人の大半が浄土真宗の信徒、中でも西本願寺の信徒がその大部分を占めるのは、かつて移民の多くが西本願寺系の寺院が多い、現在の山口県、広島県、和歌山県、熊本県、福岡県からの出身者であったことにも関係している。このような初期の移民たちは、過酷な労働と言語や生活習慣が全く異なる外国での生活のなかで、さまざまな困難や悩みに直面したことは言うまでもない。なかには、そのような生活環境にうまく適応できず身を持ち崩したり、病気で命を落とす者も多かったようである。そのような移民の窮状を耳にして、日本の僧侶の中に個人的に布教の志を立てて海外に雄飛《かいそうりゅう》する者が出たのである。

そのもっとも古い例が、大分県出身の曜日蒼竜によるハワイへの渡航である。曜日は明治二十二年（一八八九）に、キリスト教の盛んな異国の地で苦しんでいる同

ハワイ・ホノルル別院

朋のための布教を思い立ち、単身ハワイ島ヒロに渡り「大日本帝国本願寺派布哇伝道本院」（ヒロ布教所）という看板を掲げて布教を始めた。歴史的には、これがハワイにおける最初の開教である。その後明治三十年（一八九七）には、移民たちの要請を受けて、西本願寺から山田将為、金安三寿の二人が開教使としてホノルルに派遣され、翌年にはハワイ布教監督（開教総長）として里見法爾が着任した。ここに西本願寺によるハワイ開教が正式に開始されることになったのである。*

　西本願寺によるハワイ開教は、とくに一八九九年に着任した二代布教監督今村恵《え》猛《みょう》の時代に大きく発展をとげる。今村は浄土真宗の近代化を唱え、積極的に日系人子弟の教育をおこなうとともに、英語伝道や英文による浄土真宗の紹介につとめた。また親鸞の教えの同朋主義、平等主義を浄土真宗の特質として掲げ、教団による積極的な社会的活動を進めた。このような今村のリーダーシップのもと、非日系人の信徒や開教使も生まれ、ハワイ全島に寺院が建てられ、ハワイ教団の基盤が固められた。

　ハワイ王国は明治三十一年（一八九八）にはアメリカの領土に編入されるが、その後もハワイの西本願寺の教団は発展をしていく。その背景には、たとえば現在ハワイでは日本人移民の子孫たちが全人口の三〇％以上を占めているように、早くからマイノリティの宗教という孤立感を持つことがあまりなかったという特殊事情や、地理的に日本とアメリカ本土の中間に位置したことにより、日本との結びつきが強く守られたことなどがあげられるであろう。いまでも別院を除くすべての寺院の名

＊現在、ハワイ本願寺教団（Hongwanji Mission of Hawaii）の本部はホノルルに置かれているが、ハワイの五つの島々に三四ヵ寺の所属寺院がある。

北米開教本部

称に、○○Hongwanji Missionというように、本願寺の名称が付けられていることはそのような事情を物語っている。

一方アメリカ本土への開教のきっかけは、明治三十年（一八九七）以降増えた本土への日本人移民の中で、自発的に信徒のグループが形成されたことにある。翌年には、そのグループを代表して、サンフランシスコの平野仁三郎が京都の西本願寺に赴き開教使の派遣を要請し、同年西本願寺は本多恵隆、宮本恵順の二人をサンフランシスコに派遣したのである。ここにサンフランシスコ仏教青年会が日本人町に組織され、さらに翌年には薗田宗恵初代総長が西島覚了とともに赴任し、サンフランシスコに本願寺出張所を開設した。ここに正式なかたちで、西本願寺による北米開教が始まったのである。*

北米の開教は、その後サクラメント、フレズノ、シアトル、サンノゼ、ロサンゼルスなどにも仏教青年会が組織され、開教使が派遣されさらに発展していった。その後仏教青年会の呼称は仏教会とあらためられたが、日系人にとっては単に宗教的なよりどころであったばかりでなく、文化的な社交の場ともなった。

一九三〇年代になると、開教の範囲はアメリカ西海岸はもとより、中西部から東部にも広がり、とくに日系人の少ない東部においては非日系人に対する伝道も活発におこなわれた。たとえば、戦前にニューヨークに赴任した関法善は、コロンビア大学の近くにニューヨーク仏教アカデミーを開設し、非日系人に対する伝道の拠点とした。また、教団内にもしだいに非日系人の開教使の数も増えていったが、第二

*現在、米国仏教団（Buddhist Church of America）の本部はサンフランシスコに置かれ、西海岸を中心に全米各地に六十カ寺の所属寺院があり、海外の仏教教団の中では最大の勢力となっている。

次世界大戦が勃発すると、間もなく日系人は収容所に隔離され、各地の仏教会は閉鎖された。また、戦後再出発した仏教会は、日系人に対する周囲の強い差別の中で大きなよりどころとなったが、そのことにより閉鎖的な性格を強く持つようになっていった。しかし、最近では日系人の間でも、インターマリッジ（異人種間結婚）がすすみ、仏教会でも非日系人の存在は無視できない情況になっている。

カナダへの開教は、もともと明治三十七年（一九〇四）に、シアトル仏教会の支部がバンクーバーに開設されたことにより開始された。したがってカナダ仏教団は、はじめは北米仏教団の一員として出発したが、アメリカへの移民が制限され、カナダへの移民が増える中で独立色を強めていった。そして、昭和二十一年（一九四六）に北米仏教団から独立し今日にいたっている*。

南米への開教の開始は、一九二四年に南米各地で法話会を開いていた信徒グループの要請により、西本願寺から松原致遠がその視察のために派遣されたことによりはじめられた。ブラジルなどの南米各地には、すでに明治四十一年（一九〇八）の笠戸丸による移民開始以来、多くの日本人が入植生活をしていたが、いまでは海外で日系人がもっとも多く居住している地域となっている。西本願寺による松原の派遣も、増加する日系人の強い要望に応じてなされたものであったが、南米に開教の拠点を正式に置くは、戦後の昭和二十四年（一九四九）になってからである*。

一方、東本願寺によるハワイ、アメリカ本土への開教は、西本願寺にやや遅れて出発する。ハワイには明治三十二年（一八九九）に最初の開教拠点がホノルルに置か

*現在、カナダ仏教団（Buddhist Church of Canada）本部はバンクーバーにに置かれ、広大なカナダの国土全体に点在する一七ヵ寺の寺院を拠点に伝道活動を行っている。

*現在の西本願寺の南米仏教団（Comuidade Budista Sul-Americana Da Seita Jodo-Shinshu Honpa Hongwanji）は、サンパウロに開教本部を置き、南米の広大な地域に五六カ寺の寺院が点在し伝道の拠点となっている。

れ、アメリカ本土には大正十年（一九二一）に、ロサンゼルスの日本人街にあった仏教会が正式に東本願寺の寺院と公認されて以降本格化する。しかし、ハワイ・アメリカ本土における開教が、日本人移民を追うかたちで展開され、しかも移民の大半が古くから西本願寺の寺院が多い地域の出身者であったこともあり、現在でもその寺院数には大きな開きがある。すなわち、現在ハワイとアメリカ本土には、西本願寺に所属する寺院が一一九カ寺（ハワイ三六、北米五六、カナダ一七）存在するのに対して、東本願寺は一〇カ寺（ハワイ七、北米三）にとどまる。

その中にあって、東本願寺の開教活動の中からも、仏教のアメリカ化を提唱した久保瀬暁明《ぎょうめい》のような開教使が生まれた。久保瀬はアメリカで生まれた日系二世で、カリフォルニア大学を卒業後、戦前の日本で暁烏敏に親鸞の教えを学び、帰国後一九四四年にシカゴ仏教会を開設し、親鸞の教えにもとづきながらも、宗派を超えた仏教の教えを説き、非日系人を含む多くの人びとに影響を与えた。

これらのハワイ、アメリカへの開教は、先に取りあげた戦前のアジア開教とは大きくその性格を異にする。また、歴史的に開教が果たした役割についても大きなちがいがある。それらはこれらの開教区の寺院組織や活動内容にもあらわれている。たとえば、ハワイ、アメリカへの開教は、国家に追従するかたちで始まったのではなく、信徒たちの要請に応えるかたちで開始された。このことはこれらの教団の自律的な組織運営を可能にしてきた。そのことにより、戦後には仏教会の運営はおもに信徒により構成される理事会が運営するようになった。それはまた、寺院の経済

ロサンゼルス東本願寺別院

的な面は信徒が負担し、開教使は伝道・布教に専念するという役割分担を組織としてはっきりさせることにもつながった。また、開教総長も信徒を含む投票により選ばれている。この点では、寺院組織としては非常に開かれたものになっている。

また歴史的に、各地の寺院は宗教活動以外に、日系人移民のコミュニティセンターのような役割もはたしてきた。たとえば、ほとんどの寺院は遠隔地に住む日系人子弟の通学のための寄宿舎や日本語学校を運営し、書道、生け花、お茶、舞踊といった伝統文化の教室などを開いてきた。また、開教使は信徒のさまざまな家族の問題や個人的な悩みの相談にも応じ、それが信徒への求心力ともなってきた。

さらに、その活動面では儀礼よりも伝道、とりわけ青少年に対する教化が重視されてきた。とくに、ダルマスクールあるいはサンデースクールと呼ばれる活動は主要な寺院活動になっている。ダルマスクールとは、日曜礼拝が終わった後、信徒の一部が先生となり、幼稚園から中学校までの児童に対して基本的な仏教の教えを学ばせる活動である。このことはほぼすべての寺院で行われており、なかには数百人規模の児童が出席する寺院もある。また、それ以外にも仏教壮年会（YABA）、婦人会、仏教青年会（YBA）、ボーイスカウトの活動も盛んである。

しかし、このような海外の寺院も、現実にはさまざまな問題と直面していることも事実である。とくに現在もっとも深刻な問題は、開教使の不足とメンバー数の減少の問題である。たとえば、二〇〇三年現在、東・西本願寺とも開教使の数は、それぞれの開教区の寺院の数よりも少なくなっている。このことは、日本から渡米を志願する開教使の数の減少や、アメリカで日系人をとりかこむさまざまな社会状況の変化にも関係しているが、非常に深刻な問題となっている。

また、一世の日系人はほとんど亡くなり、二世が高齢化する中で、日系人の現在の主流である三世・四世の教団離れが起こっている。このことは、ひとつには寺院がこれまでコミュニティセンターとしての求心力に頼った伝道活動をやってきたことにも由来する。伝統的な日本文化に乗ったかたちだけでの伝道には限界が来ているのである。

もちろん、そのような現実の問題に対して、これまで全く対策が講じられてこなかったわけではない。とくに、開教使不足については、日本からの開教使に期待するだけでなく、アメリカ国内における開教使志願者の育成にもつとめてきた。たとえば、北米仏教団は、一九六六年にカリフォルニア州バークレイ市に仏教大学院（IBS）を設立し、浄土真宗の学術的研究とならんでアメリカの開教使志願者の育成にもつとめてきた。また、ハワイ教団も仏教研究センター（Buddhist Study Center）をホノルル市に設立し、浄土真宗の教えの一般への普及に努め、開教使の育成にもつとめてきた。加えて、親鸞の全著作の翻訳が完成し、海外でその教えに触れる機会も増えたことから、親鸞の教えに対する一般の関心も増している。

米国仏教大学院（IBS）

ヨーロッパの真宗者

ところで、戦後、このような教団による開教活動以外のところで、親鸞の教えを信仰するグループがヨーロッパ各地に生まれている。もともと親鸞の教えは、戦前からヨーロッパでは、明治維新以降日本を訪れたキリスト教宣教師や知識人たちの報告を通してある程度は知られてはいた。しかし、親鸞の教えに対しては、たとえば「改革派の仏教」という評価があった一方で、「堕落した仏教」という相矛盾した評価も与えられていた。また、上座部仏教やチベット仏教に関心が集まっていた当時のヨーロッパにあって、親鸞の教えについて関心を示したのはごく一部の人びとに限られていた。

そのような情況の中、浄土真宗に関心を示した知識人のなかに、パリの宗教博物館（ギメ博物館）館長エミール・ギメがいる。ギメは自分が入手した阿弥陀仏像と親鸞聖人像を通して親鸞に興味を持ち、明治二十四年（一八九一）にたまたま渡欧していた誠照寺派の小泉了諦と仏光寺派の善連法彦に依頼して、博物館で報恩講の儀式を勤修してもらっている。報恩講の儀式には、当時のフランス大統領カルメや政治家クレマンソーも出席していたが、あくまで知的好奇心にもとづいたものにすぎなかった。

戦後、ヨーロッパで最初に親鸞の教えに関心を持ち、日本の念仏者と交流を持ったのは、イギリスで銀行員をしていたジャック・オースチンであった。オースチンは、若いときから仏教に関心を持つ人物であったが、英訳された『歎異抄』を読み親鸞の教えに深く引かれた。そして、当時神戸成徳学園女子高校の校長であった稲垣最三と親鸞の教えについて文通を始め、しだいにその他力念仏の教えに傾倒していった。ただ、オースチンはすぐには信仰に踏み切ることはなかった。

ヨーロッパで最初に親鸞の教えを自らの信仰のよりどころとしたのは、ドイツの

ハリー・ピーパー

ハリー・ピーパーであった。ピーパーも若いときから仏教に関心を持ち、上座部系の仏教伝道会やチベット系のアーリア・マイトレーヤ・マンダラという組織にも参加していた。しかし昭和二十九年（一九五四）に、当時日本から西ベルリンに留学していた工学博士山田宰を通じて、池山栄吉の独訳『歎異抄』を手に入れ、山田とともに読みすすめる中で、どのような悪人でも救われると説く親鸞の念仏往生の教えに感銘を受け、親鸞の教えを自らの信仰とすることを決意した。そして同年に、欧州を視察中であった西本願寺二十三代大谷光照から帰敬式を受け、ここにヨーロッパ最初の浄土真宗の信徒が誕生した。ピーパーは、昭和三十一年（一九五六）に西ベルリンに浄土真宗仏教協会を設立し、さらに三年後には阿弥陀如来像と親鸞聖人絵像を安置したベルリン礼拝堂を開設し、西ベルリンの念仏者グループの集会所とした。

ピーパーは、駐留アメリカ軍の通訳をしていた一介の市民であったが、自分たちの活動に関心を持ったヨーロッパ各地の人びとに手紙などを通して親鸞の教えをひろめていった。そのことによりオーストリア、スイス各地に親鸞の教えに関心を持つ人々のグループが生まれた。昭和四十五年（一九七〇）には、もともとカソリックの司祭であったジャン・エラクルが、仏教の教えを知りキリスト教の教義に疑問を抱き、ピーパーとの文通により親鸞の教えに帰依した。

また同じくスイスの銀行家アンドレ・シュブリエは、昭和四十七年（一九七二）に直接ベルリンにピーパーを訪ね、真宗の教えについて聞き信仰を決意し、翌年には京都の西本願寺で得度をした。さらに昭和五十一年（一九七六）には、イギリスのオースチンを中心に英国真宗教会がロンドンで創立された。また、オースチンの影響で浄土真宗の信徒になったベルギーのアドリアン・ペールは、寺院創設の願いをいだき、昭和五十四年（一九七九）にベルギーのアントワープにヨーロッパ最初の真宗寺院である慈光寺を創建した。またそれに続いて、昭和五十七年（一九八二）にはエラクルがジュネーブに信楽寺を、シュブリエがエフェルドンに念仏庵を創建した。

このように、ヨーロッパで小さな念仏者のグループが、さまざまな困難をかかえつつも自分たちの力で少しずつ成長してきている。しかし一方で、これらの活動を経済的に支えてきた、念仏者のグループがいたことも忘れてはならない。たとえば、経済的に困難をかかえていたピーパーの活動を当初支えたのは、ハワイの信徒が昭和三十四年（一九五九）に組織した「ドイツ念仏友の会」であった。また、昭和五十五年（一九八〇）には日本でも大谷光照を総裁に国際仏教文化協会が設立され、ヨーロッパの念仏者に対する支援を開始した。

このような、国境を越えたつながりの中で、ヨーロッパに親鸞の教えが少しずつ根付きはじめているのである。さらに最近では、東欧やオーストラリアそしてアフリカのケニアにも親鸞の教えが広まりつつある。また戦後、アジア地域においては、台湾の台中市にある光明寺＊を除いて真宗の寺院はすべて消滅してしまっていたが、最近では香港やシンガポールそして韓国のソウルやプサンにも新しい念仏者のグル

アントワープ・慈光寺

＊現在、台中市にはさらに新たに光照寺が建立され、陳一信が活躍している。

ープが生まれている。これらのグループの指導者たちは、さまざまなかたちで親鸞の教えに出合った人々であるが、とくに沼田恵範がはじめた仏教伝道協会や、さきの国際仏教文化協会による地道な活動によるところが大きい。

海外における思想的な親鸞研究

最初にも述べたように、学術的な面では、親鸞の教えに対する海外での関心はこれまでそれほど高くなかった。その原因としては、たとえば親鸞の教えについての情報不足と、そのことに起因する誤解の多さがあげられるであろう。けれども、その点については親鸞の全著作と主要な経典の英文翻訳がほぼ完成された現在、今後情況はしだいに改善されていくものと思われる。ただ言うまでもなく、ただ翻訳が存在しているだけで、親鸞の教えが持つ本質的な意味が人々に理解されるわけではない。むしろ、これまで以上に親鸞の教えを明らかにし伝えていく努力がますます必要になっている。けれどもそのことは、一方的に日本での伝統的な親鸞理解をただ説明するだけでは充分ではない。伝える側も、これまでの海外における親鸞研究の内容やその思想背景についてもできるだけ理解しておく必要がある。

そこで次に、とくに欧米における、近代以降の学術的な親鸞研究の流れについて簡単に紹介しておきたい。

先にも述べたように、幕末期から明治初頭にかけて見られた、真宗教団のキリスト教に対する対応は、真宗内のキリスト教への理解を深めるものではなかった。一方明治にはいって、欧米から日本にやって来た宣教師や知識人たちもまた、十五世紀半ばのバリニャーノと同じように浄土真宗とプロテスタントの思想との類似性にのみ目を奪われていた。たとえば、宗教史家のウイリアム・グリフィスは*The Religions of Japan*（1905）という本のなかで、親鸞の教えを「改革派の仏教」あるいは「改革派仏教のもっとも極端なかたち」と評している。また宣教師のなかには、浄土真宗はその儀礼の面ではカソリックに似ており、教義の面ではプロテスタントに似ていると報告しているものもいる。

その点では、宗教社会学の泰斗マックス・ウェーバーも同じ視点に立っており、浄土真宗のプロテスタント的性格について*Hinduismus und Buddhismus*（1921）という本の註で詳しく言及している。また時代は下がるが、二十世紀最大のプロテスタント神学者とも呼ばれるバルトも、主著『教会教義学』第一巻第二冊（一九二七）のなかで、親鸞の教えのプロテスタント的性格について述べている。しかし、バルトの場合もそれはあくまで「異端」としての扱いにすぎなかった。

ところが、中にはキリスト教と浄土真宗の表面的な類似の根底にある両者のちがいについて洞察した人物もいた。たとえば、アウグスト・ライシャワーは*Studies in Japanese Buddhism*（1917）の中で、浄土真宗における阿弥陀仏の理解は本質的に大乗仏教の原理にもとづくものであり、キリスト教の神の概念とはまったく異なる概念であることを指摘している。

一方、一般の欧米人の中には、親鸞の教えは全く戒律を守らない、しかも有神論的な信仰を持つ「堕落した仏教」であると理解する人々も多い。とくにそのことを強調したのは、主に原始仏教と初期大乗仏教に研究の中心においた欧米の仏教研究者たちであった。それに加えて、十九世紀末から始まる日系人の移民により、すでに国内に親鸞の教えが存在していたアメリカでは、たとえば英語による親鸞の教えの紹介が、キリスト教の用語を多く借用していたために、さきの「堕落した仏教」という否定的な見解とともに誤解を招き、結局仏教の中にキリスト教とは全く異なる宗教的な価値を見いだそうとしていた一般の欧米の人々とにとっては、あまり魅力的な教えとしては目に映らなかったとも言える。

また、アメリカでは戦前・戦後を通じて日系人に対する差別が激しかったため、どうしても仏教会は日系人にとっての民族的、精神的、文化的なよりどころとして閉鎖的な性格を帯びていた。そのことは周囲から、親鸞の教えは日系人のための「移民の宗教」であるという意味で受け取られ、一般アメリカ人の関心の低さにつながったとも言える。

このような海外での親鸞の教えに対する誤解を考慮に入れるならば、次のような点が今後教えを伝えようとする側にとって留意すべき点であると言える。

まず、親鸞の教えを大乗仏教思想の中でしっかりと位置づけ、その上でその教えの特質を明らかにすることが大切である。そのことにより、たとえば「堕落した仏教」という一面的な理解を乗り越えていかなければならない。

また、「改革派の仏教」という親鸞に対する理解は、肯定的な意味で用いられる場合も多く、日本でも親鸞の教えを説明する上でよく用いられる表現でもある。しかしそのような理解は、一面において親鸞の教えを日本の歴史的脈絡から全く切り離して理解するという誤りを生み出しやすい。また、「改革派」という言葉が持つキリスト教史上の意味をほとんど意識しないで用いている日本人研究者の場合も同じ轍を踏んでいると言わなければならない。このような誤解を避けるためには、まず親鸞の教えをその歴史的文脈の中で位置づけたうえで、その教えの特質を明らかにしていかなければならない。またさらに、相手がよって立っている歴史的文脈についても理解を深めなければならない。とくに、欧米であれば、キリスト教に対する理解が是非とも必要である。

今後、国際的に親鸞の教えに対する理解の深まりを期待するならば、翻訳に加え以上のような点も留意すべきである。ただ、一九六〇年代以降、欧米ではそのような点を踏まえた研究がすでにいくつかなされている。最後にそのような親鸞研究の成果について取りあげてみよう。

まず、欧米の学会で最初に親鸞を学術的テーマとして取り上げた、アルフレッド・ブルームによる*Shinran's Gospel of Pure Grace*（1967）という書は、親鸞の信心の思想にみられる他力の構造を考察し、その思想的な深さを解明したものであるが、ブルームがキリスト教思想について深い造詣を持っていたことにより、多くの人々に親鸞に対する関心を呼び起こした。とくに、それまで親鸞の教えをただ言葉だけで「改革派の仏教」として理解していた人々が、その教えの本質的な深さに目を向けるようになり、多くの神学者たちが浄土真宗との対話をはじめるきっかけにもなった。

次に、大乗仏教という脈絡のなかで親鸞の教えを明らかにしようとする試みは、すでに鈴木大拙が*Shin Buddhism*（1934）という本のなかで行っていたが、先に指摘したような親鸞の教えに対する先入観が欧米では強かったこともあり、実際にはそれほどは注目されなかった。しかし、上田義文とデニス広田が、親鸞の教えの大乗仏教的な特質に焦点を当てて書いた*Shinran : An Introduction to his Thought*（1989）は、欧米の学会で広く受け入れられ、この点についての理解は深まりつつある。

また、一九八〇年代になると、欧米でも鎌倉新仏教を「宗教改革」になぞらえて比較するという手法が方法論的に批判されるようになったが、たとえばジェームズ・ドビンズは*Jodo Shinshu : Shin Buddhism in the Medieval Japan*（1989）を書いて、親鸞の教えを中世の宗教文化の中で位置づけ、浄土真宗が歴史的に親鸞への祖師信仰と結びついて発展してきた面を持つことを指摘している。このような暫新な視点からの研究は、逆に日本における親鸞研究に刺激を与えるものでもある。

さらに、このような学術的な面だけでなく、最近では一般の人々の関心も徐々に増えつつある。そのことは、ケネス田中の*Ocean : An Introduction to Jodo Shinshu-Buddhism in America*（1987）といった本、あるいはタイテツ海野の*River of Fire, River of Water : An Introducti on the Pure Land Tradition of Shin Buddhism*（1998）*Shin Buddhism : Bits of Rubblet Turn into Gold*（2002）といった本が、アメリカの一般の読者に多く読まれるようになっていることからも知られる。

（嵩　満也）

海外での親鸞に関する出版物

第4部

親鸞関係用語集

あ　行

赤松連城《あかまつれんじょう》　（一八四一―一九一九）　本願寺派。金沢（石川県）に生まれる。慶応四年（一八六八）徳山（山口県）の徳応寺に入寺。明治五年（一八七二）西本願寺より欧州視察に派遣される。帰国後、明治政府の宗教政策を批判し神仏分離運動を起こす。大学林（のちの龍谷大学）綜理、本願寺派勧学。著書に『入出二門偈聴記』『榕隠雑録』などがある。

暁烏敏《あけがらすはや》　（一八七七―一九五四）　大谷派。石川県に生まれる。真宗大学（のちの大谷大学）を卒業後、東京で清沢満之が開いた浩々洞の同人となり、精神主義を実践する。大正十年（一九二一）には出版社香草社を設立し『歎異抄』の思想などを広く紹介する。昭和二十六年（一九五一）に真宗大谷派宗務総長となる。著書には、『教行信証講話』『歎異抄講話』『絶対他力の大道』などがあり、『暁烏敏全集』二十七巻も出版されている。

阿佐布門徒《あざぶもんと》　武蔵国阿佐布（東京都港区）の了海《りょうかい》を中心に形成された門徒団。親鸞の主要門弟である下野《しもつけ》（栃木県）高田の真佛の流れをくむ荒木門徒の系譜を引く。後に展開する佛光寺教団の源流となる。旧跡とされるものに、東京都港区麻布の善福寺がある。

アドリアン・ペール　Adorian Peel　ベルギーの真宗グループのリーダー。元アントワープ大学比較宗教学部教授。イギリスのオースチンを通して念仏の教えに出合い、昭和五十一年（一九七六）にアントワープに真宗センターを開設する。昭和五十四年（一九七九）に、国際仏教文化協会等の支援を受け、アントワープに「慈光寺」を建立。著書に、『南無阿弥陀仏に救われた私―ヨーロッパ人の軌跡』、『私の浄土真宗』などがある。

阿弥陀如来《あみだにょらい》　→阿弥陀仏《あみだぶつ》

阿弥陀仏《あみだぶつ》　阿弥陀仏とは、西方極楽浄土にあって大悲の本願をもって生きとし生けるものすべてを平等に救済しつつある覚者の名である。原名はアミターバ（訳して無量光）とアミターユス（無量寿）という二つがあるから、無量光（仏の救いの空間的無辺性）と無量寿（時間的無限性）という特性を持つ仏とされている。阿弥陀はこのふたつの原語に由来する名で、無量光仏と無量寿仏という呼び名は、この阿弥陀仏の異名である。『大経』によれば、はるかな過去に世自在王《せじざいおう》仏のもとで、一国の王が無上道心《むじょうどうしん》（この上ないさとりをもとめる心）をおこして出家し法蔵《ほうぞう》と名のり、諸仏の国土を見て五劫の間思惟《しゆい》し、一切の衆生を平等に救おうとして四十八の大願を発し、兆載永劫《ちょうさいようごう》の修行を行った。そうして、今から十劫《じっこう》の昔にその願行を成就して阿弥陀仏となり、西方にすぐれた浄土（極楽世界）を建立し、現在もなお説法しつつ衆生の救済活動に従事しているという。浄土教では、この本願成就の阿弥陀仏を十方衆生の救済者として信仰するのである。

荒木門徒《あらきもんと》　武蔵国荒木（埼玉県行田市）の源海《げんかい》を中心として形成された門徒団。親鸞の主要門弟である下野（栃木県）高田の真佛の系譜を引く。この系統から阿佐布の了海が出て阿佐布門徒が形成され、了海から相模鎌倉の誓海や明光がでた。明光は後の佛光寺教団につながる。

アルフレッド・ブルーム　Alfred Bloom　アメリカの代表的な真宗学者。ハーバード大学神学部卒業。はじめてアメリカで親鸞をテーマとした博士号を授与される。一九六五年に*Shinran's Gospel of Pure Grace*を出版する。オレゴン大学、ハワイ大学、米国仏教大学院で宗教学や親鸞思想を講義する。現在はハワイで伝道と著作活動をおこなっている。他の著書には、*Tannisho: A Resource of Modern Living*や*Shosinge: The Heart of Shin Buddhism*などがある。

安城御影《あんじょうのごえい》　三河安城に伝来していた親鸞の御影。建長七年（一二五五）、親鸞八十三歳の姿を法眼朝円が描いた寿像。専信房専海が安置し、その後願照寺（岡崎市舳越《へごし》）に伝来していた。本願寺第八代蓮如は一時本願寺に移して修復するとともに模本を作り、実如の時に本願寺に納められた。像は、衲衣に袈裟を着けて頸に帽子《もうす》を巻き、両手で念珠を爪繰りながら上畳に座す姿で、狸皮の敷物や桑の火鉢と桑の木の鹿杖及び猫皮の草履などの調度品は、親鸞の念仏聖《ひじり》としての性格を示すものとされる。顔の表情は、口を少し尖《とが》らせ嘯《うそぶ》くところから、嘯の御影とも呼ばれる。現在は西本願寺の所蔵で、国宝指定。

安心立命《あんじんりゅうめい》　心を安らかにし身を天命に任せ、どんな場合にも動じないこと。立命《りゅうめい》は儒教より出た語とされ、「安心《あんじん》」（心を一処に安置して不動なことなど）は仏教語であるが、両者をつないだ四字熟語は仏教の術語ではない。

アンドレ・シュブリエ　Andre Chevrier　（一九二四—一九九九）　スイスの念仏者。銀行の元重役で経済博士。昭和四十七年（一九七二）、ベルリンにピーパーを訪ね念仏の教えに帰依する。翌年に、ローザンヌ市郊外に「念仏庵」を開いた。同年に西本願寺で得度し、「浄道」の法名を受ける。欧州の念仏者の連絡誌Linkを発刊。

安楽《あんらく》　（?—一二〇七）　法号は遵西。房号は安楽。中原師秀の子。父が法然に帰依したことにより、法然の門に入る。法然撰述の『選択本願念仏集』の執筆に尽力するとともに、美声で知られた。建永二年（一二〇七）、住蓮とともに京都鹿ヶ谷で別時礼讃を催した際、後鳥羽上皇の女官も帰依して出家したことで上皇の逆鱗にふれ、住蓮とともに捕まり斬首される。この事件が契機となって、念仏が停止され、親鸞や法然らは流罪となった。

安楽国《あんらくこく》　→西方浄土《さいほうじょうど》

安楽集《あんらくしゅう》　七高僧の第四祖道綽《どうしゃく》の撰述で、七祖聖教《しちそしょうぎょう》の一。諸経論の文を援引して『観経』の要義を示し、安楽浄土の往生を勧めたもので、全体は、上下二巻、十二大門（上巻三大門、下巻九大門）の組織よりなっている。第二大門で別時意《べつじい》説などの浄土教に対する種々の疑難にこたえていること、第三大門で聖道・浄土二門の判釈《はんじゃく》をくだし、末法《まっぽう》の時代には浄土の一門こそ通入すべき路《みち》であると力説していること、こういった点で注目される。すなわち、往生浄土の教えが大乗仏教の基本理念に立脚していることを、種々の観点から巧みに論証していて、浄土門の理論的基礎を築きあげたものとして大きな思想的意義がある。

家永三郎《いえながさぶろう》　（一九一三—二〇〇二）　愛知県に生まれる。歴史家。東京帝国大学国史学科を卒業後、東京教育大学で教鞭をとり、日本思想史を中心に多くの業績を残す。戦後の日本の平和主義や民主主義の浸透に大きく貢献したが、鎌倉仏教の中で親鸞の念仏思想の思想史的な価値を高く評価する。著書に、『中世仏教史研究』『日本道徳思想史』『戦争責任』などがある。

易行道《いぎょうどう》　易行（阿弥陀仏の本願を信じて念仏すること）によって疾く不退転の位に至る道。龍樹《りゅうじゅ》の「易行品《いぎょうぼん》」に、不退の位に至る方法について、難行道と易行道という二種の道があることが示されているが、阿弥陀仏の本願力によって浄土に往生してさとりをひらく道が、この易行道である。そして「易行品」では、「水道の乗船」として水路を船に乗ってすすむことにたとえている。

易行品《いぎょうぼん》　龍樹造、鳩摩羅什《くまらじゅう》訳『十住毘婆沙論《じゅうじゅうびばしゃろん》』の第五巻にある第九章をいうもの。浄土真宗所依の聖教の一。不退の位にいたる道が、難行道と易行道の二つで示され、根機の劣ったものに対して、易行道という称名念仏の生き方が示されている。そして、これによって疾く阿惟越致《あゆいおっち》（不退転）にいたるというのみならず、阿弥陀仏の本願や往生の利益が説かれ、龍樹自身の自行化他が述べられているので、浄土真宗では、一品の主意を阿弥陀仏の易行にあると見るのである。→十住毘婆沙論《じゅうじゅうびばしゃろん》

石田充之《いしだじゅうし》　（一九一一—一九九一）　本願寺派。山口県に生まれる。山口県明厳寺に入寺。龍谷大学卒業後、同大学教授となり、本願寺派勧学を歴任。日本浄土教の研究、親鸞教学の原理的研究に多くの業績を残す。著書に、『日本浄土教の研究』『親鸞教学の基礎的研究』などがある。

出雲路派《いずもじは》　毫摂寺を本山とする教団。→毫摂寺

板敷山《いたじきやま》　茨城県の筑波山脈のうち加波山付近にある山。『親鸞伝絵』によると、親鸞が関東教化の時、稲田の草庵から教化に行くに際して通行していたところで、関東における専修念仏の広がりを嫉んだ山伏の弁円が親鸞を襲おうとした地。しかし弁円の目論見は果たされなかった。

一願建立《いちがんこんりゅう》　→四十八願《しじゅうはちがん》

一枚《いちまい》**起**《き》**請文**《きょうもん》　法然述。黒谷金戒光明寺に真蹟本がある。漢字と平仮名・片仮名を取り混ぜた三百十八字からなる短篇の文章である。一枚の紙に浄土への往生を願う者の心得を記したもの。『一枚消息』『御誓言書《ごせいごんのしょ》』とも言う。建暦二年（一二一二）弟子の勢観房源智の求めに応じて与えられたものである。六十六歳の時に撰述された主著『選択本願念仏集』が法然の信仰を確立したものとすれば、これはその帰結と言える。「念仏を信ぜん人は、たとひ一代の法をよくよく学すとも、一文不知の愚鈍の身になして、尼入道の無智のともがらにおなじくして、智者のふるまひをせずして、ただ一向に念仏すべし」と述べられている。この文を承けて『親鸞聖人御御消息』第十六通（『末灯鈔』第六通）には、「故法然聖人は、『浄土宗の人は愚者になりて往生す』と候ひしことを、たしかにうけたまはり候ひしうへに、ものもおぼえぬあさましきひとびとのまゐりたるを御覧じては、『往生必定すべし』とて、笑ませたまひしを、みまゐらせ候ひき。文沙汰して、さかさかしきひとのまゐりたるをば、『往生はいかがあらんずらん』と、たしかにうけたまはりき」と述べられている。

一光三尊仏《いっこうさんぞんぶつ》　三尊で一つの光背を共有する仏像をいう。善光寺本尊などが有名であるが、高田専修寺（本寺）の阿弥陀三尊像もよく知られている。

一生《いっしょう》**補**《ふ》**処**《しょ》**の願**《がん》　第二十二願のことで、必至補処の願、還相回向《げんそうえこう》の願ともいう。一生補処とは現在の一生を終ると、次の生は必ず仏として生まれることをいう。菩薩（大乗仏教の修行者）として最高位のこと。補処とは、仏の位（仏処）を補うという意味である。親鸞は信巻において、釈尊入滅後五十六億七千万年を経て自力の金剛心によってさとりをうる「補処の弥勒菩薩」と他力の横超金剛心の念仏者とは同じであると述べる。また親鸞は証巻において、この二十二願を浄土において証果を得たものがこの世に還来して衆生を済度する還相回向の願と述べる。

一心《いっしん》　→三心《さんしん》

稲田《いなだ》　茨城県笠間市稲田町。『親鸞伝絵』には、越後(新潟県)に流罪となった親鸞が関東に移り、「常陸に越えて、笠間郡稲田郷というところに隠居したまう」とある。親鸞は、建保二年(一二一四)から貞永元年(一二三二)頃に帰洛するまでの間、ここを拠点として教化を行った。なお西念寺は、親鸞の稲田草庵の旧跡と伝える。

井上円了《いのうええんりょう》　(一八五八—一九一九)　大谷派。越後(新潟県)に生まれる。東京帝国大学で哲学を学び、明治二十年(一八八七)に哲学館(のちの東洋大学)を設立。国粋主義的な仏教擁護、キリスト教批判を展開した。また、民間の迷信打破のため妖怪研究をおこなうとともに、哲学の普及と仏教伝道にも努めた。著書には『仏教活論』『真理金針』『宗教哲学』『教育宗教関係論』などがあり、『井上円了選集』二十五巻も出版されている。

今村《いまむら》**恵**《え》**猛**《みょう》　(一八六六—一九三二)　本願寺派。越前(福井県)に生まれる。慶應義塾を卒業後、明治三十二年(一八九九)に本願寺派の開教使となり、ハワイ布教監督に就任。ホノルルにハワイ別院を設立する一方、日系人子弟の教育や英語伝道にも力を入れ、ハワイ教団の基礎を築く。

印信《いんしん》　(生没年未詳)　「日野一流系図」では親鸞の第一子で、母を九条兼実の娘とし、はじめ範意と称したが、後に印信と改めたとする。親鸞の書状や覚恵宛信海書状にある即生房を印信にあたる説もあるが、確証はない。

梅原真隆《うめはらしんりゅう》　(一八八五—一九六六)　本願寺派。富山県に生まれる。仏教大学(のちの龍谷大学)を卒業。仏教大学教授となるが、昭和四年(一九二九)に大学を辞職し顕真学苑を設立。『顕真学報』や雑誌

『道』を主宰し、研究だけでなく広く真宗の伝道に努める。一九三一年に本願寺派勧学となり、執行、勧学寮頭を歴任。一九五一年には富山大学学長となる。著書には『御伝抄の研究』、『正信偈講義』などがあり、『梅原真隆選集』三十二巻も出版されている。

慧雲《えうん》　（一六一三―一六九一）　真宗高田派本誓寺（後の京都別院）二代。高田派勤行本の編集に当たるとともに、貞享三年（一六八六）、江戸初期における本典研究の先駆となる『教行信証鈔』十五巻を刊行した。

回向発願心《えこうほつがんしん》　↓三心《さんしん》

恵心院《えしんいん》　比叡山の横川《よかわ》にある。慧心院ともいう。天台宗山門三学頭の一。永観元年（九八三）右大臣藤原兼家の創建で、のち冷泉院の御願所となった。七高僧の第六祖源信は、かつてここに住したので恵心僧都とよばれた。

恵心僧都《えしんそうず》　↓源信《げんしん》

恵信尼《えしんに》　（一一八二―?）　親鸞の妻。三善為教《みよしためのり》の娘。従来は越後（新潟県）の在地豪族の娘と考えられてきたが、その教養の高さや、父が京都の下級貴族で地方官を務めていたことなどがわかってきたことや、子供の生年などから、今では親鸞が京都の法然門下にいた頃に出会って、京都において結婚したとするのが有力視されている。その後、承元元年（一二〇七）の念仏停止に際して親鸞とともに越後に下り、関東を経て一旦帰洛するが、晩年は親鸞と離別して越後に赴き、文永五年（一二六八）頃その地で没した。晩年親鸞と離別した理由については、父から相続した所領の管理のためであったと考えられている。親鸞との間に三男三女をもうける。晩年末娘覚信尼に宛てた手紙類「恵信尼消息」は、親鸞の素顔を伝える貴重な史料である。

恵信尼文書《えしんにもんじょ》　↓恵信尼《えしんに》消息《しょうそく》

恵信尼消息《えしんにしょうそく》　親鸞の妻恵信尼が、末娘の覚信尼に送った書簡類十通で、大正十年（一九二一）に西本願寺の宝庫で発見された。内容は、建長八年

（一二五六）の譲状（第一・二通）、弘長三年（一二六三）から文永五年（一二六八）にわたる六年間の消息八通、『無量寿経』の一部音読を仮名書きにした経文の三部からなる。消息八通は、親鸞を回顧する内容（第三〜六通）と恵信尼の晩年の生活記録（第七〜十通）で、親鸞の行実や恵信尼の生活の様子や往生を待つ心情が綴られている。

越後国府《えちごこくふ》　古代以来の越後国（新潟県）の行政の中心地。国府の周辺には、奈良時代には国分寺が造営され、また国の一宮が定められることが多かった。現在新潟県上越市の五智国府には五智国分寺や一宮の居多神社があり、ここが越後国府があったところと考えられている。しかし、国分寺は戦国期に移転されたとする説もあり、国府の明確な地は確認されていない。承元元年（一二〇七）の念仏弾圧によって親鸞は越後に流罪となり、国府において数年を過ごした。

延仁寺《えんにんじ》　京都東山鳥辺野の南辺にあった寺院。『親鸞伝絵』では、弘長二年（一二六二）に没した親鸞が荼毘に付された場所とする。本願寺派では東山の大谷本廟の北隣の地とする。現在京都市東山区今熊野に所在する大谷派の延仁寺は、明治年間に再興されたもの。

延暦寺《えんりゃくじ》　→比叡山《ひえいざん》

往覲偈《おうごんげ》　『無量寿経』下巻に出る本経第三の偈頌《げじゅ》の部分で、浄土に往きて阿弥陀仏に観《まみ》えるよう釈尊が勧めて詠ったもの。「東方」という語で始まるので、また「東方偈」ともいう。

王舎城《おうしゃじょう》**の悲劇**《ひげき》　『観経』の序分等に記されている事件で、『観経』が説き示される契機になったもの。悪友の提婆達多《だいばだった》にそそのかされた阿闍世《あじゃせ》太子が、父頻婆娑羅《びんばしゃら》王を幽閉し、その王のために食物を運んだ王妃の韋提希《いだいけ》夫人《ぶにん》をも宮殿の奥に閉じこめた。結局、こうして王は餓死させられ王位を奪われてしまったという史実に基づく事件であるが、憂いに沈んだ韋提希夫人が、遙かに耆闍崛山《ぎしゃくっせん》におられる釈尊を心に念じ、仏弟子を遣わして説法してくださるよう求めたため、これに応じた釈尊が自ら王宮の夫人の前に姿を現したという。そして、極楽浄土への往生の教えが説かれたのであり、それがこの『観経』であったというものである。

往生論《おうじょうろん》　→無量寿経優婆提舎願生偈《むりょうじゅきょううばだいしゃがんしょうげ》

往生論註《おうじょうろんちゅう》　→無量寿経優婆提舎願生偈註《むりょうじゅきょううばだいしゃがんしょうげちゅう》

横出《おうしゅつ》　→二双四重判《にそうしじゅうはん》

往生礼讃《おうじょうらいさん》　七高僧の第五祖善導《ぜんどう》の著作「五部九巻」のうち、「具疏」の一であり、七祖聖教《しちそしょうぎょう》の一である。『往生礼讃偈』『六時礼讃』『礼讃』などとも称する。願生行者が日常実修すべき六時（日没・初夜・中夜・後夜・晨朝《じんじょう》・日中）の礼法を明かしたもの。本書は、浄土教の敬虔な日常行儀を説き述べたものとして長く勤式に依用されたばかりでなく、善導の独創的な儀礼論が窺われるものとして重視されている。

往生要集《おうじょうようしゅう》　七高僧の第六祖源信の撰述で、七祖聖教の一。上・中・下三巻からなり、寛和三年（九八五）の成立という。本書は、諸経論のなかから往生極楽に関する要文を集め、同信行者の指南としたもので、厭離穢土《えんりえど》・欣求浄土《ごんぐじょうど》の思想は当時の社会に大きな感化を及ぼした。全体は、①厭離穢土、②欣求浄土、③極楽証拠、④正修念仏、⑤助念方法、⑥別時念仏、⑦念仏利益、⑧念仏証拠、⑨往生諸行、⑩問答料簡という整然とした組織で構成されている。その中心は④から⑨の部分で、念仏を実践する方法、その念仏を助成する方法、特定の日時を限って修める尋常の別行と臨終念仏の行儀、念仏の利益、念仏によって往生を得る証拠となる経論の文、念仏以外の諸行などが述べられている。日本における最初の本格的な浄土教の教義書として重要視されたにとどまらず、撰述後からひろく流布して、文学や芸術面など広範囲に大きな影響を与えた。

往相《おうそう》　衆生が浄土に往き生まれるすがた。往生浄土の相状の意。還相《げんそう》に対する語。

横超《おうちょう》　→二双四重判《にそうしじゅうはん》

大網門徒《おおあみもんと》　親鸞の孫如信《にょしん》のもとで形成された門徒集団。父善鸞とともに親鸞の意を受けて関東の門弟間の邪義を正すために赴いた如信は、奥州大網に草庵を結んで教化を行った。「親鸞上人門侶交名牒」によると、この如信の門弟として、覚恵・乗善・明教・性信・覚如の名前が見られるが、覚恵・覚如の名があるところから、本願寺との関係が深い。なお大網の地は、福島県西白河郡泉崎村とも、同県東白川郡古殿町ともされる。

大谷《おおたに》　京都東山山麓の円山あたりをいう。法然が専修念仏を唱えた吉水の庵室や晩年を過ごした大谷の禅房があった地。法然は没後禅房の傍らに遺骸を埋葬されて廟が建てられたが、嘉禄三年（一二二七）山徒によって破却された。その後源智が法然の旧房を再興し、現在の知恩院が営まれた。また弘長二年（一二六二）に親鸞の遺骸はこの地に納められ、さらに文永九年（一二七二）吉水の北辺に改葬して廟堂が創建され、その後大谷本願寺へと発展する。

大谷光瑞《おおたにこうずい》　（一八七六―一九四八）　本願寺派。西本願寺二十二代。二十一代光尊の長男。学習院卒業。明治三十二年（一八九九）、欧州宗教事情の視察のため外遊。明治三十五年（一九〇二）に西域探検隊（第一次大谷探検隊）を組織し、以後三次にわたり探検隊を派遣する。明治三十六年（一九〇三）に西本願寺門主を継職。教団の近代化や学生の教育に努める。大正三年（一九一四）に門主職を辞任するが、その後も中国開教や雑誌『大乗』の刊行、人材養成等につとめた。『大谷光瑞全集』十三巻、『大谷光瑞興亜計画』十巻などが刊行されている。

大谷光瑩《おおたにこうよう》　（一八五二―一九二三）　大谷派。東本願寺二十二代。二十一代光勝の五男。北海道開拓を推進し、札幌別院を創設。石川舜台らとヨーロッパを視察し、教学や教団の近代化をはかる。明治二十二年（一八八九）に東本願寺を継職し、火災で焼失した御影堂・阿弥陀堂を再建する。

大谷派《おおたには》　東本願寺を本山とする教団。→本願寺、東本願寺

大谷本願寺通紀《おおたにほんがんじつうき》　本願寺派の玄智が、西本願寺十七代法如の命によって天明五年（一七八五）に著し、寛政四年（一七九二）に増補したもので、本願寺派の沿革を中心に真宗の歴史について詳しく述べられている。玄智が何をもとに記述したのか不明なものもあるが、真宗全般の歴史を知る重要な書物である。

小栗栖香頂《おぐるすこうちょう》　（一八三一―一九〇五）大谷派。豊後（大分県）に生まれる。高倉学寮に学ぶ。北海道開拓を建白する一方、中国開教をこころざし、明治六年（一八七三）に中国に渡り、明治二十九年（一八九六）には上海に東本願寺別院を開設する。また、江蘇教校を設立し、日本人への中国語教育をおこなう。著書に、『真宗教旨』、『蓮船法語』などがある。

小黒女房《おぐろのにょうぼう》　（生没年不詳）親鸞の娘。「日野一流系図」では第二子とされ、弟である明信の生年から考えて、親鸞が京都にいたときに誕生したものと考えられる。幼少で親鸞とともに越後（新潟県）を経て、関東に至り一旦京都に帰るが、母恵信尼とともに越後に赴き生涯を終える。新潟県東頸城郡にある小黒村がその居住地と考えられている。

小野宮禅念《おののみやぜんねん》　（?―一二七五）中院（小野宮）具親の子。親鸞の末娘覚信尼と結婚し、唯善が誕生する。親鸞の廟所が営まれた大谷の地の所有者であったが、文永十一年（一二七四）に覚信尼に譲渡した。このため、唯善は後年異父兄の覚恵との間で廟堂敷地について所有権の紛争が起こる。

隠彰《おんしょう》　隠微にあらわされている真実義ということで、『観経』でも『小経』でも、定散《じょうさん》諸行往生や自力念仏往生の後ろに、他力念仏往生の法すなわち弘願《ぐがん》法《ほう》が説かれているとする。この対語は顕説《けんぜつ》で、両者を一緒にして「顕彰隠密《けんしょうおんみつ》」とか「隠顕《おんけん》」という語もある。

か行

改邪鈔《がいじゃしょう》　建武四年（一三三七）に本願寺第三代覚如によって撰述された。当時の真宗教団の安心や行儀について二十箇条をあげて邪義異説として批判した書物。第一・二条では、「名帳」「絵系図」を批判し、また第二十条では、末弟が建立した草堂を本所と称して本廟である本願寺を軽視することをいましめるなど、当時隆盛してきた佛光寺教団への批判があげられる。また奥書では三代伝持を主張して、覚如の正当性を強調する。

曜日蒼竜《かがひそうりゅう》　（一八五五―一九一七）　本願寺派。豊後（大分県）に生まれる。大分の東陽学寮で真宗学を学び、京都の大学林に入る。明治二十二年（一八八九）にハワイ布教を志し渡航する。在留邦人の教化に尽力し、ハワイ開教の先駆となる。

覚恵《かくえ》　（？―一三〇七）　親鸞の末娘覚信尼の子。父は日野広綱。母覚信尼を助けて大谷の親鸞廟堂創建に尽力し、覚信尼の死後廟堂の留守職となるが、異父弟の唯善と廟堂敷地の所有権で争論となる。なお本願寺第三代覚如はその子である。

獲求其本釈《かくぐごほんじゃく》　曇鸞《どんらん》の『往生論註』下巻末の一部をさす言葉で、「獲《まこと》に其の本を求むるに、阿弥陀如来を増上縁《ぞうじょうえん》となす」という表現があるのでこういう。すなわちここに、我々が浄土に往生するのも、行う各種の行業も、すべては阿弥陀如来によっている、その阿弥陀如来の本願力・仏力こそが他力なのであり、この利他のはたらきによってすみやかに「阿耨多羅三《あのくたらさん》藐三菩提《みゃくさんぼだい》」が成就できるのである、という主張がなされている。曇鸞の強調した他力の内容がきわめて明確に示されるところとして、特に重視される箇所である。

覚信尼《かくしんに》　（一二二四―一二八三）　親鸞の娘。母は恵信尼。親鸞とともに関東から上洛し、日野広綱と結婚して覚恵らを生むが、広綱と死別する。その後小野宮禅念と再婚して唯善を生む。親鸞の晩年には近くに侍し、その死に立ち会う。晩年越後（新潟県）に赴いた母恵信尼との間で交わされた手紙では、親鸞の死前後の様子を母恵信尼に報せていることがわかる。なお覚信尼が受け取った恵信尼の手紙は、「恵信尼消息」として、西本願寺に所蔵されている。親鸞の遺骨を禅念の私有地に移して廟堂とし、敷地を廟堂に寄進して自身はその留守職となった。

覚如《かくにょ》　（一二七〇―一三五一）　親鸞の曽孫。興福寺一乗院覚昭について受戒得度し、関東に住していた如信に真宗の教義を伝授される。親鸞の廟堂敷地問題については、叔父の唯善に勝訴し、関東の門弟から漸く留守職就任を認められた。その後廟堂の寺院化を推し進め、本願寺の寺号を称するとともに、『口伝鈔』『改邪鈔』などを著して三代伝持の血脈を主張し、真宗の正当な後継者であることを強調した。

学寮《がくりょう》　龍谷大学の前身。寛永十六年（一六三九）に、本願寺派が本願寺境内に創設した宗学の教育機関。明暦元年（一六五五）に学林と改称し、元禄八年（一六九五）には本願寺門前の東中筋学林町に学林講堂・衆堂が設置された。明治九年（一八七六）には大教校と改称し、その二年後に学舎を七条猪熊通に移転した。明治三十三年（一九〇〇）の学制更改により仏教大学と改称。その後仏教専門大学と高輪仏教大学（東京）に分立されたが、明治三十七年（一九〇四）に再統合され、大正十一年（一九二二）に龍谷大学となる。

学林《がくりん》　→学寮《がくりょう》

鹿島門徒《かしまもんと》　常陸国（茨城県）鹿島の順信房信海を中心として形成された門徒団。順信は鹿島社の宮司の子とされ、また鹿島社にはかつて親鸞も参詣したと伝えられる。「親鸞上人門侶交名牒」には、順信の直弟として唯信など九人の名が見られ、高田門徒とともに、親鸞帰洛後の関東門弟の重要な門徒団の一つであった。

金子大榮《かねこだいえい》　（一八八一―一九七六）　大谷派。新潟県に生まれる。真宗大学（のちの大谷大学）を卒業後、浩々洞に入り精神主義を継承する。大正五年（一九一六）に大谷大学教授となり雑誌『仏座』を主宰する。また大谷派講師となり、のちに侍董寮寮頭もつとめる。仏教教理を基盤とした近代的な真宗教学を構築し、現在の大谷派の教学に大きな影響を与えた。著書に、『彼岸の浄土』『真宗の教義と其の歴史』などがあり、『金子大榮著作集』十二巻も出版されている。

亀井勝一郎《かめいかついちろう》　（一九〇七―一九六六）　大学在学中に共産主義青年同盟の一員として活躍したが、三年で退学し、昭和三年には治安維持法違反容疑で検挙され、二年半の獄中生活を送った。転向上申書を提出して出獄した後、作家としての精力的な活動を行った人物である。日本の伝統をアジアの文化の中に位置づけ、アジア的理想への回帰を提唱した評論活動が中心であるが、その中に『大和古寺風物誌』（昭和十二年）や『親鸞』（昭和十九年）がある。なかでも『親鸞』は、日本の、世界に誇るべき思考・精神的営みとしての、親鸞精神の再評価をするもので、彼の「戦前の代表作」という評価さえ与えられている。

観経《かんぎょう》　→仏説観無量寿経《ぶっせつかんむりょうじゅきょう》

観経疏《かんぎょうしょ》　→観無量寿経疏《かんむりょうじゅきょうしょ》

関東二十四輩《かんとうにじゅうよはい》　→二十四輩《にじゅうよはい》

観念法門《かんねんぼうもん》　七高僧の第五祖善導《ぜんどう》の著作「五部九巻」のうち、「具疏《ぐしょ》」の一であり、七祖聖教《しちそしょうぎょう》の一である。『観経』や『般舟三昧経《はんじゅざんまいきょう》』などによって、阿弥陀仏の相好《そうごう》を観想する方法やその功徳について詳述したもの。全体は三昧形相分・五縁功徳分・結勧修行分の三つに分かれるが、三昧形相分に観仏三昧の法、念仏三昧の法、入道場念仏三昧の法、そして道場内懺悔発願の法を述べ、五縁功徳分では念仏行者の現世と来世で得る五種の利益を示し、結勧修行分において信謗の損益、念仏の功徳、懺悔滅罪の方法を述べている。「行儀分」に属する聖教として、いかんなく浄土往生のための行儀が示されているといえよう。→観無量寿《かんむりょうじゅ》経疏《きょうしょ》

観音菩薩《かんのんぼさつ》　衆生の厄難《やくなん》を救い福徳を与える菩薩として信仰されている。あるいはまた観自在菩薩ともいわれ、苦悩の人々が観音の名を称えるその音声を聞き知って自在に救う、慈悲救済を本願とする菩薩。阿弥陀仏の左の脇士で、その慈悲の徳をあらわす。『法華経』では衆生を導くのに、相手に応じて仏身から執金剛身までの三十三身を示すといい、『華厳経』によれば、南海補陀洛《ふだらく》（ポータラカ、普陀、二荒《ふたら》）山に住すという。よって、ここが観音菩薩の浄土として知られている。チベットの活仏ダライ・ラマの宮殿・ポタラ

宮の名も、彼が観音菩薩の化身とされているがゆえに、これによっている。また、『悲華経』では、阿弥陀仏の補処《ふしょ》の菩薩とされている。→勢至菩薩《せいしぼさつ》

観無量寿経疏《かんむりょうじゅきょうしょ》　七高僧の第五祖善導の主著で、七祖聖教の一。「玄義分」「序分義」「定善義」「散善義」の四帖（巻）からなっているので、『四《し》帖疏《じょうしょ》』ともいい、また『観経疏』『観経義』などと略称される。本書を「本疏」とか「解義分」と呼ぶのに対して、善導の他の著作四点を「具疏」とか「行儀分」と呼びならわしている。「玄義分」は、経の要義をあらかじめ述べたもので、はじめに「帰三宝偈」と呼ばれる偈頌《げじゅ》がおかれ、以下七門にわたって善導独自の『観経』に対する見方が示される。「序分義」は、経の序分を註釈したもの。「定善義」は経の正宗分の中の定善《じょうぜん》十三観の文について註釈し、「散善義」は正宗分の散善《さんぜん》を説く九品《くほん》段と得益分・流通分・耆闍分《ぎしゃぶん》について註釈し、最後に、後跋を付している。後跋において善導は、古今の諸師の誤った『観経』解釈をあらため、仏意を確定するという「古今楷定《ここんかいじょう》」の意趣を示している。これによって善導は浄土教の教えを大成して、中国仏教にとどまらず、日本の浄土教に大きな影響を与え、法然、親鸞の教学に展開していくのである。

願力《がんりき》　阿弥陀仏の本願のはたらき。本願力、本願他力、大願業力、宿願力ともいう。阿弥陀仏はすべての人々を救うために四十八願を建て、修行を重ねてその願を成就したが、この阿弥陀仏の救済の力を願力という。願は因位の本願（阿弥陀仏が因の位、すなわち法蔵菩薩の時に発《おこ》した四十八の願）のことで、力は果上の威神力（四十八願を達成して阿弥陀仏となった果位上のはかりしれない力）のこと。親鸞の『教行信証』証巻に「それ真宗の教・行・信・証を案ずれば、如来の大悲廻向の利益なり。故にもしは因もしは果、一事として阿弥陀如来の清浄願心の廻向成就したまへる所にあらざることあることなし」とあるように、衆生が浄土に生まれる因も浄土で得られる果報もすべて仏からさし向けられたもの（願力廻向）である。そのはたらきが思慮を超えたものであるから願力不思議ともいう。

疑城胎宮《ぎじょうたいぐ》　↓化土《けど》

吉光女《きっこうにょ》　貴公女《きこうにょ》ともいう。親鸞の母とされる伝説上の女性。この説は南北朝期からおこり、江戸時代には高田派の五天良空が著した『親鸞聖人正統伝』に記されたことから広まったが、その実在性を確認することが困難である。

木辺派《きべは》　錦織寺を本山とする教団。↓錦織寺

教行証文類《きょうぎょうしょうもんるい》　↓顕浄土真実教行証文類《けんじょうどしんじつきょうぎょうしょうもんるい》

教行信証《きょうぎょうしんしょう》　↓顕浄土真実教行証文類《けんじょうどしんじつきょうぎょうしょうもんるい》

経釈文聞書《きょうしゃくもんききがき》　真佛（一二〇九―一二五八）が『蓮華面経』『法事讃』『教行信証』などの経論釈から二十五文を抜粋したものである。現在は別幅されているが、六角堂における「親鸞夢記云」（女犯偈）も元来、本書に集録されていた。

教相判釈《きょうそうはんじゃく》　釈尊一代の教えを形式・方法・時期などで整理し、どの教法が時機に相応するかを判定すること。教判・判釈ともいう。中国において、天台大師智顗《ちぎ》（六世紀）は諸法の順序として五時八教、すなわち諸法を華厳《けごん》・阿含《あごん》・方等《ほうどう》・般若《はんにゃ》・法華涅槃《ほっけねはん》時、方法として、頓・漸・秘密・不定教、内容面で、蔵（小乗）・通（小乗大乗に共通）・別（大乗独自）・円（完全な『法華経』）という教判を行って、『法華経』中心の天台宗を確立した。親鸞は『教行信証』や『愚禿鈔』において二双四重判の教判を立てて、阿弥陀仏の本願を中心とした浄土真宗を最もすぐれた横超の教えと位置づけた。↓二双四重判《にそうしじゅうはん》、竪超《しゅちょう》、横超《おうちょう》、竪出《しゅしゅつ》、横出《おうしゅつ》

畺良耶舎《きょうりょうやしゃ》　五世紀頃の西域の僧。ひろく三蔵に通じた禅学の実践者。劉宋《りゅうそう》の元嘉の初め（四二四）建康（現在の南京）に至り、『観経』一巻などを訳出したと伝えられる。

清沢満之《きよざわまんし》　（一八六三―一九〇三）　大谷派。尾張（愛知県）に生まれる。東京帝国大学で哲学を学び、明治二十一年（一八八八）愛知西方寺に入寺。東

本願寺教団内で近代的な教育制度・組織の確立をめざすが、しばしば東本願寺当局と対立。明治三十三年（一九〇〇）に東京本郷に浩々洞を開き精神主義運動を展開し、翌年には雑誌『精神界』を創刊し、主体的な信仰の確立をめざし多くの人々に影響を与える。同年、東京巣鴨に開校された真宗大学（のちに高倉学寮と統合され大谷大学となる）の初代学監に就任し、近代教学の祖とも称される。著書には『宗教哲学骸骨』『我が信念』などがあり、『清沢満之全集』三巻も出版されている。

錦織寺《きんしょくじ》　滋賀県野洲市にある真宗木辺派の本山。寺伝によると、慈覚大師円仁によって毘沙門天像が安置された天安堂に始まり、親鸞が東国から帰洛する際立ち寄り『教行信証』を完成させたという。南北朝期には関東から横曽根門徒の系統を引く近江瓜生津系の愚咄が継承し、その後を存覚の子慈観が受け継いだ。室町後期勝慧が本願寺蓮如に帰依したことから寺勢が衰退、天正年間（一五七三―九二）と元禄七年（一六九四）に火災によって焼失したが、その後伽藍は再興された。

九十五種《くじゅうごしゅ》の邪道《じゃどう》　邪道は仏教以外の外の教え、すなわち外道のこと。六師外道に各十五人の弟子があり、各一派を立て、これに六師を加えて、九十六種となる。その中に小乗仏教の一派に似たものがあり、それを除いて九十五種となる。あるいは九十六種の外道ともいう。

九条兼実《くじょうかねざね》（一一四九―一二〇七）　藤原氏の摂関家の一つ九条家の創始者。月輪殿・法性寺殿ともいう。関白藤原忠通の子。文治二年（一一八六）摂政、建久二年（一一九一）関白となるが、同七年源通親の策謀のため失脚する。壮年期より専修念仏に傾倒して法然に帰依する。建仁二年（一二〇二）に法然を戒師として出家する。親鸞の最初の妻玉日が兼実の娘であるとする説が、南北朝期頃から広まる。なお弟の慈円は親鸞出家の戒師とされる。

口伝鈔《くでんしょう》　本願寺第三代覚如の撰述。元弘元年（一三三一）如信の三十三回忌の法事に際して、覚如が如信から直接伝えられた親鸞の言行を述べるかたちで筆記されたもので、二十一箇条に及ぶ真宗の要義を説き、三代伝持の正当性を主張する。

愚禿鈔《ぐとくしょう》　図式的な表現で全編が満たされる教相判釈の書であって、上下二巻の構成から『二巻《にかん》鈔《じょう》』とも呼ばれる。上巻で二双四重による教相判釈によって浄土真実の教えの意義が説かれ、下巻では『観経疏』の「三心釈」を中心に安心領解が示され、親鸞の信心の立場を明らかにしている。

熊谷直実《くまがいなおざね》　→蓮生《れんしょう》

熊野社《くまのしゃ》　和歌山県東牟婁郡にある神社。本宮・新宮・那智の三社からなるため、熊野三山や熊野三所権現などと称される。本宮は証誠殿とよばれ、本地は阿弥陀仏とされた。『親鸞伝絵』には、平太郎の参詣のことが記されている。

鳩摩羅什《くまらじゅう》　（三四四―四一三、または三五〇―四〇九）略して羅什という。『小経』『十住毘婆沙《じゅうじゅうびばしゃ》論《ろん》』等の訳者。西域亀茲国の王族の生れ。仏教に精通し、とくに語学にすぐれ、弘始三年（四〇一）後秦《こうしん》の王姚興《ようこう》に国師の礼をもって迎えられて長安に入り、没するまで三百余巻の経論を訳した。彼の翻訳は、旧訳とされているが、名訳として名高い。

倉田百三《くらたひゃくぞう》　（一八九一―一九四三）倉田百三は白樺派《しらかばは》に属する。大正六年（一九一七）に、『出家とその弟子』という戯曲を発表したが、たちまち本はベストセラーになり、親鸞ブームを引き起こしたといわれる。ただこの作品は、仏教を人道主義の立場で理解していたり、キリスト教的理解の下で唯円の生き方や親鸞の思想が描かれているから、「近代日本の代表的な宗教文学」と位置づけられるのは納得できるにしても、本当の意味で、仏教文学といえるかどうかは疑問である。ここに描かれる親鸞像も唯円のすがたも、あくまで戯曲、文学として理解しなければならないであろう。

栗沢信蓮房《くりさわしんれんぼう》　→明信《みょうしん》

外教《げきょう》　→六十二見《ろくじゅうにけん》、九十五種《くじゅうごしゅ》の邪道《じゃどう》

華厳経《けごんぎょう》　『大方広仏華厳経』のこと。漢訳に三本あり、東晋《とうしん》の仏駄跋陀羅《ぶっだばだら》訳六十巻本（旧訳、六十華厳とか晋訳と称する）、唐の実叉難陀《じっしゃなんだ》訳八十巻本（新訳、八十華厳とか唐訳と称する）、唐の般若《はんにゃ》訳（四十華厳、「入法界品《にゅうほっかいぼん》」だけの部分訳）として伝えられている。釈尊が成道《じょうどう》直後に、みずからさとられた法の内容をストレートに説き示した経典とされている。この経の一章「十地品《じゅうじぼん》」は、菩薩の修行階位である十地思想を説くものとして重要であるが、独立して『十地経』あるいは『十住経』とも称される。この『十住経』を註釈したものが龍樹《りゅうじゅ》の『十住毘婆沙論』である。↓十地品

化生《けしょう》　衆生が生まれる四種の形態のうち、依りどころなく業力《ごうりき》によって忽然と生れること。迷界の四生《ししょう》の一。ただし、浄土教においては、明らかに仏智を信ずるものの真実の浄土への往生のこと。自然に生滅を超えた無生の生を受けることをいう。これに対して、仏智を疑惑するものの往生を胎生《たいしょう》という。

化土《けど》　仏教では、「応土」に同じく、応身仏《おうじんぶつ》の国土といった意味である。浄土真宗では、化身土《けしんど》あるいは方便《ほうべん》化土という意味で用い、真実報土《しんじつほうど》に対して、阿弥陀仏が真実の仏土に導くための手だてとして、衆生のそれぞれの心に応じて変化して現した仮の仏土をいう。本願を疑いつつ浄土を願生するもの（第十九・二十願の疑心自力の行者）が往生するところで、懈慢界《けまんがい》、辺地《へんじ》、疑城胎宮《ぎじょうたいぐ》などの異名をもってよばれている。

外道《げどう》　仏教を内道というのに対する言葉で、仏教以外の教えをいう。

懈慢界《けまんがい》（懈慢国土《けまんこくど》）　↓化土《けど》

源海《げんかい》　（？—一二七八）　佛光寺第三代。もと武士であったがというが、高田門徒の中心的人物であった真佛について剃髪し、甲斐（山梨県）等々力山万福寺の二十四代になったという。文永年中（一二六八—一二七五）武蔵国（埼玉県）荒木に万福寺を創設、いわゆる荒木門徒の始祖となった。

玄奘《げんじょう》　（六〇〇または六〇二—六六四）　唐代の訳経僧。十三歳の時出家し、『倶舎論』『摂大乗論』等を学ぶが、疑義を原典によって解決しようとして、イン

ド留学を決意し、貞観元年（六二七、一説に貞観三年）長安を発って密出国した。インドではナーランダ寺のシーラバドラ（戒賢）等に学び、数多くの原典を携えて、貞観十九年（六四五）帰国し、示寂までに七十五部千三百三十五巻もの経論を翻訳した。彼の十七年間のインド旅行の記録は『大唐西域記』十二巻としてまとめられているが、インド・中央アジアの地誌として有名である。

顕浄土真実教行証文類《けんじょうどしんじつきょうぎょうしょうもんるい》　通称『教行信証』。教・行・信・証・真仏土・化身土の六巻よりなる漢文体の親鸞の主著であり、経論釈の文章を集めて真宗の教義を明らかにした立教開宗の根本聖典である。自筆本の再稿本（坂東本）が東本願寺に所蔵される。撰述は、「化身土巻」で仏滅年代を算定するところに「元仁元年（一二二四、親鸞五十二歳）」という年時が記されていることから、一般にこの頃に初稿本が成立したと考えられている。

源空《げんくう》（一一三三―一二一二）　七高僧の第七祖で、浄土宗の開祖である法然のこと。美作国《みまさかのくに》（岡山県）久米の押領使漆間時国の子として生れる。十五歳の時に比叡山の皇円について得度し、のち黒谷の叡空に師事して法然房源空と名のった。承安三年（一一七五）四十三歳の時、善導の『観経疏』の文により専修念仏《せんじゅねんぶつ》に帰し、比叡山を下りて東山吉水《よしみず》に移り住み、念仏の教えを弘めた。文治元年（一一八六）大原勝林院で聖浄二門の義を論じ（大原問答）、建久元年（一一九八）『選択集』を著した。元久元年（一二〇四）比叡山の僧徒が専修念仏の停止を訴えたため、「七箇条制誡」を草して延暦寺に送ったが、興福寺の奏状により念仏停止の断が下されることになった。建永二年（一二〇七、承元元年）のことで、土佐に流罪となった。いわゆる建永（承元）の法難である。建暦元年（一二一一）赦免になり帰京したが、翌年正月二十五日に示寂した。七祖聖教《しちそしょうぎょう》としての著作は、『選択集』（選択本願念仏集）である。

源信《げんしん》（九四二―一〇一七）　比叡山横川《よかわ》の恵心院に住したので恵心僧都ともいう。大和国（奈良県）当麻の生れ。七高僧の第六祖。比叡山に登り良源に師事して、天台教学を究めたが、名利を嫌い横川に隠棲した。寛和元年（九八五）四十四歳の時に『往生要集』三巻を著し、末代の凡夫のために穢土《えど》を厭離《えんり》して阿弥陀仏の浄土を欣求すべきことを勧めた。著書は七十余部百五十巻といわれるが、七祖聖教としては『往生要集』三巻のみである。

顕説《けんぜつ》　顕著に説かれている教義ということで、『観経』における定散《じょうさん》諸行往生すなわち要門《ようもん》の教義をい い、『小経』では、自力念仏往生すなわち真門《しんもん》の教義を意味している。この対語は隠彰《おんしょう》で、両者を一緒にして「顕彰隠密《けんしょうおんみつ》」とか「隠顕《おんけん》」という語もある。

還相《げんそう》　浄土に往生した者が、再び穢土に還り来て、他の衆生を教化して仏道に向かわせるありさま。還来穢国《げんらいえこく》の相状という意。往相に対する語。

還相回向《げんそうえこう》の願《がん》　還相とは、浄土に往生したものが、菩薩の相をとり再び穢土に還り来て、衆生を救済するはたらきをいうが、これは阿弥陀如来から与えられたものであって、それを「還相回向」という。阿弥陀仏がこの還相回向を誓った願は第二十二願であるから、この願をさしてこう呼ぶ。

顕智《けんち》　（一二二六―一三一〇）親鸞面授の高弟で高田派第三代。真佛の娘婿と伝える。『三河念仏相承日記《みかわねんぶつそうじょうにっき》』で「顕智ヒジリ」と呼ばれるように、下野（栃木県）高田専修寺を本拠としつつ、何度も関東―京都間を行脚するとともに各地を巡教し、北陸から近江、伊勢、三河地方に教えを広め高田派教団の礎を築いた。正嘉二年（一二五八）三条富小路善法坊で法語「獲得名号自然法爾」を聞き書きするなど、親鸞の著述や経釈文を多く書写している。初期真宗教団の重鎮として親鸞入滅にあたっては葬送の儀を勧め、大谷廟堂の造営維持にも尽力した。

見聞集《けんもんしゅう》　親鸞が文暦二年（一二三五、親鸞六十三歳）に平仮名交じり文で書写した『唯信抄』の袋綴の折り目を切り離して、そこにできた紙背《しはい》に法照の『浄土五会念仏略法事儀讃』と『涅槃経』南本から抄出した文を書写した非常に珍しい体裁のもの。自筆本が高田派本山専修寺に所蔵される。

五悪《ごあく》　不殺生戒・不偸盗戒・不邪淫戒・不妄語戒・不飲酒戒の五戒に背く五種の悪い行い。『無量寿経』巻下によれば、⑴殺生《せっしょう》、⑵偸盗《ちゅうとう》、⑶邪淫《じゃいん》、⑷両舌《りょうぜつ》・悪口《あっく》・妄言《もうごん》・綺語《きご》、⑸飲酒《おんじゅ》に基づく行為を五悪としている。妄語によって、その他の口業の悪である両舌・悪口・綺語を代表させたと考えれば、両者に相違はないといえよう。

興正寺《こうしょうじ》　京都市下京区にある真宗興正派の本山。文明十四年（一四八二）に佛光寺経豪が門末を率いて本願寺蓮如に帰依し、興正寺蓮教と称した。興正寺の号は、本願寺覚如の命名による「興隆正法」にちなんだものを旧に復したとされる。以来本願寺の中本山として重要な地位にあり、本願寺の東西分派には西本願寺に属した。江戸時代を通じてしばしば別派独立を企図したが果せず、明治九年（一八七六）ようやく独立して興正派と称した。西日本に多くの末寺を抱えていたが、独立に際しては多くが西本願寺に属した。現在は香川県に最も多くの末寺がある。

毫摂寺《ごうしょうじ》　福井県武生市清水頭町にある真宗出雲路派の本山。本願寺第三代覚如の弟子であった乗専《じょうせん》が京都の出雲路に建立したものを、第五代幸善が越前山元庄に移し、さらに慶長元年（一五九六）に現在地に移った。

興正派《こうしょうは》　興正寺を本山とする教団。→興正寺《こうしょうじ》

康僧鎧《こうそうがい》　三国時代の魏の訳経僧。インドの僧と伝えるが、康居《こうきょ》（現在のサマルカンド付近の旧名）の人とみられる。嘉平四年（二五二）前後に洛陽に来て白馬寺に住し、『大経』二巻を訳出したといわれる。

興福寺《こうぶくじ》　一般には「こうふくじ」と呼ばれる。奈良市登大路町にある法相宗の本山。藤原氏の氏寺として平安時代以降栄え、政治的影響力もあった。元久二年（一二〇五）の専修念仏を停止を求める「興福寺奏状」を契機として、法然の専修念仏教団が弾圧を受け、法然とともに親鸞など多くの門弟が処罰された。鎌倉・室町時代を通じて大和（奈良県）の守護職にあって、その警察権をもち、大和一向一揆を抑圧した。

光明無量《こうみょうむりょう》　阿弥陀仏の特性を示す言葉で、智慧の光で照らすことが無量（空間的に無辺性をもつ）であるということ。すなわちところに限定されず

に、どこでも阿弥陀仏は衆生利益の活動をするということを意味している。このすがたは、四十八願のうちの第十二願に誓われたことが完成したものだという。
↓寿命無量《じゅみょうむりょう》

高野禅尼《こうやぜんに》　（生没年未詳）「日野一流系図」によると親鸞の次女とする。「大谷嫡流実記」では、関東瓜面（茨城県瓜連町と考えられる）に住み、京都で没したとするが、詳細については明らかではない。

五願開示《ごがんかいじ》　↓四十八願《しじゅうはちがん》

国際仏教文化協会《こくさいぶっきょうぶんかきょうかい》　一九八〇年に、欧州の念仏者の支援を目的に、佐藤哲英、山崎昭見、宮地廓慧、川畑愛義、井上智勇等が発起人となり西本願寺二十三代大谷光照を総裁に結成された協会。全国から寄せられた浄財を基金に、欧州念仏者の活動の支援や出版等をおこなっている。

五功徳門《ごくどくもん》　五念門の行を修めることによって浄土に往生して得るところの果で、五功徳門、五果門ともいう。①近門《ごんもん》。礼拝によって仏果に近づくこと。②大会衆門《だいえしゅもん》。讃嘆によって浄土の聖者（阿弥陀仏の聖衆）の仲間に入ること。③宅門《たくもん》。作願によって止（奢摩他）を成就すること。④屋門《おくもん》。観察によって観（毘婆舎那）を成就すること。⑤園林遊戯地門《おんりんゆげじもん》。回向によってさとりの世界から迷いの世界にたちかえって、自在に衆生を教化・救済することを楽しみとすること。『浄土論』では、はじめの四果を菩薩の入門（自利）、第五果を還相《げんそう》の出門（利他）とするが、親鸞聖人は「証巻」において五果すべて還相の益とされている。

極楽浄土《ごくらくじょうど》　↓西方浄土《さいほうじょうど》

古今楷定《ここんかいじょう》　善導《ぜんどう》以前と同時代の仏教者の『観経』解釈の謬りを正し是非を定めるという意味で、七高僧の第五祖善導が、主著『観経疏』において主張した立場であり、また、彼の成し遂げた業績を称える言葉でもある。その内容は、『観経』が凡夫《ぼんぷ》の救済を説いた経典であること、阿弥陀仏の浄土は次元の低い世界ではなく真実の報土《ほうど》であるとしたこと、南無阿弥陀仏の名号には願も行も具足しているから、称名念仏でただちに浄土往生が可能であるとして「別時意《べつじい》」説を否定したこと等である。

五種《ごしゅ》の正行《しょうぎょう》　五正行《ごしょうぎょう》ともいう。阿弥陀仏の浄土へ往生するための正当純正なる五種の行、阿弥陀仏とその浄土を対象とする行のことである。善導の『観経疏』によって主張された。①読誦《どくじゅ》正行。浄土の経典を読誦すること。②観察《かんざつ》正行。阿弥陀仏とその浄土のすがたを心に想いうかべること。③礼拝《らいはい》正行。阿弥陀仏を礼拝すること。④称名《しょうみょう》正行。阿弥陀仏の名号を称えること。⑤讃嘆《さんだん》供養正行。阿弥陀仏の功徳をほめたたえ、衣食香華《えじきこうげ》などをささげて供養すること。そして、この五正行をさらに二種に分けて、第四の称名行を正定業《しょうじょうごう》とし、その他の前三後一の行を助業《じょごう》とする。

五正行《ごしょうぎょう》　→五種《ごしゅ》の正行《しょうぎょう》

五濁《ごじょく》　悪世においてあらわれる避けがたい五種のけがれのこと。①劫濁。時代のけがれ。飢饉や疫病、戦争などの社会悪が増大すること。②見濁。思想の乱れ。邪悪な思想、見解がはびこること。③煩悩濁。貪・瞋・癡《ち》等の煩悩が盛んになること。④衆生濁。衆生の資質が低下し、十悪をほしいままにすること。⑤命濁。衆生の寿命が次第に短くなること。

御伝鈔《ごでんしょう》　→親鸞伝絵《しんらんでんね》

後鳥羽上皇《ごとばじょうこう》　（一一八〇―一二三九）第八十二代天皇。寿永二年（一一八三）後白河法皇の命により即位するが、建久九年（一一九八）譲位して院政を始める。承元元年（一二〇七）に行った熊野詣の際、法然門弟の安楽・住蓮が女官を引き入れたことを契機に専修念仏を停止して、法然・親鸞らを流罪とした。『教行信証』後序において親鸞から、「法に背き義に違し、忿を成して怨を結ぶ」と念仏弾圧を非難されている。承久三年（一二二一）に承久の乱を起こすが鎌倉幕府に敗れ隠岐（島根県）に流された。

五念門行《ごねんもんぎょう》　阿弥陀仏の浄土に往生するための行として、天親の『浄土論』に示された五種の行。①礼拝門。身に阿弥陀仏を敬い拝むこと。②讃嘆門。

光明と名号のいわれを信じ、口に仏名を称えて阿弥陀仏の功徳をたたえること。③作願門。一心に専ら阿弥陀仏の浄土に生れたいと願うこと。④観察門。阿弥陀仏・菩薩の姿、浄土の荘厳を思いうかべること。⑤回向門。自己の功徳をすべての衆生にふりむけて共に浄土に生れたいと願うこと。またこの五念門行を修する結果として得られる徳を五功徳門として示されている。親鸞は曇鸞の『往生論註』を通して、これら五種の行が、すべて法蔵菩薩がおさめた功徳として「南無阿弥陀仏」の名号にそなわって衆生に回向されるとみた。→五功徳門《ごくどくもん》

護摩檀《ごまだん》　護摩とは、焚焼、火祭の意のホーマの音訳語である。密教における修法の一つで、火を焚き、火中に物を投じて供養し、息災・増益《ぞうやく》・降伏等を祈願することをいう。この護摩を行うために設けられた施設が護摩檀である。

金剛《こんごう》の信心《しんじん》　金剛は梵語ヴァジュラの漢訳で、何ものにも破壊されない金剛石のこと。等覚の菩薩の智慧が堅固不動であるのを、金剛のように何ものにも破壊されないことに喩えたもの。浄土真宗では、阿弥陀仏の本願を信ずる心を形容して金剛の信心という。如来回向の信心は、その本体は仏の智慧であって、金剛のようにきわめて堅くたじろがないことを喩えたもの。→信心《しんじん》

さ　行

罪悪深重《ざいあくじんじゅう》　浄土真宗の人間観に立つ言葉で、人間を本質的な立場で考察して、何人も悪業《あくごう》しかなし得ない存在であり、我執と我欲から決して離れることができないものであるとする。罪悪生死《ざいあくしょうじ》なども同意の語で、この生死の世界に輪廻《りんね》し続ける我々を指す。法律的に罪を犯した悪人という意味ではない。この本性は一部の人間だけのことではないので、「罪悪深重の凡夫《ぼんぶ》」とか「罪悪生死の凡夫」などと、凡夫（我々普通の人）という語とともに用いられることが多い。

西念寺《さいねんじ》　茨城県笠間市稲田にある親鸞の旧跡。稲田御坊と称す。親鸞の弟子稲田頼重相続の地とい

う。万治三年（一六六〇）東本願寺に属することとなったが、現在は独立して単立寺院。境内には親鸞の廟所やお手植えという公孫樹がある。

西方指南抄《さいほうしなんしょう》　法然の法語・消息・伝記などを写し集めたもの。高田派本山専修寺に所蔵される自筆本は、康元元年（一二五六、親鸞八十四歳）十月から約三ヶ月かけて上中下各二巻、計六巻が書写されている。法然の言行録として最古のもので、他に写本のない史料も集録されている。『黒谷上人語灯録』とともに法然の行実を知る重要な史料。

西方浄土《さいほうじょうど》　浄土とは、穢土《えど》（けがれたこの現実世界）に対する語で、菩薩の智慧、清浄なる行業によって建立された清浄な国土、煩悩《ぼんのう》のけがれを離れた浄らかな世界・仏土をさす。阿弥陀仏の浄土は、スカーヴァティーと呼ばれるが、楽しみが常で苦しみのまじわらないところとして、安楽世界、極楽世界、安《あん》養《にょう》浄土などといわれる。それが、娑婆《しゃば》世界の西方、十万億の国土を過ぎたところにあるというので、この阿弥陀仏の浄土をさしてこういうのである。

佐々木月樵《ささきげっしょう》　（一八七五—一九二六）大谷派。愛知県に生まれる。愛知県上宮寺に入寺。真宗大学（のちの大谷大学）卒業。在学中より清沢満之らの改革運動に参画し、浩々洞同人となる。明治三十九年（一九〇六）に真宗大学教授となり、唯識学等を講じる。後に大谷大学学長となる。著作に、『支那浄土教史』、『唯識二十論対訳研究』などがあり、『佐々木月樵全集』六巻も出版されている。

雑修《ざっしゅ》　専修《せんじゅ》に対する語で、いろいろの行を雑えて修し純一でないこと。正行《しょうぎょう》以外の雑行《ぞうぎょう》を修すること。浄土教では、五正行を修しても正定業《しょうじょうごう》と助業《じょごう》を同格にみなして修する場合、正行を修しても修する心が自力心である場合、専ら念仏を修してもそれでもって現世《げんぜ》の福利を祈る場合などはみな雑修とみなす。

佐貫《さぬき》　恵信尼が、その手紙『恵信尼消息』の中で、親鸞が「三部経千部読誦《どくじゅ》」という試みをして、結局、それを中止して常陸国に向かったという経験を伝えている地名である。「上野国佐貫」というが、いくつか説があって、正確な場所は決定されていない。しかし、現在の群馬県邑楽《おうら》郡板倉町佐貫という説が有力である。

讃阿弥陀仏偈《さんあみだぶつげ》　『往生論註』二巻とならんで七高僧の第三祖曇鸞《どんらん》の撰述である。やはり七祖《しちそ》聖教《しょうぎょう》の一とされている。主に『大経』によって、阿弥陀仏とその聖衆、および国土の荘厳《しょうごん》を讃嘆した七言一句の詩句からなる。本書は、内容の上から総讃・別讃・結讃の三部分に分けられるが、総讃では曇鸞自身の帰命の意が述べられ、阿弥陀仏の光寿二無量の徳が讃嘆される。別讃では三種荘厳が詳しく讃嘆される。最後の結讃では、龍樹《りゅうじゅ》を讃して本書制作の意趣を明かし、阿弥陀仏一仏に帰するゆえんを示している。

三願《さんがん》（真仮《しんけ》）　阿弥陀仏の四十八願の中で、衆生の往生の因を示す第十八・十九・二十願の三願をいう。親鸞は第十八願を真実の願、第十九・二十願を方便の願とし、三願に真仮《しんけ》の区別をたてる。第十八願（至心信楽の願）は信心を正因とし、第十九願（修諸功徳の願）は自力の菩提心と諸善万行を正因とし、第二十願（植諸徳本の願）は自力の称名念仏を正因とする。方便の願を設けたのは、未熟の機を誘引するためである。阿弥陀仏は他力救済の第十八願意に直入できない機類、すなわち諸行もしくは自力念仏の功徳を回向して往生を願う者でも、方便誘引の手段をもって浄土に生まれさせようと誓願を立てたのである。→真仮二門《しんけにもん》

三願的証《さんがんてきしょう》　的取三願ともいう。阿弥陀如来を増上縁として、衆生往生の因果が阿弥陀如来の本願力によるとされ、四十八願の中で、とくに的《ひと》しく三願を取り、その「速得」の意味を証明すること。曇鸞の『往生論註』巻下に「五念門の行を修し、自利利他が完成して仏果を得るならば、長い歳月を経ねばならないのに、なぜ〈速得菩提〉というのか」という問いに対する答えの中でこの三願的証の文が引かれている。その三願とは第十八・十一・二十二願である。往生の因である五念門の行は第十八願による。次に果の五功徳門中、近門《ごんもん》・大会衆門《だいえしゅもん》にて正定聚に住し、宅門《たくもん》・屋門《おくもん》にて無上涅槃の果を得るとする。これは第十一願による。さらに第五の園林遊戯地門《おんりんゆげじもん》は第二十二願による。親鸞は『教行信証』行巻にこの三願的証の文を引

用して、他力往生・他力成仏の旨を示した。

三願転入《さんがんてんにゅう》　親鸞の信仰遍歴過程。阿弥陀仏の四十八願中、第十九願（自力諸行往生の方便願）—第二十願（自力念仏往生の方便願）—第十八願（他力念仏往生の真実願）の三段階に分けられる。転入とは方便の世界から方向を転じて真実の世界へ入ること。『教行信証』化身土巻（本）に三願転入を表する文がある。「久しく万行諸善の化門《けもん》をい出でて、永く双樹林下の往生を離る、善本徳本の真門に回入《えにゅう》して、偏《ひとえ》に難思往生の心を発《おこ》しき」は第十九願の門を出て第二十願の門に回入することをいい、「然るに今、特《こと》に方便の真門を出でて選択の願海に転入せり、速かに難思往生の心を離れて難思議往生を遂げんと欲す。果遂《かすい》の誓、良《まこと》に由有るかな」は第二十願の門より第十八願の門に転入することをいう。したがってこの内容を三願転入の文とよばれる。

懺悔《さんげ》　つみとがを悔いて赦しを請うこと。過去の罪を悔いて仏・菩薩・師長・大衆の前で告白し、あやまること。仏教語としては、サンゲと読む。

三帖和讃《さんじょうわさん》　『浄土和讃』『高僧和讃』『正像末和讃』の総称。和讃とは、梵讃や漢讃に対して和文による仏徳讃歌。平安時代の流行歌である今様、特に法文歌の影響を受け、七五調に整えられる。親鸞は晩年に数多くの和讃を制作し、「三帖和讃」ならびに聖徳太子を讃嘆する『皇太子聖徳奉讃』『大日本粟散王聖徳太子奉讃』など、その数は五百首を超える。蓮如の花押をおく文明五年（一四七三）三月開板の「三帖和讃」が、刊本として最古のものである。

三心《さんしん》　①『無量寿経』（『大経』）の第十八願文に誓われる至心《ししん》・信楽《しんぎょう》・欲生《よくしょう》を三心という。この三心は信楽の一心におさまる。三信ともいう。至心は真実の心、信楽は信じよろこぶ心、欲生は浄土に生まれたいと願う心である。親鸞は『教行信証』信巻に、この「三心」を天親の『浄土論』冒頭の「一心」（無二心）と同じ（三心即一心）であると述べ、ともに阿弥陀仏の本願力回向による真実信心と述べる。②『観無量寿経』（『観経』）散善上品上生に説かれる浄土往生に必要な三種の心。至誠心《しじょうしん》・深心《じんしん》・回向発願心《えこうほつがんしん》。至誠心はまことの心、深心は疑いなく深く信ずる心、回向発願心は往生したいと願う心。親鸞は『教行信証』化身土巻において、この三心について顕説《けんぜつ》と隠彰《おんしょう》の両義を立て、顕説の義では自力の三心であるが、穏彰の義では他力の三心であり、『大経』第十八願の三心と同じであるとする。

三誓偈《さんせいげ》　重誓偈《じゅうせいげ》のこと。「誓不成正覚」という句が三度出るので、「三誓偈」ともいわれている。↓重誓偈《じゅうせいげ》

散善三福《さんぜんさんぷく》　散善《さんぜん》とは、散乱した心（散心）のままで悪を止め善を修める行のこと。定善《じょうぜん》に対する語。善導は、諸師の説と異なり、『観経』に説かれる十六想観のうち前の十三観を定善、後の三観（九品段）を散善と解釈した。三福とは、散善の行を三種に分類したもので、①世福（世俗の善）。父母に孝行を尽し、師長（師や先輩）によく仕え、慈悲心をもち、善行を修めること。②戒福（小乗の善）。仏・法・僧の三宝《さんぽう》に帰依し、すべての戒を守って威儀を正すこと。③行福（大乗の善）。菩提心をおこし、大乗経典を読誦《どくじゅ》して浄土往生を願うこと。以上の三種である。↓定善《じょうぜん》、定《じょう》善十三観《ぜんじゅうさんがん》

三選《さんせん》の文《もん》　法然の『選択集』末にある十六章全体の内容を要約した文をいう。また「略選択」などと呼ばれる。聖道門《しょうどうもん》を捨て浄土門を選び取る第一選、浄土門において浄土往生の行として、雑行《ぞうぎょう》を捨て正行《しょうぎょう》を選び取る第二選、そして、正行の中で助業《じょごう》を傍《かたわ》らにして正定業《しょうじょうごう》である称名を選び取る第三選、この三つの選択が述べられている。

三代伝持《さんだいでんじ》　浄土真宗の正しい教えが法然・親鸞・如信の三代を通じて相承されているとする覚如の主張。大谷廟堂の留守職を継承した覚如は、廟堂の寺院化を企て、本願寺を中心に浄土真宗の正義を顕彰しようと考え、『口伝鈔』や『改邪鈔』を著して、法然・親鸞・如信と血脈相承された正義を、自身が如信から面授口決したことを強調した。

讃嘆供養《さんだんくよう》　仏徳をほめたたえ、衣食香華《えじきこうげ》などをささげて供養すること。五正行《ごしょうぎょう》（五種の正行）の一で、助業に入れられる場合は、特に阿弥陀仏に対す

るもの。

三毒《さんどく》・五悪段《ごあくだん》　『無量寿経』の下巻後半の一部分を指す言葉で、釈尊が弥勒菩薩に対して、三毒、五悪を誡め、仏智を信じて浄土往生を願うよう勧められるところをいう。記述に中国思想からの影響がみられ、サンスクリット本に対応部分がないので、インド成立が疑われたりもしている。

三部《さんぶ》経《きょうせん》千部《ぶ》読誦《どくじゅ》　親鸞が越後から関東に移住したときに経験したことがら。上野国《こうずけのくに》（群馬県）佐貫《さぬき》というところで、災害にあって苦しむ農民をみて、それを救おうとして『大経』『観経』『小経』の「浄土三部経」の千回読誦《どくじゅ》を試みた。しかし、名号あるいは念仏一つで救われる教えの前に、三部経の千回の読誦が何程の意味を持ち得るかと考え直し、この行為を途中で中止した。親鸞の生き方・考え方を示す重要な事件で、『恵信尼消息』第三通にこの記述が見られ、建保《けんぽう》二年（一二一四）のこととされている。

讃仏偈《さんぶつげ》　『無量寿経』上巻に出る偈頌《げじゅ》の部分で、法蔵菩薩が師の世自在王仏《せじざいおう》を讃嘆しつつ、自己の願いを表明したもの。また「嘆仏偈」ともいう。

三門徒派《さんもんとは》　専照寺を本山とする教団。→専照寺《せんしょうじ》

慈円《じえん》　（一一五五―一二二五）藤原忠通の子。九条兼実の弟。慈鎮ともいう。仁安二年（一一六七）覚快法親王のもとで出家し、建久三年（一一九二）天台座主に就任して以降四度座主を勤める。歴史書『愚管抄』を著し、末法思想を強調した。法然とも交流があった。吉水僧正とも呼ばれ、京都東山の吉水に構えた住房は青蓮院となり、天台宗の里門跡の一つに数えられる。『親鸞伝絵』によると親鸞出家の戒師という。

地獄必定《じごくひつじょう》　地獄に至ることが決まっている、次に生を受ける世界は地獄以外にないということで、罪悪深重《ざいあくじんじゅう》の凡夫《ぼんぶ》という浄土真宗の人間観に立って、我々の本性を見つめていう言葉。『歎異抄』の第二章には、「いづれの行もおよびがたき身なれば、とても地獄は一定すみかぞかし」と述べられている。

四十八願《しじゅうはちがん》　『無量寿経』（『大経』）上巻に説かれ、阿弥陀仏が仏になる前の因位の法蔵菩薩であ

った時、一切衆生を救おうとして建立した四十八の願をいう。正依の『大経』や『無量寿如来会』では四十八願となっているが、『大阿弥陀経』や『平等覚経』では二十四願、また『荘厳経』では三十六願となっている。法然は四十八願の根本を第十八願としてこの願を王本願と名づけた。親鸞は第十八願に「設《たと》ひ我仏を得たらんに、十方の衆生、心を至し信楽して我が国に生れんと欲《おも》ひて、乃至十念せん、もし生れずは正覚を取らじ。唯《ただ》五逆と誹謗正法を除く」と誓われている行（十念の念仏）、信（至心・信楽・欲生の三心）、証（衆生の往生）、真仏土（阿弥陀仏の正覚）をそれぞれ、第十七願、第十八願、第十一・第十二・第十三願を配当する。この五願は真実五願といわれ、『教行信証』の行巻、信巻、証巻、真仏土巻のそれぞれの冒頭（標挙）に示される。浄土真宗の教えは、総じていえば第十八願（一願建立の法門）、細かく別開すれば真実五願（五願開示の法門）によって成就され、阿弥陀仏の本願力によって衆生に回向（他力回向）されたものである。

至誠心《しじょうしん》　→三心《さんしん》

至心《ししん》　→三心《さんしん》

自信教人信《じしんきょうにんしん》　阿弥陀仏の本願の救いを自分も信じ、他人にも信を勧める。善導以来、念仏者の姿勢として示されたもの。他人にも信を勧める教化が阿弥陀仏への報恩となる。善導の『往生礼讃』初夜讃の文に、「みづから信じ人を教えて信ぜしむること、難きがなかに転たまた難し、大悲を伝へてあまねく化する、まことに仏恩を報ずるに成る」とある。なお親鸞は異本によって「大悲弘くあまねく化す」と読んでいる。親鸞は『教行信証』の信巻（末）と化身土巻（本）の二ヶ所にこの『往生礼讃』の文を直接引かず、智昇の『集諸経礼懺儀《しゅうしょきょうらいさんぎ》』にある善導の『往生礼讃』を間接的に引用する。そこでは、第三句目の「大悲をもって伝へてあまねく化するは（大悲伝普化）」の文が「大悲弘くあまねく化するは（大悲弘普化）」と「伝」が「弘」に変えられている。善導の原意は、「善導みずからが如来の大慈悲をあまねく伝えて衆生を救うことは」であるが、智昇の文意は「如来の大慈悲はおのずから弘くあまねく伝わって衆生を救う」と親鸞は解したと思われる。

慈信房《じしんぼう》　→善鸞《ぜんらん》

七高僧《しちこうそう》　親鸞が浄土教の祖師と定め尊崇したインド・中国・日本の七人の高僧のことで、七祖ともいう。龍樹菩薩（一五〇―二五〇頃）・天親（世親）菩薩（五世紀頃）、曇鸞大師（四七六―五四二）・道綽禅師（五六二―六四五）・善導大師（六一三―六八一）、源信和尚（九四二―一〇一七）・源空上人（一一三三―一二一二）をいう。選定の理由は、①自らが西方浄土の願生者であること、②この願生に関して著述が残っていること、③その書物の中で独自の見解が示されていること、④その説が本願の趣旨に合致していること、の四つであるといわれている。この七高僧の撰述のうち、本願の教えが示されていて、浄土真宗で特に大切にしているものを「七祖聖教」と呼ぶ。→龍樹《りゅうじゅ》、天親《てんじん》、曇鸞《どんらん》、道《どう》綽《しゃく》、善導《ぜんどう》、源信《げんしん》、源空《げんくう》、七祖聖教《しちそしょうぎょう》

七祖聖教《しちそしょうぎょう》　七高僧（親鸞が浄土教の祖師として尊崇したインド・中国・日本の七人の高僧）の著作の内、浄土真宗で依りどころとして特に大切にするものをいう。第一祖龍樹《りゅうじゅ》の『十住毘婆沙論《じゅうじゅうびばしゃろん》』「易行品《いぎょうほん》」、第二祖天親（世親）の『無量寿経優婆提舎願生偈《むりょうじゅきょううばだいしゃがんしょうげ》』（浄土論、往生論）、第三祖曇鸞《どんらん》の『無量寿経優婆提舎願生偈註』（往生論註、浄土論註）と『讃阿弥陀仏偈』（派によっては、さらに『略論安楽浄土義』一巻を入れるところもある）、第四祖道綽《どうしゃく》の『安楽集』、第五祖善導《ぜんどう》の『観経疏』『法事讃』『観念法門』『往生礼讃』『般舟讃』といういわゆる「五部九巻」、第六祖源信の『往生要集』、それに源空（法然）の『選択集』の総称である。→七高僧《しちこうそう》

慈鎮《じちん》　→慈円《じえん》

慈悲《じひ》　衆生を愛し慈《いつく》しんで楽を与え（与楽）、衆生を憐れみ傷んで苦を抜く（抜苦）ことをいう。要するに、仏や菩薩の衆生に対する慈愛のこころを、仏教ではこういう。

島地黙雷《しまじもくらい》　（一八三八―一九一一）　本願寺派。周防（山口県）に生まれる。慶応二年（一八六六）に周防妙誓寺に入寺。明治初めの宗門改革に参画し、欧州を視察し、信教の自由の立場から大教院からの分離運動を推進する。監獄教誨・従軍布教などにも尽力し、のちに西本願寺の執行長となる。明治二十五年（一八九二）に岩手県の願教寺へ転住し、後に本願寺派勧学となる。『島地黙雷全集』五巻が出版されている。

釈尊《しゃくそん》　釈迦族の尊者という意味で、原語を音写して釈迦牟尼《しゃかむに》ともいう。ゴータマ・シッダールタ、ゴータマ・ブッダと呼ばれる仏教の開祖。約二千五百年前、中インドのカピラ城主浄飯王《じょうぼんのう》を父とし、摩耶夫《まやぶ》人《にん》を母として誕生された。二十九歳の時に道を求めて出家し、多くの師を歴訪されたが満足せず、死ぬ寸前までの苦行生活を実践して修行された。その後、菩提樹の下に座って瞑想し、ついにさとりをひらかれた。三十五歳の時である。その地をブッダガヤーと呼ぶ。成道《じょうどう》後、梵天の勧請《かんじょう》により鹿野苑《ろくやおん》において五比丘に初めて説法（初転法輪《しょてんぼうりん》）をし、以後四十五年間各地を巡って人々を教化し、八十歳でクシナガラの沙羅双樹のもとに身を横たえて入滅された。

ジャック・オースチン　Jack Austen　（一九一七―一九九三）　イギリスに生まれる。戦後、日本の稲垣最三との文通を通して念仏の教えに傾倒する。ドイツのハリー・ピーパーとも親交があり、ベルギーのペールの入信にも大きな影響を与える。一九七六年に、英国真宗協会をロンドンで結成。

ジャン・エラクル　Jean Eracle　スイスに生まれる。昭和四十五年（一九七〇）に、ジュネーブ市郊外にスイス真宗協会を設立し、「信楽寺」を開いた念仏者。カソリックの司祭であったが、キリスト教に疑問を持ち、ドイツのハリー・ピーパーとの文通を通して念仏の教えに帰依する。法名「常安」。著書に、『十字架から芬陀利華へ』がある。

拾遺古徳伝絵詞《しゅういことくでんえことば》　正安三年（一三〇一）鹿島門徒の長井導信の依頼によって覚如が執筆した法然の絵詞。親鸞の行実も六、七、九巻に記されており、法然門下における親鸞の位置づけが明らかにされている。

十地品《じゅうじぼん》　『華厳経』の一章の名で、菩薩の修行階位である「十地」思想を説く重要な典籍である。これが独立して別行したものを『十地経』というが、その異訳として、西晋《せいしん》の竺法護《じくほうご》訳『漸備一切智徳経』五巻、後秦の鳩摩羅什《くまらじゅう》訳『十住経』四巻、唐の尸羅達《しらだつ》摩《ま》訳『仏説十地経』九巻がある。龍樹の『十住毘婆沙論』一七巻、天親の『十地経論』一二巻は、これの註釈である。→華厳経《けごんきょう》

十住毘婆沙論《じゅうじゅうびばしゃろん》　七高僧の第一祖龍樹の著作で、七祖聖教の一。論全体としては『十地経』の註釈書とされるが、その第九章に「易行品」があって、信方便易行の法、いわゆる易行道（阿弥陀仏の本願力によって浄土に往生してさとりをひらく他力の道）が示され、阿弥陀仏の信仰が説かれる点で重視される。漢訳者は鳩摩羅什。→易行品《いぎょうぼん》

重誓偈《じゅうせいげ》　『無量寿経』上巻に出る第二の偈頌《げじゅ》の部分で、法蔵菩薩が四十八願を誓った後に、さらに偈頌にして重ね誓ったもの。「誓不成正覚」という句が三度出るので、「三誓偈」ともいう。→三誓偈

住蓮《じゅうれん》　（?—一二〇七）　後白河上皇の北面の武士から法然の弟子となる。美声で知られ、建永元年（一二〇六）同門の安楽とともに京都の鹿ケ谷で別時念仏会を始め、多くの帰依者を集めた。そのなかにいた後鳥羽上皇の女官が、これに帰依して出家したため上皇の勘気に触れ、さらに南都北嶺の僧の非難にもあい、斬首の罰を受けた。

修験者《しゅげんじゃ》　山にこもって密教的呪法を修し験力《げんりき》（超人間的能力）を得て、祈雨・治病・安産・呪詛・卜占などの加持祈祷《かじきとう》をおこなった宗教者。平安時代密教の発達とともに力を得た。また、験者《げんじゃ》とも山伏《やまぶし》（臥）ともいう。

竪出《しゅしゅつ》　→二双四重判《にそうしじゅうはん》

衆生利益《しゅじょうりやく》　衆生とは、有情とも訳され、一切の迷いの生類、すなわち生きとし生けるものすべてを指す言葉である。衆多《しゅた》の生死《しょうじ》を受けるから「衆生」という説明されている。この衆生の利益をはかり救

済しようとすることが「衆生利益」の意味である。一般に人々の利益のために尽すことであるが、その最大のものは、彼らを導いて彼岸《ひがん》の世界に渡すことであって、この行為の実践者の代表が、菩薩と仏である。

堅超《じゅちょう》　→二双四重判《にそうしじゅうはん》

出世本懐《しゅっせほんがい》　釈迦牟尼《しゃかむに》仏がこの世にあらわれた真の目的。本懐《ほんがい》は本望・本意。その目的を直接に完全にあらわして説いた経典を出世本懐の経といい、仏が世にあらわれたのは、衆生にさとりを示して、衆生をさとらせようという大切な理由（一大事因縁）による。その理由を出世の大事という。どの経を出世本懐の経とするかは各宗に不同であるが、浄土教では「浄土三部経」としていて、特に浄土真宗では、『仏説無量寿経』（大経）をそれに当てる。

寿命無量《じゅみょうむりょう》　阿弥陀仏の特性を示す言葉で、智慧の光で照らすことが過去・現在・未来にわたって無量（時間的に無限性をもつ）であるということ。すなわち時を限定せずに、阿弥陀仏は衆生利益の活動を続けているということを意味している。このすがたは、四十八願のうちの第十三願に誓ったことが完成したものだという。→光明無量《こうみょうむりょう》

小経《しょうきょう》　→仏説阿弥陀経《ぶっせつあみだきょう》

正行《しょうぎょう》　正当純正な往生行という意味。善導の『観経疏』にまとめられて、浄土教では、とくに阿弥陀仏に対する読誦《どくじゅ》・観察《かんざつ》・礼拝・称名・讃嘆《さんだん》供養の五つを、阿弥陀仏に関係のない諸善万行（雑行《ぞうぎょう》）に対して正行《しょうぎょう》という。→五種《ごしゅ》の正行《しょうぎょう》、正定業《しょうじょうごう》、助業《じょごう》

承元の法難《じょうげんのほうなん》　承元元年（一二〇七）の専修念仏教団への弾圧。法然が説く専修念仏に多くの信者があつまり隆盛してくると、延暦寺や興福寺など旧仏教側は、専修念仏の停止を朝廷に訴えた。これに対して法然は、元久元年（一二〇四）七箇条の起請文を作製して門弟に署名させた。ところが門弟による諸宗への批判が止まらなかったため、翌年興福寺は九箇条の奏状を提出して専修念仏の停止を求めた。さらに翌年十月、後鳥羽上皇の熊野行幸の間に、安楽と住蓮

が別時念仏を開いて、女官を引き入れ出家させた。これを契機として翌承元元年に弾圧が行われ、安楽や住蓮らは死罪とされ、法然は土佐（実際は讃岐）へ親鸞は越後へ流罪とされた。これによって法然の専修念仏教団は大打撃を受けた。

称讃浄土経《しょうさんじょうどきょう》　『称讃浄土仏摂受経』一巻のこと。唐の玄奘《げんじょう》の訳出で、『小経』の異訳である。『小経』の六方段が十方四十二仏になっている。→仏説阿弥陀経

定散二善《じょうさんにぜん》　定善《じょうぜん》（雑念を払い心を凝らして阿弥陀仏とその浄土を観察する行）と散善《さんぜん》（散乱した心のままで悪を止め善を修める行）という、浄土往生のための二つの行をまとめていう言葉。→定善十三観《じょうぜんじゅうさんがん》、散《さん》善三福《ぜんさんぷく》

定聚《じょうじゅ》　→正定聚

正定業《しょうじょうごう》　正しく衆生の往生が決定する行業、業因。善導は、阿弥陀仏の浄土へ往生する行として五正行をあげ、その中第四の称名は、第十八願に往生行として誓われているという理由で正定業とした。→助業《じょごう》

證誠寺《しょうじょうじ》　福井県鯖江市横越町にある真宗山元派の本山。親鸞の子善鸞の子孫が継承したものと伝えるが、三河（愛知県）和田門徒の系譜を引く越前大町の如導の弟子である道性が開創したとするのが有力とされる。江戸時代には天台宗に属し、京都聖護院の末寺とされていたが、明治五年（一八七二）一時本願寺派に属したが、同十一年独立した。

誠照寺《じょうしょうじ》　福井県鯖江市本町にある真宗誠照寺派の本山。親鸞が越後流罪の途中、越前上野庄の領主波多野景行が親鸞に帰依して出家し、親鸞が逗留したところを「車の道場」としたことに始まるという。それを、三河（愛知県）和田門徒の系譜を引く越前大町の如道の門弟であった道性とその子如覚が継承したとされる。初め真照寺と称していたが、永享九年（一四三七）に誠照寺と改めたとする。江戸時代には一時日光輪王寺に属していたが、明治十一年（一八七八）に独立した。

誠照寺派《じょうしょうじは》　誠照寺を本山とする教団。↓誠照寺《じょうしょうじ》

正定聚《しょうじょうじゅ》　衆生《しゅじょう》をその根機《こんき》（素質能力）などによって三《さん》聚《じゅ》（正定聚・不定聚・邪定聚）に分類したものの一。一般には菩薩の初地もしくは八地、あるいは補処の位とされる。正定聚とは、正《まさ》しく浄土に往生して仏になることに決定している聚（なかま）という意味である。迷いの世界に退転しないということから、不退転ともいう。現生において信の一念に与えられる利益であり、現生正定聚といわれる。また往生成仏が臨終の時でなく、平生（ふだん）であるので、これを平《へい》生業成《ぜいごうじょう》ともいう。『教行信証』信巻には「現生に十種の益を獲」、『浄土文類聚鈔』には「現生無量の徳を獲」と述べられる。本願を信じ念仏を称える念仏者は、真の仏弟子、分陀利華（白蓮華）に喩えてほめたたえられる。また次生において必ず仏になるという意味で、「一生補処《いっしょうふしょ》の菩薩」（弥勒菩薩）と同じ等覚の位（五十一位）にあり、また「便同《べんどう》弥勒」（すなわち弥勒に同じ）、「次如弥勒《しにょみろく》」（ついで弥勒のごとし）といわれる。↓不退《ふたい》転地《てんじ》

正助二業《しょうじょにごう》　五正行《ごしょうぎょう》を正定業《しょうじょうごう》と助業《じょごう》の二種に分けるが、その二種をまとめていう言葉。↓正定業、助業《じょごう》

性信《しょうしん》　（一一八七―一二七五）親鸞の門弟。関東二十四輩の第一。常陸（茨城県）鹿島郡の人で、元久元年（一二〇四）に京都東山の吉水にて法然に帰依し、親鸞に師事したという。親鸞から『教行信証』（坂東本）を授かり、下総（茨城県）横曽根に報恩寺（現在は東京都台東区）を開基したとされ、親鸞帰洛後の関東門弟のうち重要人物の一人で、しばしば京都の親鸞から書状が送られている。親鸞の息男善鸞が造悪無碍について幕府に訴えた際は、その解決に努めた。

正信偈《しょうしんげ》　「正信念仏偈」、略して「正信偈」という。親鸞の主著『教行信証《きょうぎょうしんしょう》』の行巻末尾にある七言百二十句六十行の偈頌《げじゅ》の名である。浄土経典や七高僧の論釈に基づいて、浄土真宗の宗意を宣説したもの。蓮如の時以来、和讃とともに仏前の勤行に依用されている。

定善十三観《じょうぜんじゅうさんがん》　定善《じょうぜん》とは、雑念を払い心を凝らして阿弥陀仏とその浄土を観察する行のこと。散善《さんぜん》に対する語。善導は『観経』に説かれる十六想観のうち前の十三観を定善、後の三観を散善と解釈した。定善十三観とは、日観・水観・地観・宝樹観・宝池観・宝楼観・華座観・像観・真身観・観音観・勢至観・普観・雑想観の十三種である。↓散善三福《さんぜんさんぷく》

正雑二行《しょうぞうにぎょう》　往生浄土のための行である正行と雑行の二種をまとめていう言葉。↓正行、雑行《しょうぎょうぞうぎょう》

聖道門《しょうどうもん》　聖道は、本来は聖（仏果）に至る道のことで、仏道と同義語である。しかし、浄土門に対する教判（教法の価値判断）の用語として使うときは、自力の修行によって、この世でさとりをひらくことを宗とする法門を意味している。この聖浄二門の判は、道綽の『安楽集』において展開された。

浄土往生《じょうどおうじょう》　安楽・極楽・安養《あんにょう》浄土などといわれる阿弥陀仏の真実の世界、すなわち浄土に往き生れることをいう。浄土教の教える最重要事。

聖徳太子《しょうとくたいし》（五七四―六二二）　正式には厩戸皇子《うまやとのみこ》で、上宮太子《うえのみやこのみこ》とも称される。用明天皇の子。高句麗の慧慈に仏教を学んだ。法隆寺・四天王寺などの諸寺を建立し、また『法華経』『勝鬘経』『維摩経』の義疏（三経義疏）を製作したと伝えられ、仏教の興隆に力を尽くした。他方、推古天皇の摂政として政治を行い、遣隋使を派遣し、冠位十二階を制定し、憲法十七条を作った。↓太子信仰《たいししんこう》

浄土三経往生文類《じょうどさんぎょうおうじょうもんるい》　『大無量寿経』『観無量寿経』『阿弥陀経』の「浄土三部経」に基づく、それぞれの難思議《なんじぎ》往生・双樹林下《そうじゅりんげ》往生・難思往生を説明し、その真仮を判別した書。真宗教義の基本である三願（第十八願・第十九願・第二十願）・三経（大経・観経・小経）・三往生（難思議往生・双樹林下往生・難思往生）が明かされている。

浄土三部経《じょうどさんぶきょう》　浄土宗や浄土真宗などで重視されている根本聖典三種をまとめていうもの。『仏説無量寿経（大経）』上下二巻（康僧鎧《こうそうがい》訳）、『仏説観無量寿経（観経）』一巻（畺良耶舎《きょうりょうやしゃ》訳）、『仏説阿弥陀

経（小経）』一巻（鳩摩羅什《くまらじゅう》訳）をいう。これらの経典を「三部経」としてまとめて言うようになったのは、法然の『選択本願念仏集』「二門章」による。

浄土真宗《じょうどしんしゅう》　往生浄土の真実の教え。浄土教の根本。

現在では一般に浄土真宗の語は親鸞を開祖とする仏教教団の一宗派名として用いられることが多いが、もともと、この語は単に一宗派名を指しているのではない。親鸞は自身の著作に「真宗」あるいは「浄土真宗」という言葉を使っているが、その場合の浄土真宗とは浄土真実の教えを意味している。それは、法然によって明らかにされた浄土宗の真意（浄土教の真実の教え）のことをいう。親鸞の『高僧和讃』に、「智慧光のちからより　本師源空あらはれて　浄土真宗をひらきつゝ　選択本願のべたまふ」とある。また『末灯鈔』第一通に「浄土宗のなかに真あり仮あり。真といふは選択本願なり、仮といふは定散《じょうさん》二善なり。選択本願は浄土真宗なり、定散二善は方便仮門なり、浄土真宗は大乗のなかの至極なり」とあり、浄土真宗とは方便仮門の教えに対する選択本願の教えであると説き示されている。また『教行信証』にも教巻に二回、化巻に一回、合わせて三度使用されている。なお宗派としての浄土真宗の名称を使用することは明治まで許可されず、一般に「一向宗」「本願宗」などと呼ばれていた。一八七二年（明治五）に「真宗」が許可され、一九四六年（昭和二十一）になってはじめて西本願寺が浄土真宗本願寺派と呼称するようになった。

浄土門《じょうどもん》　聖道門《しょうどうもん》に対する語で、阿弥陀仏の本願力によって、その浄土に往生してさとりをひらく教え。この聖浄二門の分別は、道綽《どうしゃく》の『安楽集』上巻において初めて示された。

浄土文類聚鈔《じょうどもんるいじゅしょう》　親鸞の主著『顕浄土真実教行証文類』の肝要を示した書。「浄土三部経」と龍樹、天親（世親）、曇鸞、善導の四師の論釈を引用し、『教行信証』六巻のうち前四巻の教行信証の四法を明かしている。主著の『顕浄土真実教行証文類』を『本典』と簡略化するのに対し、その重点の基本的意味を説いているので『略典』とも呼ばれる。

浄土論《じょうどろん》　→無量寿経優婆提舎願生偈《むりょうじゅきょううばだいしゃがんしょうげ》

浄土論註《じょうどろんちゅう》　→無量寿経優婆提舎願生偈註《むりょうじゅきょううばだいしゃがんしょうげちゅう》

浄肉文《じょうにくもん》　『涅槃経』の「十種不浄肉」（人・蛇・象・馬・獅子・狗・猪・狐・獼猴《サル》・驢《ウサギムマ》）の抜書と「三種浄肉」について『十誦律』の「見聞疑」を離れたものであるという説明文を書き留めたものである。「十種不浄肉」は『見聞集』にも確認できるが、肉食に関する唯一の文言として注目される。自筆本が高田派本山専修寺に所蔵される。

正法《しょうぼう》　三時思想（釈尊入滅後、時代が遷るにつれて次第に仏教が衰微していく状況を、正法・像法《ぞうほう》・末法の三時代に分けたもの）のうちの、第一の時代。教（仏の教法）と行（実践）と証（さとり）の三つがすべて具わっている時代をいう。その年限については諸説があるが、正法は五百年、あるいは千年間続くとされる。→像法《ぞうほう》、末法《まっぽう》

称名念仏《しょうみょうねんぶつ》　仏・菩薩の名号《みょうごう》を口に称えること。浄土教では、とくに阿弥陀仏の名号（南無阿弥陀仏）を称えることをいう。善導《ぜんどう》は、阿弥陀仏の第十八願に「乃至十念若不生者不取正覚」とあるのを、「わが名号を称すること下十声《じっしょう》に至るまでもし生ぜずは正《しょう》覚《がく》を取らじ」と称名往生を誓われたものと領解し、称名行を浄土に往生するための正定業《しょうじょうごう》であるとした。法然はそれをうけて、阿弥陀仏がその本願において、難劣なる余行を選捨し、最勝にして至易なる称名を選取して、往生の正定業と選定されたとして、他の一切の行を廃し称名一行の専修《せんじゅ》をすすめた。浄土真宗では、仏から与えられた信心が口にあらわれたのが称名であるから、称名は往生の因になるものではなく、仏の徳をほめたたえて救済された恩に報いるためのものである（称名報恩）とする。

称名報恩《しょうみょうほうおん》　信心が正しく浄土へ往生し仏に成る正因であり、その上の称名念仏は仏恩報謝の念仏である。「正信偈」の龍樹讃には「弥陀仏の本願を憶念すれば、自然に即の時必定に入る。ただよくつね

に如来のみな号を称して、大悲弘誓の恩を報ずべしといへり」と、信心正因、現生正定聚（必定）、称名報恩を述べている。蓮如の『御文章』はこの「信心正因・称名報恩」を述べる。

助業《じょごう》　善導が『観経疏』の中で主張した五正行のうち、称名行以外の読誦・観察・礼拝・讃嘆供養という四つの正行は、称名の助となり伴（ともないつくの意）となる行業であるから助業という。↓正定業

自力《じりき》　自己の能力によってさとりを目指す、すなわち仏道修行をする生き方をいうが、浄土教では、特に阿弥陀仏の本願を疑い、自分の修めた身・口・意の善根《ぜんごん》によって浄土へ往生しようとすること、行者自身のはからいを意味する。↓他力《たりき》

自力念仏《じりきねんぶつ》　自分の称える念仏の力をたのみとする念仏をいう。『小経』では顕説《けんぜつ》として説かれている。

信楽《しんぎょう》　↓三心《さんしん》

信行両座《しんぎょうりょうざ》　信不退の座と行不退の座。信不退とは、仏の本願を信じる他力の信心一つで不退の位にあるとする立場で、行不退とは、仏の本願を信じつつも自力の修行によって不退の位に至ろうとする立場をいう。『親鸞伝絵』によると、親鸞が法然の門下にいた時、門下に人びとの安心を調べるために両座に分かれて座るように指示したところ、信の座に列したには法然・親鸞・聖覚・信空・蓮生の五人であったという。

真仮《しんけ》**（二門**《にもん》**）**　真実と権仮方便《ごんけ》（かりの手段）のこと。真宗では、浄土門内を浄土要門（第十九願）と方便真門（第二十願）と弘願門《ぐがん》（第十八願）の三門に分け、要門・真門を方便教とし、弘願門を真実教とする。仮は未熟の者のためにかりに設けた説であり、実は究竟の実義を示した説である。親鸞は『教行信証』の前五巻を真実の巻とし、第六巻を方便の巻として真仮に分け、方便は真実に入らしめる暫用還廃《ざんゆうげんぱい》（しばらく用いてのちに廃す）の意味があることを示した。行巻に「真仮対」として念仏と諸善を比較し、さらに『浄土和

讃』に「念仏成仏これ真宗　万行諸善これ仮門　権実真仮をわかずして　自然《じねん》の浄土をえぞしらぬ」と述べる。

真実五願《しんじつごがん》　阿弥陀仏が因位《いんに》の法蔵《ほうぞう》菩薩の時に建立した四十八願のなか、第十七願、第十八願、第十一願、第十二願、第十三願をいう。→四十八願

尽十方無碍光如来《じんじっぽうむげこうにょらい》　→阿弥陀仏《あみだぶつ》

信心《しんじん》　仏教では「仏法の大海は信をもって能入とし、智をもって能度となす」（『大智度論』）のように、信心を仏道の初門と見なし、仏法は修行者が信じるゆえに入り得て、智慧を得るがゆえに悟りを得るのであると述べる。真宗では阿弥陀仏の本願を信じる心、疑いを離れた真実、清浄な心。『教行信証』信巻に本願力回向（他力回向）の信心、『歎異抄』には「如来よりたまはりたる信心」と述べる。第十八願の真実信心の念仏行者は真実報土に生まれるが、第十九願の定善・散善の自力諸行の者および第二十願の自力念仏の者は、本願（仏智）疑惑（＝自力の信心）の者で方便化土に生まれると、真仮（真実と方便）の区別をする。

深心《じんしん》　→三心《さんしん》

信心正因《しんじんしょういん》　信心は阿弥陀仏の本願力（他力）によって回向されたものである。親鸞は『教行信証』信巻に「涅槃の真因はただ信心をもってす」と述べ、また『正像末和讃』に「不思議の仏智を信ずるを報土の因としたまへり　信心の正因うることは　かたきがなかになをかたし」と述べ、信心が涅槃（さとりの世界）にいたる真実の正因、報土往生の正因とする。

真慧《しんね》　（一四三四―一五一二）高田派第十代。二十六歳で下野高田を出て、東海北陸方面を教化し、近江（滋賀県）坂本妙林院を活動拠点とする。明応年間（一四九二―一五〇二）には、現在の本山の前身である無量寿寺を一身田に建立。『顕正流義鈔』『永正規則』『中陰次第』を撰述し、「野袈裟《のげさ》」を創始するなど高田派教団の諸制度を整備した。また公家社会との積極的な関係も築き、室町幕府に住持職《じゅじしき》を安堵してもらうなど、教団の発展に大きく貢献したため、今日、高田派の中

興として崇められている。

真佛《しんぶつ》　（一二〇九—一二五八）　親鸞常随昵懇の直弟で高田派第二代。「親鸞《しんらん》上人《しょうにん》門侶《もんりょ》交名牒《きょうみょうちょう》」の筆頭に記され、門弟数も最多を有し、「高田門徒」の礎を築いた。埼玉県蓮田市には全国第二の巨大さを誇る石造六字名号の板碑「真佛報恩塔」が現存し、初期真宗教団最大のリーダの威徳が偲ばれている。親鸞に先立つこと四年の正嘉二年（一二五八）、五十歳で没する。その間、親鸞の筆跡に酷似する筆致で国宝本「三帖和讃」、高田本『顕浄土真実教行証文類』、『経釈文聞書』等の聖教や聞書を書写した。これら真佛の書写本は、戦後の親鸞筆跡研究を前進させるとともに、親鸞在世中のものとして思想的にも重要視されている。

真仏《しんぶつ》　→平太郎《へいたろう》

真仏弟子《しんぶつでし》　真実の仏弟子。阿弥陀仏の本願を信じる人をいう。『般若経』巻一〇および『大智度論』巻九九に出る。浄土教では善導の『観経疏』散善義にみられ、親鸞はこれをうけて『教行信証』信巻の真仏弟子釈に、「真の言は偽に対し仮に対するなり。弟子とは釈迦・諸仏の弟子なり、金剛心の行人なり。この信行によりてかならず大涅槃を超証すべきがゆゑに、真の仏弟子といふ」と述べ、また『末灯鈔』第二通に、「この信心の人を真の仏弟子といへり」と述べる。仮は聖道の諸機、浄土の定散の機であり、偽は六十二見、九十五種の外道のことである。

親鸞絵伝《しんらんえでん》　→親鸞伝絵《しんらんでんね》

親鸞聖人御因縁《しんらんしょうにんごいんねん》　親鸞・真佛・源海の伝記。親鸞伝では、玉日との結婚は九条兼実と法然の要請によるものとされ、坊守の起源と考えられる。成立は永正十七年（一五二〇）以前と考えられるが、収録されている内容が源海までであることから、荒木門徒のなかで流布した伝記で、南北朝期までその起源を求める説もある。

親鸞聖人正統伝《しんらんしょうにんしょうとうでん》　→高田開山親鸞聖人正統伝《たかだかいざんしんらんしょうにんしょうとくでん》

親鸞上人門侶交名牒《しんらんしょうにんもんりょきょうみょうちょう》　親鸞の門弟の名前と活動拠点を系図的に記した名簿で、初期真宗教団の地理的分布を示す基礎史料である。注進状の形をとっていることから幕府へ提出するために作製されたともの考えられている。現在知られている交名牒の古写本は、妙源寺本（康永三年、一三四三）、常陸光明寺本、京都光薗院本（貞和三年、一三四七）、甲斐万福寺本（現存せず『大谷本願寺通紀』に所載）、近江光照寺本、近江明照寺本、稲田西念寺本などがある。妙源寺本によれば、面受口決の直弟四十八名、総人員約二六〇名が記されている。

親鸞伝絵《しんらんでんね》　親鸞の生涯を記した詞書と、それを図示した図絵とが交互に配置された絵巻物で、親鸞の生涯がダイジェストにドラマティックに綴られている。親鸞の三十三年忌を迎えるにあたり、覚如が『報恩講式』に続き、永仁三年（一二九五）に制作した。その後も増補改訂が試みられ、最終決定版が康永二年（一三四三）に作られている。本書のうち、詞書だけを集めたものを『御伝鈔《ごでんしょう》』、図絵だけを集めて掛軸にしたものを『絵伝』と称し、報恩講の時に用いられている。

親鸞《しんらん》の消息《しょうそく》　消息とは、親鸞帰洛後、関東の門弟たちとやりとりした手紙のこと。親鸞が最晩年まで書簡による門弟たちとの交流を大切にしていたことや、親鸞や門弟の教義理解、初期真宗教団の動静をうかがうことができる。全体で四十三通が確認されており、自筆のものが十通現存する。内容は、門弟の質問に対する返答が中心で、中には親鸞の身辺的なことや門弟からの懇志に対する謝意が述べられている。親鸞の消息は、早くから集成がなされ、善性本『御消息集』、『末灯鈔』、『親鸞聖人御消息集』、『親鸞聖人血脈文集』、『五巻書』の五部が鎌倉時代末期までに編集されている。

聖覚《せいかく》　（一一六七―一二三五）　法然の弟子。唱道説法に優れ、京都の安居院《あぐい》に居住して貴族らから名声を得た。最初比叡山において天台僧の地位にあったが、法然に帰依して浄土教を修した。元久二年（一二〇五）の念仏弾圧の時には「登山状」を起草し、また承久三年（一二二一）に著した『唯信抄』は専修念仏を広めるものであった。親鸞は『唯信抄』の草稿を借りて書写し、関東の門弟に下し、その注釈書『唯信鈔文意』を著した。なお日蓮宗系の『金剛集』では、嘉禄三年（一二二七）の念仏弾圧は聖覚が朝廷に要請したものとする。

勢至菩薩《せいしぼさつ》　大勢至菩薩、得大勢至菩薩ともいい、智慧の光によって一切を照らし、三途《さんず》をはなれ無上の力を得させるとされる菩薩。阿弥陀仏の右の脇《わき》士《じ》で、阿弥陀仏の智慧の徳をあらわす。→観音菩薩《かんのんぼさつ》

世自在王仏《せじざいおうぶつ》　世自在王仏は、世間一切法に自在なることを得、世間を利益するに自在を得た仏という意味で、（阿弥陀仏が仏となる前の）法蔵菩薩の師である過去仏の名。法蔵菩薩はこの世自在王仏のもとで発心し、四十八願を誓ったのである。楼夷亘羅《るいこうら》とも音写し、世饒王《せにょうおう》仏・饒王仏ともいう。

専海《せんかい》　生没年不詳。『親鸞上人門侶交名牒』には高田の真佛門下とあり、後に遠江国（静岡県）池田へ移る。建長七年（一二五五）に『顕浄土真実教行証文類』を書写するとともに親鸞の寿像（「安城御影」）を法眼朝円に描かせた。『三河念仏相承日記』には、康元元年（一二五六）十月に真佛、顕智、下人弥太郎（出家後随念）とともに親鸞を訪ね上洛したことが記される。覚信房宛の親鸞自筆消息の追伸に「専信房、京ちかくなられて候こそ、たのもしうおほえ候へ」とあり、親鸞昵懇の門弟であったことが知られる。

善光寺《ぜんこうじ》　長野市にある寺。浄土（大本願）と天台（大勧進）両宗の管理下にある。善光寺古縁起によると、皇極天皇元年（六四二）の創建とするが諸説ある。本尊は朝鮮の百済国から渡来したという一光三尊の阿弥陀如来（善光寺如来）。親鸞は越後（新潟県）から関東に移る時善光寺に立ち寄ったとされ、また高田専修寺はこの形式の阿弥陀如来像を本尊としていることや、善光寺に親鸞の伝承が伝えられていることから、親鸞と善光寺の関係が指摘される。

善光寺如来《ぜんこうじにょらい》　欽明天皇十三年（五五二）に百済から伝来したという一光三尊の阿弥陀如来。この仏像は、本田善光が開いた信濃の善光寺の本尊として安置されたことからその名で呼ばれている。親鸞は善

光寺如来和讃を製作して讃仰していることから、これに対する信仰があったことが知られている。また高田派の本山専修寺の本尊は、親鸞が持ち来たというこの形式の阿弥陀如来を本尊としていることから、親鸞が善光寺聖の性格にあったとする説もある。

選択相伝《せんじゃくそうでん》　法然は『選択本願念仏集』を特定の門弟に見写することを許しており、親鸞もその一人である。『教行信証』の「後序」によると、親鸞は元久二年（一二〇五）に書写することを許され、同年四月十四日に法然の真筆によって内題と題下の十四字、名字の記入を受けている。さらに法然の真影を図画することも許され、同年閏七月二十九日に法然真筆の真影銘文を記載を受けている。

選択本願念仏集《せんじゃくほんがんねんぶつしゅう》　七高僧の第七祖源空（法然）の撰述で、略して『選択集』という。七《しち》祖聖教《そしょうぎょう》の一であり、浄土宗の立教開宗を宣言した書として名高い。建久九年（一一九八）九条兼実の請によって撰述されたと伝えられている。善導《ぜんどう》教学を指南として、阿弥陀仏も釈迦も諸仏も、すべて余行を捨てて念仏一行を往生行として選びとられていることを、「浄土三部経」によって論証し、念仏が選択本願の行であることを明かしたもの。全体は十六章に分けられているが、章で明らかにしようとする主題を簡潔に示した標章、標章の文を証明する経典や解釈の文を引く引文、法然自身の解釈を示す私釈という三部構成となっている。本書の要義が説かれているのは、第一の二門章、第二の二行章、第三の本願章とされ、浄土の一宗の独立の宣言、浄土宗の所依の経論を「三経一論」とすること、五正行《ごしょうぎょう》のうち称名念仏こそが正定業であること、第十八願のなかで法蔵菩薩は余行を選捨して念仏一行を選択したこと等が述べられている。

専修《せんじゅ》　称名《しょうみょう》を専一に修すること、また称名一行を中心として五正行を相続すること。↓雑修《ざっしゅ》

専修寺《せんじゅじ》　三重県津市にある真宗高田派の本山。親鸞が関東に至り、下野《しもつけ》（栃木県）高田において教化し、嘉禄元年（一二二五）に感得したという善光寺如来を本尊として開創したが、帰洛に際して親鸞に帰依した真佛にこれを付属したと伝える。親鸞に帰依し

た真佛や顕智がここに教化拠点を置き、専修念仏が広められていったようで、ここを拠点とした集団を高田門徒と称して活動しており、帰洛後の親鸞とも密に連絡を取っていた。特に関東のなかでは最も盛んな門徒団の一つであったとされ、親鸞自筆の聖教類を数多く所蔵する。関東を中心に、三河（愛知県）にも教線を延ばしていった。室町時代後期に出た第十代真慧は、本願寺に対抗すべく伊勢一身田（津市）に至って無量寿院を建立し、近江坂本（大津市）にも妙林院を設けて中央への進出を目指した。真慧の没後、実子応真と養子真智が住職を争い、真智は越前（福井県）熊坂に専修寺（のち法雲寺）を別立し、応真の跡を継いだ堯恵は一身田の無量寿寺に入って教団の統一を図った。さらに第十三代堯真が教団の中心を一身田に移すとともに、無量寿寺の号を専修寺と改め、実質的に本山とした。なお下野高田にも拠点を残して、ここを本寺と称した。

専修念仏《せんじゅねんぶつ》　専ら余行・雑行を捨てて、称名念仏だけを行うこと。慈円の『愚禿鈔』第六巻に「又、建永の年、法然房と云ふ上人ありき。まぢかく、京中すみかにて、念仏宗を立て、専修念仏と号して〈ただ、阿弥陀仏とばかり申すべき也。それならぬこと、顕密のつとめはなせそ〉と云ふ事を云ひだし」とある。この「専修念仏」という語は、当時の法然の念仏教団において盛んに用いられていた。さらに『親鸞伝絵』下巻第三段に「聖人常陸の国にして、専修念仏の義をひろめたまふに、おほよそ疑謗の輩はすくなく信順の族はおほし」とあって、関東においても親鸞を中心に専修念仏をつとめる人々が多くいたことがわかる。

専照寺《せんしょうじ》　福井市みのり町にある真宗三門徒派の本山。三河（愛知県）和田門徒の系譜を引く越前大町の如導が正応三年（一二九〇）創建した専修寺に始まるとされる。如導の大町門徒は、山元の道性、鯖江の如覚とともに三門徒と呼ばれた。如導の没後、次男如浄・三男了泉に相承されたが、この頃本願寺の影響を受けて分立し、了泉の子浄一が専修寺を出て足羽郡蕗野郷中野に移って専照寺と称した。その後戦国時代の兵乱のため衰退し、天正十年（一五八二）北庄（福井市）堀小路に移り、さらに享保九年（一七二四）現在地に移った。江戸時代は、天台宗の妙法院に属していたが、明治十一年（一八七八）独立した。

専信《せんしん》　→専海《せんかい》

善信《ぜんしん》　親鸞の別名。元久二年（一二〇五）閏七月二十九日、親鸞が先に図画することを許された法然の影像に対し法然から讃銘を受け、同日それまで名乗っていた「綽空」の名を改めたとされ、この時名乗った名と考えられる。その後承元元年（一二〇七）の流罪以後にさらに親鸞と改めたと考えられている。

善導《ぜんどう》　（六一三—六八一）臨淄《りんし》（現在の山東省臨淄）あるいは泗州（江蘇省宿遷）生れという。七高僧の第五祖。中国浄土教の大成者で、光明寺和尚、宗家大師、終南大師等と呼ばれる。諸方を遍歴した後、西方浄土変相図《へんそうず》をみて浄土教に帰し、のち并州《へいしゅう》の玄中寺に道《どう》綽《しゃく》を訪ねてその門に投じた。師の寂後、長安に出て終南山悟真寺、光明寺等にあって念仏弘通につとめた。当時、『観経』にもとづく浄土教の研究・講説がさかんであったが、善導は浄影寺慧遠等の聖道諸師の説を批判して『観経疏』四巻を著し、曇鸞・道綽の伝統をうけ、凡夫入報《ぼんぷにっぽう》の宗旨を明らかにした。七祖聖教としての著書は、『観経疏』四巻の他に、『法事讃』二巻、『観念法門』『往生礼讃』『般舟讃』各一巻があって、古来「五部九巻」と称されている。

善鸞《ぜんらん》　（生没年未詳）親鸞の子。慈信房と号す。「日野一流系図」では次男とするが、兄とされる印信の存在は不明確である。恵信尼との間に生まれた最初の子供で、親鸞の越後流罪以前に誕生していたと考えられる。親鸞と行動をともにしており、越後から関東を経て京都に帰った。親鸞の帰洛後、関東の門弟の間で教義について動揺が起こったことから、これを正すために親鸞の名代として関東に赴いた。しかし親鸞の期待を裏切り、自身で秘事法門や造悪無碍などの異義を説いたため、康元元年（一二五六）親鸞から義絶された。その後は関東に留まったとされる。弘安九年（一二八六）の没とも、また永仁四年（一二九六）の没ともされる。

造悪《ぞうあく》無《む》碍《げ》　どんな悪を行っても、往生の障りにはならないという主張。法然の門下においてすでに見られるもので、初期の真宗教団においても建長四年（一二五二）に常陸において広まっていたとされる。親鸞の子善鸞が関東に遣わされた理由の一つに、この考えが広まっていたためこれを正す目的があったとされるが、善鸞はその意に反したため、義絶の要因となったとみられる。

雑行《ぞうぎょう》　正行に対する語。雑は邪雑、雑多の意味で、本来はこの土で仏に成ることをめざす聖道門の行である諸善万行を、往生行として転用したものであるから、このようにいう。善導・法然は雑行とよんだが懐感や源信は諸行とよんだ。この雑行（諸行）の行体は無数にあるが、法然は五正行に対して、五種の雑行（読誦雑行・観察雑行・礼拝雑行・称名雑行・讃嘆供養雑行）をあげて示している。←正行、五種《ごしゅ》の正行《しょうぎょう》、正定《しょうじょう》業《ごう》、助業《じょごう》

増上縁《ぞうじょうえん》　仏教では、縁となって果を引き起す強いはたらきとか、因が果になることをさまたげないことをいい、四縁の一とされる。けれども真宗では、他力を示す言葉で、他の力を一切必要としない最上最勝の力、といった意味で用いられる。

像法《ぞうぼう》　三時思想（釈尊入滅後、時代が遷るにつれて次第に仏教が衰微していく状況を、正法・像法・末法の三時代に分けたもの）のうちの、第二の時代。証（さとり）はないが、教（仏の教法）と行（実践）の二つが存していて、正法時に似ている時代。正法の後一千年間続くといわれる。↓正法《しょうぼう》、末法《まっぽう》

曽《そ》我《が》量深《りょうじん》　（一八七五―一九七一）　大谷派。新潟県に生まれる。明治三十二年（一八九九）に新潟県の浄恩寺に入寺。真宗大学（いまの大谷大学）を卒業後、清沢満之の浩々洞の同人となり、雑誌『精神界』を編集する。のちに大谷派講師となり、侍董寮寮頭もつとめる。大正十四年（一九二五）に大谷大学教授となる。昭和三十六年（一九六一）に大谷大学学長となる。仏教学・真宗学の近代化に功績を残し、現在の大谷派の教学に大きな影響を与えた。著書には、『真宗の眼目』、『信巻聴記』などがあり、『曽我量深選集』十二巻

も出版されている。

薗田《そのだ》宗恵《しゅうえ》　(一八六三—一九二二)　本願寺派。和泉(大阪府)に生まれる。和歌山の妙慶寺に入寺。東京帝国大学哲学科卒業。明治三十二年(一八九九)にサンフランシスコへ渡航し、アメリカ開教区の初代総長に就任。大正四年(一九一五)には仏教大学(いまの龍谷大学)学長となる。著書に、『仏教通観』、『仏教道徳観』、『聖徳太子』などがある。

存覚《ぞんかく》　(一二九〇—一三七三)　親鸞の曽孫である覚如の長男。父覚如に従い越前(福井県)などを教化したが、元亨二年(一三二二)覚如から義絶され、近江瓜生津の愚咄を頼り、また備後(広島県)において日蓮宗と対論したことにより覚如と一時和解するが、その後再び義絶される。佛光寺了源とも親密な関係にあった。親鸞の『教行信証』の註釈である『六要鈔』などを著した。

尊号真像銘文《そんごうしんぞうめいもん》　阿弥陀仏の尊号と浄土教の祖師先徳の真像(影像)に書き加えられた讃銘の文と「正信偈」二十句に註釈した書物。広略二本の自筆本が現存し、高田の覚信が伝持した略本一巻は、福井県大味の法雲寺に旧蔵した。顕智伝持本である広本二巻は高田派本山専修寺に所蔵される。

た　行

大覚寺《だいかくじ》　茨城県八郷町にある本願寺派の寺院。板敷山と号す。『親鸞伝絵』によると、親鸞が関東において教化している時、その教えが広まることを嫉んだ板敷山の山伏弁円が親鸞を襲おうとしたが、かえって親鸞に教化されて明法房と名のり真宗に帰して開いた寺とされる。

大経《だいきょう》　→仏説《ぶっせつ》無《む》量寿経《りょうじゅきょう》

太子信仰《たいししんこう》　聖徳太子(五七四—六二二)を対象とする信仰。聖徳太子は死後、早くから聖人として伝説化され、『上宮聖徳法王帝説《じょうぐうしょうとくほうおうていせつ》』をはじめとして多くの伝記が書かれ、太子信仰として人びとの信仰の対象となった。親鸞もまたこの太子信仰が盛んであったなかで、太子のことを「和国《わこく》の教主《きょうしゅ》」すなわち日本仏教の始祖と讃仰した。親鸞は、二十九歳のときに、太子の化身である救世《くぜ》観音《かんのん》菩薩を本尊とし、太子建立ともいわれる京都の六角堂（頂法寺）に参籠し、九十五日目の暁に、聖徳太子の夢告によって法然を訪ね、専修念仏に帰依した。晩年には、太子の徳を奉讃して、『四天王寺御《ご》手印《しゅいん》縁起《えんぎ》』や『三宝《さんぼう》絵《え》詞《ことば》』などによって、『正像末和讃』の「皇太子聖徳奉讃」十一首、『皇太子聖徳奉讃』七十五首、『大日本国粟散王聖徳太子奉讃』百十四首などを製作した。また『尊号真像銘文』や『親鸞《しんらん》夢《む》記《き》』にも親鸞による記述がみられ、親鸞の手控えの資料として『上宮太子御記』と名付けられたものもある。民間に流布した太子信仰は、真宗発展の基盤ともなった。→聖徳太子《しょうとくたいし》

胎生《たいしょう》　衆生が生れる四種の形態のうち母胎から生れること。迷界の四生《ししょう》の一。ただし、浄土教においては、仏智の不思議を疑惑するものの往生をいう。浄土に往生しても、五百年の間、仏に遇わず、法を聞かず、聖衆を見ることができない。それはあたかも母の胎内にあるがごとくであるから、これを喩えて胎生という。この胎生に対して、明らかに仏智を信ずるものの往生を化生《けしょう》という。→化生《けしょう》

タイテツ海野《うんの》　Taitetsu Unno　アメリカの代表的な真宗学者。東京大学で博士号を取得。カリフォルニア大学、スミス・カレッジで比較宗教学の教鞭をとる。大学を定年後、マサーチューセッツ州を拠点に伝道と著作活動をおこなっている。著書に、*River of Fire, River of Water*や*Shin Buddhism*などがある。

大般《だいはつ》涅槃《ねはん》経《ぎょう》要文《ようもん》　『涅槃経』北本の中から三十五文を抜粋し、続けて『業報差別経』の一文を書写したもの。本書は『見聞集』とともに『教行信証』執筆のための学習ノートと考えられている。自筆本が高田派本山専修寺に所蔵される。

高楠《たかくす》順《じゅん》次《じ》郎《ろう》　（一八六六—一九四五）　本願寺派。広島に生まれる。神戸市高楠家の養子となり、普通教校（いまの龍谷大学）を経て、明治二十三年（一八九〇）から同三十年までオックスフォード大学でマックス・ミューラに師事し、梵文学を修める。その

後独仏の諸大学を経て帰国し、明治三十二年（一八九九）東京帝国大学教授となり、梵語学講座を担当。大正十二年（一九二三）より、渡辺海旭らとともに『大正新脩大蔵経』を編纂・出版、昭和十年（一九三五）から『南伝大蔵経』の和訳を行う。文化賞受賞。著書には『釈尊伝』『仏教の根本思想』などがあり、『高楠順次郎全集』七巻も出版されている。

高倉学寮《たかくらがくりょう》　大谷大学の前身。もと観世音寺（九州太宰府）にあった学寮を寛文五年（一六六五）に琢如が京都に移転し、宗門の末寺子弟の教育機関としたことにはじまる。宝暦四年（一七五四）には規模が拡大されて京都高倉通魚棚に移され、以後、高倉学寮と呼ばれる。明治時代以降、学制・内容の刷新が行われ、明治四十年（一九〇七）に高倉学寮と改称。ついで学寮は高倉大学寮と真宗大学（東京）に分離されたが、明治四十四年にはふたたび統合され、大正十一年（一九二二）大谷大学となる。

高田《たかだ》**開山**《かいざん》**親鸞**《しんらん》**聖人**《しょうにん》**正統伝**《しょうとうでん》**（正統伝**《しょうとうでん》**）**　正徳五年（一七一五）、四日市市河原田町常超院の五天良空（一六六九―一七三三）が、下野の高田専修寺に伝来したという史料を編集した全六巻の親鸞の伝記。親鸞の年齢によって編年体で整理され、題に示されるように高田派の正統性が主張されている。そのため、慧空が『正統伝鉄関』を著して三十六ヶ条にわたって批判し、良空が『鉄関踏破』（享保七年、一七二二）で応じるなど論戦が繰り広げられた。学問的には問題点もあるが、他に見られない詳細な伝記内容に多くの関心が寄せられている。後に続編『正統伝後集』四巻（『高田山専修寺伝燈実録』『鉄関踏破』『御伝絵一代記踏破』『親鸞聖人行状記打破』）が刊行された。

高田派《たかだは》　専修寺を本山とする教団。→専修寺《せんじゅうじ》

高田門徒《たかだもんと》　下野（栃木県）高田を中心として形成された門徒団。親鸞面授の門弟である真佛・顕智がその中心人物。親鸞が関東在住中から最も有力な門徒となっている、帰洛後の親鸞との間に頻繁に手紙のやり取りがなされたり、また親鸞から多くの聖教が書写し送られた。親鸞没後も廟堂の創建や維持管理に大

きな発言力をもった。ここから起こったのが高田派で、その傍流として荒木門徒や阿佐布門徒がある。

武内義範《たけうちよしのり》（一九一三―二〇〇二）　高田派。三重県に生まれる。京都大学哲学科を卒業。田辺元のもとで宗教哲学を学ぶ。京都帝国大学教授となり宗教哲学の研究をすすめるとともに、親鸞思想の哲学的な解明をおこなう。高田派講師。著作に、『教行信証の哲学』『親鸞と現代』があり、『武内義範著作集』五巻も出版されている。

他力《たりき》　阿弥陀仏の本願力によって浄土に往生し、証《さと》りを得ることを他力という。これに対して、自己の力によって善を修し、修行を積んで悟りに達しようとするのを自力という。仏道の歴史は本来釈尊と同じように修行して悟りを得ようとする自力修行の道であった。浄土教の展開とともに、人間存在そのものに対する自覚の深まりと時代の濁りに対する認識などから、相対有限なるものの存在が絶対無限なる悟りの世界へ入れるのであろうかという根本的問題に気づき、そこに絶対無限なる世界からのはたらきかける他力以外に凡夫である人間が救われる道はないと解した。それが他力による救済の道である。親鸞は『教行信証』行巻に、「他力といふは、如来の本願力なり」といい、また、『末灯鈔』第二通に、「他力と申すことは、弥陀如来の御ちかひの中に、選択摂取したまへる第十八の念仏往生の本願をしんぎょう信楽するを他力と申すなり」と述べている。このように親鸞は、他力とは阿弥陀如来の本願力のはたらきのことであり、それは苦悩の衆生を救うために名号となり、人々を目覚めさせる信心となり、浄土へ往生させる力となってはたらくとする（往相回向）。また、浄土へ往生した人が仏と成って、えど穢土にもどって苦悩の衆生を救うはたらきの力も与えられると述べる（還相回向）。そのはたらきを他力、または他力回向という。それは単に相対的な他の力、他人の力というものではなく、相対有限な世界を支えている根源の超越的な力であるとする。

他力回向《たりきえこう》　→本願力回向《ほんがんりきえこう》

他力念仏《たりきねんぶつ》　自力念仏に対する語。法然の『念仏往生要義鈔』（和語灯録巻二）に「他力の念仏は往生すべし、自力の念仏は全く往生すべからず」とあり、『七箇条起請文』（同上）に「自力の心ならん人は自力の念仏」「偏に願力をたのみ、他力を仰ぎたらん人の念仏は他力の念仏」と述べる。また『蓮如上人御一代記聞書』の最初に、「自力の念仏といふは、念仏おほく申して仏にまゐらせ、この申したる功徳にて仏のたすけたまはんずるやうにおもうてとなふるなり。他力といふは、弥陀をたのむ一念のおこるとき、やがて御《おん》たすけにあづかるなり。そののち念仏申すは、御たすけありたるありがたさありがたさと思ふこころをよろこびて、南無阿弥陀仏南無阿弥陀仏と申すばかりなり」と述べる。念仏も称える心によって自力念仏ともなり、他力念仏ともなる。

他利利他《たりりた》の深義《じんぎ》　曇鸞の『往生論註』巻下に出ている説。衆生が五念門の行を修して自利利他が成就することを、仏よりいえば利他といい、衆生よりいえば他利という。しかし言葉は異なっても、ともに他力を示す。他利の他は仏をさし、他の仏のために衆生が利益されるの意、また利他の他は衆生をさし、仏が他の衆生を利益するの意である。親鸞は『教行信証』証巻の最後に「宗師は大悲往還の回向を顕示して、ねんごろに他利利他の深義を弘宣《ぐぜん》したまへり。仰いで奉持すべし、ことに頂戴すべしと」と述べる。

嘆徳文《たんどくもん》（報恩講嘆徳文《ほうおんこうたんとくもん》）　報恩講において、親鸞の行実と遺徳を讃嘆して読誦されるものである。延文四年（一三五九）、存覚七十歳の時に、甥に当たる俊玄（本願寺第四代善如）の請に応じて述作された。親鸞一代を通して浄土真宗の教義が簡潔に、しかも流麗な名文でまとめられている。

歎異抄《たんにしょう》　著者は親鸞の弟子である河和田《かわだ》の唯円《ゆいえん》。師の教えと異なった教義（異義）を嘆き、それを正すために親鸞から聞いた言葉を抜き出して書かれたもので、大きく二部に大別される。前十章は親鸞自身が述べた言葉（語録）であり「師訓篇」といい、後八章は唯円が異義を厳しく批判する「異義篇」または「歎異篇」という。「師訓篇」の前に漢文の序分がある。

「異義篇」の前に和文の序分があり、終わりに後述（後記）、流罪記録、そして蓮如《れんにょ》の奥書がある。『歎異抄』を本願寺第八代蓮如は禁書としたという誤った説を述べる人がいるが、教団内では活発に講義がなされている。明治に入って世間一般に読まれるようになったのは、清沢満之《きよざわまんし》・近角常観《ちかずみじょうかん》などの力による。唯円の原本は現在不明で、西本願寺所蔵の蓮如写本は最も古い。刊本はじめ、注釈書は数多くある。

嘆仏偈《たんぶつげ》　→讃仏偈《さんぶつげ》

天親《てんじん》　生没年代ははっきりしないが、今では五世紀頃の人であるという説が有力である。七高僧の第二祖。梵名ヴァスバンドゥ（婆藪槃頭《ばすばんず》）の漢訳名がこの天親で、旧訳であるという。新訳では世親《せしん》という。北インドのガンダーラに生れ、はじめ部派仏教の説一切《せついっさい》有部《うぶ》・経量部《きょうりょうぶ》に学び、『倶舎論』を著した。その後兄無著《むじゃく》の勧めで大乗仏教に帰し、瑜伽行唯識《ゆがぎょうゆいしき》学派の基礎を築いた。多くの著書が伝わっていて、「千部の論師」と称されている。七祖聖教とされるのは、『無量寿経優婆提舎願生偈』（浄土論、往生論）である。

天台宗《てんだいしゅう》　円宗・台宗ともいう。天台大師智顗《ちぎ》（五三八―五九七）によって大成された。仏一代の教を五時八教の教判によって価値判断し、『法華経』こそ釈尊の出世の本懐《ほんがい》であるとする。諸法の実相《じっそう》を空・仮・中の三諦《さんだい》の円融相即《えんにゅうそうそく》をもってあらわす三諦円融の妙理を説き、一念三千の円頓止観《えんどんしかん》を修して仏果に至ろうとする。日本には最澄（七六六または七六七―八二二）が伝え、天台円教・密教・禅・菩薩戒を融合統一した総合仏教として天台法華宗を樹立した。日本天台宗の本山として、比叡山延暦寺（山門派）と三井寺とも称される園城寺（寺門派）が名高い。

道綽《どうしゃく》　（五六二―六四五）　并州文水《へいしゅうぶんすい》（現在の山西省文水）の生まれ。七高僧の第四祖。十四歳で出家し『涅槃経』を究めたが、玄中寺で曇鸞《どんらん》の碑文を読み、四十八歳で浄土教に帰したという。以後、日々念仏を称えること七万遍、『観経』を講義すること二百回以上に及んだという。七祖聖教とされる撰述は『安楽集』二巻である。

道性《どうしょう》（?〜一三〇七）「日野一流系図」では親鸞の第五子とする。俗名を有房と称し、益方入道と呼ばれる。親鸞らとともにいったん関東から帰洛するが、母恵信尼に従って越後（新潟県）に移住する。新潟県上越市板倉区益方が居住地と考えられている。『恵信尼消息』によると、親鸞の臨終に際しては越後より上洛して立ち会ったとされる。なお親鸞書状に見られる即生房をこれにあてる説があるが確証はない。

東方偈《とうほうげ》　→往覲偈《おうごんげ》

読誦《どくじゅ》　経典の文字を見て声を出してよむのを「読」、文字を見ないで声を出してよむのを「誦」という。とくに大乗経典を読誦するのを読誦大乗という。善導は、浄土の経典を読誦するのを五正行（五種の正行）のうちの一として、それを浄土往生のための助業と位置づけた。→五種の正行

鳥辺野《とりべの》　京都東山の西南山麓一帯の地。平安時代以来人びとの葬送の地とされてきた。親鸞の遺骸はこの地にあった延仁寺において荼毘に付された。

曇鸞《どんらん》（四七六—五四二）　雁門《がんもん》（現在の山西省代県）の生まれで、七高僧の第三祖。龍樹《りゅうじゅ》の中観学派の論書（羅什訳）を研究し、特に『大智度論』に通じたが、『涅槃経』の仏性義にも明るかったという。その後『大集経《だいじっきょう》』の註釈を志したが、健康を害して果さず、不老長寿の法を求めるのが先だとして、江南に道士陶弘《とうこう》景《けい》を訪ね仙経を授かった。帰途洛陽で菩提流支《ぼだいるし》に会い、浄教を授けられ仙経を焼きすてて浄土教に帰したという。東魏《とうぎ》の皇帝の尊崇をうけ、并州（山西省太原）の大巌寺に住し、後、石壁山（山西省交城県北）の玄中寺に入った。ここで活躍した後に、汾州《ふんしゅう》の平遙《へいよう》（山西省汾県）にあった山寺に移って入寂した。天親の『無量寿経優婆提舎願生偈』を註釈して『無量寿経優婆提舎願生偈註』（往生論註、浄土論註）上下二巻を著し、五念門の実践を説き、浄土教の教学と実践を確立した。七祖聖教となるのは、この『往生論註』二巻と『讃阿弥陀仏偈』一巻である。

な行

中沢見明《なかざわけんみょう》　（一八八五—一九四六）　本願寺派。三重県に生まれる。三重県の暁覚寺住職を務めつつ、歴史学的考証を重んじた方法で親鸞の伝記等の研究を行う。著書に、『史上の親鸞』『真宗源流史論』などがある。

難行道《なんぎょうどう》　自力によって久しい間かかって種々の困難な行を修して仏になろうとする道。龍樹の「易行品《いぎょうほん》」に、不退の位に至る方法について、難行道と易行道という二種の道があることが示され、この難行道は困難な「陸路《ろくろ》の歩行《ぶぎょう》」にたとえられている。↓易行道《いぎょうどう》

南条文雄《なんじょうぶんゆう》　（一八四九—一九二七）　大谷派。美濃（岐阜県）に生まれる。高倉学寮に学び、福井県の憶念寺に入る。明治九年（一八七六）東本願寺留学生として英国留学。オックスフォード大学でマックス・ミューラに師事し『大明三蔵聖教目録』を完成。明治十七年（一八八四）、帰国。東京帝国大学教授を経て、明治三十六年（一九〇三）、真宗大学（いまの大谷大学）学監となる。著書には上記ほか、『仏教聖典』『仏説無量寿経梵文和訳支那五訳対照』などがある。

肉食妻帯《にくじきさいたい》　持妻食肉、蓄妻噉肉《だんにく》などともいう。出家の比丘《びく》が妻を娶り肉類を食べること。肉食と妻帯は戒律で禁止されていたため、これらの行為は破戒の代表として、破戒僧の代名詞として使われてきた。

尼乾子《にけんし》　尼乾陀若提子《にけんだにゃくだいし》の省略形で、六師外道《ろくしげどう》と称される釈尊時代の外教の一つ、ジャイナ教の教祖の名である。これで、教祖を指すばかりではなく、仏教に反する教えを信奉するグループ、外道を意味する使い方がなされる。

西本願寺《にしほんがんじ》　京都市下京区にある浄土真宗本願寺派の本山。天正二十年（一五九二）本願寺第十一代顕如《けんにょ》が没すると、いったん長男の教如《きょうにょ》が継職するが、豊臣秀吉の裁定によって三男の准如《じゅんにょ》が継職し、天正十九年に移転した堀川六条の地を継承した。しかし慶長七年（一六〇二）に教如が東本願寺を別立すると、次

第に全国の末寺が教如のもとに移り、勢力は半減した。元和三年（一六一七）失火により御影堂・阿弥陀堂などほとんどの堂舎が焼失。翌年に仮阿弥陀堂が、寛永十三年（一六三六）には御影堂が再建された。さらに宝暦十年（一七六〇）には現在の阿弥陀堂が完成した。寛永十六年学寮が造立されたが、その後承応《じゅうおう》の鬩牆《げきしょう》・明和法論・三業惑乱の宗義論争があり、教団に動揺を招いた。幕末には極度の財政難に対して天保の改革を断行して切り抜けた。明治になってから海外に僧侶を送り積極的に近代化の導入に努めた。明治十四年（一八八一）には国会に先駆けて集会（宗会）を開設し、また大谷光瑞（鏡如）は西域探検を実施した。→本願寺《ほんがんじ》

二十四輩《にじゅうよはい》　親鸞が関東在住中の高弟二十四人をいう。『改邪鈔』によると、元来は「二十余輩」とされていたが、のちに人数が固定された。正慶元年（一三三二）に奥州大網において本願寺覚如が如信の三十三回忌を営んだ時参詣した門弟の中から選んだものとする。その二十四人とは、性信・真佛・順信・乗念・信楽・成然・西念・性証・善性・是信・無為信・善念・信願・定信・道円・入信・念信・入信・明法・慈善・唯仏・唯信・唯信・唯円である。なお、江戸時代には本願寺派と大谷派で寺格の一つとなった。

二種深信《にしゅじんしん》（釈《しゃく》）　善導の『観経疏散善義』に、『観経』の三心（至誠心《しじょうしん》、深心《じんしん》、回向発願心《えこうほつがんしん》）を解釈する中、深心釈に説かれる教義。深心は深信の心であって、二種の深信がある。一つは、自身は罪悪生死（罪悪をもつ迷い）の凡夫で、はるか昔からさまよい続けて救われがたいものであると深く信じることであり、二つは、その凡夫が阿弥陀仏の本願に疑いなくはからいなくまかせれば、かならず浄土に往生できると深く信じることである。存覚は『六要鈔』巻三に二種の深信を、「これすなはち機法二種の信心なり」と述べる。これによって後世、二種の中の第一を機の深信、第二を法の深信と称し、あるいは信機・信法の二種ともいう。またこの二種深信は他力の信心の相の両面を表し、別々の異った信心でもなく、前後して起こる信心でもないので、二種一具ともよばれる。なお機の深信の「自身」という言葉は単に善導一個人を意味するのでは

なく、人間自身の本来のすがたの自覚を意味している。

二種法身《にしゅほっしん》　曇鸞《どんらん》の『往生論註』下巻に示される仏身説で、法性法身《ほっしょうほっしん》と方便法身《ほうべんほっしん》のこと。法性法身とは、真如法性のさとりそのものである仏身という意味で、人間の認識を超えた無色無形《むしきむぎょう》無相の絶対的な真理のこと。方便法身とは、法性法身が具体的なかたちをとってあらわれた仏身ということで、衆生救済のために垂名示形《すいみょうじぎょう》した仏身である。この両者の関係を、曇鸞は「法性法身によりて方便法身を生ず。方便法身によりて法性法身を出す。この二の法身は異にして分つべからず。一にして同ずべからず」と語っている。両者は、こうして「不一不異」のものとされている。親鸞は『教行信証』の証巻や『愚禿鈔』上巻にこの『往生論註』の文を引き、また『唯信鈔文意』や『一念多念文意』に二種法身の関係を述べる。↓法性《ほうしょう》法身《ほっしん》、方便法身《ほうべんほっしん》、阿弥陀仏《あみだぶつ》

二双四重判《にそうしじゅうはん》　真宗の教相判釈。すなわち釈迦一代の教法を分類して、絶対他力の教説を体系化したもの。親鸞は『教行信証』の信巻や化巻および『愚禿鈔』巻上に、竪超《しゅちょう》・横超《おうちょう》・竪出《しゅしゅつ》・横出《おうしゅつ》の四分類を述べる。竪は自力、横は他力、超は超越の義で速やかに生死界（迷い）を飛び越えて涅槃界（悟り）に至ること、出は脱出の義で漸次に段階を経て生死界を脱出し、涅槃界に入ることである。①竪超は聖道実教—仏心宗（禅宗）・真言宗・法華宗・華厳宗など、②横超は浄土実教—浄土真宗、③竪出は聖道権教—法相宗など、④横出は浄土権教—浄土要門、『観経』の意、と区分した。二双四重の語は、存覚の『六要鈔』巻三に出ており、竪超と横超とを一双とし、また竪出と横出とを一双とするので合わせて二双とよび、竪超・横超・竪出・横出の四つが重なるのを四重と述べたのである。存覚の『嘆徳文《たんどくもん》』に二双四重の教判を称讃して、親鸞は択瑛《ちゃくえい》法師の『浄土修証義』の竪出・横出の語と、善導大師の『観経疏』玄義分の横超断四流の語によって作られたと述べる。

如信《にょしん》（一二三五—一三〇〇）　親鸞の子善鸞の子。幼少の頃より祖父親鸞のもとで真宗の教義を学ぶ。建長年間（一二四九—五六）に父善鸞が、関東門弟の教

義の動揺を正すため関東に赴いたことに同行した。しかし善鸞が親鸞より義絶されたため、そのまま関東に留まった。弘安十年（一二八七）上洛した際、東山大谷において覚如に真宗の教義を伝授した。このため覚如から本願寺の第二代と位置づけられた。晩年は陸奥大網（福島県）に住して教化に努め、大網門徒を組織した。

女犯偈《にょぼんげ》　出家者が婬戒を犯すことを正当化した偈文。『親鸞伝絵』によると、建仁三年（一二〇三）親鸞は、六角堂に参籠して救世菩薩から夢告を受けた、「行者宿報設女犯　我成玉女身被犯　一生之間能荘厳　臨終引導生極楽」の偈。これが親鸞の結婚を保証するものとされ、また真宗教団における妻帯の根拠の一つとされる。

丹羽文雄《にわふみお》　（一九〇四—二〇〇五）　真宗高田派に属する一寺院に生まれたが、寺院後継者の地位を捨てて作家活動をした。戦後に発表した作品『遮断機』に対する解説中で、亀井勝一郎が「彼に必要なのは親鸞の思想である」と述べた言葉によって、宗教的模索のいとぐちが指摘され、あらためて親鸞の思想へと関心が向かった。これまで逃げていた親鸞思想と真正面から向き合う心になって、仏教文学と名づけてよいような作品群を多く生んだ。その丹羽の代表作が、『親鸞』という小説である（初出＝昭和四十—四十四年、昭和四十四年新潮社から刊行、五巻または三巻）。

念仏《ねんぶつ》　念仏の原語は二意がある。一つは仏を憶念する、仏をくりかえし思いうかべる意であり、二つは仏を作意する、仏を思う心を起こす意である。いづれにしても心を集中させて仏を思念することを示す。特に前者は原始仏教以来説かれ、六念（念仏・念法・念僧・念戒・念施〈捨〉・念天）の一つとして重要な修行法である。

大乗仏教になると、見仏の要求から、それを実現する方法として念仏三昧が行われる（『般舟三昧経』）。この念仏三昧が発達して。具体的に仏の身体の各部分を手順を追って観想していく観仏三昧があらわれる（『観仏三昧経』）。これが阿弥陀仏信仰と結びつけられたのが『観無量寿経』である。中国においても、最初は仏を思念する念仏であったが、次第に口に仏の名を称える口称念仏（称名念仏）が盛んになる。また元来、どの仏を念じてもよいのであるが、特に阿弥陀仏信仰と結びつき、念仏といえば「南無阿弥陀仏」と称えることが中心となった。『大無量寿経』の第十八願文に「乃至十念」とある語を、善導は『観念法門』および『往生礼讃』に「下至十声」と解釈した。法然は『選択本願念仏集』第三本願章に『観無量寿経』の「声をして絶えざらしめて、十念を具足して南無阿弥陀仏と称せん。仏の名を称するが故に、念念の中において、八十億劫の生死の罪を除く」とある文によって、「念」と「声」とは同意（念声是一）であると解釈した。また親鸞は『唯信鈔文意』に、「〈十念〉といふは、ただくちに十返をとなふべしとなり。しかれば、選択本願には、『若我成仏　十方衆生　称我名号　下至十声　若不生者　不取正覚』（『往生礼讃』）と申すは、弥陀の本願は、とこゑまでの衆生みな往生すとしらせんとおぼして十声とのたまへるなり。念と声とはひとつこころなりとしるべしとなり。念をはなれた声なし、声をはなれた念なしとなり」と述べている。

野《の》々《の》村《むら》直《なお》太《た》郎《ろう》（一八七一—一九四六）本願寺派。鳥取県に生まれる。東京帝国大学哲学科を卒業。大正九年（一九二〇）に仏教大学（いまの龍谷大学）教授となり、宗教学を講じる。大正十二年（一九二三）に出版した『浄土教批判』の中で、往生思想を神話的と批判したことで僧籍を剥奪され、教授を辞任した。著作には、『浄土教批判』、『宗教学要論』、『浅きは深きなり』などがある。

野《の》間《ま》宏《ひろし》（一九一五—一九九一）兵庫県の出身。大学卒業後大阪市役所に入り、被差別部落の福利事業を担当した。戦後、『暗い絵』（昭和二十一年）で作家として登場し、昭和二十七年（一九五二）に『真空地帯』を発表して揺るぎない地位を築いた。椎名麟三、武田泰淳、埴谷雄高らとともに「第一次戦後派」とよばれる。父は、浄土真宗にかかわる在家仏教の一派・実源派の教祖で、彼はこの秘事法門の一派の後継者の地位にあったから、五歳頃から宗教的修行を積んだという。こうした関心から、彼には親鸞に関する作品が多く、『わが塔はそこに立つ』（昭和三十七年）、『歎異抄』（昭和四十四年）、そして『親鸞』（昭和四十八年）がある。単なる聖典の内容紹介といったことではなく、人生論的エッセーというべき作品で、読めばかれの親鸞理解の深かったことがよくわかるし、思想的追求として高度な地点に到達している。

は　行

服部《はっとり》之《し》總《そう》　（一九〇一―一九五六）　島根県に生まれる。歴史学者。もともと本願寺派の寺院出身者であったが、戦前はマルクス主義の講座派の一員として活動を行っていた。戦後、親鸞と国家の関係に焦点をあてた『親鸞ノート』・『続親鸞ノート』を発表し反響をよんだ。

原口針水《はらぐちしんすい》　（一八〇八―一八九三）　肥後（熊本県）に生まれる。近代初頭の西本願寺を代表する真宗学者。筑前（福岡県）の曇竜に師事し真宗学を学ぶ。文久三年（一八六三）に、長崎に派遣されキリスト教の教義を調査。後に勧学となり、神道・仏教各派の学者と論争し宗派の高揚に努めた。

ハリー・ピーパー　Harry Pieper（一九〇七―一九九八）　ドイツに生まれる。一九五六年に、欧州最初の浄土真宗グループを結成した欧州念仏の祖。青年期からキリスト教の教えに疑問を持ち、二十五歳の時に上座部仏教のグループに参加。戦後、浄土真宗の教えを知り次第に傾倒していく。一九五四年、ベルリンで西本願寺第二十三代大谷光照より帰敬式を受け、「勝厳」の法名を与えられる。一九五六年にはベルリンで「浄土真宗仏教協会」を発足させ、その後の欧州各地への念仏の教えの輪の広がりに大きな影響を与えた。苦しい生活と健康の悪化の中でも念仏の教えを深くよろこび、多くの人々から慕われた

範意《はんい》　→印信《いんしん》

般舟讃《はんじゅさん》　七高僧の第五祖善導《ぜんどう》の著作「五部九巻」のうち、「具疏」の一であり、七祖聖教の一である。『観経』をはじめとする諸経によって、浄土を願生し阿

弥陀仏の徳を讃嘆する別時の行法を説き示したもの。序分・正讃・後述の三部分に分かれるが、序分では、この行法を修める者の心構えを示し般舟三昧《はんじゅざんまい》の意義について述べている。正讃の部分では、浄土の荘厳相と阿弥陀仏の徳、および九品往生の相を讃詠している。後述では、諸の行者に対して浄土を願うべきことを勧めて一部の結びとしている。→観無量寿経疏《かんむりょうじゅきょうしょ》

比叡山《ひえいざん》　京都府と滋賀県にまたがる山。天台宗総本山延暦寺がある。古くより山岳信仰の対象とされ、平安時代初期には最澄が入山して、天台宗を開いて堂舎を建てた。以来天台宗の根本道場と国家鎮護として信仰を集め、平安時代後期には僧兵を抱えるなど大きな勢力をもった。法然をはじめ、鎌倉時代に新たな仏教を起こした僧は、全てここで修行をした。親鸞も養和元年（一一八一）に慈円について得度したため、二十年間天台僧としてここで堂僧として修行した。中世を通じて一大勢力を誇示したが、元亀二年（一五七一）織田信長の焼き討ちに合い、急激に勢力が衰えた。

東本願寺《ひがしほんがんじ》　京都市下京区にある真宗大谷派の本山。天正二十年（一五九二）本願寺第十一代顕如が没すると、いったん長男の教如が本願寺を継職するが、豊臣秀吉の裁定によって教如は隠居し、三男の准如が継職した。その後教如は、慶長七年（一六〇二）徳川家康から烏丸六条に寺地寄進を受け、ここに東本願寺が独立し、准如の本願寺は西本願寺となった。翌年上野（群馬県）厩橋妙安寺の親鸞木像を迎え、さらに阿弥陀堂を創建し、同九年には御影堂を完成させた。また寛永十八年（一六四一）には宣如が徳川家光から門前の地を寄進されて寺内町が成立した。寛文五年（一六六五）には学寮を創設した。天明八年（一七八八）、文政六年（一八二三）、安政五年（一八五八）、元治元年（一八六四）の四度にわたる火災にあい、明治二十八年（一八九五）には現在の両堂が完成した。また明治期には清沢満之が精神主義を提唱して親鸞思想の研鑽が図られ、その後の教団に大きな影響を与えた。→本願寺《ほんがんじ》

秘事法門《ひじぼうもん》　浄土真宗の異義・異安心をさす。秘密裡に伝持すること、密室で儀礼作法を行うこと、

既成教団や教権を認めないこと、俗知識（教導者）を立てて僧侶を軽侮すること、入信の検証を説くことなどの外形的な特徴がある。教義的には、真言宗の影響を受けて秘密相伝・即身成仏《そくしんじょうぶつ》を説き、禅宗の影響を受けて印可証明・現身成仏を説いたりして、非真宗的ないわゆる「一益法門」、現世浄土の異義などをいう。また、両部神道、陰陽道、真言宗立川流などからの影響も強い。親鸞の子善鸞は、関東の門弟の間で、親鸞から夜中ひそかに一人だけ真宗の奥義を伝えられたと虚言したという。これが善鸞義絶の一因と考えられている。

非僧非俗《ひそうひぞく》　僧でもなく俗でもないということ。親鸞自身の仏弟子としての在り方を述べる語。親鸞は『教行信証』化身土巻末尾に、「真宗興隆の大祖源空法師、並びに門徒数輩《すはい》、罪科を考えず、猥《みだ》りがわしく死罪に坐《つみ》す。或は僧儀を改めて姓名を賜うて遠流に処す。予はその一なり。爾れば已に僧に非ず俗に非ず。この故に禿の字をも以って姓と為す」と述べる。「非僧非俗」といい、「禿」（「愚禿」）という姓を名告ることは、官制の国家の枠（「僧尼令」）にしばられた僧侶でもなく、また世間道徳の世界にとらわれた存在でもない、真実の仏道、念仏一つの道に立つ存在であることを示す言葉である。また覚如は『改邪鈔《がいじゃしょう》』第三条に、「しかれば緈《こと》を専修念仏停廃のときの左遷の勅宣によせましまして、御位署には愚禿の字をのせらる。これすなはち僧にあらず俗にあらざる儀を表して教信沙弥《しゃみ》のごとくなるべしと云云」と述べる。

必至補処の願《ひっしふしょのがん》　→一生補処《いっしょうふしょ》の願《がん》、還相回向《げんそうえこう》の願《がん》

日野有範《ひのありのり》　（生没年未詳）　親鸞の父。皇太后宮権大進正五位下の官位をもつが、若くして出家し山城三室戸《みむろど》寺（宇治市）に隠棲した。

日野一流系図《ひのいちりゅうけいず》　天文十年（一五四一）実悟の撰述。藤原鎌足から日野家、さらに本願寺にいたる系図。なかでも本願寺の系図が主な部分を占める。享禄四年（一五三一）以前に編集されたが、享禄の錯乱で紛失し、天文十年に再編され、さらにその後訂正が成された。本願寺系の系図として最も詳しいも

の。

日野範綱《ひののりつな》（生没年未詳）親鸞の伯父。親鸞の父有範の兄で、出家した弟有範にかわってその子親鸞・兼有・行兼の猶父となり、その後見を務めた。『親鸞伝絵』によると、養和元年（一一八一）親鸞が慈円について出家したのは、範綱の引導によるとされる。

日野広綱《ひのひろつな》（生没年未詳）覚信尼の夫。父信綱とともに親鸞の教えを受けて門弟となり、法名を宗綱と号して洛中居住の門弟に数えられた。親鸞の娘覚信尼の最初の夫となり、覚恵らをもうけた。

廟堂《びょうどう》　一般的には墓所に営まれたお堂のこと。真宗では、東山大谷に営まれた親鸞の墳墓を改葬して、文永九年（一二七二）吉水の北に移し、堂舎を創建して影像を安置した。この堂を廟堂と称したことから始まる。この親鸞の廟堂はのち寺院へと発展し、本願寺となった。

藤井善信《ふじいよしざね》　承元元年（一二〇七）念仏停止によって僧侶の身分を奪われた親鸞に一時的に与えられた俗名。

不退転地《ふたいてんじ》　梵語を音写して阿毘跋致《あびばっち》、あるいは阿惟越致《あゆいおっち》といい、訳して不退転という。すでに得たさとりや功徳、地位を決して失わないこと。そして、仏になることが決定して、再び悪趣《あくしゅ》や二乗（声聞《しょうもん》や縁覚《えんがく》）や凡夫の位に退歩したり、さとったところの菩薩の地位や法を失わない位そのものをさして不退転地という。浄土真宗では、他力信心を得たものはこの世において正定聚《しょうじょうじゅ》不退の位について、必ず仏果に至ることに定まるという。すなわち、信心を得たところで、不退転地、正定聚の位を語るのである。↓正定聚

佛光寺《ぶっこうじ》　京都市下京区にある真宗佛光寺派の本山。渋谷山と号す。親鸞以来、真佛・源海・了海・誓海・明光と次第し、関東の荒木門徒の系譜を引く。南北朝期に出た了源は、「名帳」「絵系図」を用いて布教に努め、また元応二年（一三二〇）に山城山科の興正寺を東山渋（汁）谷に移して寺号を佛光寺と改めたという。以降近畿地方を中心に教線を広げ、真宗のなかで最も勢力を伸ばした。文明十四年（一四八二）に第十四代経豪が多くの末寺や門徒を率いて本願寺蓮如に帰

参したため、大きく勢力が後退した。天正十四年（一五八六）豊臣秀吉が京都の大仏建立の地と定めたことにより、渋谷の地を退いて現地に移転した。

佛光寺派《ぶっこうじは》　佛光寺を本山とする教団。↓佛光寺《ぶっこうじ》

仏性《ぶっしょう》　如来性・覚性という意味で、仏の本性、仏のさとりそのものの性質をいう。また仏になる可能性を仏性というが、その時には、如来蔵《にょらいぞう》（如来の胎児、あるいは如来の胎児を宿す子宮）という語も用いられる。仏の性質を果仏性といい、仏になる可能性を因仏性として区別する場合もある。大乗仏教では一般に、一切衆生はすべて仏になる可能性としての仏性を有しているとするが、それを示して「一切衆生悉有仏性《いっさいしゅじょうしつうぶっしょう》」という言い方がなされている。

仏説阿弥陀経《ぶっせつあみだきょう》　一巻。後秦の鳩摩羅什《くまらじゅう》の訳。『小経』ともいう。舎衛国《しゃえこく》の祇園精舎《ぎおんしょうじゃ》で説かれたもので、はじめに極楽浄土のうるわしい荘厳相と、阿弥陀仏・聖衆（浄土の聖者）の徳について述べ、次にその極楽に生ずる因は、一心の念仏であると説き、最後に六方の諸仏がこの念仏往生の法を証誠《しょうじょう》される旨を述べている。無問自説《むもんじせつ》の経（問いをまたずに釈尊が自ら説かれた経）とも、一代結経（釈尊一代の説法の結びの経）ともいわれる。『大経』『観経』とともに浄土三部経の一。↓無問自説《むもんじせつ》

仏説観無量寿経《ぶっせつかんむりょうじゅきょう》　一巻。劉宋《りゅうそう》の畺良耶舎《きょうりょうやしゃ》訳。『観経』ともいう。阿闍世《あじゃせ》のために王舎城の奥深く幽閉された韋提希《いだいけ》の請によって、釈尊が王宮に現れ説法されたもの。十三観にわたる定善《じょうぜん》と三福九品の散善《さんぜん》を説き、流通分《るずうぶん》に至って南無阿弥陀仏の名号をたもつことを勧め、後世にこれを伝持せよと付属されている。「浄土三部経」の一。

仏説無量寿経《ぶっせつむりょうじゅきょう》　二巻。曹魏《そうぎ》の康僧鎧《こうそうがい》の訳と伝えられている。『大無量寿経』『大経』『双巻経』ともいう。「浄土三部経」の一。上巻では、法蔵菩薩が一切衆生を救おうとして四十八願をたて、これを成就して阿弥陀仏となった因果、および浄土の荘厳《しょうごん》功徳のありさまを説き、下巻では、衆生往生の因果、および釈尊の勧誡《かんかい》について説く。

普門《ふもん》　（一六三六—一六九二）　真宗高田派彰見寺六代。芝増上寺で学び、生涯清僧として学問に励む。近世における本典研鑽の嚆矢となる『教行信証師資発覆鈔』二百五十冊、親鸞誕生の月日を記した最古の所見となる『高田親鸞聖人絵伝撮要』三巻を著した。

平太郎《へいたろう》　（生没年未詳）常陸（茨城県）那珂西郡大部郷に住した親鸞の門弟。『親鸞伝絵』下巻第五段によると、主人の命令で紀伊（和歌山県）熊野社に参詣することとなり、京都の親鸞に信仰上の葛藤について相談する。また親鸞の消息に「おほぶの中太郎」とあるのは、同一人物と考えられている。水戸市飯豊町の真仏寺を開基したと伝えられる。

別時意《べつじい》　仏の説法における四種の意趣（四意趣また四意）の一で、別時意趣ともいう。懈怠《けだい》のさわりを除くために、即時に利益がえられないで後になって別時に利益が得られる場合に、即時に利益が得られるかのように説くこと。たとえば、阿弥陀仏の名を称えれば極楽に往生できると説くようなことで、万行を具えなければならないはずなのに一行だけの念仏で往生するといったり、願行具足してはじめて往生できるところに発願《ほつがん》だけでも往生するというのは、あくまで方便誘引の説法であって別時意説だというのである。

辺地《へんじ》　↓化土《けど》

弁円《べんねん》　（一一八四—一二五一）　親鸞の門弟。常陸（茨城県）の筑波山系を拠点としていた山伏。『親鸞伝絵』によると、親鸞が関東で教化することで、専修念仏が関東各地に広まっていくとこれを嫉み、親鸞がいつも通る板敷山で待ち伏せして殺そうとしたが現れず、結局稲田の草庵に乗り込んでいったところ、かえって親鸞に帰依して明法房と称して専修念仏の門に入ったという。なお弁円を開基とするものに、茨城県八郷町の大覚寺がある。↓大覚寺《だいかくじ》

報恩講《ほうおんこう》　祖師の忌日にその恩徳を讃えるために行われる仏事。延暦寺で最澄の忌日に行われた霜月会などが先例としてある。法然の忌日にも、知恩講がその門弟によって行われている。これらに倣って、親鸞の没後にも忌日である十一月二十八日にあわせて集

会が行われており、本願寺覚如が「報恩講私記」を著してから形式が整備され、大谷廟堂では御報恩念仏会と称して七日間執行された。真宗教団の広がりにあわせて、末寺でも行われるようになり、一年を通じて最も重要な行事とされた。明治以降、新暦が採用されると、各教団において報恩講の執行時期も変化し、現在では、大谷派・佛光寺派・興正派などでは旧来のまま十一月二十一日から二十八日までの七日間、本願寺派・高田派では一月九日から十六日までの七日間営まれている。

報恩講式《ほうおんこうしき**》**　「報恩講私記」、または単に「式文」とも言う。永仁二年（一二九四）、親鸞三十三年忌を迎えるに当たり、覚如が撰述したもの。この時、覚如は、親鸞の遺徳を追慕するために二年間にわたる関東旧跡の巡拝を終えた二十五歳であった。内容は、報恩講の作法に関するもので、総礼《そうらい》、三礼《さんらい》、如来唄《にょらいばい》、表白《ひょうびゃく》、廻向《えこう》から構成され、表白（式文）では、親鸞の徳が真宗興行《こうぎょう》、本願相応、滅後利益の三段にわけて称讃されている。

報恩寺《ほうおんじ》　東京都台東区にある真宗大谷派の寺院。坂東報恩寺と呼ばれる。開基は下総（茨城県）横曽根の性信で、江戸時代に現地に移った。親鸞自筆の『教行信証』はこの寺院に伝わっていたため、坂東本と呼ばれる。

法界寺《ほうかいじ》　京都市伏見区日野にある真言宗醍醐寺派の寺院。日野薬師とも称される。付近は日野氏ゆかりの地で、永承六年（一〇五一）日野氏の祖資業がここに別業を営み道場とした。その後諸堂が建てられたが、承久の乱のため多くの堂舎が焼失し、今は丈六の阿弥陀如来坐像を安置する阿弥陀堂のみが当時の面影を偲ばせる。日野氏との深い関係によって、江戸時代末期から親鸞の誕生地として注目され、隣接地に本願寺派の誕生院が営まれた。

法事讃《ほうじさん》　七高僧の第五祖善導《ぜんどう》の著作「五部九巻」のうち、「具疏」の第一のもの。上下二巻からなり、七祖《しちそ》聖教《しょうぎょう》の一である。本書は、『阿弥陀経』を読誦讃《どくじゅさん》嘆《だん》して仏座の周囲を繞道《にょうどう》し、浄土を願生する法会の規式を明かしたものである。上巻では特に、三宝の招請、供養懺悔《さんげ》の儀式を、下巻では、『小経』を読誦する儀式作法を示している。こうして、浄土教における壮麗な別時の行儀を示したものとして注目され、善導の『小経』に対する見方が窺えるものとして重要な意味を持っている。→観無量寿経疏《かんむりょうじゅきょうしゅ》

法蔵菩薩《ほうぞうぼさつ》　阿弥陀仏の因位《いんに》（修行者であった時）の名。すなわち阿弥陀仏が菩薩位のとき、世自在《せじざい》王《おう》仏のもとで本願をたてられた時の名である。→阿弥《あみ》陀仏《だぶつ》

報土《ほうど》　阿弥陀仏の浄土をいう。阿弥陀仏は因位の誓願と修行に報われて仏と成られた報身仏《ほうじんぶつ》であるから、その浄土をさして報土というのである。これに真実報土と方便化土《けど》があるが、他力の信心を得た者のみが往生する報土を真実報土という。→化土《けど》

法然《ほうねん》　→源空《げんくう》

報仏寺《ほうぶつじ》　茨城県水戸市河和田にある大谷派の寺院。親鸞の門弟である唯円を開基とする。唯円は河和田に居住したことから、河和田の唯円と称される。

方便法身《ほうべんほっしん》　真如《しんにょ》そのものである法性法身《ほっしょうほっしん》が、衆生救済のために名を示し形を現した仏身のこと。曇鸞《どんらん》の『往生論註』に示される二種法身の一。→二種《にしゅ》法身《ほっしん》、法性法身《ほっしょうほっしん》

謗法罪《ほうぼうざい》　仏の教えをそしり、正しい真理をないがしろにすること。五逆罪より重い罪とされている。

法力房《ほうりきぼう》　→蓮生《れんしょう》

反古裏書《ほごうらがき》　永禄十一年（一五六八）に本願寺蓮如の孫である顕誓が著した歴史書。法然から本願寺顕如までの真宗の沿革や由緒などを記述、特に蓮如・実如・証如・顕如の時期のことが詳しい。

法性法身《ほっしょうほっしん》　色もなく形もない真如法性の理体をさしてこういう。曇鸞の『往生論註』に示される二種法身の一。→二種法身《にしゅほっしん》、方便法身《ほうべんほっしん》

本願《ほんがん》　本意の願いの意で、仏・菩薩が過去世において、すべての人々を救おうとして立てた誓願をさす。本弘誓願、略して本誓ともいう。これに総願と別願があり、総願とはすべての仏・菩薩に共通の四弘誓願を

いい、別願とはそれぞれの仏・菩薩に固有の誓願（たとえば、阿弥陀仏の四十八願、薬師仏の十二大願、普賢菩薩の十大願など）をいう。浄土教では、とくに阿弥陀仏の第十八願を本願（王本願）とよぶ。

本願寺《ほんがんじ》　文永九年（一二七二）京都東山の大谷に親鸞の遺骨を改葬して廟堂を建立したことに始まる。親鸞の末娘覚信尼は、夫の小野宮禅念から譲り受けた廟堂の敷地を墓所に寄進し、自身は廟堂の管理をする留守職となった。親鸞の廟堂には、生前の親鸞の姿を慕う関東の門弟たちによって木像が創られ安置された。第三代留守職に就任した覚如は、親鸞の廟所に阿弥陀如来像を安置して寺院化を図り、元亨元年（一三二一）までに本願寺と称した。その後善如、綽如、巧如、存如と継承された。さらに存如の時には、阿弥陀堂と御影堂が並立する両堂形式の伽藍が整備された。第八代蓮如にいたって近畿から北陸・東海地方へと教線を伸ばした。京都東山にあった本願寺は、蓮如の時の寛正六年（一四六五）比叡山大衆によって破却され、文明十二年（一四八〇）山城（京都府）山科に再建された。蓮如によって拡げられた教団は、次の実如の時に一門一家などの制度化が進められた。天文元年（一五三二）第十代証如の時、法華宗徒らによって山科の本願寺が焼かれたため、摂津（大阪府）大坂に移った。しかし大坂の地も元亀元年（一五七〇）から畿内に進出してきた織田信長に攻められ、天正八年（一五八〇）第十一代顕如は、大坂を退出し、紀伊（和歌山県）鷺森、和泉（大阪府）貝塚、大坂天満と移り、同十九年豊臣秀吉の命によって京都堀川六条の地に移転した。顕如没の後長男教如と三男准如の間で後継問題が起こり、秀吉の裁定によって一旦継職した教如は隠退して三男の准如が継職した。しかし教如は、慶長七年（一六〇二）徳川家康から東六条に寺地を寄進されて本願寺を別立し、ここに本願寺は東西分派した。本願寺の分派にあわせて全国の末寺もほぼ二分した。→西本願寺《にしほんがんじ》・東本願寺《ひがしほんがんじ》

本願寺派《ほんがんじは》　西本願寺を本山とする教団。→本願寺《ほんがんじ》、西本願寺《にしほんがんじ》

本願他力《ほんがんたりき》　①阿弥陀如来の本願力すなわち他力の意。親鸞の『教行信証』行巻に「他力といふは如来の本願力なり」と述べている。浄土宗などでは一般に「他力本願」の語が使われるが、親鸞においては『唯信鈔文意』と『末灯鈔』第十二通の二か所に「他力本願」が用いられるのみで、ほとんど「本願他力」の語が多い。②俗に日常語としては、「他力本願」は「他人の力」「あなたまかせ」「依存主義」「無力」などの意味で用いられることが多い。①が本来の意で、②は誤用である。

本願力《ほんがんりき》　→本願他力《ほんがんたりき》

本願力《ほんがんりき》**（他力**《たりき》**）回向**《えこう》　『教行信証』教巻には、浄土真宗には二種の回向があり、一つには往相《おうそう》（往生浄土の相状）、二つには還相《げんそう》（還来穢国度人天の相状）である。往相回向について真実の教・行・信・証があり、還相回向は利他教化地の利益と述べる。また行巻には他力とは阿弥陀如来の本願力であると述べる。本願力とは、十方衆生をして阿弥陀仏の救いを信ぜしめその名号を称えしめて（信心と称名念仏・信行）、浄土に往生せしめるはたらきをいう。また浄土において証果をえたものが大悲をおこして還相の菩薩となって、十方衆生を救うためにこの世に還《かえ》り来るすがたも阿弥陀仏の第二十二願によって与えられたものである。

煩悩《ぼんのう》　身心を悩ませ、煩わせる精神作用の総称。衆生はこの煩悩によって業を起こし、苦の報いを受けて、生死の世界に流転《るてん》する。この煩悩を一つのもので代表させるときは、無明《むみょう》（根源的な無知）あるいは渇《かつ》愛《あい》（渇者が水を求めるような本能的な生への執着のこころ）でいい、貪欲《とんよく》（むさぼり）・瞋恚《しんに》（いかり）・愚癡《ぐち》（おろかさ）の三種を出して、三毒の煩悩ともいう。↓無明《むみょう》

凡夫《ぼんぶ》　原語プリタグ・ジャナを直訳して異生《いしょう》といい、また凡愚とも称する。聖者に対して愚かで凡庸な人間をさす言葉。仏の教えを理解せず、貪・瞋・癡などの煩悩に束縛されて種々の業をおこし、種々の果を受けて迷いの世界に輪廻《りんね》する存在。聖者の位に達する以前のもの。

ま 行

前田慧雲《まえだえうん》（一八五七―一九三〇） 本願寺派。伊勢（三重県）生まれる。仏教の啓蒙運動をすすめ、真宗教学史、仏典研究、天台学などで多くの業績を残す。明治二十四年（一八九一）に西本願寺の法嗣大谷光尊の学事主監となり、明治三十三年（一九〇〇）には東京帝国大学講師となる。高輪仏教大学学長となるが大乗非仏説論により批判を受ける。明治三十八年（一九〇五）には勧学となり、のちに勧学寮寮頭となる。また、東洋大学学長、龍谷大学学長を歴任する。著書には『本願寺派学事史』、『大乗仏教史論』、『天台宗綱要』などがあり、『前田慧雲全集』八巻も出版されている。

益方入道《ますかたにゅうどう》 →道性《どうしょう》

末灯鈔《まっとうしょう》 →親鸞《しんらん》の消息《しょうそく》

末法《まっぽう》 正・像・末の三時の一。像法《ぞうぼう》のあと、一万年つづくという。教（仏の教法）のみあって行（実践）と証（さとり）のない仏教衰滅の時代。なお末法を過ぎて教法もなくなる時代を法滅という。道綽は、今時末法という自覚に立って、末法に生きる凡夫の救いを説くのが他力浄土の教えであると規定した。以来浄土の教法は、末法には滅亡していく自力聖道門の教えに対して末法相応の教として確立されていった。なお日本では、末法元年は永承七年（一〇五二）のことと信じられた。

三河念仏相承日記《みかわねんぶつそうじょうにっき》 初期真宗教団の形成過程とその後の門弟たちの動向が記された古記録。内題に「三河国専修念仏根源事」とあり、奥書に「貞治三年（一三六四）九月三日」とある。親鸞示寂後、百年後の史料であるが、親鸞在世当時以来の確実な史料に基づいて書かれており注目されている。内容は、建長八年（一二五六）、親鸞直弟の真佛、顕智、専信、それに下人一人の主従四人が、関東から上洛する途中で、三河国矢作（岡崎市）へ立ち寄り、念仏を弘めたことと、その後も顕智が三河を再訪して門弟を育て、三河門徒が関東の高田へ参詣していたことが記される。昭和六十三年の大火で罹災し、修復が待たれている。

三室戸寺《みむろどじ》　京都府宇治市にある本山修験宗の寺院。西国三十三所観音霊場第十番札所。寺伝では、宝亀年間（七七〇―七八〇）宮中の奇瑞により志津川の上流に黄金の観音像を得たため御室（建物）を移して寺を創建し、三室戸寺と称したとする。その後、康和年間（一〇九九―一一〇四）園城寺の修験僧隆明が中興したとされ、このため天台宗寺門派の修験系となったと考えられる。藤原道長・頼通らをはじめとする平安貴族たちが宇治に別業（別荘）を営み饗宴を催し、三室戸寺周辺は紅葉の名所として貴族たちの遊覧の地となっていた。『親鸞伝絵』には父日野有範についての記述は見られないが、「日野一流系図」では有範について「出家　号三室戸大進入道」と注記がなされており、有範は何らかの理由で中央政界を離れ、三室戸に隠棲していたものと考えられる。藤原氏一門が都を離れた宇治の地に別業を構えたことから、有範も晩年三室戸の地で過ごしたものと考えられる。なお三室戸寺本堂左手には、「四十八願寺」の額を掲げ、日野有範の墓と称する堂がある。

宮崎圓遵《みやざきえんじゅん》　（一九〇六―一九八三）　本願寺派。和歌山県に生まれる。龍谷大学卒業。龍谷大学教授となり、『本願寺史』の編纂に携わる。実証的方法による堅実な真宗史研究を行い、初期真宗の研究に多くの業績を残した。著書には、『初期真宗の研究』、『真宗書誌学の研究』などがあり、『宮崎円遵著作集』七巻も出版されている。

妙源寺《みょうげんじ》　真宗高田派。桑子山華蔓院と号し、旧号は平田山明眼寺。碧海郡の領主安藤薩摩守信平（念信房蓮慶）が、帰洛途次の親鸞を柳堂に招いて開創したと伝え、その後、三河念仏発祥の地として中心的役割を担った。聖徳太子孝養像を安置する柳堂は、現存する全国唯一の初期真宗教団の御堂で正和三年（一三一四）の修復棟札を持つ。十八世紀になると妙源寺歴代は専修寺猶子となり、二十三世圓通は夏安居を講じるとともに『真宗温故抄』を著すなど宗学を研鑽し、二十五世知足庵圓珠は、高田本山安楽庵に伝来する茶道宗旦古流の相承者となった。親鸞真蹟十字名号をはじめとする真宗法宝物、仏教美術、歴史史料を多く所蔵する。

名号《みょうごう》

あらゆる仏・菩薩の名前。浄土教ではとくに阿弥陀仏の名前をいう。真宗では四字名号（阿弥陀仏）、六字名号（南無阿弥陀仏）、八字名号（南無不可思議光仏）、九字名号（南無不可思議光如来）、十字名号（帰命《きみょう》尽十方《じんじっぽう》無碍《むげ》光《こう》如来）の名号があるが、いずれも阿弥陀仏の名号のことで、一般には南無阿弥陀仏の六字名号が多く用いられている。名号は阿弥陀仏の徳義をあらわしたものであるから徳号ともいい、あるいはまた因位の修行により、阿弥陀仏となった果の名前であるから果号ともいう。また尊号・嘉号ともいう。阿弥陀仏は信じやすく称えやすい名号で衆生を救うが、その名号は仏体と一つとなっており（名体不二《みょうたいふに》）、またそこには阿弥陀仏のすべての徳が施されている（全徳施《せ》名《みょう》）。法然の『選択本願念仏集《せんじゃくほんがんねんぶつしゅう》』本願章に「名号はこれ万徳《まんどく》の所帰なり、しかればすなわち弥陀一仏の諸有の、四智三身十力無畏《むい》等の、一切の内証功徳も、相好光明説法利生《そうこうこうみょうせっぽうりしょう》等の、一切外用《げゆう》功徳も、皆悉く阿弥陀仏の名号の中に摂在す」とある。善導は『観経《かんぎょう》四帖疏《しじょうしょ》』玄義分の六字釈で名号には法蔵菩薩の願と行が具足し、名号を称えるもの（念仏者）は往生できると説き示している。親鸞は『教行信証』行巻六字釈で、名号は阿弥陀仏が一切衆生を救うために廻向された行であることを明らかにしている。阿弥陀仏は第十七願で、十方の諸仏に名号を称揚させ、衆生に聞かせることによって、名号を十方に広めようと誓った。この名号のいわれを聞き、信じることによって衆生は阿弥陀仏の救いにあずかるのである。また名号について親鸞は「名」と「号」に分けて解釈している。『正像末和讃』自然法爾《じねんほうに》章に「名の字は因位のときのなを名といふ、号の字は果位のときのなを号といふ」とあり、『唯信鈔文意』に「号は仏になりてのちのみなをまうす、名はいまだ仏になりたまはぬときのみなをまうすなり」と述べる。

名号本尊《みょうごうほんぞん》　阿弥陀仏の名号。弥陀の本願のはたらきが具体的になってあらわれたもの。通常、「南無阿弥陀仏」を六字名号、「南無不可思議光仏」を八字名号、「南無不可思議光如来」を九字名号、「帰命尽十方無碍光如来」を十字名号と呼ばれ、親鸞が書いたものとしては、九字名号以外が現存している。親鸞は名号を書いて門弟に授与していたことが知られる。また親鸞は正嘉二年（一二五八）に『尊号真像銘文』を著して、尊号（名号）や真像（影像）の上下に書かれる讃銘を集めて、礼拝対象としての名号の位置づけをしている。本願寺第八代蓮如は、継職当初金字の十字名号を道場の本尊として安置していったが、比叡山から「無碍光宗」として非難されたため、墨書六字名号を書写することとした。

明信《みょうしん》　（一二一一—一二七四）「日野一流系図」では親鸞の第四子とする。『恵信尼消息』から、親鸞が越後流罪中の承元五年の誕生であることがわかる。その後親鸞らとともに関東に移住し、さらに帰洛した後、恵信尼とともに越後（新潟県）に下った。文永五年（一二六八）には、越後野積の山寺で不断念仏を修したことが、『恵信尼消息』から知られる。なお越後において居住していた栗沢の地は、新潟県上越市板倉区内と考えられている。

明法房《みょうほうぼう》　→弁円《べんねん》

三善為教《みよしためのり》　（生没年未詳）親鸞の妻恵信尼の父。「日野一流系図」では、恵信尼について「兵部大輔三善為教女」とされる。九条兼実の日記『玉葉』の治承二年（一一七八）の記事には、「越後介三善為則」とあり、これと同一人物とされる。これによって親鸞の流罪地が越後（新潟県）に定められたと考えられている。恵信尼とともに、越後の出自と考えられていたが、近年では京都下級役人とする説が有力である。

無明《むみょう》　最も根本的な煩悩をいう言葉で、真理に暗くてものごとに通達せず、事象や道理をはっきりと理解できない精神状態をいう。迷いの根元と考えられているので、「十二縁起」の第一支として出されている。→煩悩《ぼんのう》

無問自説《むもんじせつ》　十二部経の一で、ウダーナ（自説）といわれる経典の種類。弟子たちからの問いかけもなしに、感興にもよおされて自ずから口をついて出るブッダの言葉を記録したもの。『小経』がこの代表とされている。→仏説阿弥陀経《ぶっせつあみだきょう》

村上専精《むらかみせんしょう》　（一八五一―一九二九）　大谷派。丹波（兵庫県）に生まれる。愛知県の入覚寺に入寺。高倉学寮に学び、仏教・真宗に幅広く通じ、仏教思想の統一をはかる。明治二十七年（一八九四）に『仏教史林』を創刊。明治三十八年（一九〇五）に東洋女学校を創設。その後、東京帝国大学教授、大谷大学学長を歴任する。著書に、『日本仏教一貫論』、『仏教統一論』、『真宗全史』などがある。

無量光仏《むりょうこうぶつ》　→阿弥陀仏《あみだぶつ》

無量寿経優婆提舎願生偈《むりょうじゅきょううばだいしゃがんしょうげ》　略して『往生論』または『浄土論』ともいう。第二祖天親《てんじん》（世親《せしん》）の著作で、七祖聖教《しちそしょうぎょう》の一である。本文は、二十四行九十六句の詩句と三千字たらずの散文からなっていて、詩句の部分には、天親自身の阿弥陀仏への帰依と願生浄土の思念、造論の意趣、「三厳二十九種」といわれる阿弥陀仏と聖衆および浄土の荘厳相などが讃詠されている。散文部は前の詩句部分を解釈するものであるが、そこに往生浄土の行としての五念門（礼拝・讃嘆・作願・観察・回向）が開示され、その果徳としての五果門が説かれている。結局、往生浄土の行を大乗仏教の実践道として明確化したものが本論で、この注釈書である曇鸞《どんらん》の『往生論註』をとおして、後世の浄土教思想に大きな影響を与えた。曹魏《そうぎ》の菩提《ぼだい》流支《るし》の訳である。

無量寿経優婆提舎願生偈註《むりょうじゅきょううばだいしゃがんしょうげちゅう》　七高僧の第三祖曇鸞《どんらん》の撰述で、『往生論註』あるいは『浄土論註』などと略称する。七祖聖教の一。天親《てんじん》の『往生論』の註釈であって、この論の詩句部の偈頌《けじゅ》を上巻に、散文部の長行《じょうごう》を下巻に釈している。上巻で詩句部を解釈するのに、『浄土論』の散文部に示された五念門に配当して釈し、下巻では散文を①願偈大意、②起観生信、③観行体相（観察体相）、④浄

入願心、⑤善巧摂化、⑥障菩提門、⑦順菩提門、⑧名義摂対、⑨願事成就、⑩利行満足の十科に分けて釈している。そして、阿弥陀如来とその浄土の因果の徳用を説き、衆生往生の因果もまた阿弥陀如来の本願力によって成就せしめられるという、他力の法義が示されて、親鸞にとても大きな影響を与えた。

無量寿仏《むりょうじゅぶつ》　→阿弥陀仏《あみだぶつ》

や　行

山田文昭《やまだぶんしょう》　（一八七七―一九三三）　大谷派。愛知県に生まれる。真宗大学（いまの大谷大学）を卒業。明治三十九年（一九〇六）に真宗大学教授となる。親鸞を中心とした初期真宗史を、歴史資料にもとづいて考証した。著書に、『真宗史稿』、『日本仏教史の研究』などがある。

山伏《やまぶし》　→修験者《しゅげんしゃ》

山元派《やまもとは》　證誠寺を本山とする教団。→證誠寺《しょうじょうじ》

唯円《ゆいえん》　（生没年未詳）　親鸞の門弟。常陸（茨城県）河和田の住人で、真佛の弟であるとも言う。関東にいた親鸞からよく教えを受け、正応元年（一二八八）には、上洛して本願寺の覚如に教義を伝授した。晩年には大和（奈良県）吉野に移り没したとされる。没年は、正応元年（一二八八）とも、正応二年ともいう。また『歎異抄』の編者と考えられている。茨城県河和田の報仏寺と奈良県下市町の立興寺はその旧跡とする。

唯信抄《ゆいしんしょう》　安居院聖覚（一一六七―一二三五）が承久三年（一二二一）に著したもので、『選択集』によって念仏往生の要義を明かした書。前半で一向専修を顕正し、後半の釈疑勧信で異義を批判している。親鸞は関東在住中からこの書を書写し、門弟に味読を勧めている。また本書を註釈して『唯信鈔文意』を書いている。

唯信鈔文意《ゆいしんしょうもんい》　親鸞の兄弟子である安居院聖覚（一一六七―一二三五）の『唯信抄』の要文を抜

き出して解釈し、浄土真宗の法義を人々にわかりやすいように懇切に説き示したもの。康元二年（一二五七、親鸞八十五歳）に書写された真蹟二本が、高田派本山専修寺に所蔵される。

欲生《よくしょう》　→三心《さんしん》

横曽根門徒《よこそねもんと》　下総国豊田庄横曽根（茨城県水海道市）の性信《しょうしん》を中心として形成された門徒団。高田門徒とならんで、親鸞帰洛後の関東門弟における最有力門徒の一つ。後に展開する近江瓜生津門徒（滋賀県八日市市）から真宗木辺派が出た。その旧跡とされるものに、東京都台東区の報恩寺がある。

吉川英治《よしかわえいじ》　（一八九二—一九六二）　吉川英治は、尋常小学校卒の学歴しか持っていないが、懸賞小説の一等入選を三回くり返して小説家の道へ進んだ。大正十年（一九二一）に毎夕新聞社へ入社し、記者としての活動で「親鸞記」を連載したのが最初の小説である。彼はこうして徐々に求道者の生涯を描いた伝記的歴史物語へと転換してゆき、有名な『宮本武蔵』（昭和十—十四年）が生み出されるのである。こういう中にまた『親鸞』という作品もある。親鸞の真摯な生き方、理想を追求してやまない強靱な意志力などをはっきりと意識するようになった吉川は、その「求道者的生き方」を宮本武蔵の生涯に重ね合わせて小説の世界を構築していった。また、これまでの彼の生き方そのものが一個の求道者の物語であった。『親鸞』という作品が「吉川文学の本質を考えるための好材料」であるといわれているゆえんである。吉川作品が、次元の低い「大衆小説」といった意識をうち破り、一般大衆の共感を得つつ戦後日本人の生きる情熱を再確認させたことは、十分に評価されてよい、といわれているのも当然であると思われる。

吉水《よしみず》　京都東山山麓の円山公園一帯の古称。法然が専修念仏を唱えたところ。承安五年（一一七五）法然は比叡山黒谷からこの地に移り庵室を営んだ。親鸞は建仁元年（一二〇一）比叡山を下り六角堂に籠った後、吉水の法然を訪れ門弟となり、承元元年（一二〇七）に念仏停止によって流罪となるまでここに留まった。

ら行

龍樹《りゅうじゅ》（一五〇―二五〇頃）　七高僧の第一祖。龍樹は梵語ナーガールジュナの漢訳語。南インドの生れで、大乗仏教の教学の基盤を確立した。インドはもとより中国、チベットにおいても大きな影響を与え、日本では古来「八宗の祖」として尊崇されている。著作は多いが、七祖聖教とされるのは『十住毘婆沙論《じゅうじゅうびばしゃろん》』で、特に、その第九章「易行《いぎょう》品」が重要である。

了源《りょうげん》（一二九五―一三三六）　佛光寺ならびに興正寺第七代。六波羅探題大仏維貞の御家人比留左衛門太郎維広の中間と伝えられる。関東では阿佐布門徒甘縄明光の門弟であった。元応二年（一三二〇）上洛して本願寺覚如を訪ね、以降その子存覚に協力した。正中元年（一三二四）までに山科に興正寺（のちの佛光寺）を建立する。「勧進帳」・「名帳」・「絵系図」などを用いた布教活動で佛光寺教団の基礎を築いた。建武二年（一三三五）伊賀地方巡教中、国境の七里峠（桜峠）で山賊にあい四十二歳で歿したという。なお絵系図では五十二歳と記される。

留守職《るすしき》　東山大谷の親鸞の廟堂を維持・管理する役とそれに付属する権利。親鸞の遺骨が改葬された廟堂の土地は、親鸞の末娘覚信尼が夫小野宮禅念から相続した地であったため、覚信尼はこれを門弟に寄進し、自身はこの留守役を承認された。のち留守職と呼ばれるようになった。この職の相伝は譲状と門弟の承認によって成立する。覚信尼の後はその子覚恵に譲られたが、覚恵の異父弟唯善が相続の権利を主張したものの敗訴した。覚恵の後はその子覚如に相伝されたが、廟堂の寺院化とともに留守職は住持職が含まれるようになった。

蓮位《れんい》（？―一二七八）　親鸞の門弟。源頼政の末裔という。親鸞が関東教化の時門弟となり、親鸞の祐筆を務めるなど近侍していた。常陸（茨城県）下妻に居住していたことから、俗名を下間宗重と称する。親鸞の帰洛に従い、以後その子孫と深く関係し、本願寺の坊官となる下間氏の祖となった。なお坂東本『教行信証』の第三・四巻には「蓮位」の署名があることから、これらが付属されていたことが知られる。

蓮生《れんしょう》　(一一四一—一二〇八)　法然の門弟。俗名を熊谷直実といい、また法力房とも号す。武蔵(埼玉県)熊谷の武士で、源頼朝に仕えて源平の合戦で活躍したが、寿永三年(一一八四)の一ノ谷の合戦で年少の平敦盛を討ったことで無常を感じて後に出家し、建暦四年(一一九三)に安居院聖覚の仲介によって法然の門に入った。元久二年(一二〇五)帰郷して念仏を専修した。『親鸞伝絵』の「信行両座」の段では、信不退の座に着したうちの一人として名がみられる。

蓮如《れんにょ》　(一四一五—一四九九)　本願寺第八代。本願寺存如の長男として誕生し、康正三年(一四五七)本願寺を継職。近江(滋賀県)を中心に布教し、道場を創建したが、比叡山から非難を受け、寛正六年(一四六五)比叡山大衆によって京都東山の大谷本願寺を破却された。その後越前(福井県)吉崎などを経て、文明十二年(一四八〇)山城(京都府)山科に本願寺を再興した。六字名号の書写や「御文(御文章)」の製作などを特徴とした布教を展開し、本願寺教団が全国的規模に発展する基礎を築いた。延徳元年(一四八九)寺務を五男の実如に譲って隠居するが、明応五年(一四九六)摂津(大阪府)大坂にさらに坊舎を建立して、西国への教線展開を目指した。

六三法門《ろくさんぼうもん》　六三分別・三三《さんざん》の法門ともいう。親鸞が『教行信証』や『浄土三経往生文類』によって真仮の分別を立て、体系化した真宗の教義。三願・三経・三門・三機・三往生・三土(または三蔵)の六種類。三願は四十八願中の第十八(真実)・十九・二十願(方便)、三経は『大経(無量寿経)』(真実)・『観経』・『小経(阿弥陀経)』(方便)、三門は弘願門(真実)・要門・真門(方便)、三機は正定聚(真実)・邪定聚・不定聚(方便)、三往生は難思議往生(真実)・双樹林下往生・難思往生(方便)、三土は報土(真実)・懈慢《けまん》辺地・疑城胎宮《たいぐ》の化土(方便)、三蔵は福智蔵(真実)・福徳蔵・功徳蔵(方便)である。福智蔵は一切の福徳・大智の二荘厳を円具する名号。福徳蔵は『観経』に説く定散二善、福を招くべき善業」のことで、定散二善・諸行の行人は福智蔵に対していまだ仏智を信じないので智の語がない。功徳蔵は『阿弥陀経』に説く念仏の功を積んで往生を願う自力念仏のことである。六三法門を表示すると次のようになる。

三　願	三経	三　門	三　機	三　往　生
第十八願	大経	弘願門	正定聚	難思議往生
第十九願	観経	要　門	邪定聚	双樹林下往生
第二十願	小経	真　門	不定聚	難思往生

三　土	三　蔵	
報　土	福智蔵	——真実（真）
懈慢辺地（化土）	福徳蔵	＞方便（仮）
疑城胎宮（化土）	功徳蔵	

六十《ろくじゅう》二《に》見《けん》　釈尊とほぼ同時代に活躍していた仏教以外（外道・外教）の自由思想家たち（唯物論者・懐疑論者・快楽論者など）の見解を六十二の異端としてまとめたもの、いずれもアートマン（我＝霊魂・自我の意）とそれが存在する世界とが主題となる。

六角堂《ろっかくどう》　京都市中京区にある寺院で、頂法寺と号す。寺元は天台宗であったが、現在は単立寺院。寺伝によると聖徳太子が四天王寺を創建する際に良材を求めて立ち寄って建立したとする。平安時代中期頃から堂舎に安置された観音への信仰が盛んになり、しばしば多くの者が参籠したようである。親鸞もここに参籠して、聖徳太子が姿を変えた救世観音から得た夢告により、専修念仏を称える法然のもとを訪れることとなり、また恵信尼と結婚するもとになるのもここでの参籠であったと考えられる。なお当寺の池坊は華道発祥の地として知られる。

わ　行

鷲尾《わしお》教導《きょうどう》　（一八七五—一九二八）　本願寺派。新潟県に生まれる。文学寮（いまの龍谷大学）を卒業。監獄教誨、在野で真宗史の研究を続ける。大正十年（一九二一）、西本願寺書庫を調査中に「恵信尼消息」十通を発見し、親鸞の歴史的・思想的な研究の進展に貢献する。著書には、『恵信尼文書の研究』などがある。

附録

参考資料

学習の進め方——聖典による

目的——何のために学ぶか

浄土真宗の教えを学ぶということは、私の救いの道を、親鸞があきらかにした教えにたずねてゆく営みといえる。人生の苦悩を縁として、救いの道への探究は始まる。けれども、現在、親鸞に関する本は膨大である。書物をたよりとして初めて学ばれる人は、出口の見えない深淵な森のような膨大な本を前に、途方に暮れてしまうのではないだろうか。

そこで、ここでは、これから浄土真宗の教えを学ぶ方のために、学習の内容と方法について考えてみたい。

浄土真宗の学習は、単に教義を体系的に学んで、知的好奇心を満足させるためのものではない。それは、親鸞が求めた「生死《しょうじ》いづべき道」、すなわち私の救いの道を、阿弥陀仏の本願の教えが示された「聖典」の上に確かめていく営みといえる。

善導の『観経疏』に「経教《きょうきょう》はこれを喩ふるに鏡のごとし。しばしば尋ぬれば、智慧を開発す」とあるように、私たちは自分で自分の姿を見ることはできないが、鏡によって、自分の顔や姿を知ることができる。経教（聖典）に示されている教えは、私たちの真のすがたをうつす鏡であり、聖典による学びとは、そこで映し出された「私」の救いの確かさに気付き、頷いていく営みなのである。このようなことから、親鸞聖人のみ教えを受けとるには、珠玉の言葉が示された「聖典」の拝読が必要になってくる。

浄土真宗の聖典とは

浄土真宗の聖典とは、

①浄土真宗所依の経典である「浄土三部経」
②親鸞聖人が師と仰がれた七高僧《しちこうそう》の論疏《ろんしょ》
③親鸞聖人の著作
④親鸞の教えを伝聞、あるいはその教えを後世において受け継いだ方々の著作

などがその中心となる。具体的には、

①『仏説無量寿経《ぶっせつむりょうじゅきょう》』『仏説観無量寿経《かんむりょうじゅきょう》』『仏説阿弥陀経《あみだきょう》』
②龍樹《りゅうじゅ》『十住毘婆沙論《じゅうじゅうびばしゃろん》』「易行品《いぎょうぼん》」
　天親《てんじん》『浄土論《じょうどろん》』
　曇鸞《どんらん》『往生論註《おうじょうろんちゅう》』

道綽《どうしゃく》『安楽集《あんらくしゅう》』
善導《ぜんどう》『観経疏《かんぎょうしょ》』『法事讃《ほうじさん》』『観念法門《かんねんぽうもん》』『往生礼讃《おうじょうらいさん》』『般舟讃《はんじゅさん》』
源信《げんしん》『往生要集《おうじょうようしゅう》』
法然《ほうねん》『選択本願念仏集《せんじゃくほんがんねんぶつしゅう》』

③『顕浄土真実教行証文類《けんじょうどしんじつきょうぎょうしょうもんるい》』（『教行信証』）『浄土文類聚鈔《じょうどもんるいじゅしょう》』『愚禿鈔《ぐとくしょう》』『入出二門偈《にゅうしゅつにもんげ》』『浄土和讃《わさん》』『高僧和讃』、『正像末和讃《しょうぞうまつ》』『尊号真像銘文《そんごうしんぞうめいもん》』『一念多念証文《いちねんたねんしょうもん》（一念多念文意）』『唯信鈔文意《ゆいしんしょうもんい》』『如来二種回向文《にょらいにしゅえこうもん》』『弥陀如来名号徳《みだにょらいみょうごうとく》』『親鸞聖人御消息』

④『恵信尼消息《えしんにしょうそく》』、『歎異抄《たんにしょう》』などの聖人より伝聞した言葉を記したもの『御文章《ごぶんしょう》（お文《ふみ》）』『顕正流儀鈔《けんしょうりゅうぎしょう》』『御勧章《ごかんしょう》』など相承の師による聖典

といった聖教類である。それらは、各派の刊行の「聖典」にまとめられている。

何から学ぶか

宗教観や仏教観、浄土真宗の教えに対する見方というのは、人それぞれに違うはず。何を勉強するにも同じことがいえるが、特に、仏教の学びにおいては、自分が抱いている先入観をひとまずさしおいて、虚心になるという姿勢が大切である。

そこでまず、聖典にじかにふれる前に、そこに示された教えを受容するための素地を準備しておく必要がある。

そこでお勧めしたいのが、一般に「入門書」と呼ばれるもの。そこでは、「仏教とは何か」「真宗とは何か」「宗教とは何か」ということが、わかりやすいことばで書かれてある。仏教の開祖である釈尊の生涯とその教えや、親鸞の生涯とその教えの基本的な内容を始め、現代のわれわれがどのような関心で宗教を見ているかということを、ひとまず相対化させておきたい。

教えの森のなかへ

さて、いよいよ親鸞の教えの森に分け入るとする。私たちの目の前には、数多くの樹木が立ちはだかっている。しかし、よくよく眼を凝らすと、そこには、整然とした秩序のもとに、教えの木々たちが、悠久の時を刻んで私たちを待っていた。さあ、木々たちの声に耳傾けよう。

まずは「正信念仏偈」から

親鸞聖人の教えのエッセンスが示されているものとして、まず最初に「正信念仏偈《しょうしんねんぶつげ》（正信偈）」をあげたい。

「正信偈」は、いわば森の中心に佇む大樹のような存在。親鸞の主著『教行信証』「行巻」の末尾にある偈文で、真宗各派において広く勤行において依用されている。

そこには、釈尊に始まる仏教の歴史と伝統のなかで、『無量寿経』に示された阿弥陀仏の本願のみ教えが、どのように育まれてきたのかということが示されている。

まず「帰命無量寿如来　南無不可思議光」という、いわゆる帰敬序《ききょうじょ》にはじまり、前半は『無量寿経』に示された教えが要約されている。つまり、阿弥陀仏が法蔵《ほうぞう》という菩薩の位のとき、一切の生きとし生ける者の救いを求めて、五劫という長い間考え抜き、四十八の大願（本願）を建て、さらに兆載永劫という途方もない長い間にわたる修行をして、阿弥陀仏となったこと。そして、釈尊がこの阿弥陀仏の本願の教えを説くためにこの世に出現したということが示され、その教えを受けた者がどのように救われてゆくかということが示されている。

後半には、親鸞が師と仰いだ、七人の高僧――龍樹・天親・曇鸞・道綽・善導・源信・法然――の教えの伝統が記されている。

このように、「正信念仏偈」には、浄土真宗がまさしく依りどころとする『無量寿経』の教えと、親鸞が受け止めたところの七高僧の教えが理路整然と体系的にまとめられているのである。一句一句にこめられた、教えとその伝承の歴史をじっくりと味わっていこう。

この「正信念仏偈」の持つ体系は、真宗の学習のベースとなるものであり、この体系性を踏まえて、次のステップに移ってゆくべきだろう。

次のステップへ――さらに深く・広く

「正信偈」の学びで、『無量寿経』の要点と七高僧の教えの伝承を学んだ。しかし、これはあくまで、その大意であり、次のステップとして、さらに「深く」、あるいは「広く」時間をかけて学んでいくと良いのではないだろうか。

繰り返しになるが、「正信偈」には、『無量寿経』の教えが示されていた。浄土真宗所依の経典は、『無量寿経』に加え、『観無量寿経』『阿弥陀経』とがある。古来、『無量寿経』は救いの法の真実性を、『観無量寿経』は救われる者の真実の姿を、『阿弥陀経』は真実の教えとそれによって救われる者を合せて説くもの、といわれ、また親鸞が「隠顕《おんけん》」という見方によって三経を理解しているように、三経相まって、浄土真宗の法義が成り立っているという面がある。だから、これらの三経の内容とその関連や見方について学んでおく必要がある。

経典は、序論・本論・結論というストーリーがある。『阿弥陀経』では、最初に登場人物の紹介があり、続いて早速、釈尊が、弟子の舎利弗《しゃりほつ》の問を待つことなく、自ら「舎利弗よ〜、舎利弗よ〜」と繰り返し呼びかけながら、極楽浄土の麗《うるわ》しい相とそこにいます仏や聖衆の尊い徳、そこに往生するための方法としての念仏、そして、その念仏の法を六方の諸仏がほめたたえることを説き進めていく。このように、構成に従って、順序よく学び進めることができるのが経典。少なくとも、一つの経典について、一年ぐらいかけて、じっくりと読み進めていくべきだろう。「浄土三部経」をどのように理解するかについては、註釈書をもとにして、「親鸞の三経の見方」をしっかりと押さえておきたい。

和讃の調べにのせて

さて、ここまでで、「正信偈」の学びによって、『無量寿経』と七高僧の教えの要点、そして、「浄土三部経」を学んだことになる。

今までをふり返って、「理屈っぽい」と感じられた方もいたのではないだろうか。

そこで次のステップ。親鸞の和讃の調べにのって、もう一度、これらの体系を、復習するというのはどうだろうか。

親鸞には、「三帖和讃《さんじょうわさん》」と呼ばれる和讃がある。和讃とは、「和語をもって讃嘆する」という意味で、大和《やまと》言葉である日本語で、やさしく教えを讃えるという意味がある。宗教は、頭だけで理解するものではなく、感性に訴えられるものでもある。親鸞は、今様《いまよう》形式の和讃の調べに乗せて、経典などによって阿弥陀如来とその浄土の徳を讃嘆し（浄土和讃）、七高僧の教えをその事跡や著作に即してわかりやすく讃歎し（高僧和讃）、晩年の信境の深まりと、末法という時代における本願念仏による救いを讃仰している（正像末和讃）。

和讃の学びでは、「浄土三部経」をはじめとする経典と、七高僧の教えの復習に加え、親鸞の深い味わいを学ぶことができる。和讃の調べのなかに、親鸞の息づかいを感じることができるだろう。

『歎異抄』を学ぶ

親鸞滅後、関東の門弟の間で、師である親鸞の教えに反する見解（異義）がおこっていた。そのことを弟子唯円《ゆいえん》が歎いて著したのが『歎異抄』である。『歎異抄』は、前半の師訓篇（聖人の法語の部分）と後半の異義編（異義を挙げて歎異する部分）から成っている。

『歎異抄』の知名度から言うと、学習のテキストとして、最初に取り上げたくなるが、意外と難しいのが『歎異抄』。「善人なほもつて往生をとぐ。いはんや悪人をや」（第三章）、「親鸞は父母の孝養のためにとて、一返にても念仏申したること、いまだ候はず」（第五章）、「親鸞は弟子一人ももたず候ふ」（第六章）といった前半の記述は、私たちの常識を大きくゆさぶる。また、内容的にも、教義上の具体的な問題がどんどん出てくる。体系的に学ぶことを第一とされる方には、まず「正信偈」をお勧めしたいが、早速に、本質的なことに迫っていくことを好まれる方には、この書から学ぶのも一つの方法だと思う。だが、興味本位で接してゆけば、あまりの内容の鋭さにたじろぎ、学ぶことを諦めてしまう人も出てくるかもしれない。また、薄っぺらな知識で立ち向かえば、誤って受け止めてしまうという危険性もある。

それから、『歎異抄』で大事なのは後半の異義篇である。前半からでなく、後半から読み始めるという授業の進め方をする先生もおられるほどである。前半の親鸞の法語を学んで、「これで終わった」と思わずに、『歎異抄』のタイトルの通り、異を嘆いた後半の異義篇まで、読み進めていただきたい。

親鸞の聖教をさらに読み進める

親鸞には、『顕浄土真実教行証文類（『教行信証』）』はじめ、漢語、和語の聖教がある。

一番最初にテキストとして提案した「正信偈」は『教行信証』の「行巻」末尾にあるものだが、『教行信証』そのものを、時間をかけ、じっくりと読み進めることも、是非ともやっていただきたいこと。これには、かなりの時間がかかる、ひと月一回の会としても、一〇年ぐらいかかるのでは。道は遠いという方は、概説書から入るというのも一つの方法である。その他の親鸞の聖教も順次学んでいただきたい。

七高僧はいずれも卓越した宗教的境地に到達した希有の仏法者であり、その聖教には独自の完結した教義体系が確立されており、またそれぞれの歴史的・社会的な意味を持っている。七高僧の教えを学ぶということは、そうした七祖の独自性を学ぶと同時に、親鸞が七高僧のその教えをどう受け止めたのかを学ぶということである。七高僧の聖教をじかに読み進めていくことで、より一層「広い」視野に立った上で、それを受容した親鸞の教えを理解できる。

七高僧の聖教を学ぶ

だが、七高僧の聖教を読み進めていくことは、かなりレベルの高いことでもあり、困難を伴う作業である。現職の住職さんや真宗を専門に学ぶ大学生でも、七高僧の聖教を隅から隅まで読むということは、大変な作業である。けれども私は、所属寺のご住職の指導のもと、毎朝、少しずつ道綽《どうしゃく》の『安楽集《あんらくしゅう》』を読み進めているお同行のグループを知っている。そのグループは、『無量寿経』の「重誓偈」「讃仏偈」「四十八願」、続いて『教行信証』御自釈、「教文類」「行文類」「信文類」「証文類」「真仏土文類」「化身土文類」、さらに『浄土文類聚鈔』を読んだ後に、『安楽集』をテキストに取り組んでいる。その方たちが使っていたお聖教は使いこなされ真っ黒。蓮如は「聖教は読み破れ」と言ったが、何度もめくるので本がフワフワになって分厚くなっていた。そこまで、聖典学習にはまっていくのは、ほかならぬ聖典に内包された魅力によるものだろうか。

グループ学習の勧め

蓮如は、「物を言え、言え」と法義談合を勧めた。自分の理解したことを人に話すことによって、もし間違っていれば人に正してもらえるからである。

親鸞の教えの森を探究するにあたり、一人よりも二人、二人よりも三人で、法友とともに、疑問なことを話し合いながら学びを進めた方が実りは多いはず。そういった意味で、グループでの学習―さしずめ今風の言葉でいえばグループワーク―がお勧め。

また、地図さえあればなんとか目的地にたどり着けるだろうが、できれば道案内をしてくれる「講師」の存在がほしいところ。人間は偏向性のある生き物だとどこかで聞いたことがある。誤れば正しい方向へ導いてくださる先生の存在は不可欠。長年勉強を続けておられる先輩や、所属寺のご住職に相談してみてはどうだろうか。

グループ学習のプログラムとしては、

「本文の朗読」→「意訳の朗読」→「解説部分の朗読」→「話し合い」

といったものが一般的。

具体的な内容は、『季刊せいてん』第74号（平成十八年〈二〇〇六〉三月）（本願寺出版社）の「グループ・ルポ」のコーナーを参照してほしい。

通信教育による学び

もしも身近に一緒に勉強する人がいない方、ご安心を。浄土真宗の教えを体系的に学ぶことができる通信教育制度がある。家庭にいる方や職場にいる方も、家庭にあって仏教や真宗の教えを体系的に学ぶことができる。義務教育を終えた方なら、宗派に関係なくどなたでも入学できる。年間一、〇〇〇人の応募者がある。コースは次の三コース。

①仏教や浄土真宗の基本的な学習を目的とするコース（入門過程・一カ年）
②仏教や浄土真宗の体系的な学習を目的とするコース（学習課程・三カ年）
③本願寺派寺院の坊守・寺族、または所属寺の住職が承認した門徒の方で、僧侶の資格を得ることを目的とするコース（専修過程・三カ年）

各地で行われる中央学習会や、スクーリング（面接指導）、公開講座、つどい学習会などに出席して、学習を深めることもできる。また、在学生を中心にして札幌から沖縄までの三〇地区に、隣り近所の教育生同志が横の連絡を持ちながら、学びを深めようという、地方色豊かな学習のつどいが結成されている。

詳しくは、浄土真宗本願寺派中央仏教学院通信教育部まで。
京都市右京区山ノ内御堂殿町二七　（代表）ＴＥＬ〇七五—八四一—一四〇一
（通信教育部）ＴＥＬ〇七五—八〇一—三五〇七

ホームページ　http://www.chubutsu.jp/

各地の法座や講座へも

最初に述べたように、浄土真宗の教えは単に知識として学べばよいものではない。あくまで、私の生死の問題の解決を求めてゆくという営みであるから、日々の「聴聞」を大事にしなければならない。全国には、真宗各派による常例の法座や講演会が企画されている。書物で学ぶだけでなく、法話や講演会でその味わいを深めていくことももとても大切。

仏法の学習は「明日と申すことあるまじく候ふ」。いま、いま、いまの連続。さあ、この今から学び始めよう。

（山本浩信）

親鸞略年譜

（○印は月日不詳）

年号(西暦)	年齢	月・日	事　項
承安三年(一一七三)	1	○	親鸞、誕生する。
養和元年(一一八一)	9	春	慈円について得度し、比叡山に登る。
寿永元年(一一八二)	10	○	恵信尼、誕生する。
建仁元年(一二〇一)	29	○	比叡山を下り源空(法然)の専修念仏に帰す。
三年(一二〇三)	31	4・5	六角堂に参籠し、「女犯偈」の告命を受ける。この頃恵信尼と結婚する。
元久元年(一二〇四)	32	11・8	源空の七箇条制誡に「僧綽空」と自署する。
二年(一二〇五)	33	4・14	源空から『選択集』を相伝し、また源空の影像を描く。
		閏7・29	源空、親鸞のために自影に賛銘を書く。綽空の名を善信と改める。
		10	興福寺衆徒、専修念仏の停止を訴える。
承元元年(一二〇七)	35	2・上旬	専修念仏停止により越後へ流される。
建暦元年(一二一一)	39	3・3	子息の明信誕生する。
		11・17	流罪を許される。
二年(一二一二)	40	1・25	源空没(80)。
建保二年(一二一四)	42	○	上野佐貫で「三部経」千部読誦を発願するが中止し、常陸に赴く。
承久三年(一二二一)	49	8	聖覚、『唯信抄』を著す。
元仁元年(一二二四)	52	○	末娘覚信尼、誕生する。この頃『教行信証』草する。
寛喜二年(一二三〇)	58	5・25	『唯信抄』を写す。
貞永元年(一二三二)	60	○	この頃、京都に帰る。
嘉禎元年(一二三五)	63	6・19	『唯信抄』(平仮名)を写す。

○　如信（親鸞孫）誕生する。

仁治二年（一二四一）69　10・14　『唯信抄』を写す。

三年（一二四二）70　9・21　定禅、親鸞の影像を描く。

寛元四年（一二四六）74　3・15　『自力他力事』を写す。

宝治二年（一二四八）76　1・21　『浄土和讃』『高僧和讃』を著す。

建長二年（一二五〇）78　10・16　『唯信鈔文意』を著す。

三年（一二五一）79　閏9・20　『有念無念事』を著す。

四年（一二五二）80　2・24　常陸の門弟に書状を書く。

3・4　『浄土文類聚鈔』を著す。

六年（一二五四）82　2　『唯信抄』を写す。

9・16　『後世物語聞書』を写す。

○　これより以前、恵信尼越後へ赴く。

七年（一二五五）83　4・23　『一念多念分別事』を写す。

4・26　『浄土和讃』を写す。

6・2　『尊号真像銘文』（略本）を著す。

7・14　『浄土文類聚鈔』を著す。

8・6　『浄土三経往生文類』を著す。

8・27　『愚禿鈔』を写す。

11・晦　『皇太子聖徳奉讃』七十五首を著す。

12・10　親鸞、火事に遭う。

12・14　真佛に手紙を書く。

○　朝円、親鸞影像（安城御影）を描く。

康元元年（一二五六）84　2・9　蓮位、聖徳太子が親鸞に礼拝する夢を見る。

3・23　『入出二門偈』を著す。

4・13　『四十八願』に加点を付ける。

5・29　子息善鸞を義絶する。

7・25　版本の『往生論註』に加点を付ける。

10・13　『西方指南抄』（上巻末）を写す。

10・13　真佛・顕智・専信ら、三河薬師寺で念仏を行い、その後上京する。
10・14　『西方指南抄』(中巻末)を写す。
10・25　十字・八字名号を書く。
10・28　六字・十字名号を書く。
10・30　『西方指南抄』(下巻本)を写す。
11・8　『西方指南抄』(下巻末)を写す。
11・29　『往相廻向還相廻向文類』を著す。

正嘉元年(一二五七)85
1・11　『唯信鈔文意』を写す。
1・27　『唯信鈔文意』を写す。
2・17　『一念多念文意』を著す。
3・2　『浄土三経往生文類』(広本)を著す。
閏3・3　この頃、親鸞、視力が低下する。
閏3・21　『如来二種廻向文』を著す。
5・11　『上宮太子御記』を写す。
6・4　『浄土文類聚鈔』を写す。
8・6　『一念多念文意』を写す。
8・19　『唯信鈔文意』を写す。

二年(一二五八)86
3・8　真佛没する(50)。
6・28　『尊号真像銘文』(広本)を著す。
6・28　源空の『三部経大意』を写す。
9・24　『正像末和讃』を著す。
12・14　顕智、三条富小路善法坊で、親鸞の法語を聞書する(獲得名号自然法爾御書)。

正元元年(一二五九)87
9・1　『選択集』(仮名本)を写し始める。同月10日写し終わる。

弘長元年(一二六一)89　閏10・29　高田入道に書状を書く。

〇　恵信尼、病気を患う。

二年(一二六二)90　11・下旬　親鸞、病気を患う。

11・28　親鸞没する。

11・29　親鸞を鳥辺野にて荼毘に付す。

12・1　覚信尼、親鸞の訃報を恵信尼に送る。

文永五年(一二六八)　〇　この頃、恵信尼没する(78)。

九年(一二七二)　冬　親鸞の遺骨を吉水の北の大谷に移し廟堂を建立する。

十一年(一二七四)　4・27　小野宮禅念、大谷の北地を覚信尼に譲る。

建治三年(一二七七)　9・22　覚信尼、大谷の敷地を親鸞の墓所に寄進し、寄進状を下総猿島の常念に送る。


弘安三年(一二八〇)　10・25　覚信尼、唯善・覚恵等に連署させて大谷敷地の寄進状を智光・証信に送る。

六年(一二八三)　2・2　明性、『教行信証』(坂東本)を相伝する。

11・24　覚信尼、大谷の留守職を覚恵に譲る。

永仁三年(一二九五)　10・12　覚如、『親鸞伝絵』を著す。

親鸞関係系図

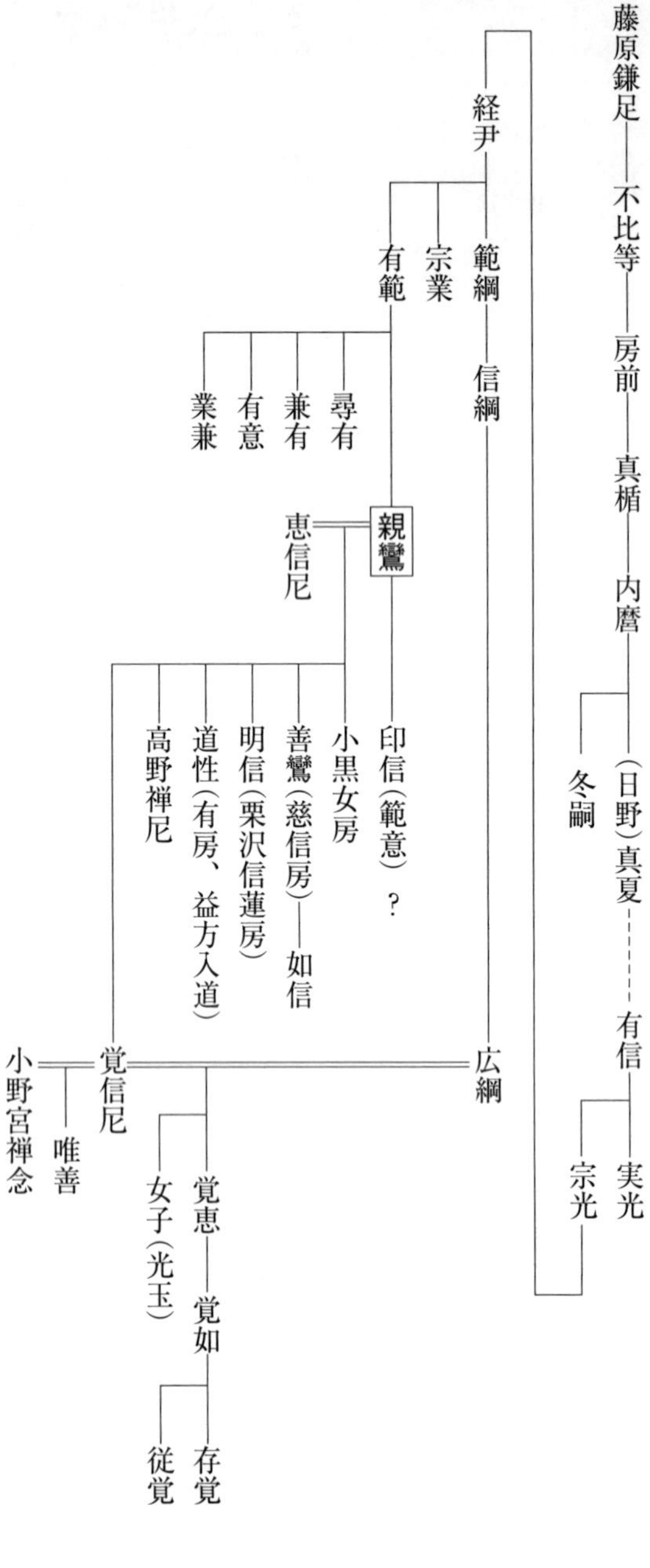
藤原鎌足
不比等
房前
真楯
内麿
（日野）真夏
冬嗣
有信
実光
宗光
経尹
範綱
信綱
広綱
宗業
有範
尋有
兼有
有意
業兼
親鸞
恵信尼
印信（範意）？
小黒女房
善鸞（慈信房）
如信
明信（栗沢信蓮房）
道性（有房、益方入道）
高野禅尼
覚信尼
覚恵
覚如
存覚
従覚
女子（光玉）
唯善
小野宮禅念

真宗法系図

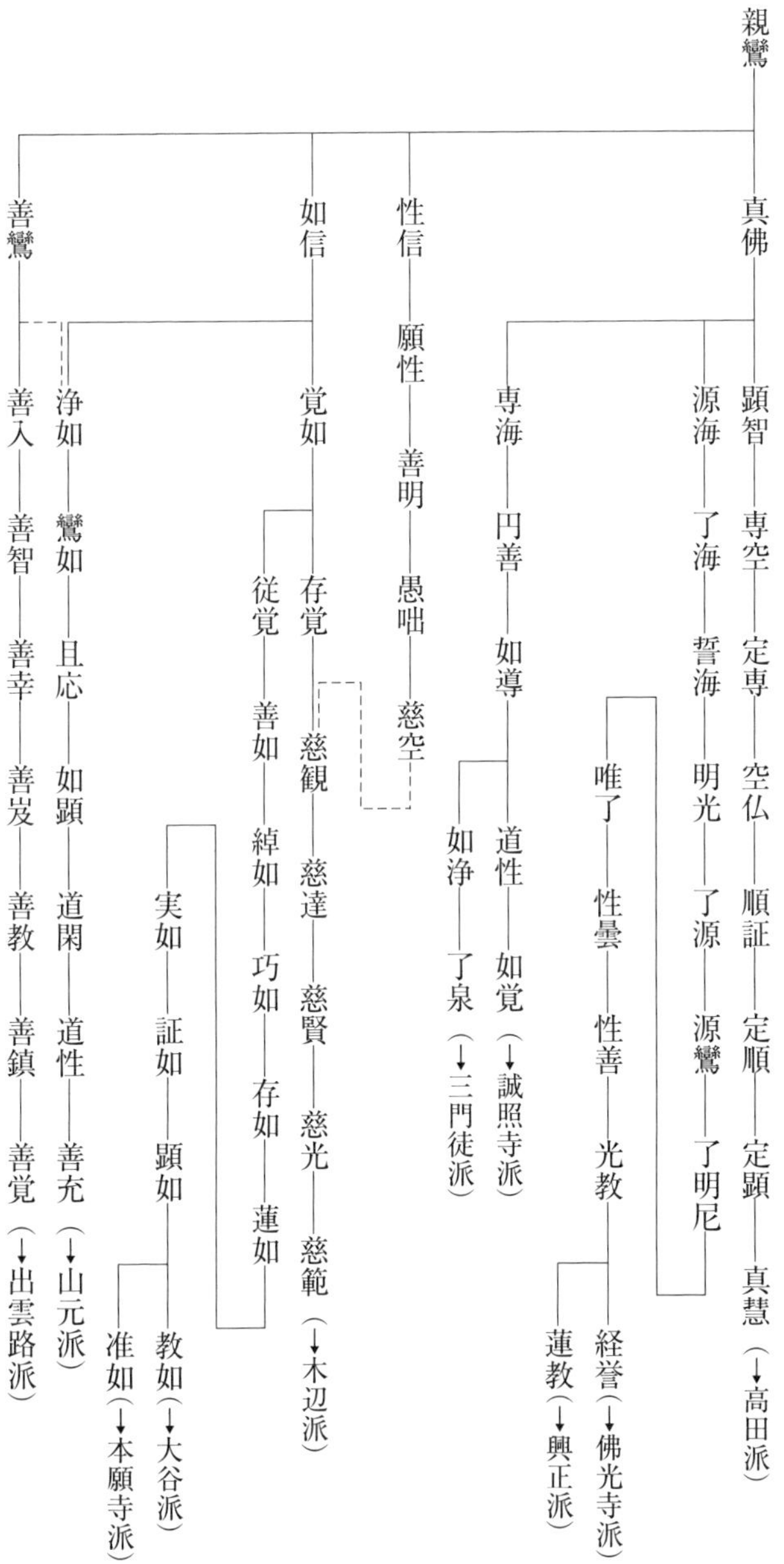
親鸞
真佛
顕智
専空
定専
空仏
順証
定順
定顕
真慧（↓高田派）
源海
了海
誓海
明光
了源
源鸞
了明尼
唯了
性曇
性善
光教
経誉（↓佛光寺派）
蓮教（↓興正派）
専海
円善
如導
道性
如覚（↓誠照寺派）
如浄
了泉（↓三門徒派）
性信
願性
善明
愚咄
慈空
如信
覚如
存覚
慈観
慈達
慈賢
慈光
慈範（↓木辺派）
従覚
善如
綽如
巧如
存如
蓮如
実如
証如
顕如
教如（↓大谷派）
准如（↓本願寺派）
浄如
鸞如
且応
如顕
道閑
道性
善充（↓山元派）
善鸞
善入
善智
善幸
善岌
善教
善鎮
善覚（↓出雲路派）

真宗各派系譜図

本願寺派

親鸞—如信—覚如—善如—綽如—巧如
—存如—蓮如—実如—[10]証如—顕如
—准如—良如—寂如—住如—湛如
—法如—文如—本如—[20]広如—明如
—鏡如—勝如—即如

大谷派

親鸞—如信—覚如—善如—綽如—巧如
—存如—蓮如—実如—[10]証如—顕如
—教如—宣如—琢如—常如—一如
—真如—従如—乗如—[20]達如—厳如
—現如—彰如—闡如—浄如

高田派

親鸞—真佛—顕智—専空—定専—空仏
—順証—定順—定顕—[10]真慧—応真
—堯慧—堯真—堯秀—堯朝—堯円
—円猷—円遵—円祥—[20]円禧—堯煕
—堯猷—堯祺—鸞猷

佛光寺派

親鸞—真佛—源海—了海—誓海—明光
—了源—源鸞—了明尼—[10]唯了—性曇
—性善—光教—経誉—経光—経範
—存海—経海—随庸—[20]随如—寛如
—順如—随応—随念—真達—家教
—真意尼—真空—真照—[30]真承—暁真

興正派

親鸞—真佛—源海—了海—誓海—明光
—了源—源鸞—了明尼—[10]唯了—性曇
—性善—光教—蓮教—蓮秀—証秀
—顕尊—准尊—准秀—[20]良尊—寂岷
—寂永—寂聴—法高—真恕—本誓
—本寂—本常—本昭—[30]本賢

木辺派

親鸞—如信—覚如—存覚—慈観—慈達
—慈賢—慈光—慈範—[10]慈澄—慈養
—慈教—慈統—良慈—常慈—宅慈
—歓慈—賢慈—淳慈—[20]孝慈—宣慈
—円慈

出雲路派

親鸞—善鸞—善入—善智—善幸—善岌
—善教—善鎮—善覚—[10]善光—善秀
—善照—善舜—善誉—善休—善冏
—善准—善栄—善祐—[20]善雲—善静
—善慶—善聴—善解—光永

山元派

親鸞—善鸞—浄如—鸞如—旦応—如顕
—道閑—道性—善充—[10]善寿—善教
—善光—善如—善岌—善養—善応
—善閑—善阿—善念—[20]善超—善融
—善住—善瑩—善敬—光教

誠照寺派

親鸞—道性—如覚—良覚—秀覚—秀雲
—秀応—秀慶—秀栄—[10]秀意—秀盛
—秀顕—秀恵—秀山—秀誠—秀海
—秀如—秀存—秀憲—[20]秀実—秀芳
—秀要—秀厳—秀観—秀量—秀源
—秀暁—秀淳—秀政

三門徒派

親鸞—如導—如浄—了泉—浄一—源如
—如海—空恵—如空—[10]覚如—善智
—善連—善慶—善性—善空—如善
—如閑—証如—広如—[20]誉如—賢如
—信如—聞如—光如—宣如—円如
—寿如—光顕

文献紹介

〈聖典〉

『浄土真宗聖典』浄土真宗教学伝道研究センター編（本願寺出版社）
　『浄土真宗聖典』原典版
　『浄土真宗聖典』註釈版（第二版）・分冊版
　『浄土真宗聖典七祖篇』原典版
　『浄土真宗聖典七祖篇』註釈版
『真宗聖典』真宗聖典編纂委員会編（東本願寺出版部）
　〔大判〕・〔小判〕・〔小・革版〕
『真宗聖教全書』（大八木興文堂）
　一　三経七祖部、二　宗祖部、三　列祖部、四　拾遺部　上、五　拾遺部　下
『定本親鸞聖人全集』（法藏館）
　第1巻：教行信証、第2巻：和讃・漢文篇、第3巻：和文・書簡篇、第4巻：言行篇、第5巻：輯録篇、第6巻：写伝篇、第7巻：註釈篇、第8・9巻：加点篇、別冊：研究ノート
『高田古典』（真宗高田派教学院編・真宗高田派宗務院）
　第1巻：真佛上人集、第2－4巻：顕智上人集
『増補　親鸞聖人真蹟集成』（全十巻）平松令三・名畑崇編集（法藏館）

〈現代語版（意訳）〉

『浄土真宗聖典（現代語版）』浄土真宗教学伝道研究センター編（本願寺出版社）
　『浄土三部経（現代語版）』
　『顕浄土真実教行証文類（現代語版）』
　『一念多念証文（現代語版）』
　『唯信鈔文意（現代語版）』
　『尊号真像銘文（現代語版）』
　『三経往生文類　如来二種回向文　弥陀如来名号徳（現代語版）』
　『歎異抄（現代語版）』

『蓮如上人御一代記聞書（現代語版）』

結城令聞監修『現代語訳親鸞全集』全十巻（講談社）
　語録・書簡・短編・伝記・讃歌・教行信証一・二・三・先学・研究

石田瑞麿訳『親鸞全集』親鸞［著］（春秋社）
　第1巻・第2巻・教行信証、第3巻・愚禿鈔・如来二種廻向文他
　第4巻・和讃・消息他、別巻・歎異抄・恵信尼消息他

真継伸彦訳『親鸞全集』（法藏館）
　①教行信証（上）、②教行信証（下）、③宗義・註釈、④和讃・書簡、⑤言行・伝記

〈翻訳本〉

英訳親鸞聖人著作集 The Collected Works of SHINRAN 浄土真宗本願寺派編（本願寺出版社）

「浄土三部経」

『聖典セミナー　浄土三部経Ⅰ　無量寿経』稲城選恵（本願寺出版社）

『聖典セミナー　浄土三部経Ⅱ　観無量寿経』梯實圓（本願寺出版社）

『聖典セミナー　浄土三部経Ⅲ　阿弥陀経』瓜生津隆真（本願寺出版社）

『無量寿経に聞く』松原祐善（教育新潮社）

『観無量寿経に聞く』広瀬杲（教育新潮社）

『阿弥陀経に聞く』伊東慧明（教育新潮社）

『浄土三部経の意訳と解説』高木昭良（永田文昌堂）

『観無量寿経を読む』徳永道雄（本願寺出版社）

『観無量寿経に学ぶ』霊山勝海（本願寺出版社）

『現代の聖典〈第3版〉観無量寿経序分』真宗大谷派教学研究所（東本願寺出版部）

『無量寿経ガイド』山口教区基幹運動推進委員会（探究社）

『観無量寿経ガイド』山口教区基幹運動推進委員会（探究社）

『阿弥陀経ガイド』山口教区基幹運動推進委員会（探究社）

〈親鸞の著述〉

「正信念仏偈」

『正信偈講義』柏原祐義（平楽寺書店）

『「正信偈」に聞く』桐溪順忍（教育新潮社）

『正信偈の意訳と解説』高木昭良（永田文昌堂）

『正信偈の話』神子上恵龍（本願寺出版社）

『〈真宗入門〉正信偈のこころ（同朋選書7）』寺川俊昭・大河内了悟・廣瀬杲・一楽典次・宮城顗・両瀬正雄（東本願寺出版部）

『正信偈のこころ　Ⅰ・Ⅱ』鹿苑一宇（探究社）

仲野良俊『大きい字の正信偈講話（セット）』（東本願寺出版部）

『正信偈の学び方』藤田徹文（教育新潮社）

『正信偈響流―いのちの呼びかけ（同朋選書19）』児玉暁洋（東本願寺出版部）

『『教行信証』入門「正信偈」（NHKライブラリー20）』早島鏡正（NHK出版）

『講話正信偈（全3巻）』寺川俊昭（法藏館）

『全註解　正信念仏偈』小端静順（教育新潮社）

『正信偈62講』中村薫（法藏館）

『正信念仏偈の教相』（上・下）平野修（法藏館）

『「正信偈」を読む』霊山勝海（本願寺出版社）

『ひらがな正信偈』森田真円（本願寺出版社）

『日暮らし正信偈（同朋選書34）』亀井鑛（東本願寺出版部）

『顕浄土真実教行証文類』（『教行信証』）

『教行信証講義』（全三巻）山辺習学・赤沼智善（法藏館）

『教行信証に聞く』（全四巻）桐溪順忍（教育新潮社）

『教行信証の意訳と解説』高木昭良（永田文昌堂）

『講解教行信証』（全四巻）星野元豊（法藏館）

『親鸞の教行信証を読み解く』（全五巻）藤場俊基（明石書店）

『教行証文類講義』（全八巻）信楽峻麿（法藏館）

『『教行信証』の基礎講座』蓬茨祖運（東本願寺出版部）

『教行信証口述50講』（教行の巻・信の巻上・信の巻下）岡亮二（教育新潮社）

『教行信証を学ぶ』村上速水（永田文昌堂）

『教行信証の宗教構造―真宗教義学体系』梯實圓（法藏館）
『聖典セミナー　教行信証　教行の巻』梯實圓（本願寺出版社）
『教行信証入門』石田瑞麿（講談社）
『教行信証に学ぶ―生活指針としての念仏（同朋選書30）』平野修（東本願寺出版部）
『教行信証』星野元豊（法藏館）
『親鸞『教行信証』を読む』石田慶和（筑摩書房）
『『教行信証』の思想』石田慶和（法藏館）

「三帖和讃」

『三帖和讃講義（改訂版）』柏原祐義（平楽寺書店）
『三帖和讃の意訳と解説』高木昭良（永田文昌堂）
『親鸞聖人「和讃」入門』山崎龍明（大法輪閣）

『浄土和讃』

『聖典セミナー　三帖和讃Ⅰ　浄土和讃』黒田覚忍（本願寺出版社）
『浄土和讃を読む』白川晴顕（本願寺出版社）
『和讃に学ぶ―浄土和讃』宮城顗（東本願寺出版部）
『浄土和讃に聞く』小端静順（教育新潮社）

『高僧和讃』

『聖典セミナー　三帖和讃Ⅱ　高僧和讃』北塔光昇（本願寺出版社）
『和讃に学ぶ―高僧和讃』宮城顗（東本願寺出版部）
『高僧和讃に聞く』小端静順（教育新潮社）

『正像末和讃』

『聖典セミナー　三帖和讃Ⅲ　正像末和讃』浅井成海（本願寺出版社）
『和讃に学ぶ―正像末和讃』宮城顗（東本願寺出版部）
『正像末和讃に聞く』小端静順（教育新潮社）

『親鸞聖人御消息』

『親鸞とその妻の手紙（新装版）』石田瑞麿（春秋社）
『親鸞聖人の手紙に学ぶ』山崎龍明（百華苑）
『親鸞書簡集』細川行信・村上宗博・足立幸子（法藏館）
『聖典セミナー親鸞聖人御消息』霊山勝海（本願寺出版社）

『尊号真像銘文』

『本願のこころ―『尊号真像銘文』を読む』梯實圓

（法藏館）

〈その他の聖教〉

『歎異抄』

『雑草の輝き―歎異抄に学ぶ』高松信英（東本願寺出版部）
『歎異抄の意訳と解説』高木昭良（永田文昌堂）
『〈真宗入門〉歎異抄のこころ（同朋選書8）』廣瀬杲（東本願寺出版部）
『歎異抄　親鸞己れの信を語る』霊山勝海（大東出版社）
『歎異抄全講読』安良岡康作（大蔵出版）
『歎異抄を読む（講談社学術文庫1040）』早島鏡正（講談社）
『聖典セミナー歎異抄』梯實圓（本願寺出版社）
『歎異抄事典』林智康・谷川理宣・土井順一・林信康（柏書房）
『真宗文庫　歎異抄聴記』曽我量深（東本願寺出版部）
『歎異抄講讃』林智康（永田文昌堂）
『歎異抄領解［新装版］』白井成允（大蔵出版）
『歎異抄の世界』霊山勝海（百華苑）
『歎異抄に学ぶ（同朋選書29）』松本梶丸（東本願寺出版部）
『歎異抄―21世紀の指針として』田中教照（世界聖典刊行協会）

『恵信尼消息』

『親鸞の妻・恵信尼〔増補〕』菊村紀彦・仁科龍（雄山閣）
『恵信尼公：親鸞の妻』藤島達朗（法藏館）
『親鸞聖人の妻　恵信尼公の生涯』大谷嬉子（本願寺出版社）
『親鸞とその妻の手紙（新装版）』石田瑞麿（春秋社）

七高僧

『七祖教義概説』高木昭良（永田文昌堂）
『親鸞思想と七高僧（大蔵選書18）』石田瑞麿（大蔵出版）
『親鸞聖人と七高僧の教え』日野振作（永田文昌堂）
『浄土のすくい：釈尊と七高僧』桜井鎔俊（法藏館）
『往生論註講読』相馬一意（百華苑）
『七高僧ものがたり―仏陀から親鸞へ―』大内文雄・

監修／畠中光享・絵（東本願寺出版部）
『はじめて学ぶ七高僧』黒田覚忍（本願寺出版社）
〈参考書（真宗系）〉
宗教一般
『生きることの意味』石田慶和（本願寺出版社）
『明日には紅顔ありて』大谷光真（角川書店）
仏教関係
『仏教を読む―釈尊のさとりと親鸞のおしえ』上山大峻（本願寺出版社）
『仏教から真宗へ』瓜生津隆真（本願寺出版社）
『真宗としての仏教』櫻部建（平楽寺書店）
『仏教のこころ念仏のこころ』浅井成海（法藏館）
『仏教がわかる本』相馬一意（教育新潮社）
『ブッダと親鸞―教えに生きる』一楽真・織田顕祐・加来雄之・木越康・中川皓三郎・延塚知道・藤嶽明信・三木彰円（東本願寺出版部）
歴史関係
『親鸞』赤松俊秀（吉川弘文館）
『親鸞（歴史文化ライブラリー）』平松令三（吉川弘文館）
『親鸞聖人ものがたり』千葉乗隆（本願寺出版社）
『聖典セミナー親鸞聖人絵伝』平松令三（本願寺出版社）
『図解雑学浄土真宗』千葉乗隆（ナツメ社）
真宗教義
『親鸞は何を説いたか』桐溪順忍（教育新潮社）
『親鸞入門（現代新書251）』早島鏡正（講談社）
『浄土真宗必携』（浄土真宗本願寺派教学振興委員会編）
『親鸞思想入門』龍谷大学真宗学研究室（永田文昌堂）
『親鸞教学入門』中西智海（永田文昌堂）
『真宗の教え』伊東慧明（東本願寺出版部）
『やさしい真宗講座』霊山勝海（本願寺出版社）
『わかりやすい浄土真宗』大門照忍（法藏館）
『大乗の仏道―仏教概要』真宗大谷派教科書編纂委員会（東本願寺出版部）
『親鸞読本―その人間像の追求』村上速水（百華苑）
『親鸞教義とその背景』村上速水（永田文昌堂）
『親鸞の念仏思想』岡亮二（永田文昌堂）

『宗祖聖人　親鸞―生涯とその教え』(上・下)宮城顗(東本願寺出版部)
『浄土の真宗・真宗概要』真宗大谷派教科書編纂委員会(東本願寺出版部)
『親鸞聖人のことば』村上速水・内藤知康(法藏館)
『親鸞の批判精神―浄土真宗入門講座』浅野教信(永田文昌堂)
『親鸞聖人と人生』普賢晃寿(永田文昌堂)
『親鸞入門：念仏のダイナミズム』児玉浩憲(法藏館)
『親鸞の教えと現代』岡亮二(永田文昌堂)
『親鸞思想の普遍性』宮城顗(法藏館)
『真宗―問と答』林智康(百華苑)
『まことの道』林智康(探究社)
『真宗の教相』『続・真宗の教相』平野修(法藏館)
『親鸞のいいたかったこと(改訂版)』小山一行(山喜房佛書林)
『親鸞入門(ちくま新書176)』佐藤正英(筑摩書房)。
『親鸞からのメッセージ①～⑤』平野修(法藏館)
『精読・仏教の言葉　親鸞』梯實圓(大法輪閣)
『親鸞聖人と念仏の教え』林智康(永田文昌堂)
『真宗の大意』信楽峻麿(法藏館)
『真宗入門』ケネス・タナカ(法藏館)
『浄土真宗入門』日野振作(永田文昌堂)
『親鸞の念仏』岡亮二(法藏館)
『真宗和語聖教』林智康(探究社)
『親鸞の宗教』田中教照(山喜房仏書林)
『お経浄土真宗』早島鏡正・田中教照編著(講談社)

〔付記〕入手可能なものを中心に選択いたしました。紙幅の都合ですべてのものは掲載できませんでした。ご寛恕ください。

一般書店に置かれていない場合、一般書店からのお取り寄せも可能ですが、直接申し込むこともできます。次は主な仏教書取り扱い先の連絡先です。

本願寺出版社(西本願寺)
〒600-8501
京都市下京区堀川通花屋町下ル　西本願寺内
電　話　075-371-4171

ＦＡＸ　０７５－３４１－７７５３
フリーダイヤル０１２０－４６４－５８３
https://www2.hongwanji.or.jp/shuppan/

東本願寺出版部
〒６００－８５０５
京都市下京区烏丸通七条上ル常葉町
電　話　０７５－３７１－９１８９
ＦＡＸ　０７５－３７１－９２１１
http://books.higashihonganji.jp/

教育新潮社
〒１６７－００４１
東京都杉並区善福寺一丁目二－一
電　話　０３－３３９４－６１１６
ＦＡＸ　０３－３３９４－６１１７

探究社
〒６００－８３３３
京都市下京区七条通西洞院西入
電　話　０７５－３４３－４１２１
ＦＡＸ　０７５－３４３－４１２２

永田文昌堂
〒６００－８３４２
京都市下京区花屋町通西洞院西入山川町三一五
電　話　０７５－３７１－６６５１
ＦＡＸ　０７５－３５１－９０３１

百華苑
〒６００－８３３３
京都市下京区油小路六条下ル
電　話　０７５－３７１－５７６０
ＦＡＸ　０７５－３４４－０５５６

平楽寺書店
〒６０４－８６９１
京都市中京区東洞院通三条上ル曇華院前町四四九
電　話　０７５－２２１－００１６
ＦＡＸ　０７５－２２１－０１６９
http://www.heirakuji.co.jp/

法藏館
〒６００－８１５３
京都市下京区正面通烏丸東入
電　話　０７５－３４３－０４５８
ＦＡＸ　０７５－３７１－０４５８
HP http://www.hozokan.co.jp/

《ご協力いただいた関係諸機関の御芳名》

浄土真宗本願寺派本願寺（西本願寺）
真宗大谷派本願寺（東本願寺）
真宗高田派専修寺
真宗佛光寺派佛光寺
真宗興正派興正寺

安楽寺（京都）
願泉寺（大阪・貝塚）
光円寺（京都）
光円寺（福岡）
上宮寺（愛知）
照西寺（滋賀）
定専坊（大阪・天満）

真宗大谷派城端別院善徳寺（富山）
真宗高田派京都別院（京都）
善教寺（三重）
専修寺（栃木）
福因寺（新潟）
満性寺（愛知）
妙源寺（愛知）

京都大学図書館（京都）
国立歴史民族博物館（千葉）
龍谷大学学術情報センター大宮図書館（京都）
本願寺出版社（京都）

親鸞読み解き事典（しんらんよみときじてん）

二〇〇六年五月一〇日　第一刷発行

編著者　林　智康　嵩　満也　安藤章仁
　　　　相馬一意　岡村喜史　山本浩信

発行者　富澤凡子
発行所　柏書房株式会社
〒113-0021　東京都文京区本駒込1-13-14
Tel　〇三(三九四七)八二五一(営業)
　　〇三(三九四七)八二五四(編集)

装幀　なかねひかり
印刷　大盛印刷株式会社
製本　株式会社ブックアート

ISBN4-7601-2902-2

執筆者紹介

林　智康（はやし　ともやす）
1945年生まれ。1973年龍谷大学大学院文学研究科真宗学専攻博士課程単位取得。1976年本願寺派宗学院卒業。現在、龍谷大学教授・中央仏教学院講師・本願寺派司教・福岡教区嘉麻組光円寺住職。〈研究分野〉真宗学。〈主要著書・論文〉『蓮如教学の研究』(1998、永田文昌堂)、『歎異抄講讃』(2001、永田文昌堂)、『浄土真宗の教え―蓮如上人を中心に』(2005、探究社)、『真宗和語聖教――念多念文意・唯信鈔文意・尊号真像銘文』(2005、百華苑)、『歎異抄事典』編著(1992、柏書房)、「『愚禿鈔』と『観経疏』三心釈」(『真宗学』第109・110合併号、2004)、「『三帖和讃』の撰述」(『真宗学』第111・112合併号、2005)

相馬一意（そうま　いちい）
1948年生まれ。1979年龍谷大学大学院文学研究科仏教学専攻博士課程単位取得。現在、龍谷大学教授・東京仏教学院講師・本願寺派司教・東京教区茨城西組西光寺住職。〈研究分野〉仏教学。〈主要著書・論文〉『仏教がわかる本』(1992、教育新潮社)、『往生論註講読』(2000、百華苑)、『究竟一乗宝性論講読』(2005、自照社出版)、「本典引用『弁正論』の問題点」(『龍谷紀要』第22巻第1号、2000)、「高僧伝等における四論の研究者(2)」(『行信学報』第14号、2001)、「『論註』と三論ないし四論との関係」(『仏教学研究』第56号、2002)

嵩　満也（だけ　みつや）
1958年生まれ。1989年龍谷大学大学院文学研究科真宗学専攻博士後期課程単位取得。現在、龍谷大学教授。〈研究分野〉真宗学。〈主要著書・論文〉『中国北方仏教文化研究における新視座』編著（2004、永田文昌堂)、「親鸞における「浄土真実」と「浄土方便」の構想」(『真宗学』第107・108号合併号、2004)、「念仏者と環境思想」(『環境問題を考える』所収、2000、本願寺出版社)、「親鸞と本覚思想」(石田慶和編『親鸞の諸問題』所収、2000、永田文昌堂)

岡村喜史（おかむら　よしじ）
1962年生まれ。1991年龍谷大学大学院文学研究科国史学専攻博士後期課

程単位取得。現在、龍谷大学助教授。〈研究分野〉国史学。〈主要著書・論文〉『蓮如　畿内・東海を行く』(1995、国書刊行会)、「本願寺触頭制について」(『龍谷史壇』第95号、1989)、「本願寺の伽藍配置について」(『真宗研究』38輯、1995)、「蓮如自筆御文と御文流布の意義」『講座蓮如』第2巻（浄土真宗教学研究所・本願寺史料研究所編、1997）

安藤章仁（あんどう　ふみひと）
1968年生まれ。1996年龍谷大学大学院文学研究科真宗学専攻博士後期課程単位取得。現在、龍谷大学非常勤講師・高田学苑（中学・高校）非常勤講師・真宗高田派教学院研究員。〈研究分野〉真宗学。〈主要著書・論文〉『よみがえる上宮寺の法宝物』(2004、自照社出版)、「曇鸞浄土教における行道の真実性」(『高田学報』第82輯、1993)、「『歎異抄』と覚如」(『国文学　解釈と鑑賞』第809号、1998、至文堂)「大乗菩薩道としての親鸞浄土教」（『真宗研究』第46輯、2002）

山本浩信（やまもと　ひろのぶ）
1968年生まれ。1995年龍谷大学大学院文学研究科真宗学専攻博士後期課程単位取得。1998年本願寺派宗学院卒業。現在、教学伝道研究センター研究員（『季刊せいてん』編集）・中央仏教学院講師。〈研究分野〉真宗学。〈主要論文〉「親鸞における新羅浄土教受容の意義―特に『無量寿経連義述文賛』の引用を中心として」(『宗学院論集』第71号、1999)、「親鸞の化土思想の成立について」(『龍谷教学』第34号、2000)

索　　引

※本索引は序（P.10）から第三部（P.272）までの語句を抽出した。

あ

アウグスト・ライシャワー　あうぐすと・らいしゃわー……269
赤松俊秀　あかまつとしひで……215,216
赤松連城　あかまつれんじょう 109,201,242
暁烏敏　あけがらすはや……206
阿佐布門徒　あざぶもんと……121
アドリアン・ペール　あどりあん・ぺーる……267
阿弥陀　あみだ……68
アミターバ　あみたーば……28
アミターユス　あみたーゆす……28
阿弥陀経　あみだきょう
→仏説阿弥陀経
阿弥陀経註　あみだきょうちゅう……91
阿弥陀如来　あみだにょらい　28,30,70,71
阿弥陀如来名号徳　あみだにょらいみょうごうとく……88
阿弥陀仏　あみだぶつ……67
荒木門徒　あらきもんと……121
有房（益方入道、道性）　ありふさ（ますかたにゅうどう、どうしょう）……54
アルフレッド・ブルーム　あるふれっど・ぶるーむ……271
安城御影　あんじょうのごえい……171
アンドレ・シュブリエ　あんどれ・しゅぶりえ……266
安養寺　あんにょうじ……157
安楽　あんらく……42
安楽集　あんらくしゅう……24,72

い

家永三郎　いえながさぶろう……214
異義　いぎ……77,89
易行道　いぎょうどう……69
易行品　いぎょうほん……69
石川舜台　いしかわしゅんたい……201
石田充之　いしだみつゆき……215
板敷山　いたじきやま……43,182
一念多念証文　いちねんたねんしょうもん……85
一念多念の論争　いちねんたねんのろんそう……85
一念多念分別事　いちねんたねんぶつべつのこと……85,86
一念多念文意　いちねんたねんもんい…85
一流相承系図（絵系図）　いちりゅうそうじょうけいず（えけいず）……121,122
一光三尊仏　いっこうさんぞんぶつ……113,117,184
一心　いっしん……70
一心願生　いっしんがんしょう……70
一身田　いっしんでん……195
稲田　いなだ……43,179,183
稲葉秀賢　いなばしゅうけん……218
井上円了　いのうええんりょう……202
井上光貞　いのうえみつさだ……215
因願酬報　いんがんしゅうほう……35
印信　いんしん　→範意

う

ウイリアム・グリフィス　ういりあむ・ぐりふぃす……269
ウイリアムス　ういりあむす……251
植髪堂　うえかみどう……148
上田義文　うえだよしふみ……217
梅原真隆　うめはらしんりゅう……212

え

慧雲　えうん　……………………………117
絵系図　えけいず　→一流相承系図
回向　えこう…………………………70,71,72
回（廻）向発願心　えこうほつがんしん
　……………………………………73,82
恵心　えしん　→源信
恵信尼　えしんに　…38,40,51,52,53,54,55,
　56,95,152,156,167,168,169,170,212
恵信尼消息　えしんにしょうそく　…38,95
恵信尼の墓　えしんにのはか…………171
越後　えちご　…………………51,52,53,54
越後国府　えちごこくふ…………166,169
絵解き　えとき　………………………241
エミール・ギメ　えみーる・ぎめ……265
圓遵　えんじゅん　……………………118
圓祥　えんしょう　……………………118
延仁寺　えんにんじ……………47,97,164
圓猷　えんゆう…………………………117
延暦寺　えんりゃくじ　………………148

お

往観偈　おうごんげ　……………………67
王舎城の悲劇　おうしゃじょうのひげき　67
横出　おうしゅつ　………………………27
往生即成仏　おうじょうそくじょうぶつ　36
往生要集　おうじょうようしゅう……14,74
往生論　おうじょうろん
　→無量寿経優婆提舎願生偈
往生論註　おうじょうろんちゅう
　……………………………94,30,71,76
往相　おうそう　………………………23,72
往相回（廻）向　おうそうえこう　…23,87
往相廻向還相廻向文類　おうそうえこうげんそうえこうもんるい　…………81,87
横超　おうちょう　………………………27
王本願　おうほんがん……………………27
大網　おおあみ　…………………………98
大網門徒　おおあみもんと　……………56
大江淳誠　おおえじゅんじょう　………217
大谷　おおたに　…………………………47
大谷影堂　おおたにえいどう　……164,165
大谷光瑩　おおたにこうえい…………201
大谷光瑞　おおたにこうずい　……109,256
大谷祖廟　おおたにそびょう…………164
大谷探検隊　おおたにたんけんたい　109,256
大谷廟堂　おおたにびょうどう…………97
大谷本願寺通紀　おおたにほんがんじつうき　…………………………………191
大谷本廟　おおたにほんびょう　………164
大浜騒動　おおはまそうどう　…………192
大原性実　おおはらしょうじつ　………217
岡崎別院　おかざきべついん　……155,156
屋門　おくもん　………………………70,82
小栗栖香頂　おぐるすこうちょう　……252
小黒女房　おぐろのにょうぼう…………54
押小路南万里小路東　おしこうじのみなみまでのこうじのひがし　……………47
お園　おその　……………………………193
小野宮禅念　おのみやぜんねん　……56,97
御文　おふみ………………………100,101
隠顕　おんけん　…………………………23
隠彰　おんしょう　……………………23,68
園（薗）林遊戯地門　おんりんゆげじもん　…………………………70,83

か

改邪鈔　がいじゃしょう　………………98
曜日蒼竜　かがいそうりゅう…………258
加賀一向一揆　かがいっこういっき　…101
覚恵　かくえ　………………57,98,238
覈求其本釈　かくぐごほんじゃく………71
覚信尼　かくしんに　…47,53,54,56,57,95,
　97,98,152,165,168,169
覚如　かくにょ　……58,96,98,99,120,238
覚然　かくねん　…………………………58
学寮　がくりょう……………107,198,200
学林　がくりん　………………198,200
笠塔婆　かさとうば　……………………113

笠原一男　かさはらかずお………215,216
鹿島門徒　かしまもんと………63,96,187
悲しきかな　かなしきかな……………15
金子大榮　かねこだいえい………208,209
亀井勝一郎　かめいかついちろう　220,224
観経　かんぎょう　→仏説観無量寿経
観経疏　かんぎょうしょ………………74
観察　かんざつ…………………70,73,82
願生帰命弁　がんしょうきみょうべん…108
勧進帳　かんじんちょう………………121
勧進聖　かんじんひじり………………173
関東二十四輩　かんとうにじゅうよはい187
観音菩薩　かんのんぼさつ…143,144,152
観無量寿経　かんむりょうじゅきょう
→仏説観無量寿経
観無量寿経註　かんむりょうじゅきょうちゅう……………………………91
聞書　ききがき……………………95

き

疑城胎宮　ぎじょうたいぐ……………74
吉光女（貴光女）　きっこうにょ
…………………………37,49,142,143
木下尚江　きのしたなおえ……………220
機の深信　きのじんしん………………33
帰命　きみょう……………………29
帰命尽十方無碍光如来　きみょうじんじっぽうむげこうにょらい……………31
堯圓　ぎょうえん……………………117
堯煕　ぎょうき………………………118
教行信証　きょうぎょうしんしょう
→顕浄土真実教行証文類
行兼　ぎょうけん……………………50
経豪　きょうごう…102,120,123,124,125
経釈文聞書　きょうしゃくもんききがき　95
堯秀　ぎょうしゅう…………………116
行信の大法乱　ぎょうしんのだいほうらん
………………………………117
堯朝　ぎょうちょう…………………116
教如　きょうにょ……………105,107,109
巧如　ぎょうにょ……………………99
経誉　きょうよ………………………124
清沢満之　きよざわまんし…193,205,206
桐溪順忍　きりたにじゅんにん………217
錦織寺　きんしょくじ……………128,129

く

倶会一処　くえいっしょ………………35
弘願　ぐがん……………………26,32
弘願他力　ぐがんたりき………………82
日下無倫　くさかむりん………………212
九条兼実　くじょうかねざね
……………………38,41,50,51,52,54
口伝鈔　くでんしょう……………54,98
愚禿　ぐとく……………………14,17
愚禿鈔　ぐとくしょう…………………81
愚禿悲歎述懐讃　ぐとくひたんじゅっかいさん………………………………160
愚咄　ぐとつ…………………………129
久保瀬暁明　くぼせぎょうめい………262
九品　くぼん…………………………73
熊谷直実　くまがいなおざね
→法力房蓮生
熊野参詣　くまのさんけい………160,162
熊野霊告　くまのれいこく……………45
倉田百三　くらたひゃくぞう　220,221,243

け

月感　げっかん………………………108
化土　けど……………………………74
ケネス田中　けねすたなか…………272
賢阿　けんな…………………………62
兼有　けんぬ…………………50,145
源海　げんかい………………………121
源空（法然）　げんくう（ほうねん）
……………41,57,74,152,155,156,157
源光寺　げんこうじ…………………167
顕浄土真実教行証文類（教行信証）
けんじょうどしんじつきょうぎょうしょうもんるい（きょうぎょうしんしょう）

…14,27,43,77,78,79,160,179,180,188
源信（恵心）　げんしん（えしん）…38,74
顕是　けんぜ……………………………26
顕説　けんぜつ…………………………68
還相　げんそう…………………23,36,72
還相回（廻）向　げんそうえこう…23,87
還相廻向聞書　げんそうえこうききがき121
還相回向の願　げんそうえこうのがん…27
顕尊　けんそん………………………126
顕智　けんち
………45,89,97,112,114,185,191,196
顕如　けんにょ…………………104,106
簡非　けんぴ……………………………26
顕密体制論　けんみつたいせいろん…215
見聞　けんもん…………………………95
見聞集　けんもんしゅう………92,95,196
源鸞　げんらん………………………122

こ

光円寺　こうえんじ…………159,160,162
光教　こうきょう………………123,124
講師職　こうじしょく………………199
興正寺　こうしょうじ
………102,119,120,125,126,127,128
毫摂寺　ごうじょうじ………………130
高僧和讃　こうそうわさん…………58,77
功存　こうぞん………………………108
皇太子聖徳奉讃　こうたいししょうとくほうさん…………………………84,143
弘徳寺　こうとくじ…………………189
光徳寺　こうとくじ…………………245
興福寺　こうぶくじ……………42,158
光明寺　こうみょうじ………………267
光明本尊　こうみょうほんぞん………121
光明無量　こうみょうむりょう……28,68
光明無量の願　こうみょうむりょうのがん
………………………………………27
高野禅尼　こうやぜんに………………54
興隆正法寺　こうりゅうしょうぼうじ…119
五果門　ごかもん………………………70
五願開示　ごがんかいじ………………27
国際真宗学会　こくさいしんしゅうがっかい……………………………………249
国府別院　こくふべついん……………167
国分寺　こくぶんじ……………………167
極楽浄土　ごくらくじょうど………35,67
古今楷定　ここんかいじょう…………73
小島の草庵　こじまのそうあん………177
五帖御文　ごじょうおふみ……………102
五条西洞院　ごじょうにしのとういん
……………………………44,159,161,162
己身の弥陀　こしんのみだ……………35
後世物語聞書　ごせものがたりのききがき
………………………………………76,86
居多ケ浜　こたがはま…………………167
居多神社　こたじんじゃ………………166
御伝鈔　ごでんしょう…………………239
五天良空　ごてんりょうくう…………117
後鳥羽上皇　ごとばじょうこう……42,158
五念門　ごねんもん…………………70,71
小野浦　このうら………………………167
五部九巻　ごぶくかん………………76,92
御文章　ごぶんしょう…………………100
光明本尊　こうみょうほんぞん………194
小山法城　こやまほうじょう…………207
権仮方便　ごんけほうべん……………26
近門　ごんもん………………………70,82
権用の巻　ごんゆうのまき……………26

さ

罪悪生死の凡夫　ざいあくしょうじのぼんぶ……………………………………32
西吟　さいぎん………………………108
最後の親鸞　さいごのしんらん………232
最澄　さいちょう………………………148
西念寺　さいねんじ……………179,180
西方指南抄　さいほうしなんしょう
…………………………45,76,88,91,196
西方浄土　さいほうじょうど…………35
さかいの郷　さかいのごう……………178

作願　さがん ……………………………70,82
佐々木月樵　ささきげっしょう
……………………………193,206,207
雑修　ざっしゅ …………………………74
里見法爾　さとみほうじ ………………259
佐貫　さぬき ……………………………174
三願真仮　さんがんしんけ ……………27
三願転入　さんがんてんにゅう…………32
三経一致門　さんぎょういっちもん ……68
三経差別門　さんぎょうさべつもん ……68
三業惑乱　さんごうわくらん ……199,108
三骨一廟文　さんこついちびょうもん…153
三哉　さんさい …………………………14
三条富小路　さんじょうとみのこうじ
……………………………44,49,97,162
三帖和讃　さんじょうわさん 45,83,100,196
三心　さんしん ………………………73,82
散善三福　さんぜんさんぷく …………67
三選の文　さんせんのもん ……………75
三代伝持の血脈　さんだいでんじのけち
みゃく ……………………………………99
讃嘆　さんだん ………………………70,82
讃嘆供養　さんだんくよう ……………73
サンデースクール　さんでーすくーる 263
三毒・五悪段　さんどく・ごあくだん …67
三部経千部読誦　さんぶきょうせんぶど
くじゅ …………………………175,176
讃仏偈　さんぶつげ ……………………67
三夢記　さんむき ………………153,154

し

ジェームズ・ドビンズ　じぇーむず・
どびんず ………………………………272
慈円（慈鎮）　じえん（じちん）
………………37,38,48,146,147,150
信楽峻麿　しがらぎたかまろ …………217
慈観　じかん ……………………………129
植諸徳本の願　じきしょとくほんのがん 27
色紙和讃　しきしわさん ………………244
重松明久　しげまつあきひさ …………215
四十八願　しじゅうはちがん ……28,67,71
至誠心　しじょうしん…………………73,82
至心　ししん ……………………………33
自信教人信　じしんきょうにんしん …176
至心信楽の願　ししんしんぎょうのがん 27
慈信房　じしんぼう →善鸞
七高僧　しちこうそう ……………69〜75
慈鎮　じちん →慈円
実如　じつにょ …………………………102
四天王寺　してんのうじ ………………113
寺内町　じないちょう …………………104
磯長　しなが ……………………153,154
島地大等　しまじだいとう……………207
島地黙雷　しまじもくらい …109,201,242
持名鈔　じみょうしょう………………121
下妻　しもつま …………………177,179
邪偽　じゃぎ ……………………………26
釈尊　しゃくそん ……………24,67,68
綽如　しゃくにょ ………………………99
ジャック・オースチン　じゃっく・
おーすちん ……………………………265
綽空　しゃっくう ………………………41
拾遺古徳伝絵詞　しゅういことくでんえ
ことば ……………………………………96
従覚　じゅうかく ……………………84,89
宗学研究　しゅうがくけんきゅう ……200
十住毘婆沙論　じゅうじゅうびばしゃろん
…………………………………………69
十誦律　じゅうじゅりつ ………………92
重誓偈　じゅうせいげ …………………67
十二光　じゅうにこう …………………88
住蓮　じゅうれん ………………………42
竪出　しゅしゅつ ………………………27
衆生往生の因果　しゅじょうおうじょう
のいんが …………………………………67
衆生利益　しゅじょうりやく …………175
修諸功徳の願　しゅしょくどくのがん …27
寿像　じゅぞう …………………………77
竪超　しゅちょう ………………………27
出家とその弟子　しゅっけとそのでし

……………………………………221,243
出世本懐　しゅっせほんがい ………24,67
寿命無量　じゅみょうむりょう ……28,68
寿命無量の願　じゅみょうむりょうのがん
……………………………………………27
准玄　じゅんげん ……………………107
准秀　じゅんしゅう …………………127
准如　じゅんにょ ……………106,107
生因三願　しょういんさんがん…………14
承応の闕墻　じょうおうのげきしょう…108
小経　しょうきょう　→仏説阿弥陀経
正行　しょうぎょう ……………………75
常行三昧　じょうぎょうざんまい ……150
常行三昧堂　じょうぎょうざんまいどう　38
上宮寺　じょうぐうじ ………………192
上宮太子御記　じょうぐうたいしぎょき
…………………………………77,153
承元の法難　じょうげんのほうなん ……17
証拠の如来　しょうこのにょらい ……115
定散二善　じょうさんにぜん …………68
生死出づべき道　しょうじいづべきみち
…………………………155,157,32
抄出　しょうしゅつ ……………………95
定順　じょうじゅん …………………113
正定業　しょうじょうごう ……………73
證誠寺　しょうじょうじ …………130,133
誠照寺　じょうしょうじ………………132
正定聚　しょうじょうじゅ ……………36
聖浄二門　しょうじょうにもん…………24
正定の業　しょうじょうのごう…………75
性信　しょうしん ……………89,176,187
乗信　じょうしん ……………………62
正信偈　しょうしんげ ……………100,29
性善　しょうぜん ……………………123
定禅　じょうぜん ……………………172
定善十三観　じょうぜんじゅうさんがん　67
正像末和讃　しょうぞうまつわさん …143
消息　しょうそく ……………………88
浄土　じょうど ………………………35
浄土論　じょうどろん
→無量寿経優婆提舎願生偈
聖道門　しょうどうもん…………26,72,75
浄土教批判　じょうどきょうひはん …209
聖徳太子　しょうとくたいし
…………39,40,113,143,144,152,153
聖徳太子絵伝　しょうとくたいしえでん 114
聖徳太子信仰　しょうとくたいししんこう
……………………………………113
浄土五会念仏略法事儀讃　じょうどごえねんぶつりゃくほうじぎさん ………92
浄土三経往生文類　じょうどさんぎょうおうじょうもんるい ………………81,87
浄土三部経　じょうどさんぶきょう…23,66
浄土真実　じょうどしんじつ …………26
浄土真宗　じょうどしんしゅう ……18,22
浄土真要鈔　じょうどしんようしょう…121
浄土方便　じょうどほうべん …………26
浄土門　じょうどもん………………72,75
浄土文類聚鈔　じょうどもんるいじゅしょう ……………………………80
浄土論　じょうどろん …………23,71,82
浄土和讃　じょうどわさん …………58,77
浄肉文　じょうにくもん ………………92
証如　しょうにょ ……………………103
正法　しょうぼう ……………………72
正法輪蔵　しょうぼうりんぞう ………113
勝鬘寺　しょうまんじ ………………192
称名　しょうみょう ……………………73
称名易行　しょうみょういぎょう ………70
称名念仏　しょうみょうねんぶつ……73,75
称名報恩　しょうみょうほうおん ……22
浄瑠璃　じょうるり …………………240
青蓮院　しょうれんいん ……146,147,148
助業　じょごう ……………………73,75
諸神本懐集　しょじんほんがいしゅう…121
諸仏称名の願　しょぶつしょうみょうのがん ……………………………27
白川御房　しらかわおんぼう …………146
自力聖道門　じりきしょうどうもん ……32
自力諸行　じりきしょぎょう …………32

自力他力事　じりきたりきのこと………86
自力念仏　じりきねんぶつ ……………32
汁谷　しるたに ………………………120
真意尼　しんいに ……………………125
信海門徒　しんかいもんと ……………63
信巻別撰　しんかんべっせん …………216
信疑決判　しんぎけっぱん ……………14
信疑得失　しんぎとくしつ ……………14
信楽　しんぎょう ……………………33
信楽寺　しんぎょうじ ………………267
信楽房　しんぎょうぼう………………189
信行両座　しんぎょうりょうざ…………41
真仮　しんけ …………………………23
真仮偽の三重判　しんけぎのさんじゅうはん ………………………………26
真実五願　しんじつごがん ……………27
尽十方無碍礙光如来　じんじっぽうむげこうにょらい ………………………29,70
真宗全書　しんしゅうぜんしょ ………207
真宗体系　しんしゅうたいけい ………208
真宗本尊義　しんしゅうほんぞんぎ …108
信証　しんしょう ……………………58
信心　しんじん ………………………70
深心　じんしん ……………………73,82
信心歓喜　しんじんかんぎ ……………33
信心正因　しんじんしょういん ……13,22
真像　しんぞう ………………………85
真俗二諦論　しんぞくにたいろん ……201
真達　しんだつ………………………125
尋有　じんぬ ……44,49,97,143,145,162
真慧　しんね …………114,116,117,195
真佛　しんぶつ
45,64,80,95,111,112,114,121,191,196
真仏　しんぶつ →平太郎
新仏教運動　しんぶっきょううんどう…208
信方便の易行　しんほうべんのいぎょう 69
真門　しんもん ……………………26,32
親鸞絵伝　しんらんえでん……96,114,239
しんらんき　しんらんき ……………240
親鸞七百五十回　しんらんしちひゃくごじゅっかい ……………………………10
親鸞聖人血脈文集　しんらんしょうにんけちみゃくもんじゅう…………………89
親鸞聖人御因縁　しんらんしょうにんごいんねん ……………………………51
親鸞聖人御消息集　しんらんしょうにんごしょうそくしゅう …………………89
親鸞聖人真蹟集成　しんらんしょうにんしんせきしゅうせい ………………218
親鸞上人門侶交名牒　しんらんしょうにんもんりょきょうみょうちょう
………………………59,62,111,194
親鸞伝絵　しんらんでんね ………96,239
親鸞抹殺説　しんらんまっさつせつ …211
親鸞夢記云　しんらんむきにいわく ……95

す

随如　ずいにょ ………………………124
鈴木大拙　すずきだいせつ……………272
角坊別院　すみのぼうべついん ………163

せ

誓海　せいかい ………………………121
聖覚　せいかく …………41,58,76,86,92
精神主義　せいしんしゅぎ……………206
世自在王仏　せじざいおうぶつ ………67
世親　せしん →天親
専海（専信）　せんかい（せんしん）
……………………………80,97,191
専空　せんくう ………………………113
善光寺　ぜんこうじ…………171,172,173
善光寺信仰　ぜんこうじしんこう ……113
善光寺如来　ぜんこうじにょらい ……172
善光寺如来絵伝　ぜんこうじにょらいえでん ……………………………113,114
善光寺聖　ぜんこうじひじり …………171
選択集　せんじゃくしゅう
→選択本願念仏集
選択相伝御影　せんじゃくそうでんのみえい ………………………………193

選択本願 せんじゃくほんがん…………27
選択本願念仏集（選択集） せんじゃくほんがんねんぶつしゅう（せんじゃくしゅう） …………………14,41,66,75,92
専修 せんじゅ ……………………74
専修賢善 せんじゅけんぜん …………64
専修寺 せんじゅじ
……………45,111,172,183,184,195
専修念仏 せんじゅねんぶつ
………………………39,41,42,74,98
専照寺 せんしょうじ ………………131
善性本『御消息集』 ぜんしょうぼん『ごしょうそくしゅう』……………………89
専信 せんしん →専海
善信 ぜんしん ……………………41
善善 ぜんぜん ……………………62
善導 ぜんどう ……………………73
善如 ぜんにょ ……………………99
千部会 せんぶえ……………………117
善法院 ぜんぽういん ………49,162,163
善法坊 ぜんぽうぼう …………44,49,97
善鸞 ぜんらん
…………46,47,55,98,160,162,189,190
善鸞（慈信房） ぜんらん（じしんぼう）54
善鸞義絶 ぜんらんぎぜつ……………187
善鸞義絶事件 ぜんらんぎぜつじけん …77
善鸞事件 ぜんらんじけん ……………89

そ

造悪無碍 ぞうあくむげ ………46,55,64
雑行 ぞうぎょう ……………………75
双樹林下往生 そうじゅりんげおうじょう
……………………………………81
増上縁 ぞうじょうえん ………………71
崇泰院 そうたいいん ………………164
像法 ぞうぼう ………………………72
曽我量深 そがりょうじん …206,207,210
蕎麦食いの親鸞像 そばくいのしんらんぞう ……………………………149
存覚 ぞんかく ……………119,120,122
存覚一期記 ぞんかくいちごき ………120
尊号 そんごう ………………………85
尊号真像銘文 そんごうしんぞうめいもん
…………………………………45,85,196
存如 ぞんにょ ………………………99
尊蓮 そんれん ……………………79,80

た

大会衆門 だいえしゅもん …………70,82
大覚寺 だいかくじ …………………181
大経 だいきょう →仏説無量寿経
太子信仰 たいししんこう ………152,184
大集月蔵経 だいじゅうがつぞうきょう 25
第十八願成就文 だいじゅうはちがんじょうじゅもん ………………………31
胎生 たいしょう ……………………67
大乗院 だいじょういん………………149
大乗非仏説 だいじょうひぶっせつ …210
タイテツ海野 たいてつうんの………272
大日本国粟散王聖徳太子奉讃 だいにっぽんこくぞくさんのうしょうとくたいしほうさん ………………………84
大般涅槃経要文 だいはつねはんぎょうようもん ………………………92,76
大無量寿経 だいむりょうじゅきょう
→仏説無量寿経
高楠順次郎 たかくすじゅんじろう …203
高倉学寮 たかくらがくりょう ………199
高田開山親鸞聖人正統伝（高田正統伝） たかだかいさんしんらんしょうにんしょうとうでん……………………111
高田御書 たかだごしょ ……………116
高田正統伝 たかだしょうとうでん
→高田開山親鸞聖人正統伝
高田派 たかだは ……………………111
高田門徒 たかだもんと …45,64,111,112,113,114,115,172,183,187,191,195
高松院 たかまつのいん………………116
宅門 たくもん …………………70,82
武内義範 たけうちよしのり …………213

竹之内草庵　たけのうちそうあん　……167
タターガタ　たたーがた　……………28
多田鼎　ただかなえ　……………206,208
田辺元　たなべはじめ　………………213
玉日姫　たまひひめ　…………………50
田村円澄　たむらえんちょう　…………215
他力　たりき　……………………………32
他力回向　たりきえこう……………23,71
他力思想　たりきしそう　………………71
他力浄土門　たりきじょうどもん………32
他力念仏　たりきねんぶつ　…………32,68
ダルマスクール　だるますくーる……263
歎異抄　たんにしょう　95,143,144,185,186

ち

知識帰命　ちしききみょう　……………64
智暹　ちせん　…………………………108
中太郎　ちゅうたろう　…………………60
頂法寺　ちょうほうじ　………………151

つ

辻善之助　つじぜんのすけ……………211

て

天親（世親）　てんじん（せしん）　…70,94

と

ドイツ念仏友の会　どいつねんぶつとものかい　………………………………267
道綽　どうしゃく　…………………72,73
道性　どうしょう　→有房
堂僧　どうそう　………………38,150
読誦　どくじゅ　…………………………73
禿氏祐祥　とくしゆうしょう　…………212
鳥辺野　とりべの…………47,97,163,164
曇鸞　どんらん　……………………30,71

な

長井導信　ながいどうしん　……………96
中沢見明　なかざわけんめい　……212,215
南無阿弥陀仏　なもあみだぶつ…29,30,31
南無不可思議光仏　なもふかしぎこう　31
難行道　なんぎょうどう　………………69
難思往生　なんじおうじょう　…………81
難思議往生　なんじぎおうじょう………81
南条文雄　なんじょうふみお　……202,210

に

二巻鈔　にかんじょう　…………………81
肉食　にくじき　…………………………92
西田幾多郎　にしだきたろう…………214
西本願寺　にしほんがんじ……95,106,198
西本願寺国際センター　にしほんがんじこくさいせんたー　…………………249
二種深信　にしゅじんしん………32,33,34
二種深信釈　にしゅじんしんしゃく　……73
二種法身　にしゅほっしん　………30,72
二双四重判　にそうしじゅうはん………27
にない堂　にないどう　………………151
入西房　にゅうさいぼう………………172
入出二門偈頌　にゅうしゅつにもんげじゅ　………………………………………82
如光　にょこう　………………………192
如光弟子帳　にょこうでしちょう　……192
如信　にょしん　……………………55,98
如導　にょどう　………………………131
女人往生聞書　にょにんおうじょうききがき　……………………………………122
女犯偈　にょぼんげ　…………40,51,52,92
如来　にょらい　…………………………28
如来二種廻向文　にょらいにしゅえこうもん　……………………………………87
丹羽文雄　にわふみお　…………220,226

ぬ

沼田恵範　ぬまたえはん　……………268
涅槃経　ねはんぎょう………………76,92

ね

念仏　ねんぶつ　…………………………73

念仏往生　ねんぶつおうじょう　…77,85,92
念仏往生の願　ねんぶつおうじょうのがん
……………………………………27

の

能化職　のうけしょく　………………199
野袈裟　のげさ　……………………116
野々村事件　ののむらじけん…………209
野々村直太郎　ののむらなおたろう　…209
野間宏　のまひろし　……………220,229

は

排仏毀釈　はいぶつきしゃく…………200
排仏論　はいぶつろん……………201,203
破邪顕正抄　はじゃけんしょうしょう…122
服部之總　はっとりしそう……………216
花園院　はなぞのいん　………………161
林田茂雄　はやしだしげお……………216
原口針水　はらぐちしんすい…………251
腹籠の聖教　はらごもりのしょうぎょう　80
ハリー・ピーパー　はりー・ぴーぱー 266
バリニャーノ　ばりにゃーの　………250
バルト　ばると　……………………269
範意（印信）　はんい（いんしん）　…50,54
範宴　はんえん　……………………38
反省会　はんせいかい　………………208
坂東本　ばんどうぼん　…………43,80,188
範宴　はんねん…………………………146

ひ

比叡山　ひえいざん　…38,42,148,149,152
東本願寺　ひがしほんがんじ
……………………107,109,110,199
東本願寺上海別院　ひがしほんがんじしゃんはいべついん　……………………252
秘事法門　ひじぼうもん………………46
非僧非俗　ひそうひぞく………………17
必至滅度の願　ひっしめつどのがん……27
日野　ひの……………………………37
日野有範　ひのありのり
…………37,48,49,50,142,143,145,242
日野一流系図　ひのいちりゅうけいず…37
日野誕生院　ひのたんじょういん　142,143
日野経尹　ひのつねまさ…………49,145
日野範綱　ひののりつな……37,48,50,146
日野広綱　ひのひろつな………………56
日野宗業　ひのむねのり　……………145
廟窟偈　びょうくつげ……………153,154
廟堂　びょうどう　………………56,98
平野仁三郎　ひらのじんさぶろう　……260
広瀬杲　ひろせたかし　………………218
ヒロ布教所　ひろふきゅうじょ………259

ふ

不可思議光如来　ふかしぎこうにょらい 29
普賢大円　ふげんだいえん………207,217
節談説教　ふしだんせっきょう　…241,242
不退転地　ふたいてんじ………………70
二葉憲香　ふたばけんこう……………216
不断念仏　ふだんねんぶつ……………150
仏願の生起本末　ぶつがんのしょうきほんまつ　……………………31,32
仏教研究センター　ぶっきょうけんきゅうせんたー…………………………264
仏教清徒同志会　ぶっきょうせいとどうしかい　…………………………208
仏教大学院（ＩＢＳ）　ぶっきょうだいがくいん…………………………264
仏教大辞彙　ぶっきょうだいじい　……207
佛光寺　ぶっこうじ
………102,119,120,122,123,124,125
仏説阿弥陀経（阿弥陀経、小経）　ぶっせつあみだきょう（あみだきょう、しょうきょう）　……………24,28,66,68,76
仏説観無量寿経（観無量寿経、観経）　ぶっせつかんむりょうじゅきょう（かんむりようじゅきょう、かんぎょう）
……………………24,66,67,73,76
仏説無量寿経（無量寿経、大無量寿経、大経）　ぶっせつむりょうじゅき

ょう（むりょうじゅきょう、だいむりょうじゅきょう、だいきょう） 14,23,24,28,66,95
仏智疑惑　ぶっちぎわく…………………67
仏報恩謝　ぶっとんほうしゃ…………34
仏法ひろまれ　ぶっぽうひろまれ……12
普門　ふもん…………………………117
古田武彦　ふるだたけひこ……………216
フルベッキ　ふるべっき……………252
文明本　ぶんめいぼん…………………84

へ

米国仏教大学院　べいこくぶっきょうだいがくいん……………………………248
平太郎　へいたろう…45,159,160,162,186
別時意　べつじい……………………73
辺地　へんじ…………………………74
弁述名体鈔　べんじゅつみょうたいしょう……………………………………122
弁円（明法房）　べんねん（みょうほうぼう）………………43,180,181,182,183

ほ

法雲寺　ほううんじ…………………85
報恩　ほうおん………………………13
報恩講　ほうおんこう………………96
報恩講式　ほうおんこうしき………58,96
報恩寺　ほうおんじ……………187,188
法界寺　ほうかいじ………37,142,143
法泉寺　ほうせんじ…………………163
法蔵菩薩　ほうぞうぼさつ…28,32,67,71
報土　ほうど………………………73,74
法然　ほうねん　→源空
法然絵伝　ほうねんえでん……………114
法の深信　ほうのじんしん……………33
宝福寺　ほうふくじ…………………176
報仏寺　ほうぶつじ……………185,186
方便　ほうべん………………………23
方便法身　ほうべんほっしん……30,31,72
謗法罪　ほうぼうざい………………72
法力房蓮生（熊谷直実）　ほうりきぼうれんせい（くまがいなおざね）………41
法霖　ほうりん………………………108
法蓮房信空　ほうれんぼうしんくう……41
慕帰絵詞　ぼきえことば………………84
法性法身　ほっしょうほっしん…30,31,72
本願　ほんがん……………………67,75
本願寺　ほんがんじ…………………99
本願招喚の勅命　ほんがんしょうかんのちょくめい………………………29,30
本願力　ほんがんりき……………32,71
本願力回向　ほんがんりきえこう…23,31
本寺　ほんじ…………………183,195
本寂　ほんじゃく……………127,128
本宗寺　ほんしゅうじ………………192
本證寺　ほんしょうじ………………192
本誓寺　ほんぜいじ…………………87
凡夫　ぼんぶ…………………………73

ま

前田慧雲　まえだえうん……………205
誠なるかな　まことなるかな…………16
益方入道　ますかたにゅうどう　→有房
真継伸彦　まつぎのぶひこ………220,234
マックス・ウェーバー　まっくす・うぇーばー…………………………269
末灯鈔　まっとうしょう………………89
松野純孝　まつのじゅんこう…………215
末法　まっぽう……………………67,72
末法思想　まっぽうしそう……………24
末法灯明記　まっぽうとうみょうき……25

み

三河一向一揆　みかわいっこういっき　192
三河念仏相承日記　みかわねんぶつそうじょうにっき…………………112,191
三木清　みききよし…………………213
神子上恵龍　みこがみえりゅう………207
弥陀成仏の因果　みだじょうぶつのいんが……………………………………66
弥陀如来名号徳　みだにょらいみょうご

うとく……………………………………77
三室戸　みむろど………………………143
三室戸寺　みむろとじ　………………48
宮崎圓遵　みやざきえんじゅん　………215
妙源寺　みょうげんじ　………………193
名号　みょうごう………29,30,32,67,69,73
妙好人　みょうこうにん………………244
名号本尊　みょうごうほんぞん　77,193,196
明信（栗沢信蓮房）　みょうしん（くりさわしんれんぼう）………………………54
名帳　みょうちょう　…………………121
明法房　みょうほうぼう　→弁円
三善為教　みよしためのり　…40,51,52,168

む

無戒名字の比丘　むかいみょうじのびく 25
虫干法会（瀑涼）　むしぼしほうえ（ばくりょう）……………………………194
夢想偈　むそうげ　……………153,154
棟方志功　むなかたしこう　………245,247
無問自説　むもんじせつ………………68
村上専精　むらかみせんしょう　………210
無量光　むりょうこう…………………28
無量寿　むりょうじゅ…………………28
無量寿経　むりょうじゅきょう
→仏説無量寿経
無量寿経優婆提舎願生偈（浄土論、往生論）　むりょうじゅきょううばだいしゃがんしょうげ（じょうどろん、おうじょうろん）…………………23,94,70
無量寿経優婆提舎願生偈註（浄土論註、往生論註）　むりょうじゅきょううばだいしゃがんしゅげちゅう（じょうどろんちゅう、おうじょうろんちゅう）…94
無量寿如来　むりょうじゅにょらい　……29

め

明光　めいこう　…………………119,121
銘文　めいもん　………………………85
明和の法論　めいわのほうろん　………108

も

森竜吉　もりりゅうきち………………216
文松子伝　もんしょうしでん　…………153
聞即信　もんそくしん………………31,32

や

柳堂　やなぎどう　……………191,193
柳宗悦　やなぎむねよし　……244,245,246
矢吹慶輝　やぶきけいき　……………211
山田文昭　やまだぶんしょう　……212,215
山寺薬師　やまでらやくし……………169
山伏　やまぶし…………………………181

ゆ

唯信抄　ゆいしんしょう
………………45,58,76,86,87,92,196
唯信鈔文意　ゆいしんしょうもんい
……………………………45,86,92,196
唯心の浄土　ゆいしんのじょうど………35
唯円　ゆいえん　………………185,186
有意　ゆうい　……………………50,145
結城令聞　ゆうきれいもん……………216

よ

要門　ようもん　…………………26,32
要門自力　ようもんじりき　……………82
横川　よかわ……………………………38,74
欲生　よくしょう　……………………33
横曽根門徒　よこそねもんと
………………63,64,89,129,176,187
吉川英治　よしかわえいじ　………220,222
吉崎　よしざき…………………………100
吉水　よしみず　………………………39
吉水草庵　よしみずそうあん　……156,157
吉本隆明　よしもとたかあき　……220,231
世のなか安穏なれ　よのなかあんのんなれ　……………………………………12
慶ばしいかな　よろこばしいかな　……16

ら

礼拝　らいはい……………………70,73,82

り

隆寛　りゅうかん…………………76,85,86
龍谷大学　りゅうこくだいがく………249
龍樹　りゅうじゅ……………………69
了海　りょうかい……………………121
了源　りょうげん…………………119,120
了祥　りょうしょう…………………193
了明尼　りょうみょうに………………122

る

ルイス・ビレラ　るいす・びれら……249
流罪　るざい…………………………166
留守職　るすしき…………56,98,99,165

れ

蓮位　れんい…………………………62
蓮教　れんきょう………102,120,124,126
蓮如　れんにょ……99,100,102,120,123

ろ

六字釈　ろくじしゃく…………………29
六角堂　ろっかくどう
…39,51,52,149,151,153,154,155,156

わ

脇谷撝謙　わきたにぎけん……………207
和讃　わさん………………………83,160
鷲尾教導　わしおきょうどう…………212